Femmes, mineurs et terrorisme

BIBLIOTHÈQUES DE DROIT

COLLECTION FONDÉE ET DIRIGÉE PAR JEAN-PAUL CÉRÉ

Cette collection a pour vocation d'assurer la diffusion d'ouvrages scientifiques sur des thèmes d'actualité ou sur des sujets peu explorés dans le domaine des sciences juridiques. Elle se destine notamment à la publication de travaux de jeunes chercheurs.

Dernières parutions :

J.-P. CERE, Droit disciplinaire pénitentiaire

H. HEDHILI-AZEMA, Droit disciplinaire pénitentiaire de la Belle époque

M.-C. GLOMET, Consommation de cannabis et droit pénal

C.-A. VAZ-FERNANDEZ, Big data et intelligence artificielle au service de la sécurité intérieure en France

A. CHARRIAU, L'avenir du juge unique

M. MANET, Le devenir juridique de la dignité

M. GALLIMARD, L'incrimination de la zoophilie

M. PELTIER-HENRY, Le droit pénal à l'épreuve des neurosciences

T. TOUZEAU, Recel et blanchiment

H. CAPPADORO, Le sens de la peine

M. BONNARD, Le statut juridique de l'assistance médicale à la procréation

C. LE ROUX, L'infraction politique

BIBLIOTHÈQUE DE *DROIT PENAL*

Sous la direction de

Julie LEONHARD

Catherine MÉNABÉ

Femmes, mineurs et terrorisme

Du même auteur

C. Ménabé et Mathieu Martinelle (dir.), *L'enfant en prison*, L'Harmattan, 2017.

C. Ménabé, *La criminalité féminine*, L'Harmattan 2014

Remerciements

Nous remercions l'Institut François Gény (EA 7301), le laboratoire de droit privé, sciences criminelles et histoire du droit de l'Université de Lorraine, qui a contribué à l'organisation du colloque *Les femmes, les mineurs et le terrorisme*, les 5 et 6 décembre 2018, et qui a permis la réalisation de cet ouvrage.

Principales abréviations

AJDA..Actualité juridique de droit administratif
AJ Famille...Actualité juridique Famille
AJ pénal..Actualité juridique Pénal
AMT ....Association de malfaiteurs terroriste
Al...Alinéa
Art...Article
Ass. nat..Assemblée nationale
Bull. crim...Bulletin des arrêts de la Cour de cassation (chambre criminelle)
Cass. crim............................Chambre criminelle de la Cour de cassation
C. civ... Code civil
CE..Conseil d'État
Chron. .... Chronique
CNAPR..Centre nationale d'assistance et de prévention de la radicalisation
CNCDH .....Commission nationale consultative des droits de l'homme
CODEXTER... Comité d'experts sur le terrorisme du Conseil de l'Europe
COJ .... Code de l'organisation de la justice
Cons. constit... Conseil constitutionnel
Consid. ....Considérant
C. pén .... Code pénal
C. pr. pén ....Code de procédure pénale
C. séc. int. ....Code de la sécurité intérieure
CPIP ....Conseiller pénitentiaire d'insertion et de probation
D. .... Recueil Dalloz
DGSI.................................... Direction générale de la sécurité intérieure
Dir..Sous la direction de
Dr. famille...Revue Droit de la famille
Dr. pén ....Revue Droit pénal
Ed ....Edition
EI ....État islamique
Fasc...Fascicule
Gaz. Pal ....Gazette du Palais
Infra...Ci-dessous

JORF ....Journal Officiel de la République française
JOUE ....Journal Officiel de l'Union européenne
JCP..Jurisclasseur, La semaine juridique
JCl. Pénal Code ....Jurisclasseur Pénal Code
L. ....Loi
MJIE.....................................Mesure judiciaire d'investigation éducative
Not... Notamment
Obs. .... Observation

OIJJ..................................Observatoire international de la justice juvénile
ONUDC............. Office des Nations unies contre la drogue et le crime
Ord. ....Ordonnance
PJJ ....Protection judiciaire de la jeunesse
P., pp. ....page(s)
Préc...Précité
QER ....Quartier d'évaluation de la radicalisation
QI...Quartier d'isolement
QPR................................. Quartier de prise en charge de la radicalisation
RDSS .... Revue de droit sanitaire et social
Rép. pén. Dalloz .... Répertoire pénal Dalloz
Rev. sc. crim ......Revue de science criminelle et de droit pénal comparé
RTD civ .... Revue trimestrielle de droit civil
S .... suivant
Supra... Ci-dessus
SDAT .... Sous-direction antiterroriste
T. .... Tome
TGI... Tribunal de grande instance
TIS .... Terroriste islamiste
V...Voir
Vol. ....Volume

Préface

Les 5 et 6 décembre 2018 était organisée par l'Institut François Gény (EA 7301) à la faculté de droit, sciences économiques et de gestion de Nancy (Université de Lorraine), une manifestation portant sur les femmes, les mineurs et le terrorisme. Les deux organisatrices de la journée, Julie Leonhard et Catherine Ménabé, se proposent de publier les contributions des intervenants des deux journées, additionnées d'articles complémentaires.

La criminalité des femmes et des mineurs a toujours été infime par rapport à celle des hommes, les premières ne représentant que 15 % des mis en cause et les seconds 20 %. Leur proportion au sein des condamnés est encore plus faible. Toutefois, l'accroissement exponentiel des actes de terrorisme et l'ampleur du phénomène de radicalisation des dernières années ont fait prendre conscience de l'implication des femmes et des enfants dans cette criminalité politique violente et organisée. A ainsi pu être évoquée, lors des deux journées de recherche, la place dans les réseaux terroristes des jeunes *lionceaux*, des adolescents et des femmes. Ces dernières, bien que rarement destinées à devenir de véritables *combattantes*, participent activement au terrorisme en étant en charge du recrutement et en apportant un soutien moral fort.

Le colloque a également démontré qu'il existait deux dangers distincts, pourtant parfois liés, à propos desquels le niveau de savoir n'est que trop inégal, le terrorisme et la radicalisation. Le terrorisme apparaît comme un ensemble d'actes criminels plutôt ancien et connu (bien qu'il présente de nouvelles formes), tandis que la notion de radicalisation interroge sur ses contours et son processus. Le terme même interpelle et conduit des auteurs à privilégier les notions de « *radicalité* » ou de « *processus de radicalisation* ». S'il existe un certain consensus sur le fait que la radicalisation nourrit une véritable entreprise lucrative, la notion demeure floue et incertaine. Si tout radicalisé ne deviendra pas un terroriste, tout terroriste n'est pas ou plus radicalisé : le terrorisme et la radicalisation ne doivent pas être confondus. Les deux notions ne sont d'ailleurs pas appréhendées de la même manière par le droit. Le terrorisme envahit expressément les textes, principalement dans les interdits du Code pénal, et il entre dans le vocabulaire des professionnels de terrain (police, gendarmerie, juges). La radicalisation, elle, est née de la pratique et elle semble bien plus indirectement présente dans les normes juridiques (comme à travers les questions d'apologie) et extrajuridiques (comme avec la délicate question de la prévention de la radicalisation, qui constitue le point d'incandescence du flou, en ce que l'expression repose sur deux concepts nébuleux, la prévention et la radicalisation).

Au-delà de l'ignorance admise sur le terrorisme et la radicalisation et de la réalité de leurs liens, d'autres vérités se dessinent peu à peu, questionnant le système juridique. Le terrorisme et la radicalisation présentent des risques atypiques pour les femmes et les mineurs, du fait de leur implication particulière dans les réseaux terroristes. Ont ainsi été évoqués les risques de clichés (comme celui de la femme nécessairement amoureuse qui se contenterait de suivre son compagnon) et d'existence d'un traitement judiciaire spécifique inadapté (qui conduit la pratique à faire disparaître peu à peu les particularismes premiers décidés – une peine prononcée plus faible ou des aménagements de peine plus fréquemment prononcés).

Ces risques, outre le fait qu'ils interrogent sur la nécessité de conserver des traitements juridique et pénitentiaire différenciés pour les femmes et les mineurs, font naître des incertitudes quant à l'efficacité du droit pénal (qui connaît un accroissement législatif certain en matière de terrorisme, avec une incrimination autonome de plus en plus d'actes préparatoires au passage à l'acte terroriste), mais aussi quant à l'étiquetage *radicalisé* (principalement en détention) et quant à la détection de la radicalisation. Enfin a été esquissée une nouvelle inquiétude à propos de la sortie de prison prochaine des premiers condamnés pour un acte de terrorisme islamique : *quid* d'un éventuel traitement judiciaire post-sentenciel ? À cet égard, la décision du Conseil constitutionnel du 7 août 2020 (décision n° 2020-805 DC) relative à loi instaurant des mesures de sûreté à l'encontre des auteurs d'infractions terroristes à l'issue de leur peine est significative à la fois de la volonté législative de faire face à la dangerosité des radicalisés sortant de prison et de la manière de faire du législateur qui tente de faire rétroagir des mesures de sûretés portant pourtant une atteinte grave et disproportionnée aux droits et libertés des condamnés.

Les intervenants de ce colloque et d'autres contributeurs experts de la thématique ont mis leurs savoirs au service d'une problématique complexe, permettant ainsi des échanges précieux et riches d'enseignements que les lecteurs pourront trouver dans cet ouvrage.

Julie Leonhard et Catherine Ménabé

1re PARTIE
LES RÉALITÉS

La participation des femmes dans les mouvements terroristes historiques : le sein, le sang, le chant

Bruno PY

Professeur en droit privé et sciences criminelles, Institut François Gény (EA 7301), Université de Lorraine

Le stéréotype du sexe faible. Pour le biologiste, les chromosomes XX ou le doublet œstrogène-progestérone caractérisent un état appelé féminin, et les chromosomes XY ou la testostérone, le masculin. La culture occidentale considère généralement le masculin comme plus fort que le féminin. Le féminin est naturellement faible et affaibli mensuellement. La masse musculaire et la vitesse de course sont l'avantage des hommes qui vont construire un ensemble de règles donnant au titulaire de la force physiologique le privilège de chasser, de faire la guerre et de commander. Selon une approche essentialiste, les hommes chassent les mammouths pendant que les femmes gèrent les enfants et rangent la caverne[1] ! Bien que philosophiquement contestable[2], cette vision du monde et des relations entre êtres humains conduit à éduquer les hommes dans le stéréotype de la force et les femmes dans celui de la faiblesse[3].

Le mythe de l'éternel masculin. « *Toute une esthétique de la violence se donne à voir alors, qui se construit et se déconstruit en permanence : il y a, dans une culture donnée, les bonnes façons de mal faire, ce que Devereux appelait "les modèles*

---

1 *Les hommes viennent de Mars, les femmes viennent de Vénus* (titre original : *Men are from Mars, Women are from Venus*) est un essai américain (GRAY (J.), HarperCollins 1992, Michel Lafon 2004).

2 « *La femme se détermine et se différencie par rapport à l'homme et non celui-ci par rapport à elle ; elle est l'inessentiel en face de l'essentiel. Il est le sujet, il est l'Absolu : elle est l'Autre* », DE BEAUVOIR (S.), *Le Deuxième Sexe*, t. I et II, éd. Gallimard, 1949.

3 « *S'il est vrai que les hommes sont meilleurs que les femmes parce qu'ils sont plus forts, alors pourquoi les lutteurs de sumo ne sont-ils pas au gouvernement ?* », TOSHIKO (K.), féministe japonaise (1863-1910).

d'inconduites", où le geste possible est comme dessiné à l'avance: le héros qui sait user de la juste violence, comme le méchant, son ennemi, qui inflige à ses victimes et au spectateur ses actes de violence injustes et cruels, sont de sexe masculin en règle générale. [...] *l'expression "culture de la violence" désigne aussi un système de valeurs qui promeut la violence physique comme signe et performance de la virilité. L'homme "le vrai" dans les westerns, les romans policiers, les jeux vidéo, est "le plus fort".* »[4]

Les symboliques du sein. La poitrine féminine est chargée de multiples sens symboliques, qui rayonnent autour de la fécondité, de l'enfantement, de l'allaitement[5]. Le sein, source nourricière des nouveau-nés, est au premier degré symbole de maternité. Au deuxième degré, le sein acquiert une dimension érotique[6]. Le brouillage des deux symboles peut conduire certaines sociétés à fustiger l'allaitement dans les lieux publics comme offensant la pudeur[7]... La violence la plus barbare peut même conduire à mutiler les seins de victimes[8]. Beaucoup plus rare, mais à souligner, le sein peut être utilisé comme arme. Si déjà Georges Brassens affirmait qu'à Brive-la-Gaillarde on pouvait matraquer « *à grand coup de mamelles* »[9], l'arme moderne est plutôt liée à l'image, et à la nudité de la poitrine comme instrument de combat. Nous verrons que le sein peut être une arme militante.

---

4 NAHOUM-GRAPPE (V.), « Culture de la violence et différence des sexes : violence du stéréotype, Quelques réflexions issues de l'anthropologie », *Les Cahiers dynamiques* 2013/1 (n° 58), pp. 40 à 47.

5 KAUFMANN (J.-C.), *Corps de femmes, regards d'hommes : sociologie des seins nus*, Nathan, 1995. – FONTANEL (B.), *Corsets et soutiens-gorge. L'épopée du sein de l'Antiquité à nos jours*, La Martinière, 1997. – MONESTIER (M.), *Les Seins. Encyclopédie historique et bizarre des gorges, mamelles, poitrines, pis, et autres tétons, des origines à nos jours*, Le Cherche Midi, 2001. – YALOM (M.), *Le sein, une histoire*, Gallade éditions, 2010. – POCHON (C.), ROTSHILD (A.), *Le culte des seins*, Democratic Books, 2011. – SOHN (L.), BD, *La guerre des tétons*, 2 t., Michel Lafon, 2015.

6 Il existe plusieurs théories expliquant l'attirance des hommes pour les seins des femmes. La dernière en date, proposée par le psychologue Larry Young, défend l'idée qu'elle viendrait d'un circuit de neurones particulier servant à favoriser l'attachement d'une mère pour son petit pendant l'allaitement, mais aussi à son partenaire qui stimule la poitrine durant les rapports sexuels. Lorsque le bébé suce le mamelon de sa mère, celle-ci voit son cerveau inondé d'une hormone appelée ocytocine, célèbre, car fortement associée à l'amour et à l'attachement. En caressant les seins, les hommes pousseraient les femmes à les aimer davantage…

CHAPUT (J.), « Science décalée : pourquoi les hommes aiment-ils tant les seins ? », sur www.futura-sciences.com [en ligne], publié le 1er décembre 2019.

7 « Menacée d'une amende parce qu'elle allaitait en public : que dit la loi en Belgique ? », sur www.rtbf.be [en ligne], publié le 29 novembre 20219.

8 DEHOUX (E.), « Couper les seins des femmes : du supplice à la monstruosité », *in* BODIOU (L.) *et al.*, *Le corps en lambeaux*, PUR, 2016, pp. 191-200.

9 « *Au marché de Brive-la-Gaillarde - À propos de bottes d'oignons - Quelques douzaines de gaillardes - Se crêpaient un jour le chignon* [...] », BRASSENS (G.), *Hécatombe*, Polydor, 1952.

Quelques traces antiques de femmes combattantes : des Amazones à Jeanne d'Arc. Selon Aristote, les Amazones habitent les rives du fleuve Thermodon, au nord de la Cappadoce, dans l'actuelle Turquie. Elles tueraient leurs enfants mâles ou les rendraient aveugles ou boiteux, pour ensuite les utiliser comme serviteurs, et pour assurer leur descendance elles s'uniraient une fois par an avec les hommes des peuplades voisines, dont elles choisissent les plus beaux[10]. En 2012, les fouilles archéologiques, conduites par l'archéologue Jeannine Davis-Kimball à la frontière entre la Russie et le Kazakhstan, ont permis de mettre au jour des tombes de femmes guerrières, enterrées avec leurs armes entre 600 et 200 av. J.-C., probablement cavalières comme le révèle l'analyse ostéologique[11]. Au Dahomey, sous le roi Agadja, le souverain Ghézo (1818-1858) créa des compagnies féminines de cavalerie et d'infanterie qui seront baptisées les *Amazones vierges du Dahomey* et combattront d'abord dans les nombreuses guerres de sécession ayant opposé le Dahomey aux Yoroubas. Par la suite, le roi Béhanzin les utilisa contre les troupes coloniales françaises[12]. Au XVe siècle en France, LA figure féminine combattante est bien évidemment Jeanne d'Arc, la pucelle d'Orléans, la bonne Lorraine[13]. Oui, les femmes peuvent physiquement porter des armes et combattre. Oui, les femmes peuvent être des soldats. Oui, des femmes peuvent s'entraîner pour tuer.

---

10 « *Certains historiens, comme Hérodote, considéraient les Amazones comme des barbares. Barbares au sens grec du terme, c'est-à-dire étrangères aux lois et aux règles du monde hellénique. Barbares, elles l'étaient aussi par leur férocité supposée et leur pulsion meurtrière. Hérodote utilisait d'ailleurs pour les qualifier le terme scythe "Oiorpata", signifiant "tueuses d'hommes".* », *in* « Les amazone, histoire et mythe », sur www.arkhe-editions.com [en ligne]. – SAMUEL (P.), « Les amazones : mythes, réalités, images », *Les cahiers du GRIF* 1976, pp. 10-17.

11 Une enquête approfondie menée dans la même région a démontré l'existence d'une tradition vivace de la femme archère et cavalière émérite, leur arc étant de forme très caractéristique exactement identique à celui qui est représenté sur les céramiques antiques. Des relations génétiques ont également été prouvées entre les restes humains trouvés dans les tombes et certaines familles mongoles dont des filles naissent parfois blondes, caractéristique particulière des Amazones, ce qui est un fait absolument unique dans ces ethnies à la chevelure uniformément noire et qui tend à prouver un mélange entre des tribus mongoles et les restes de l'ethnie des Amazones dont l'origine exacte reste encore un mystère. SCHMIDT (J.), *Dictionnaire de la mythologie grecque et romaine*, Larousse 2017.

12 DESCAMPS (E), « Les "Amazones du Dahomey", des femmes-soldats dans l'Afrique précoloniale », sur www.jeuneafrique.com [en ligne], publié le 11 juillet 2017. Au Sénégal, le royaume de Cayor envoyait ses *Linguères* qui étaient des sœurs et cousines des souverains dans ses différentes batailles contre les Maures trarzas. L'empire zoulou avait auparavant constitué des régiments de jeunes filles combattantes ou chargées de la logistique. Le colonel Khadafi s'en inspirera plus tard.

13 AMBROGI (P.-R.), LE TOURNEAU (Mgr D.), *Dictionnaire encyclopédique de Jeanne d'Arc*, Desclée de Brouwer, 2017.

Afin de montrer l'implication contemporaine de femmes dans des phénomènes de violences collectives, un choix ostensiblement chronologique sera privilégié. Aux XVIIIe et XIXe siècles, les femmes ont épousé la violence des hommes (I). Au XXe siècle, les femmes ont enfanté une violence féminine (II).

I. XVIIIe et XIXe siècles, les femmes participent à la violence des hommes

Se joignant aux grands courants de l'histoire, les femmes vont participer à la Révolution (A) aux barricades et à la Commune de Paris (B).

A. Des révolutionnaires femmes[14]

Olympe de Gouges, l'égalité comme étendard. Née le 7 mai 1748 à Montauban, Marie Gouze fille de Pierre Gouze, et d'Anne-Olympe Mouisset[15], est mariée à 17 ans et veuve à 18. Dotée d'une forte personnalité et d'un goût avéré pour les idées et la contestation de l'ordre établi, elle écrit des textes, appelés brochures, qu'elle adresse épisodiquement aux représentants des trois premières législatures de la Révolution, aux clubs patriotiques et à diverses personnalités, dont Mirabeau, La Fayette et Necker, qu'elle admire particulièrement. En relation avec le marquis de Condorcet et son épouse née Sophie de Grouchy, elle rejoint les Girondins en 1792. Elle considérait que les femmes étaient capables d'assumer des tâches traditionnellement confiées aux hommes et, dans pratiquement tous ses écrits, elle demandait qu'elles fussent associées aux débats politiques et aux débats de société. Elle rédigea une Déclaration des droits de la femme et de la citoyenne, calquée sur la Déclaration des droits de l'homme et du citoyen de 1789, dans laquelle elle affirmait l'égalité des droits civils et politiques des deux sexes, insistant pour qu'on rendît à la femme des droits naturels que la force du préjugé lui avait retirés. Ainsi, elle écrivait : « *La femme a le droit de monter sur l'échafaud ; elle doit avoir également celui de monter à la Tribune.* »

Olympe de Gouges, désigne Marat comme cible. Après la fuite et l'arrestation du roi à Varennes (20-21 juin 1791), les Girondins, qui ont une majorité toute relative à l'Assemblée, sont en butte à l'opposition des députés Montagnards, dont fait partie Marat. Lors de l'insurrection du 10 août 1792, le roi est suspendu de ses fonctions, puis incarcéré à la tour du

---

14 LASSERRE (A.), *La participation collective des femmes à la Révolution*, Paris, 1906.

15 BLANC (O.), *Marie-Olympe de Gouges : une humaniste à la fin du XVIIIe siècle*, Cahors, éd. René Viénet, 2003.

Temple. De nombreux *suspects*, dont ses derniers serviteurs, répartis dans les prisons de Paris et de province, sont exécutés sommairement entre le 2 et le 7 septembre 1792. Le député jacobin Jean-Paul Marat, dans son journal radical *L'Ami du peuple*, après avoir appelé aux meurtres, se félicite de ces massacres et en espère d'autres. Cet évènement annonce la Terreur et refroidit de nombreux admirateurs de la Révolution dont beaucoup quittent Paris. Olympe de Gouges écrit : « *Le sang, même celui des coupables, versé avec cruauté et profusion, souille éternellement les révolutions*. » Elle dénonce énergiquement le « *boutefeu Marat* » à l'opinion publique. Le député girondin de Pézenas s'écrie : « *Faites tomber la tête de Marat et la patrie est sauvée.* » Les critiques adressées par les Girondins sont relayées par les journaux et les journaux sont lus à Caen. Marat est devenu une cible.

Charlotte Corday, l'attentat contre Marat. En juin 1793, à Caen, Charlotte Corday, petite nièce de Corneille, femme d'esprit, républicaine et idéaliste, rencontre de nombreux Girondins réfugiés en Normandie. Chauffée à blanc par les articles des Girondins, dont ceux d'Olympe de Gouges, Marat incarne, aux yeux de Charlotte Corday, l'injustice et le mensonge[16]. La petite Normande décide de passer à l'action. Elle ourdit le projet d'assassiner Marat à la tribune de la Convention. Apprenant qu'il ne quitte pas son domicile et sa célèbre baignoire, elle réussit à se faire introduire près de lui et le tue d'un coup de couteau dans la poitrine[17]. Ne

---

16 HUSER (F.), *Charlotte Corday ou L'ange de la colère*, Robert Laffont 1993.

17 Alphonse de Lamartine, dans son *Histoire des Girondins*, a imaginé la scène, qui n'eut en réalité pas de témoins : « *Elle descendit de voiture du côté opposé de la rue, en face de la demeure de Marat. Le jour commençait à baisser, surtout dans ce quartier assombri par des maisons hautes et par des rues étroites. La portière refusa d'abord de laisser pénétrer la jeune inconnue dans la cour. Celle-ci insista néanmoins et franchit quelques degrés de l'escalier, rappelée en vain par la voix de la concierge. À ce bruit, la maîtresse de Marat entrouvrit la porte, et refusa l'entrée de l'appartement à l'étrangère. La sourde altercation entre ces femmes, dont l'une suppliait qu'on la laissât parler à l'Ami du peuple, dont l'autre s'obstinait à barrer la porte, arriva jusqu'aux oreilles de Marat. Il comprit, à ces explications entrecoupées, que la visiteuse était l'étrangère dont il avait reçu deux lettres dans la journée. D'une voix impérative et forte, il ordonna qu'on la laissât pénétrer.*

Soit jalousie, soit défiance, Albertine Marat obéit avec répugnance. Elle introduisit la jeune fille dans la petite pièce où se tenait Marat, et laissa, en se retirant, la porte du corridor entrouverte, pour entendre le moindre mot ou le moindre mouvement de son frère.

Cette pièce était faiblement éclairée. Marat était dans son bain. Dans ce repos forcé de son corps, il ne laissait pas reposer son âme. Une planche mal rabotée, posée sur la baignoire, était couverte de papiers, de lettres ouvertes et de feuilles commencées.

Charlotte évita d'arrêter son regard sur lui, de peur de trahir l'horreur de son âme à cet aspect. Debout, les yeux baissés, les mains pendantes auprès de la baignoire, elle attend que Marat l'interroge sur la situation de la Normandie. Elle répond brièvement, en donnant à ses réponses le sens et la couleur propres à flatter les dispositions présumées du journaliste. Il lui demande ensuite les noms des députés réfugiés à Caen. Elle les lui dicte. Il les note, puis, quand il a fini d'écrire ces noms : "C'est bien ! dit-il de l'accent d'un homme sûr de sa vengeance, avant huit jours ils iront tous à la guillotine !"

fuyant pas sa responsabilité elle s'écrie : « *j'ai tué un homme pour en sauver cent mille* ». Arrêtée, elle est jugée le 7 juillet par le tribunal révolutionnaire et sera guillotinée le 17 juillet 1793 à 25 ans.

Olympe de Gouges, l'égalité jusqu'à l'échafaud. Après la mise en accusation du parti girondin tout entier à la Convention, le 2 juin 1793, elle adressa au président de la Convention une lettre où elle s'indignait de cette mesure attentatoire aux principes démocratiques (9 juin 1793), mais ce courrier est censuré en cours de lecture. Elle fait alors imprimer, le 20 juillet 1793, une affiche bordée de rouge intitulée *Les trois urnes ou le salut de la patrie*, où elle ne demande rien de moins que le droit au référendum des Français sur leur futur gouvernement. À charge pour les citoyens de préférer la monarchie, le fédéralisme ou la République. Accusée de remettre en cause le principe républicain, la Girondine est inculpée par le Tribunal révolutionnaire le 2 novembre. L'accusateur Fouquier-Tinville plaide « *l'attentat à la souveraineté du peuple* ». La cause sera vite entendue. Marie-Olympe de Gouges, veuve Aubry, 45 ans, est condamnée à la peine de mort. La sentence sera exécutée le lendemain 3 novembre 1793[18]. Quant à la question du nombre de femmes guillotinées pendant la Révolution, les estimations varient entre 2500 et 20 000[19].

B. Les barricades et la Commune de Paris

Gavroche et la liberté guidant le peuple. Gavroche est un personnage du roman *Les misérables* de Victor Hugo, il est le fils abandonné des Thénardier. Gavroche meurt le 6 juin 1832, près de la barricade de la rue de la Chanvrerie, pendant l'insurrection républicaine à Paris en juin 1832, en tentant de récupérer des cartouches non brûlées pour ses camarades insurgés et en chantant une célèbre chanson qu'il n'a pas le

---

À ces mots, comme si l'âme de Charlotte eût attendu un dernier forfait pour se résoudre à frapper le coup, elle tire de son sein le couteau et le plonge, avec une force surnaturelle, jusqu'au manche dans le cœur de Marat. Charlotte retire du même mouvement le couteau ensanglanté du corps de la victime et le laisse glisser à ses pieds. — "À moi ! ma chère amie ! à moi !", s'écrie Marat, et il expire sous le coup. », COURT (A.), « Compte-rendu. *Alphonse de Lamartine, Histoire de Charlotte Corday*, préf. Roger Parisot », *in Romantisme* 1995, n° 89, pp.141-142.

18 PERFETTI (M.), « Olympe de Gouge : Une femme contre la Terreur », sur www.marianne.net [en ligne], publié le 31 août 2013.

19 Louis-Marie Prudhomme (1752-1830) dénombre environ 2500 femmes exécutées dont 750 femmes nobles, 1467 femmes de laboureurs et d'artisans, 350 religieuses (*Histoire générale et impartiale de la Révolution*, 1797). – AGULHON (M.), « La Révolution française au banc des accusés », *Vingtième Siècle. Revue d'histoire* 1985, pp. 7-18. – ANGENOT (M.), « Querelles historiennes sur la Révolution française : l'argumentation par le chiffre des victimes et les polémiques sur la qualification génocidaire », *Argumentation & analyse du discours, revue électronique du groupe ADARR* [en ligne], n° 23-2019, dossier « Le dispositif victimaire et sa disqualification », https://journals.openedition.org/aad/3585

temps d'achever : « *je suis tombé par terre, c'est la faute à Voltaire* »[20]. L'enfant participe à cette tentative violente de renverser la monarchie de Juillet. Le personnage est vraisemblablement inspiré de l'enfant figurant sur le tableau d'Eugène Delacroix *La Liberté guidant le peuple*, rendu célèbre en 1831, soit l'année précédant celle de la mort de Gavroche dans l'œuvre. Sur le tableau, l'enfant se tient aux côtés du personnage central féminin qui attire tous les regards. Un drapeau tricolore en main droite, un fusil en main gauche, la liberté est représentée comme une femme, les seins au vent. « *La Liberté emprunte autant à la statuaire antique – drapée, pieds nus, poitrine offerte. Pour l'historien Jean-Clément Martin, le sein dénudé n'est pas simplement un code artistique calqué sur le modèle antique, mais représente la femme comme mère nourricière, ce qui précisément limitait sa liberté.* »[21]

Les communardes, égales jusqu'à la fusillade. Les femmes prirent une part importante lors des deux mois de la période insurrectionnelle de l'histoire de Paris (18 mars - 28 mai 1871). Elles en payèrent le prix fort au même titre que les hommes. « *Le jeudi 25 mai 1871 alors que les gardes nationaux abandonnaient la barricade de la rue du Château-d'eau, un bataillon de femmes vint en courant les remplacer. Ces femmes, armées de fusils, se battirent admirablement au cri de : "Vive la Commune !". Nombreuses dans leurs rangs, étaient des jeunes filles. L'une d'elles, âgée de dix-neuf ans, habillée en fusilier-marin, se battit comme un démon et fut tuée d'une balle en plein front. Lorsqu'elles furent cernées et désarmées par les versaillais, les cinquante-deux survivantes furent fusillées.* [...] *L'attitude des femmes pendant la Commune faisait l'admiration des étrangers et*

---

20 *On est laid à Nanterre,*
C'est la faute à Voltaire,
Et bête à Palaiseau,
C'est la faute à Rousseau.

Je ne suis pas notaire,
C'est la faute à Voltaire,
Je suis petit oiseau,
C'est la faute à Rousseau.

Joie est mon caractère,
C'est la faute à Voltaire,
Misère est mon trousseau,
C'est la faute à Rousseau.

Je suis tombé par terre,
C'est la faute à Voltaire,
Le nez dans le ruisseau,
C'est la faute à... [Rousseau]

Les Misérables, Tome V. Jean Valjean – Livre Premier : La Guerre entre quatre murs – Chapitre 15. Gavroche dehors.

21 BERTHELIER (A.), « Pourquoi Marianne a-t-elle le sein nu ? La réponse de trois historiens », sur www.huffingtonpost.fr [en ligne], publié le 5 octobre 2016.

exaspérait la férocité des Versaillais », raconte Lissagaray dans son *Histoire de la Commune de 1871*[22].

Louise Michel, la vierge rouge[23]. Le dernier couplet de la chanson *Le temps des cerises* de Jean-Baptiste Clément est dédiée à une certaine Louise, une femme qui avait défendu à ses côtés les barricades de la rue des Trois-bornes et dont il n'avait retenu que le prénom[24]. Seul ce prénom est commun avec Louise Michel, l'institutrice révolutionnaire, élue en 1870 présidente du Comité de vigilance des citoyennes du 18e arrondissement de Paris et devenue emblématique du rôle des femmes dans la Commune de Paris. Pour son action politique, Louise Michel est condamnée à la déportation en Nouvelle-Calédonie[25]. C'est sans doute au contact de Nathalie Lemel, une des animatrices de la Commune, déportée avec elle, que Louise Michel devient anarchiste. Elle revint à Paris après l'amnistie, le 9 novembre 1880. Accueillie par la foule à Paris, Louise Michel reprend son activité militante. Elle donne des conférences, intervient dans des meetings, défend l'abolition de la peine de mort, les ouvriers et les chômeurs. En 1888, Pierre Lucas, un extrémiste chouan, attente à sa vie en la blessant à la tête, mais elle témoigne au procès de celui-ci pour qu'il n'aille pas en prison. Après une vie de militante, elle meurt à Marseille le 10 janvier 1905, elle repose au cimetière de Levallois. Elle incarne encore aujourd'hui la femme intellectuelle révolutionnaire.

L'anarchisme au féminin et la parité meurtrière en Russie au temps des tsars. En mars 1881, le tsar Alexandre II est assassiné. Au procès, qui suit presque immédiatement, dans le box des accusés, on peut

---

22 LISSAGARAY (P.-O.), *Histoire de la Commune de 1871*, Bruxelles, Dentu 1876, La Découverte poche 2005.

23 BOYER (I.), *La Vierge rouge. Louise Michel, d'après des documents inédits, avec quatre portraits*, éd. André Delpeuch, 1927.

24 *J'aimerais toujours*
Le temps des cerises
C'est de ce temps-là
Que je garde au cœur
Une plaie ouverte
Et dame fortune
En m'étant offerte
Ne pourra jamais
Calmer ma douleur

25 FOURNIERE (X. DE LA), *Louise Michel, matricule 2182*, Perrin, 1986. Le 10 août 1873, elle embarque sur le bateau Virginie qui l'emmène en Nouvelle-Calédonie pour une traversée longue de 4 mois. Un de ses compagnons de route sera le célèbre Henri Rochefort, déporté comme elle pour son implication dans la Commune de Paris, comme les dix-sept femmes qui les accompagnent. V. aussi TCHERKOONOV (J.), « Louise Michel, une femme libre au bagne », sur *gallica.bnf.fr* [en ligne].

voir presque autant de jeunes hommes que de femmes. Ce n'est pas une découverte. Depuis les années 1850, les Narodniki, révolutionnaires parfois nihilistes, celles et ceux qui voulaient *aller au peuple*, pour le sauver, l'émanciper du joug de l'absolutisme, étaient constitués quasiment à parité de jeunes gens des deux sexes, issus pour la plupart d'une noblesse déclassée[26]. Le mot *terrorisme* est alors prononcé pour l'une des premières fois. Trois d'entre elles, Véra Figner, Véra Zassoulitch et Sofia Perovskaïa (elle est exécutée) passeront à la postérité et seront célébrées après la révolution de 1917[27]. Les actions menées par les révolutionnaires russes en annoncent d'autres, plus à l'ouest, menées par des anarchistes aux États-Unis, en France, ou en Allemagne.

L'anarcha-féminisme. L'anarcha-féminisme (aussi nommé anarcho-féminisme) ou féminisme libertaire, qui combine féminisme et anarchisme, considère la domination des hommes sur les femmes comme l'une des premières manifestations de la hiérarchie dans nos sociétés. Le combat contre le patriarcat fait donc pour les anarcha-féministes partie intégrante de la lutte des classes et de la lutte contre l'État, comme l'a formulé Susan Brown : « *Puisque l'anarchisme est une philosophie politique opposée à toute relation de pouvoir, il est intrinsèquement féministe.* »[28] Édité en Argentine de 1896 à 1897 (neuf numéros), *La Voz de la Mujer* (*La Voix de la Femme*) est la première publication anarcha-féministe au monde. Sa devise est explicite : « *Ni dios, ni patron, ni marido* » (« *Ni dieu, ni patron, ni mari* »)[29]. La figure de proue en est Virginia Bolten, féministe révolutionnaire et communiste libertaire[30]. Ce n'est pas le premier journal féminin en Amérique latine, mais c'est le premier journal féministe et révolutionnaire au sein de la classe ouvrière. L'idéologie est pour la première fois mise en pratique, en 1936-1939, lors de la révolution sociale espagnole, par l'organisation féminine libertaire *Mujeres Libres* (*Femmes Libres*)[31]. Les anarcha-féministes critiquent certains théoriciens anarchistes traditionnels, comme Pierre-Joseph Proudhon ou Mikhaïl Bakounine, pour avoir

---

26 CANNAC (R.), *Aux sources de la révolution russe : Netchaïev. Du nihilisme au terrorisme*, Paris : Payot, coll. Bibliothèque historique, 1961.

27 DESANTI (D.), « Les donneuses de mort », *in Sorcières : les femmes vivent* [en ligne], 1979, 18, numéro thématique : *La mort*, pp.134-139.

28 FILLIEULE (O.), ROUX (P.), *Le sexe du militantisme*, Presses de Sciences Po, 2009.

29 FINET (H.), *Ni Dieu, ni patron, ni mari : Femmes, ouvrières et anarchistes à Buenos Aires (1890-1920)*, Orthez : Éd. du Temps Perdu, 2009.

30 ROULET (D. DE), *Dix petites anarchistes*, Buchet-Chastel, 2018.

31 NASH (M.), *Femmes Libres : Espagne, 1936-1939*, La pensée sauvage, 1977. – FINET (H.), *Libertarias, Femmes anarchistes espagnoles*, Nada éd., 2017.

minoré le problème du patriarcat, rendu une simple conséquence du capitalisme, ou pour l'avoir soutenu[32].

II. XXe siècle, les femmes inventent une violence féminine

Lorsque les femmes en appellent à la violence. L'Américaine Emma Goldman, emprisonnée à plusieurs reprises pour incitation à l'émeute, s'adresse aux participants d'une réunion de militants et sympathisants, à New York, le 24 juillet 1909 : « *Beaucoup de personnes ont peur de fréquenter les réunions anarchistes parce qu'ils ont peur d'être dynamités. N'est-ce pas idiot d'avoir peur de la violence quand vous y êtes plongés en permanence ? Ces gens ne sont pas effrayés par la violence : seulement de la violence individuelle. Ils n'ont pas d'objections à la guerre, aux répressions policières, à la chaise électrique, et à tous ces ornements de notre système. Aussi longtemps que la violence sera commise au nom de l'État, ils sont satisfaits. En réalité, les anarchistes ne prônent pas la violence. Ils combattent seulement ce qui existe, et il est nécessaire de combattre la violence existante par la violence. C'est la seule façon de parvenir à une paix nouvelle.* »[33] L'histoire retiendra, outre Emma Goldman, que Voltairine de Cleyre, ou encore Rirette Maîtrejean ne rechignaient pas à faire appel à la violence[34]. Ce choix de la violence est parfois opéré pour résister (A), parfois pour militer (B).

A. La violence et les femmes résistantes

Les femmes et la résistance au nazisme. Moins nombreuses que les hommes, les femmes représentent 10 à 16 % des résistants et environ 15 % des déportés politiques[35]. Selon l'historienne Rolande Trempé, leur

---

[32] Proudhon, par exemple, considérait la famille comme une société sous sa forme première, où les femmes avaient la responsabilité de remplir le rôle traditionnel. V. PROUDHON (P.-J.), *La Pornocratie ou Les Femmes dans les temps modernes*, Paris : Librairie internationale, 1875. Il écrit aussi, en janvier 1849, dans *L'Opinion des femmes* : « *La femme ne peut être que ménagère ou courtisane.* »

Daniel Guérin (communiste libertaire et fondateur, avec entre autres Christine Delphy et Françoise d'Eaubonne, du Front homosexuel d'action révolutionnaire) en livre une critique acerbe dans son texte : « Proudhon, un refoulé sexuel », *in Essai sur la révolution sexuelle après Reich et Kinsey*, Paris, Belfond, 1963.

[33] BAUDE (J.), *Emma Goldman : « non à la soumission »*, Actes Sud, 2011.

[34] RAGON (M.), *Dictionnaire de l'anarchie*, Albin Michel, 2008. – Collectif, *Femmes et anarchistes - Voltairine de Cleyre et Emma Goldman*, éd. Black Jack, mars 2014. – BUCCI (L.), « Trois figures de femmes anarchistes à (re)découvrir », sur www.madmoizelle.com [en ligne], publié le 9 novembre 2015.

[35] ANDRIEU (C.), « Les résistantes, perspectives de recherche », dans PROST (A.) (dir.), *La Résistance, une histoire sociale*, Paris : Les Éditions de l'atelier, coll. Mouvement social, 1997. – COUDERT (M.-L.), *Elles, la résistance*, Paris : Messidor, 1983. – SCHWARTZ (P.), « Résistance et différence des sexes », *in* THEBAUD (F.) (dir.), *Résistances et Libérations (France 1940-1945)*, dans *CLIO, Histoire, Femmes et Sociétés*, n° 1, Presses universitaires du Mirail, 1995.

rôle a toutefois été systématiquement sous-estimé[36]. Pourtant il a été primordial[37]. Lucie Aubrac, résistante emblématique, cofondatrice de Libération-Sud, incarne magnifiquement cette résistance féminine armée[38].

La répression des femmes résistantes. Les résistantes et les femmes engagées dans l'action politique font l'objet de mesures d'internement (en France) et de déportation (vers l'Allemagne ou la Pologne), dans des prisons, des bagnes ou des camps de concentration. Les prisons françaises et allemandes (Cologne, Sarrebruck, Deux-Ponts, Neuenkirchen, Saint-Wendel, *etc.*) reçoivent nombre de résistantes et de femmes politiques en détention préventive (*Schutzhaft*)[39]. En Allemagne, les déportées sous statut *Nacht und Nebel* (NN) sont gardées au secret, sans courrier ni colis, les demandes des familles et les investigations de la Croix-Rouge sont vaines. Les prévenues contre qui ont été réunies des preuves suffisantes sont jugées par des tribunaux d'exception, *Sondergerichte* ou *Volksgerichtshof*. Les condamnées à mort sont guillotinées[40]. Les condamnées à mort dont l'exécution a été suspendue et les condamnées aux travaux forcés sont détenues dans des bagnes pour femmes (*Frauenzuchthaus*), tels Lübeck, Jauer, Anrath, Aichach ou Cottbus, en compagnie de prisonnières allemandes de droit commun. Quand le régime NN tombe en désuétude, les condamnées et les prévenues sont mises au camp où elles rejoignent les camarades qui avaient purgé leur peine de prison. En particulier, Ravensbrück compte un effectif entretenu d'environ 5000 Françaises, dont, d'après Germaine Tillion, un tiers de résistantes. D'autres sont

---

36 Danielle Casanova, Lise London, Marie-Claude Vaillant-Couturier, Charlotte Delbo, Germaine Tillion, Touty Hiltermann, Geneviève de Gaulle-Anthonioz, Yvonne Pagniez, Denise Vernay, Anise Postel-Vinay, Jacqueline Pery d'Alincourt, Gilberte Brossolette, Élisabeth et Jeanne Goupille et Marie-Thérèse de Poix (Indre-et-Loire), Ginette Lion-Clément, Yvette Lundy, Fernande Servagnat (Marne), *etc.* V. DEMELAS (M.-D.) (dir.), *Militantisme et histoire*, Toulouse, Presses universitaires du Mirail, 2000, Vingt-quatre contributions et entretien avec Rolande Trempé.

37 TILLION (G.), *Ravensbrück*, Le Seuil, 1946 ; rééd. augm. 1972 et 1988. - SIEDENTOPF (M.), *Parachutées en terre ennemie*, éd. Perrin, 2008. – SKORKA-JACUBERT (R.), *Fringale de vie contre usine à mort*, Le Manuscrit, 2009. – LEVISSE-TOUZE (C.), *Les femmes dans la résistance en France*, Taillandier 2013.

38 GREILSAMER (L.), « Lucie Aubrac, héroïne de la Résistance », *Le Monde* 15 mars 2007. – DOUZOU (L.), *Lucie Aubrac*, éd. Perrin, 2009.

39 RODRIGUE (D.), « Femmes dans la Résistance intérieure française », sur le blog *Les sanglots longs des violons…* [en ligne], publié le 20 janvier 2017.

40 Les femmes condamnées à mort en France ne sont pas exécutées en France. Elles sont transférées dans les prisons allemandes. Neuf ont été guillotinées (Olga Bancic, France Bloch, Marie-Louise Birgy, Suzanne Cointe, Renée Lévy, Suzanne Masson, Émilienne Mopty, Simone Schloss, Gertrud Weisler). Sept sont communistes. Une autre, Renée Lévy, appartient au réseau Hector. La dernière, Suzanne Cointe, fait partie de l'Orchestre Rouge, réseau de renseignement soviétique. V. « Les Résistants guillotinés », sur *familles-de-fusilles.com* [en ligne], consulté le 4 août 2020.

transférées dans des camps annexes, des kommandos d'usines, des camps de travail où les conditions sont les mêmes. Trois trains de déportées ont été envoyés directement de Compiègne à Ravensbrück. De plus, quand le Sipo-SD vide les prisons françaises, à la mi-1944, les internées (politiques, résistantes, otages, de droit commun) sont déportées vers les camps de concentration[41].

Les femmes algériennes et la guerre d'indépendance (1954-1962). Longtemps minimisée, l'implication des Algériennes dans les combats pour la décolonisation de leur pays est aujourd'hui reconnue. 64 ans après le début de la guerre d'Algérie, les photographies de Nadja Makhlouf célèbrent l'engagement des femmes, ces 11 000 *moudjahidate* qui ont mené la lutte pour l'indépendance et pour leur propre liberté[42]. Djamila Bouhired, née en 1935, est une femme militante du FLN, collaboratrice de Yacef Saadi chef de la Zone autonome d'Alger durant la guerre d'Algérie. Elle fait partie des six femmes condamnées à mort pour des actes *terroristes* pendant la guerre d'indépendance. Elle est avec Djamila Bouazza, condamnée à mort le 15 juillet 1957. Cette condamnation donne lieu à une intense campagne médiatique menée par Jacques Vergès et Georges Arnaud. Ils écrivent un manifeste, *Pour Djamila Bouhired*, publié la même année aux Éditions de Minuit[43]. C'est, avec *La Question* de Henri Alleg, l'un des manifestes qui alertent l'opinion publique sur les mauvais traitements et les tortures infligés par l'armée aux combattants algériens. Soutenue par une intense campagne internationale, elle est finalement graciée et libérée en 1962. Après sa libération, elle travaille avec Jacques Vergès – qu'elle épouse en 1965. Que reste-t-il du combat de ces femmes une fois l'indépendance acquise ? Le moins que l'on puisse dire est que l'engagement combattant n'a pas trouvé de prolongement sur le plan du statut personnel des femmes ni sur le plan de leur reconnaissance politique[44].

---

41 THEBAUD (F.) (dir.), *Résistances et Libérations (France 1940-1945)*, dans *CLIO, Histoire Femmes et Sociétés*, n° 1, Presses universitaires du Mirail, 1995. – THIBAULT (L.) (dir.), *Les femmes et la Résistance*, La documentation française, 2006. - PORCU (A.). *Héroïques, Femmes en Résistance*, t. I et II, Lille : Geai Bleu éd., 2007. – LACOUR-ASTOL (C.), *Le genre de la Résistance. La Résistance féminine dans le nord de la France*, Paris : Presses de Sciences Po, coll. Histoire, 2015.

42 TAPIERO (E.), « Nadja Makhlouf photographie les femmes, fatales, combattantes et féministes », sur *onorient.com* [en ligne], publié le 8 mars 2018.

43 ARNAUD (G.), VERGES (J.), *Pour Djamila Bouhired*, Les éditions de Minuit, 1957.

44 AMRANE (D.), *Les femmes algériennes dans la guerre*, Plon, 1991 ; *Des femmes dans la guerre d'Algérie*, Karthala, 1996.

B. La violence et les femmes militantes

Les femmes et les années de plomb. Dans le sillage de la contestation sociopolitique de la fin des années 1960, les démocraties occidentales connaissent une vague de violence révolutionnaire dans laquelle les femmes prennent une grande part. Le climat des années 1970, les stratégies de résistance et les luttes de libération sont propices à la renégociation des rôles masculins et féminins. Les groupes armés d'extrême gauche se caractérisent par un engagement remarquable des femmes[45]. Pendant les années 1970-1980, plusieurs femmes s'engagent dans des cellules terroristes comme Action directe en France, la RAF en Allemagne[46], les Brigades rouges en Italie. La lutte armée au féminin revisite les systèmes de valeurs dans lesquels la violence politique et la violence des femmes sont interdépendantes[47].

Ulrike Meinhof, la lutte armée contre l'ennemi extérieur. Ulrike Marie Meinhof (née le 7 octobre 1934 à Oldenbourg et morte le 9 mai 1976 à Stuttgart) était journaliste avant de devenir l'une des terroristes les plus actives du groupe Fraction armée rouge. La RAF perpétra de nombreux attentats en Allemagne durant les années 1960-1970 principalement contre les représentations du capitalisme américain. Ulrike Meinhof participe à la libération d'Andreas Baader le 14 mai 1970, qui devait se faire sans violence mais dégénère, ainsi qu'à plusieurs sabotages, dont la destruction de l'ordinateur américain chargé de programmer les bombardements du Viêt Nam. Au mois de mai 1972, six attentats sont commis par le groupe Baader-Meinhof contre des installations militaires américaines, mais aussi des tribunaux, des commissariats de police. Une bombe explose dans les locaux des éditions *Springer* à Hambourg, faisant cinq morts et plusieurs dizaines de blessés. Elle est arrêtée le 15 juin 1972 et condamnée à 8 ans de prison le 29 novembre 1974. Le 9 mai 1976, on

---

45 BUGNON (F.), *Les « Amazones de la terreur ». Sur la violence politique des femmes, de la Fraction armée rouge à Action directe*, Payot, 2015.

46 La Fraction armée rouge (allemand : *Rote Armee Fraktion*, également connue sous le sigle RAF) est une organisation terroriste allemande d'extrême gauche se présentant comme un mouvement de guérilla urbaine qui opéra en Allemagne de l'Ouest de 1968 à 1998, contribuant au climat de violence sociale et politique de ce que l'on a appelé les « *années de plomb* ». Elle fut également surnommée bande à Baader ou groupe Baader-Meinhof, du nom de ses leaders historiques, Andreas Baader et Ulrike Meinhof.

47 GUIBET LAFAYE (C.) et FRENOD (A.) (dir.), *Sur la violence politique des femmes, S'émanciper par les armes ?*, Presses Inalco 2019.

retrouve Ulrike Meinhof pendue dans sa cellule à l'aide d'un chiffon déchiré et transformé en corde. L'enquête officielle conclut au suicide[48].

Nathalie Ménigon, la lutte armée contre l'ennemi intérieur. Nathalie Ménigon est née le 28 février 1957 à Enghien-les-Bains[49]. Elle a été impliquée dans des actions terroristes revendiquées par le groupe Action directe (AD). Les cibles d'AD sont françaises. La première action violente se déroule symboliquement le 1er mai 1979, jour de la fête du Travail, alors que défilent les syndicats, Jean-Marc Rouillan à bord d'une voiture avec Nathalie Ménigon mitraille la façade du CNPF, au 31, avenue Pierre-Ier-de-Serbie. Le soir du 1er mai, une dizaine de bombes touchent la banque Rothschild, des agences ANPE, des commissariats de police, des permanences UDF[50]. Après 1982, AD se radicalise en assassinant Georges Besse, patron de Renault, fondateur d'Eurodif, site d'enrichissement nucléaire, auquel avaient participé l'Iran du chah et le général Audran, chargé des ventes d'armes à l'Irak. Arrêtée avec ses complices Jean-Marc Rouillan, Joëlle Aubron et Georges Cipriani, le 21 février 1987 dans une ferme à Vitry-aux-Loges (Loiret), Nathalie Ménigon est reconnue coupable en 1989 d'avoir assassiné le PDG de Renault, Georges Besse (en 1986), et l'ingénieur général, René Audran (en 1985), et est condamnée à la réclusion criminelle à perpétuité[51]. Très diminuée par les séquelles de deux accidents vasculaires cérébraux survenus en détention, elle bénéficie d'une libération conditionnelle depuis le 1er novembre 2011.

Florence Rey, la lutte armée contre un ennemi indéterminé. L'affaire Rey-Maupin est un fait divers qui a eu lieu en région parisienne le 4 octobre 1994. L'épopée sanglante de Florence Rey et Audry Maupin marque les esprits par sa violence et la jeunesse des protagonistes. Après une tentative de braquage de la fourrière de Pantin, le duo prend des otages, et utilise ses armes à feu tuant un chauffeur de taxi et trois policiers. Audry Maupin est lui-même tué lors de l'intervention policière qui conduit à l'arrestation de Florence Rey. La personnalité des membres de ce couple suscita de nombreuses spéculations, alimentées par le silence de Florence Rey. La violence aurait de possibles motivations politiques. Florence Rey

---

48 LACROIX (A.), *Ulrike Meinhof 68-76 RFA*, Rennes : éd. Pontcerq, 2014.

49 « Le portrait de Nathalie Ménigon », sur www.nouvelobs.com [en ligne], publié le 19 juillet 2007.

50 LORRAIN F.-G., « Le jour où Action directe sortit les armes », *Le point* 28 février 2020.

51 DUBUISSON (A.), *Action directe, les premières années, Genèse d'un groupe armé, 1977-1982*, éd. Libertalia, Essai, 2018.

et Audry Maupin ont été présentés comme des révolutionnaires anarchistes ou du moins des militants proches de cette mouvance[52].

Les combattantes en uniforme, les peshmergas. La longue histoire du peuple kurde, marquée par la lutte armée et la mobilisation pour la cause nationale, a amené les femmes kurdes à s'engager en politique et dans les opérations militaires. Les unités de défense de la femme (YPJ) furent mises en place en 2013 à titre de brigade féminine des milices des unités de protection du peuple (YPG)[53]. Les YPJ et YPG sont l'aile armée d'une coalition kurde qui a pris le contrôle *de facto* sur l'essentiel du nord de la Syrie à prédominance kurde dénommé Rojava. Selon *Foreign Policy*, près de 40 % des troupes des unités de protection du peuple (YPG) sont composées de femmes. Le PKK revendique de son côté 15 % de combattantes et selon le *Washington Times*, la moitié des forces du PJAK serait constituée de femmes[54]. D'autres combattent également au sein des Peshmerga du Gouvernement régional du Kurdistan, mais leur nombre n'est pas connu. « *Selon Rusen Aytac, chargé du département des droits de l'homme à l'Institut kurde de Paris : Pour un membre de l'État islamique, il est beaucoup plus difficile de combattre les femmes, car selon eux se faire tuer par une femme équivaut à l'exclusion du Paradis. Dans leur conception, être tué par une femme équivaut à du déshonneur.* »[55]

Les combattantes seins nus, les Femen. Adeptes de la *Naked war* (littéralement, la guerre nue), les Femen, groupe d'activistes femmes créé en Ukraine, mènent une révolution d'un genre nouveau, seins nus. Basés à Kiev, les Femen célèbres pour leurs performances provocatrices en talons aiguilles et court vêtues, dénoncent, pêle-mêle, la prostitution, le recul de la démocratie, les ingérences du voisin russe et les turpitudes des grands de ce monde. Pour faire parler d'elles, depuis 2008, les Femen ont fait preuve d'un sens aigu de la mise en scène. Déguisées en soubrettes ou en boxeuses, elles ont manifesté à Paris, Davos, Minsk et plus récemment

---

52 COUDERC (F.), *Bac+2+Crimes : L'affaire Florence Rey*, éd. Raymond Castells, 1998. – DAGUE (P.), *L'affaire Rey-Maupin*, éd. Édilivre 2014.

53 KODMANI (H.), « Combattantes kurdes, la bataille de l'image », *Libération* 20 septembre 2016.

54 BEGIKHANI (N.), « Les combats des femmes kurdes », *Le Monde diplomatique* février-mars 2020.

55 « *D'un côté, les jihadistes de l'organisation terroriste État islamique (EI) obligent les femmes à porter un voile intégral et leur interdisent de sortir sans être accompagnées. De l'autre, les Kurdes font la promotion de leurs combattantes, cheveux au vent et arme au poing. Deux conceptions qui s'affrontent en ce moment à Kobani, ville kurde de Syrie assiégée par l'EI. Retour sur ces militantes kurdes, vitrine du combat contre les jihadistes.* », COGNE (G.), « Les combattantes kurdes, porte-drapeaux de la lutte contre les jihadistes », sur www.francetvinfo.fr [en ligne], publié le 10 octobre 2014.

à Moscou. À Kiev, aussi, où elles concentrent l'essentiel de leurs actions[56]. Au risque d'être poursuivie pour exhibitionnisme[57], la nudité est devenue la nouvelle arme des féministes[58]. On se souviendra que les amazones coupaient leurs seins pour ressembler aux hommes et pouvoir mieux tirer à l'arc. Les amazones modernes font de leurs seins des flèches[59]. La méthode a le mérite d'être réversible.

Conclusion

L'égalité de crime, l'égalité de gloire. L'optimisme nous pousse à considérer que l'implication croissante des femmes dans la vie publique, fut-elle violente, est un signe marquant de l'égalité croissante entre hommes et femmes. Il y a désormais des soldates et des héroïnes, des criminelles et des terroristes. Le genre n'est évidemment plus un critère, ni de vice ni de vertu[60]. Éros et Thanatos, pulsion de vie et pulsion de mort peuvent germer également d'un cerveau masculin ou féminin. L'égalité de traitement juridique des êtres humains fait désormais abstraction de leur sexe génétique ou anatomique. Égalité en liberté, égalité en responsabilité.

« *Tout ce qui pose sur la terre,*
Renferme dans son sein le foyer d'un volcan. »

Romain Nicolas du Houllay, « Le Mont orgueilleux », *Fables en vers français*, Paris, 1804, p. 95

---

56 BARTHET (E.), « Femen, les activistes aux seins nus », *Le Monde* 22 février 2012. – BARD (C.) : « “Mon corps est une arme”, des suffragettes aux Femen », *Les Temps Modernes* 2014-2, n° 678, pp. 213-240. – « Les FEMEN : retour sur l'histoire du mouvement et son apport », sur www.franceculture.fr [podcast en ligne], émission *Divers aspects de la pensée contemporaine*, épisode diffusé le 11 février 2018.

57 THIERRY (J.-B.), « Contours et détours : l'exhibition sexuelle selon la Cour de cassation », *AJ Pénal* 2020, p. 247.

58 DRYEF (Z.), « Le nu, arme des féministes », *Le Monde* 16 octobre 2017.

59 *T'as jamais vu une femme qui se bat*
Suis-moi
Dans la ville blafarde
Et je te montrerai
Comme je mords, comme j'aboie
Prends garde, sous mon sein la grenade
Sous mon sein là regarde
Sous mon sein la grenade
Prends garde, sous mon sein la grenade [...]

LUCIANI (C.), *La grenade*, Sony, 2018.

60 « *Combattre est d'un soldat ; triompher d'un héros ; pardonner est d'un homme.* » *in* LE BLANC (A.), *Manco Capac*, acte 1, sc. 4, 1763.

Le cadre infractionnel du terrorisme

Sabrina LAVRIC

Maître de conférences en droit privé et sciences criminelles, Institut François Gény (EA 7301), Université de Lorraine

Définir le cadre infractionnel du terrorisme revient à présenter, peu ou prou, le corpus législatif répressif en la matière. Et la tâche n'est pas aisée tant ce corpus est aujourd'hui développé. Seules les grandes lignes en seront ici évoquées de façon à proposer une grille de lecture de notre arsenal législatif répressif en la matière[1].

Notre législation antiterroriste a pour point de départ la loi n° 86-1020 du 9 septembre 1986[2], la première à avoir été adoptée spécifiquement pour tenter d'endiguer cette forme particulière de criminalité. À l'époque, la législation poursuivait une double finalité : conférer aux autorités des pouvoirs plus contraignants et garantir aux victimes une indemnisation[3]. En revanche, elle n'avait pas pour objectif de définir une incrimination spécifique de terrorisme. Ce n'est qu'avec le nouveau Code pénal[4], entré en vigueur en 1994, puis la loi du 22 juillet 1996[5] que les actes de terrorisme sont devenus des infractions à part entière.

---

1 Pour une présentation exhaustive des dispositions en la matière, nous recommandons vivement la consultation des trois rubriques rédigées par le professeur MAYAUD (Y.) au *Rép. Pén. Dalloz*, à savoir v° « Terrorisme – Prévention » (février 2020), « Terrorisme – Infractions » (janvier 2020) et « Terrorisme –Poursuites et indemnisation » (février 2020).

2 L. n° 86-1020 du 9 septembre 1986 relative à la lutte contre le terrorisme, *JORF* 10 septembre 1986, p. 10956

3 *Rép. pén. Dalloz*, v° « Terrorisme – Infractions », par MAYAUD (Y.), n° 7.

4 L. n° 92-686 du 22 juillet 1992 portant réforme des dispositions du Code pénal relatives à la répression des crimes et délits contre la nation, l'État et la paix publique, *JORF* du 23 juillet 1992, p. 9857.

5 L. n° 96-647 du 22 juillet 1996 tendant à renforcer la répression du terrorisme et des atteintes aux personnes dépositaires de l'autorité publique ou chargées d'une mission de service public et comportant des dispositions relatives à la police judiciaire, *JORF* du 23 juillet 1996, p. 11104.

Pour décrire le cadre infractionnel du terrorisme, il convient, dans un premier temps, de préciser la qualification d'infraction terroriste (I) avant d'envisager, dans un second temps, les différentes conséquences attachées à cette qualification (II).

I. La qualification d'infraction terroriste

La qualification d'infraction terroriste est duale en droit français : elle relève soit du terrorisme « *dérivé* » (A) soit du terrorisme « *qualifié* » (B) à proprement parler.

A. Terrorisme dérivé

Il n'existe pas, dans notre droit, une incrimination unique de terrorisme, mais plusieurs infractions de droit commun qui deviennent des infractions terroristes « *lorsqu'elles sont intentionnellement en relation avec une entreprise individuelle ou collective ayant pour but de troubler gravement l'ordre public par l'intimidation ou la terreur* », selon les termes de l'article 421-1 de notre Code pénal.

L'essentiel de cette définition réside dans le mobile de l'auteur : celui-ci doit poursuivre un but précis consistant à « *troubler gravement l'ordre public* », tout en recourant à l'un des deux moyens visés par le texte, à savoir « *l'intimidation ou la terreur* ».

Cette première *dimension* de la qualification d'infraction terroriste peut être qualifiée de « *terrorisme dérivé* »[6], sous-entendu dérivé du droit commun, dès lors que le mobile terroriste vient se greffer en quelque sorte sur des infractions somme toute assez classiques allant des atteintes volontaires à la vie ou à l'intégrité physique d'autrui jusqu'aux infractions de blanchiment et délits d'initiés en passant par les vols, les extorsions, les destructions, dégradations et détériorations.

On peut retenir de ce « *terrorisme dérivé* » que la notion même d'acte de terrorisme est plus large que l'on ne pourrait le supposer de prime abord : le terroriste n'est pas seulement le poseur de bombe (l'auteur direct, celui qui va causer directement la mort, l'atteinte à l'intégrité physique ou les destructions), c'est également celui qui fournit les moyens matériels et/ou financiers pour perpétrer l'attentat (le complice au sens de l'article 121-7 du Code pénal étant alors considéré comme l'auteur d'une infraction autonome).

---

6 MAYAUD (Y.), *Rép. pén. Dalloz*, préc., n°s 11 s.

L'article 421-1 du Code pénal dresse ainsi une liste, extrêmement large, des infractions pouvant être commises dans un but terroriste, qui inclut sept séries de qualifications :

- 1° les atteintes volontaires à la vie, à l'intégrité physique, l'enlèvement et la séquestration ainsi que le détournement d'aéronef, de navire ou de tout autre moyen de transport ;

- 2° les vols, extorsions, destructions, dégradations et détériorations, ainsi que les infractions en matière informatique, définis par le livre III du Code pénal (autrement dit celles qui constituent des atteintes aux biens, à savoir les atteintes aux systèmes de traitement automatisé de données des articles 323-1 à 323-8) ;

- 3° les infractions en matière de groupes de combat et de mouvements dissous définies par les articles 431-13 à 431-17 et les infractions définies par les articles 434-6 (qui incrimine le recel de malfaiteurs qui consiste à « *fournir à la personne auteur ou complice d'un crime ou d'un acte de terrorisme puni d'au moins dix ans d'emprisonnement un logement, un lieu de retraite, des subsides, des moyens d'existence ou tout autre moyen de la soustraire aux recherches ou à l'arrestation* »)[7] et 441-2 à 441-5 (qui incriminent les falsifications de documents publics, détentions de documents falsifiés, faux en écritures publiques, délivrances frauduleuses de documents administratifs) ;

- 4° les infractions en matière d'armes, de produits explosifs ou de matières nucléaires définies par le Code pénal (articles 222-52 à 222-54, 322-6-1 et 322-11-1), le Code de la défense (I de l'article L. 1333-9, les articles L. 1333-11 et L. 1333-13-2, II des articles L. 1333-13-3 et L. 1333-13-4, les articles L. 1333-13-6, L. 2339-2, L. 2339-14, L. 2339-16, L. 2341-1, L. 2341-4, L. 2341-5, L. 2342-57 à L. 2342-62, L. 2353-4, 1° de l'article L. 2353-5 et article L. 2353-13) et le Code de la sécurité intérieure (articles L. 317-7 et L. 317-18 à l'exception des armes de la catégorie D définies par décret en Conseil d'État) ;

- 5° le recel du produit de l'une de ces infractions ;

---

[7] Qualification sous laquelle a par exemple été poursuivi (et condamné en appel le 29 mars 2019) « *le logeur de Saint-Denis* », Jawad Bendaoud, qui, d'après sa page *Wikipédia* (!), est « *connu pour avoir hébergé sans le savoir* (!) *les deux derniers terroristes en fuite à l'origine des attentats du 13 novembre 2015* », v. not. *Dalloz actualité*, 26 janvier 2018, obs. MUCCHIELLI (J.).

On notera qu'une immunité familiale est expressément prévue pour les parents en ligne directe (et leurs conjoints), les frères et sœurs (ainsi que leurs conjoints) de l'auteur ou complice du crime ou de l'acte de terrorisme (1°) ainsi que pour le conjoint de ce dernier ou la personne vivant notoirement en situation maritale avec lui (2°).

- 6° les infractions de blanchiment prévues au chapitre IV du titre II du livre III du Code pénal ;

- 7° les délits d'initié prévus aux articles L. 465-1 à L. 465-3 du Code monétaire et financier.

Que retenir de tout cela ? Que cette liste de l'article 421-1 du Code pénal est assez diversifiée, mais qu'elle est surtout destinée à refléter les différentes facettes que peut revêtir une opération terroriste (de la phase antérieure à l'action – la planification, l'organisation voire la simple *inspiration* – jusqu'à la phase postérieure au passage à l'acte – avec les différentes qualifications de recel qui sont prévues). En outre, s'agissant de la répression et des peines encourues, on notera que le mobile terroriste aggrave automatiquement la peine privation de liberté encourue pour les infractions mentionnées, ainsi que le prévoit l'article 421-3 du Code pénal[8].

À ce terrorisme donc dérivé du droit commun s'oppose un terrorisme autonome ou qualifié cette fois.

B. Terrorisme qualifié

En marge des infractions de droit commun qui « *peuvent* » revêtir la qualification terroriste, il existe des infractions terroristes autonomes, qui caractérisent cette fois un « *terrorisme qualifié* ». Autrement dit, il s'agit cette fois d'incriminations spécifiques, qui sont aujourd'hui assez nombreuses. Au terrorisme écologique, seul visé par le Code pénal de 1992, se sont ajoutées au moins neuf autres qualifications (même si l'une d'entre elles a été invalidée, par deux fois, par le Conseil constitutionnel, à savoir la consultation habituelle de sites provoquant au terrorisme ou en faisant l'apologie[9]).

Se trouvent ainsi incriminés, dans l'ordre du code :

- le *terrorisme écologique ou biologique*, prévu à l'article 421-2,[10] assorti d'une peine de vingt ans de réclusion criminelle et de 350 000 euros

---

8 Celle-ci est portée à : la réclusion criminelle à perpétuité lorsque l'infraction est punie de 30 ans de réclusion criminelle ; 30 ans lorsque l'infraction est punie de 20 ans ; 20 ans lorsque l'infraction est punie de 15 ans ; 15 ans lorsque l'infraction est punie de 10 ans ; 10 ans lorsque l'infraction est punie de 7 ans ; 7 ans lorsque l'infraction est punie de 5 ans ; au double lorsque l'infraction est punie d'un emprisonnement de 3 ans au plus ; V. *infra*.

9 V. *infra*.

10 « *Constitue également un acte de terrorisme, lorsqu'il est intentionnellement en relation avec une entreprise individuelle ou collective ayant pour but de troubler gravement l'ordre public par l'intimidation ou la terreur, le fait d'introduire dans l'atmosphère, sur le sol, dans le sous-sol, dans les aliments ou les composants alimentaires ou dans les eaux, y compris celles de la mer territoriale, une substance de nature à mettre en péril la santé de l'homme ou des animaux ou le milieu naturel.* »

d'amende (et de la réclusion criminelle à perpétuité et de 750 000 euros d'amende lorsqu'il a entraîné la mort d'une ou plusieurs personnes ; art. 421-4) ;

- l'*association de malfaiteurs en relation avec une entreprise terroriste* (« AMT ») de l'article 421-2-1[11], qui date de la loi du 22 juillet 1996[12] et constitue aujourd'hui la *clé de voûte* des infractions en la matière ; pour la participation à un tel groupement ou une telle entente, l'auteur encourt à titre principal dix ans d'emprisonnement et de 225 000 euros d'amende (art. 421-5 al. 1) ; pour la direction ou l'organisation d'une telle entreprise, il s'expose à trente ans de réclusion criminelle et 500 000 euros d'amende (art. 421-5, al. 2) ; ces peines sont respectivement portées à trente ans et 450 000 euros (pour la participation) et à la réclusion criminelle à perpétuité et 500 000 euros (pour la direction) quand le groupement ou l'entente formée a pour objet la préparation d'un ou plusieurs crimes d'atteintes aux personnes visés au 1° de l'article 421-1, d'une ou plusieurs destructions par substances explosives ou incendiaires, visées au 2° de l'article 421-1, dangereuses pour les personnes, ou de l'acte de terrorisme écologique lorsqu'il est susceptible de causer la mort (art. 421-6) ;

- le *financement d'entreprise terroriste* (art. 421-2-2[13]) ; qualification adoptée à la suite des attentats du World Trade Center à New York du 11 septembre 2001[14] et qui expose aux peines des articles 421-5 et 421-6 ;

- la *non-justification de ressources correspondant à son train de vie* (art. 421-2-3[15]), issue de la loi du 18 mars 2003 sur la sécurité intérieure[16] et assortie d'une peine délictuelle de 7 ans d'emprisonnement et 100 000 d'amende ;

---

11 « *Constitue également un acte de terrorisme le fait de participer à un groupement formé ou à une entente établie en vue de la préparation, caractérisée par un ou plusieurs faits matériels, d'un des actes de terrorisme mentionnés aux articles précédents.* »

12 L. n° 96-647 du 22 juillet 1996 préc., art. 3.

13 « *Constitue également un acte de terrorisme le fait de financer une entreprise terroriste en fournissant, en réunissant ou en gérant des fonds, des valeurs ou des biens quelconques ou en donnant des conseils à cette fin, dans l'intention de voir ces fonds, valeurs ou biens utilisés ou en sachant qu'ils sont destinés à être utilisés, en tout ou partie, en vue de commettre l'un quelconque des actes de terrorisme prévus au présent chapitre, indépendamment de la survenance éventuelle d'un tel acte.* »

14 L. n° 2001-1062 du 15 novembre 2001 relative à la sécurité quotidienne, art. 33, *JORF* 16 novembre 2001, p. 18215.

15 « *Le fait de ne pouvoir justifier de ressources correspondant à son train de vie, tout en étant en relations habituelles avec une ou plusieurs personnes se livrant à l'un ou plusieurs des actes visés aux articles 421-1 à 421-2-2, est puni de sept ans d'emprisonnement et de 100 000 euros d'amende.* »

16 L. n° 2003-239 du 18 mars 2003 relative à la sécurité intérieure, art. 45, *JORF* 19 mars 2003, p. 4761.

- le *recrutement d'une personne pour qu'elle participe à une entreprise terroriste ou qu'elle commette un acte terroriste* (art. 421-2-4[17]), qui date de la loi du 21 décembre 2012[18] et expose son auteur à 10 ans d'emprisonnement et 150 000 euros d'amende ;

- l'*incitation parentale à participer à une entreprise terroriste* (art. 421-2-4-1[19]), qui est très récente, car issue de la loi du 30 octobre 2017[20] ; elle concerne directement notre sujet puisqu'elle vise à répondre aux difficultés, signalées par François Molins, alors procureur de Paris, à la commission des lois de l'Assemblée nationale, pour poursuivre des parents qui inciteraient leurs enfants à commettre des actes de terrorisme[21] ; la qualification retenue est assortie d'une peine de 15 ans de réclusion criminelle et d'une amende de 225 000 euros et elle est volontairement large puisqu'elle vise non seulement les parents, mais toute personne ayant autorité sur un mineur ; elle permet en outre un retrait total ou partiel de l'autorité parentale[22] ;

- la *provocation ou l'apologie d'actes de terrorisme* (art. 421-2-5[23]), qui expose à des peines délictuelles de 5 ans d'emprisonnement et 75 000 euros d'amende (7 ans et 100 000 euros pour la provocation ou l'apologie en ligne) ; cette qualification était déjà prévue par l'article 24 de la loi du 29 juillet 1881 sur la liberté de la presse et la loi du 13 novembre 2014[24] l'a

---

17 « *Le fait d'adresser à une personne des offres ou des promesses, de lui proposer des dons, présents ou avantages quelconques, de la menacer ou d'exercer sur elle des pressions afin qu'elle participe à un groupement ou une entente prévu à l'article 421-2-1 ou qu'elle commette un des actes de terrorisme mentionnés aux articles 421-1 et 421-2 est puni, même lorsqu'il n'a pas été suivi d'effet, de dix ans d'emprisonnement et de 150 000 € d'amende.* »

18 L. n° 2012-1432 du 21 décembre 2012 relative à la sécurité et à la lutte contre le terrorisme, art. 3, *JORF* du 22 décembre 2012, p. 20281.

19 « *Le fait, par une personne ayant autorité sur un mineur, de faire participer ce mineur à un groupement formé ou à une entente établie en vue de la préparation, caractérisée par un ou plusieurs faits matériels, d'un des actes de terrorisme mentionnés aux articles 421-1 et 421-2 est puni de quinze ans de réclusion criminelle et de 225 000 € d'amende.* »

20 L. n° 2017-1510 du 30 octobre 2017 renforçant la sécurité intérieure et la lutte contre le terrorisme, art. 10, *JORF* du 31 octobre 2017.

21 Assemblée nationale, débats, XVe législature 2016-2017, 27 septembre 2017, 1re séance, p. 61, cité par MAYAUD (Y.), *Rép. pén. Dalloz* préc. n° 106.

22 V. art. 421-2-4-1 al. 2 ; nous renvoyons à la contribution dédiée.

23 « *Le fait de provoquer directement à des actes de terrorisme ou de faire publiquement l'apologie de ces actes est puni de cinq ans d'emprisonnement et de 75 000 € d'amende. Les peines sont portées à sept ans d'emprisonnement et à 100 000 € d'amende lorsque les faits ont été commis en utilisant un service de communication au public en ligne.* »

24 L. n° 2014-1353 du 13 novembre 2014 renforçant les dispositions relatives à la lutte contre le terrorisme, art. 5, *JORF* 14 novembre 2014, p. 19162.

transférée vers le Code pénal pour la soustraire au droit processuel de la presse[25] ;

- l'*entrave au blocage administratif ou judiciaire de sites Internet faisant l'apologie du terrorisme ou provoquant à de tels actes* (art. 421-2-5-1[26]), punie de 5 ans d'emprisonnement et 75 000 euros d'amende et issue de la loi Urvoas du 3 juin 2016[27] ;

- la *consultation habituelle de sites Internet faisant l'apologie du terrorisme* (art. 421-2-5-2), incrimination assortie d'une peine de 5 ans d'emprisonnement et 30 000 euros d'amende qui a cependant été invalidée par deux fois par le Conseil constitutionnel pour atteinte disproportionnée à l'exercice de la liberté de communication ; le texte initial[28] était issu de la loi Urvoas précitée du 3 juin 2016 et le législateur en avait proposé une nouvelle version[29] avec la loi du 28 février 2017 relative à la sécurité publique ;

---

25 *Rép. pén. Dalloz*, v° « Presse – Procédure », par GUERDER (P.).

26 « *Le fait d'extraire, de reproduire et de transmettre intentionnellement des données faisant l'apologie publique d'actes de terrorisme ou provoquant directement à ces actes afin d'entraver, en connaissance de cause, l'efficacité des procédures prévues à l'article 6-1 de la loi n° 2004-575 du 21 juin 2004 pour la confiance dans l'économie numérique ou à l'article 706-23 du code de procédure pénale est puni de cinq ans d'emprisonnement et de 75 000 € d'amende.* »

27 L. n° 2016-731 du 3 juin 2016 renforçant la lutte contre le crime organisé, le terrorisme et leur financement, et améliorant l'efficacité et les garanties de la procédure pénale, art. 18, *JORF* 4 juin 2016.

28 L. n° 2016-731 préc., art. 18 : « *Le fait de consulter habituellement un service de communication au public en ligne mettant à disposition des messages, images ou représentations soit provoquant directement à la commission d'actes de terrorisme, soit faisant l'apologie de ces actes lorsque, à cette fin, ce service comporte des images ou représentations montrant la commission de tels actes consistant en des atteintes volontaires à la vie est puni de deux ans d'emprisonnement et de 30 000 euros d'amende. [Le présent article n'est pas applicable lorsque la consultation est effectuée de bonne foi, résulte de l'exercice normal d'une profession ayant pour objet d'informer le public, intervient dans le cadre de recherches scientifiques ou est réalisée afin de servir de preuve en justice.* » ; abrogé par Cons. constit. n° 2016-611 QPC du 10 février 2017, *JORF* 12 février 2017 ; *Dalloz actualité* 14 février 2017, obs. GOETZ (D.) ; *D.* 2018. 1344, obs. DEBAETS (E) et JACQUINOT (N.) ; *Rev. sc. crim.* 2018. 75, obs. BEAUVAIS (P.).

29 L. n° 2017-258 du 28 février 2017, art. 24 : « *Le fait de consulter habituellement et sans motif légitime un service de communication au public en ligne mettant à disposition des messages, images ou représentations soit provoquant directement à la commission d'actes de terrorisme, soit faisant l'apologie de ces actes lorsque, à cette fin, ce service comporte des images ou représentations montrant la commission de tels actes consistant en des atteintes volontaires à la vie est puni de deux ans d'emprisonnement et de 30 000 € d'amende lorsque cette consultation s'accompagne d'une manifestation de l'adhésion à l'idéologie exprimée sur ce service. [Constitue notamment un motif légitime tel que défini au premier alinéa la consultation résultant de l'exercice normal d'une profession ayant pour objet d'informer le public, intervenant dans le cadre de recherches scientifiques ou réalisée afin de servir de preuve en justice ou le fait que cette consultation s'accompagne d'un signalement des contenus de ce service aux autorités publiques compétentes.* » ; abrogé par Cons. constit. n° 2017-682 QPC du 15 décembre 2017, *JORF* 16 décembre 2017 ; *Dalloz actualité* 19 décembre 2017, obs. GOETZ (D.) ; *D.* 2018. 97, note MAYAUD (Y.) ; *D.* 2018. 1345, obs. DEBAETS (E.) et JACQUINOT (N.) ; *AJ pénal* 2018. 148, obs. PERRIER J.-B. ;

- l'*entreprise individuelle terroriste* (art. 421-2-6[30]), issue de la loi du 13 novembre 2014 et créée pour prévenir l'éventuel passage à l'acte individuel en réprimant en amont certains actes préparatoires ; l'incrimination, exposant son auteur à une peine de 10 ans d'emprisonnement et de 150 000 euros d'amende (art. 421-5, al. 4), a été *retoquée* par le Conseil constitutionnel au nom du principe de nécessité des délits et des peines[31] ; le législateur a tout récemment modifié à la marge – mais dans le sens de l'extension (!) – la rédaction de cette disposition en y intégrant le fait de « *tenter de* » se procurer des objets ou substances dangereux[32].

Voilà pour la qualification d'infraction terroriste, dont on retiendra qu'elle est plurielle et qu'elle s'articule autour d'un terrorisme dérivé et d'un terrorisme qualifié, dans la volonté de *saisir* tous les aspects de l'action terroriste[33]. Pour garantir la sécurité de tous, le législateur essaie d'anticiper le passage à l'acte en incriminant des comportements en amont de l'*iter criminis* : l'entreprise individuelle terroriste en est certainement la meilleure expression[34]. La lutte contre la propagande djihadiste (*djihad médiatique*) – dont l'efficacité s'est incontestablement développée ces

---

Dr. pénal 2018. Comm. 22, obs. CONTE (P.) ; *Gaz. Pal.* 2018. 419, obs. PIOT (P.), et p. 909, obs. RICHAUD (C.) ; *Rev. sc. crim.* 2018. 75, obs. BEAUVAIS (P.).

30 « *Constitue un acte de terrorisme le fait de préparer la commission d'une des infractions mentionnées au II, dès lors que la préparation de ladite infraction est intentionnellement en relation avec une entreprise individuelle ayant pour but de troubler gravement l'ordre public par l'intimidation ou la terreur et qu'elle est caractérisée par : 1° Le fait de détenir, de se procurer, de tenter de se procurer ou de fabriquer des objets ou des substances de nature à créer un danger pour autrui ; 2° Et l'un des autres faits matériels suivants : a) Recueillir des renseignements sur des lieux ou des personnes permettant de mener une action dans ces lieux ou de porter atteinte à ces personnes ou exercer une surveillance sur ces lieux ou ces personnes ; b) S'entraîner ou se former au maniement des armes ou à toute forme de combat, à la fabrication ou à l'utilisation de substances explosives, incendiaires, nucléaires, radiologiques, biologiques ou chimiques ou au pilotage d'aéronefs ou à la conduite de navires ; c) Consulter habituellement un ou plusieurs services de communication au public en ligne ou détenir des documents provoquant directement à la commission d'actes de terrorisme ou en faisant l'apologie ; d) Avoir séjourné à l'étranger sur un théâtre d'opérations de groupements terroristes.* »

31 Cons. constit. n° 2017-625 QPC du 7 avril 2017, § 17 : « *en retenant au titre des faits matériels pouvant constituer un acte préparatoire le fait de rechercher* […] *des objets ou des substances de nature à créer un danger pour autrui, sans circonscrire les actes pouvant constituer une telle recherche dans le cadre d'une entreprise individuelle terroriste, le législateur a permis que soient réprimés des actes ne matérialisant pas, en eux-mêmes, la volonté de préparer une infraction* ».

32 L. n° 2019-222 du 23 mars 2019 de programmation 2018-2022 et de réforme pour la justice, art. 67, *JORF* du 24 mars 2019.

33 Expliquant que le terrorisme présente une spécificité caractérisée par une finalité (la référence à une entreprise intimidante ou terrifiante) et une intention précises (la volonté de commettre des actes terroristes, c'est-à-dire la volonté de rejoindre une entreprise de déstabilisation sociale), V. MAYAUD (Y.), *op. cit.*, n°s 154 s.

34 V. BRIGANT (J.-M.), « L'entreprise individuelle terroriste, nouvelle arme contre le terrorisme », *in* JACOBS (A.) et FLORE (D.) (dir.), *Les combattants européens en Syrie*, L'Harmattan, p. 107, § 11 spéc.

dernières années – participe d'une telle démarche, avec toutes les difficultés que cela pose[35], au regard des droits et libertés notamment.

Les contours de la qualification étant posés, il convient d'en préciser les conséquences.

II. Les conséquences de la qualification d'infraction terroriste

Les conséquences attachées à la qualification d'infraction terroriste sont multiples. Elles concernent notre organisation judiciaire (A), la procédure pénale (B) ainsi que le régime des peines (C).

A. Conséquences sur l'organisation judiciaire

Le Code de procédure pénale contient un titre XV intitulé « *de la poursuite, de l'instruction et du jugement des actes de terrorisme* » qui débute par un article 706-16 précisant que « *les actes de terrorisme incriminés par les articles 421-1 à 421-6 du Code pénal ainsi que les infractions connexes sont poursuivis, instruits et jugés selon les règles du présent code, sous réserve des dispositions du présent titre* ».

Parmi les dispositions spécifiquement applicables aux infractions terroristes, on mentionnera d'abord la *centralisation possible des procédures à Paris*, prévue à l'article 706-17 qui dispose, dans sa version entrée en vigueur au 1er septembre 2019, que « *pour la poursuite, l'instruction et le jugement des infractions entrant dans le champ de l'article 706-16, le procureur de la République antiterroriste, le juge d'instruction, le tribunal correctionnel et la cour d'assises de Paris exercent une compétence concurrente à celle qui résulte de l'application des articles 43, 52 et 382* »[36]. Le même principe s'applique à l'égard des mineurs (art. 706-17, al. 2).

Ce texte consacre la création d'un *parquet antiterroriste à compétence nationale*, résultant de la loi organique n° 2019-221 du 23 mars 2019 relative au renforcement de l'organisation des juridictions et de la loi n° 2019-222 du 23 mars 2019 de programmation 2018-2022 et de réforme pour la justice[37]. Après la délinquance financière, le législateur a donc estimé que

---

35 Un certain nombre de mesures de prévention sont également mises en œuvre pour lutter contre la radicalisation notamment.

36 Pour la validation de cette compétence concurrente, issue de la L. n° 86-1020 du 9 septembre 1986, V. Cons. constit. 3 septembre 1986, n° 86-213 DC, *JORF* 5 septembre 1986 ; et pour l'articulation de ces compétences locales et nationales, v. art. 706-18 à 706-21 C. pr. pén.

37 V. la circulation de présentation du 1er juillet 2019 (JUSD1919006C, BOMJ 2019-07, 31 juillet 2019).

le terrorisme commandait d'instaurer un parquet spécialisé[38], dont l'action est destinée à être relayée sur tout le territoire de la République à travers les magistrats référents en matière de terrorisme présents au sein de chaque parquet[39], les magistrats délégués à la lutte contre le terrorisme[40] et les assistants spécialisés radicalisation[41].[42] Ainsi le procureur de la République antiterroriste exerce désormais la compétence concurrente jusqu'alors dévolue au ministère public près le tribunal judiciaire de Paris. Le même article 706-17 précise que, « *lorsqu'ils sont compétents pour la poursuite et l'instruction des infractions entrant dans le champ de l'article 706-16, le procureur de la République antiterroriste et le juge d'instruction de Paris exercent leurs attributions sur toute l'étendue du territoire* ». La centralisation possible des poursuites, aujourd'hui entre les mains d'un parquet spécialisé, est évidemment destinée à mieux lutter contre ce type de criminalité.

Concernant les juridictions de jugement, les crimes terroristes relèvent de la compétence d'une *cour d'assises spéciale*, composée de magistrats professionnels uniquement et comprenant, en plus du président, quatre assesseurs en premier ressort et six en appel[43]. L'exclusion des jurés, consacrée dès la loi du 9 septembre 1986, s'explique par la volonté de protéger ces derniers. L'article 706-25 précise désormais que le ministère public y est représenté par le procureur de la République antiterroriste en

---

38 COJ, art. L. 271-1 : « *Sont placés auprès du Tribunal judiciaire de Paris, aux côtés du procureur de la République, un procureur de la République financier et un procureur de la République antiterroriste, dont les attributions sont fixées par le code de procédure pénale* » ; on précisera que les attributions du parquet national antiterroriste s'étendent aux crimes contre l'humanité et crimes de guerre (C. pr. pén., art. 628 s. et 689-11), aux crimes de tortures et de disparitions forcées (C. pr. pén., art. 628-10) ainsi qu'aux infractions relatives à la prolifération d'armes de destructions massives (C. pr. pén., art. 706-168 s.)

39 Depuis une circulaire du 5 décembre 2014 (JUSD1429083C, BOMJ 2014-12, 31 décembre 2014).

40 Créés par L. nº 2019-222 du 23 mars 2019 de programmation 2018-2022 et de réforme pour la justice et présents dans les « *tribunaux judiciaires dans le ressort desquels est susceptible de se trouver une forte concentration de personnes soutenant ou adhérant à des thèses incitant à la commission d'actes de terrorisme* » (COJ, art. L. 213-12) ; dans les tribunaux concernés (Paris, Bobigny, Créteil, Lille, Lyon, Marseille, Nanterre, Pontoise, Versailles, Évry, Nice, Strasbourg et Toulouse), les magistrats délégués se substituent aux magistrats référents et absorbent leurs missions.

41 Créés par circulaire du 13 octobre 2016 (JUSD1629597C, BOMJ 2016-10, 31 octobre 2016).

42 Saisi de la conformité de la création d'un parquet spécialisé à l'objectif de bonne administration de la justice, le Conseil constitutionnel a estimé que « *si le législateur a créé un procureur de la République doté d'une compétence spécifique, il a en tout état de cause prévu des garanties afin de permettre une coordination et une collaboration entre celui-ci et les autres procureurs de la République* » (Cons. constit. 21 mars 2019, nº 2019-778 DC, consid. 320, *JORF* 24 mars 2019).

43 C. pr. pén., art. 706-25. renvoyant à l'art. 698-6 ; pour les mineurs, deux assesseurs sont pris parmi les juges des enfants du ressort de la cour d'appel.

personne ou par ses substituts (le procureur général pouvant, en appel, se faire représenter par ces mêmes personnes)[44].[45]

La centralisation est également prévue et même obligatoire en matière d'application des peines : « *sont seuls compétents le juge de l'application des peines du tribunal judiciaire de Paris, le tribunal de l'application des peines de Paris et la chambre de l'application des peines de la cour d'appel de Paris pour prendre les décisions concernant les personnes condamnées par le tribunal correctionnel, la cour d'assises, le juge des enfants, le tribunal pour enfants ou la cour d'assises des mineurs de Paris statuant en application de l'article 706-17, quel que soit le lieu de détention ou de résidence du condamné* »[46]. Cette *centralisation du contentieux de l'application des peines* auprès de magistrats spécialisés et dotés d'une compétence nationale constitue le prolongement de l'organisation judiciaire en matière antiterroriste et permet notamment une cohérence dans le suivi des condamnés, spécialement au regard des aménagements de peines[47]. Initialement, la centralisation opérait obligatoirement à l'égard de toute personne condamnée pour terrorisme en application de l'article 706-16 du Code de procédure pénale. Mais pour éviter l'engorgement des juridictions parisiennes devant la montée en puissance du contentieux de l'apologie du terrorisme, la loi Urvoas du 3 juin 2016 en a, de façon pragmatique, restreint le champ d'application qui ne concerne désormais que les personnes condamnées par les juridictions parisiennes. Ainsi, celles-ci n'ont plus qu'une compétence concurrente à l'égard des personnes condamnées pour une infraction entrant dans le champ d'application de l'article 706-16 pour laquelle n'a pas été exercée la compétence prévue à l'article 706-17[48]. Une dernière modification résulte de la loi précitée du 23 mars 2019 : le procureur de la République antiterroriste (ou l'un de ses

---

44 Pour la réalité du jugement des terroristes islamistes, v. *Les filières djihadistes en procès. Approche ethnographique des audiences criminelles et correctionnelles (2017-2019)*, décembre 2019, disponible sur www.gip-recherche-justice.fr [en ligne] ; pour une présentation, *Dalloz actualité* 5 février 2020, obs. JANUEL (P.).

45 Pour le jugement des délits, la 16e chambre du tribunal correctionnel de Paris s'est spécialisée, v. rapport préc.

46 C. pr. pén., art. 706-22-1 issu de la L. n° 2006-64 du 23 janvier 2006 relative à la lutte contre le terrorisme et portant dispositions diverses relatives à la sécurité et aux contrôles frontaliers, modifié par la L. n° 2016-731 du 3 juin 2016 renforçant la lutte contre le crime organisé, le terrorisme et leur financement, et améliorant l'efficacité et les garanties de la procédure pénale et la L. n° 2019-222 du 23 mars 2019 de programmation et de réforme pour la justice.

47 MAYAUD (Y.), *op. cit.* n° 76.

48 C. pr. pén., art. 706-22-1, al. 2 ; dans ce cas, leurs décisions sont prises après avis du JAP territorialement compétent (al. 3).

substituts) représente désormais le ministère public auprès des juridictions parisiennes du premier degré[49].

La même loi du 23 mars 2019 a introduit une réforme majeure concernant l'action civile. Elle instaure un article 706-16-1 qui limite l'objet de cette action devant le juge pénal à la mise en mouvement de l'action publique ou au soutien de cette action, à l'exclusion de la réparation du dommage causé par l'infraction, qui ne peut plus être exercée que devant une juridiction civile, par exception à l'article 5 du Code de procédure pénale. Ainsi, lorsqu'une juridiction répressive est saisie d'une demande tendant à la réparation d'un dommage causé par une infraction terroriste, elle doit renvoyer l'affaire devant la juridiction civile compétente, qui se trouve être le tribunal judiciaire de Paris (COJ, art. L. 217-6)[50]. Est ainsi consacrée une centralisation du contentieux de la réparation auprès de la juridiction civile parisienne de premier degré.

Si la qualification terroriste marque de son sceau notre organisation judiciaire, elle est également porteuse de nombreuses conséquences sur la procédure pénale.

B. Conséquences sur la procédure pénale

S'agissant des règles de procédure pénale, la qualification d'infraction terroriste rend applicables toutes les dispositions dérogatoires qui sont prévues en matière de délinquance et de criminalité organisées, puisque les crimes et délits constituant des actes de terrorisme sont expressément visés au 11° de l'article 706-73 du Code de procédure pénale. Cette appartenance *débloque* toute une série d'instruments procéduraux spécifiques[51] destinés à faciliter la constatation des infractions et l'identification des auteurs (l'application de toute la « *procédure pénale* bis, ter, quater, etc. »[52] , qui ne cesse de s'étoffer d'ailleurs). En outre, s'ajoutent, en matière terroriste, des pouvoirs d'investigation supplémentaires, de l'idée que l'extrême gravité de ces actes (plus

---

[49] C. pr. pén., art. 706-22-1, al. 5.

[50] C. pr. pén., art. 706-16-1, al. 3, en vigueur depuis le 1er avril 2019.

[51] Enquête sous pseudonyme (C. pr. pén., art. 230-46), surveillance (art. 706-80), « *laisser faire* » (art. 706-80-1) et livraison (art. 706-80-2), infiltration (art. 706-81 s.), écoutes téléphoniques et électroniques (art. 706-95), sonorisation et fixation d'images (art. 706-96), captation de données informatiques (art. 706-102-1 s.), accès aux correspondances électroniques stockées (art. 706-95-1 s.), recueil des données techniques de connexion (art. 706-95-20).

[52] LAZERGES (C.) et HENRION-STOFFEL (H.), « Le déclin du droit pénal : l'émergence d'une politique criminelle de l'ennemi », *Rev. sc. crim.* 2016, p. 649.

dangereux encore que la criminalité organisée *ordinaire*) justifie l'application de règles spécifiques complémentaires.

Parmi celles-ci, on mentionnera, pêle-mêle :

- La possibilité, introduite par la loi du 23 janvier 2006, de garder à vue un suspect jusqu'à 144 heures (par le biais d'une prolongation exceptionnelle de la *garde à vue*, au-delà du délai de 96 heures applicable en matière de criminalité organisée, de deux fois 24 heures, autorisée par le seul juge des libertés et de la détention « *s'il ressort des premiers éléments de l'enquête ou de la garde à vue elle-même qu'il existe un risque sérieux de l'imminence d'une action terroriste en France ou à l'étranger* »), avec une intervention de l'avocat reportée à la 96e et la 120e heures (art. 706-88-1)[53] ;

- La possibilité de procéder à des *perquisitions* de nuit de locaux d'habitation, y compris en enquête préliminaire, « *en cas d'urgence* » et « *lorsque leur réalisation* [...] *est nécessaire afin de prévenir un risque d'atteinte à la vie ou à l'intégrité physique* »[54] ;

- La possibilité pour les officiers et agents de police judiciaire spécialisés dans la lutte contre le terrorisme d'accomplir dans l'urgence, sur décision spéciale et motivée du procureur de la République, toute une série d'actes relevant de la compétence du juge d'instruction (surveillance, infiltration, écoutes téléphoniques et électroniques, accès aux correspondances électroniques stockées, recueil des données techniques de connexion, sonorisation et fixation d'images, captation de données informatiques), ainsi que des mesures de géolocalisation dynamique[55], pour une durée ne pouvant excéder 48 heures ; ce dispositif, issu de la loi Urvoas du 3 juin 2016, a récemment été *déspécialisé* par l'effet de la loi du 23 mars 2019 qui a étendu les *techniques spéciales d'investigation* susvisées au cadre de l'enquête (sur une infraction entrant dans le champ des art. 706-

---

[53] Pour la validation de ce dispositif de prolongation exceptionnelle de la durée de la garde à vue pour protéger la sécurité des personnes et des biens contre une menace terroriste imminente et précisément identifiée, au regard des articles 9 de la DDHC et 66 de la Constitution, V. Cons. constit. 22 septembre 2010, décis. n° 2010-31 QPC, *Rev. sc. crim.* 2011. 139, obs. GIUDICELLI ; *Rev. sc. crim.* 2011. 165, obs. DE LAMY ; *Dr. pénal* 2011. 7, obs. LESCLOUS ; *Dr. pénal* 2012. 1, obs. GEORGET.

[54] Art. 706-90, al. 2, pour l'enquête et 706-91, 4° pour l'instruction, issus de la L. n° 2016-731 3 juin 2016.

[55] L. n° 2017-1510 du 30 octobre 2017 renforçant la sécurité intérieure et la lutte contre le terrorisme, art. 7, *JORF* 31 octobre 2017.

73 et 706-73-1)[56] et donc créé une nouvelle disposition permettant la poursuite des investigations en cours en cas d'ouverture d'une information judiciaire pour un crime ou un délit puni d'au moins 3 ans d'emprisonnement[57].

- La possibilité de maintenir en *détention provisoire* un mis en examen pour crime pour une durée pouvant aller jusqu'à 4 ans (art. 145-2 al. 2), voire 8 mois supplémentaires « *à titre exceptionnel, lorsque les investigations du juge d'instruction doivent être poursuivies et que la mise en liberté de la personne* [...] *causerait pour la sécurité des personnes et des biens un risque d'une particulière gravité* » (art. 145-2, al. 3, cette prolongation exceptionnelle de deux fois 4 mois étant décidée par la chambre de l'instruction). On signalera également que les délits terroristes ont été soustraits du droit commun de l'article 145-1 en matière de détention provisoire pour relever d'une disposition spécifique. Ainsi, l'article 706-24-3 prévoit que la durée de la détention provisoire ne peut excéder six mois, renouvelables dans la limite de 2 ans, voire 3 ans pour ce qui concerne le délit de l'article 421-2-1 du Code pénal – c'est-à-dire la fameuse AMT[58].

On signalera encore quelques particularités telles que :

- L'existence d'une *compétence extraterritoriale* tout à fait originale – à mi-chemin entre une compétence réelle et une compétence personnelle – des juridictions françaises pour poursuivre et juger les « *crimes et délits qualifiés d'actes de terrorisme* [...] *commis à l'étranger par un Français ou par une personne résidant habituellement sur le territoire français* »[59] ;

- L'application d'un délai de *prescription de l'action publique* dérogatoire, qui est de 30 ans pour les crimes[60] et de 20 ans pour les délits[61], à l'exception de l'apologie du terrorisme et de feue la consultation habituelle des sites de propagande djihadiste ;

---

56 Nouveau C. pr. pén., art. 706-95-11 s. ; on notera que le Conseil constitutionnel a refusé l'extension de ces techniques spéciales aux crimes de droit commun, Cons. constit. 21 mars 2019 n° 2018-778 DC, n° 165.

57 Art. 706-24-2 abrogé par la L. 23 mars 2019, art. 53 ; v. C. pr. pén., art. 80-5.

58 V. *supra*.

59 C. pén., art. 113-13 issu de la L. n° 2012-1432 du 21 décembre 2012 ; V. BRACH-THIEL (D.), « Le nouvel article 113-13 du Code pénal : contexte et analyse », *AJ pénal* 2013, p. 90.

60 C. pr. pén., art. 7, al. 2.

61 C. pr. pén., art. 8 *in fine*.

- L'existence de dispositions favorables à l'*action civile des associations* de défense des victimes du terrorisme, qui soustraient notamment ces dernières à la condition d'existence depuis au moins 5 ans[62] ;

- L'existence, depuis 1986, d'un *fonds de garantie* des victimes françaises d'actes de terrorisme commis en France ou à l'étranger, dont la compétence a été étendue aux victimes d'infractions de droit commun justifiant d'une atteinte à la personne (FGTI)[63].

Voilà pour les particularités procédurales les plus saillantes applicables aux infractions terroristes. Reste pour finir à évoquer les conséquences de la qualification terroriste sur le régime des peines.

C. Conséquences sur le régime des peines

S'agissant des peines principales encourues, une aggravation automatique est prévue pour le terrorisme dérivé : ainsi, la commission d'une infraction de droit commun dans un but terroriste entraîne l'application des peines principales se trouvant un niveau au-dessus dans l'échelle des peines (si une peine de 30 ans de réclusion criminelle est encourue pour l'infraction de droit commun, la même infraction commise dans un but terroriste fera encourir la réclusion criminelle à perpétuité à son auteur), et l'emprisonnement est doublé pour tout emprisonnement de 3 ans au plus[64].

Différentes peines complémentaires sont encourues (l'interdiction des droits civiques, l'interdiction d'exercer, l'interdiction de séjour) et leur durée est augmentée par rapport au droit commun[65]. Une confiscation spéciale ou générale peut être prononcée[66].

---

62 C. pr. pén., art. 2-9, al. 2 modifié par L. 3 juin 2016 ; sur l'action civile, v. nouveau C. pr. pén., art. 706-16-1.

63 Art. 706-3 s. ; est affecté à ce fonds le produit des sanctions financières ou patrimoniales prononcées à l'encontre des personnes reconnues coupables d'actes de terrorisme (C. pén., art. 422-7).

64 C. pén., art. 421-3, v. *supra* note 6.

65 C. pén., art. 422-3 (15 ans en cas de crime et 10 ans en cas de délit pour l'interdiction des droits civiques ; 10 ans pour l'interdiction temporaire d'exercer ; 15 ans en cas de crime et 10 ans en cas de délit pour l'interdiction de séjour).

66 C. pén., art. 422-6.

Enfin, le délai de prescription de la peine est également dérogatoire et allongé : il est de 30 ans (au lieu de 20) pour les crimes[67] et de 20 ans (au lieu de 6) pour les délits[68].

***

Pour contrer une menace terroriste protéiforme et profondément évolutive, le législateur français a multiplié les textes depuis la loi fondatrice de 1986.

Le cadre infractionnel du terrorisme tel qu'il vient d'être esquissé fait apparaître une spécificité qui, aujourd'hui, est double : à la fois processuelle et substantielle.

Il en ressort une volonté d'incriminer *ante delictum* pour prévenir le passage à l'acte, en dotant les enquêteurs d'outils procéduraux adaptés pour traquer les auteurs potentiels. Les qualifications pénales viennent alors compléter le panel de mesures de prévention qui se sont également développées en la matière sur ces dernières décennies[69].

Mais la démarche – dont on pourrait interroger à la fois le bien-fondé et la *méthode* consistant bien souvent à réagir à vif à un évènement tragique – trouve assurément ses limites. Le Conseil constitutionnel a eu l'occasion de le rappeler au législateur concernant le délit-obstacle de l'article 421-2-6 (entreprise individuelle terroriste) en s'appuyant sur le principe de nécessité des délits et des peines[70]. De même, le délit de consultation habituelle des sites de propagande djihadiste s'est heurté, par deux fois, au droit à la liberté de communication[71].

Finalement, le législateur ne devrait pas perdre de vue ce qui fait la spécificité de la qualification terroriste – la référence à une entreprise intimidante ou terrifiante et la volonté de rejoindre cette entreprise de déstabilisation sociale[72] – pour éviter d'incriminer des comportements qui ne seraient pas « *en relation immédiate avec la commission de l'acte terroriste* », comme le Conseil constitutionnel l'avait déjà énoncé en 1996 à propos de

---

67 C. pén., art. 133-2.

68 C. pén., art. 133-3.

69 V. *Rép. pén. Dalloz*, par MAYAUD (Y.), v° « Terrorisme – Prévention » (février 2020).

70 V. *supra*.

71 V. *supra*.

72 MAYAUD (Y.), préc.

l'aide à l'entrée, à la circulation ou au séjour irréguliers d'un étranger[73], que le législateur de l'époque avait voulu ajouter à la liste des actes de terrorisme de l'article 421-1[74].

La remarque vaut également pour le juge. Le Conseil constitutionnel a ainsi récemment jugé sur QPC que le recel d'apologie du terrorisme, consacré par la chambre criminelle par combinaison des articles 321-1 et 421-2-5 du Code pénal[75] pour sanctionner la détention, en toute connaissance de cause, de fichiers ou de documents caractérisant l'apologie d'actes de terrorisme, lorsque cette détention s'accompagne d'une adhésion à l'idéologie exprimée dans ces fichiers ou documents, portait à liberté d'expression et de communication une atteinte qui n'était pas nécessaire, adaptée et proportionnée, notamment parce que l'incrimination « *n'exige pas que l'auteur du recel ait la volonté de commettre des actes terroristes ou d'en faire l'apologie* »[76].

« *Tout n'est pas terrorisme* », en quelque sorte, d'autant plus que les enjeux liés à cette qualification sont, on les a vus, majeurs, que ce soit du point de vue des techniques d'investigation possibles que des peines encourues[77].

Une même prudence semble s'imposer *post sententiam*. On en veut pour preuve la plus récente encore décision DC du Conseil constitutionnel du 7 août 2020[78] par laquelle celui-ci a censuré des dispositions de la loi instaurant des mesures de sûreté à l'encontre des auteurs d'infractions terroristes à l'issue de leur peine. La mesure de sûreté en cause, telle qu'adoptée par le Parlement, devait s'appliquer à la personne condamnée pour terrorisme (à l'exclusion du délit d'apologie de l'art. 421-2-5), à au moins 5 ans d'emprisonnement (3 ans en cas de récidive) et présentant, à l'issue de sa peine, « *une particulière dangerosité caractérisée par une probabilité très*

---

73 Art. 21 de l'ord. du 2 novembre 1945 relative aux conditions d'entrée et de séjour des étrangers en France, devenu art. L. 622-1 du CESEDA ; pour la comparaison – pertinente – avec l'entreprise terroriste individuelle, V. BRIGANT (J.-M.), préc.

74 Cons. constit. 16 juillet 1996, décision n° 96-377 DC, *JORF* 23 juillet 1996, p. 11108 : « *l'article 21 incrimine non pas des actes matériels directement attentatoires à la sécurité des biens ou des personnes, mais un simple comportement d'aide directe ou indirecte à des personnes en situation irrégulière* » (§ 8).

75 Cass. crim. 7 janvier 2020, n° 19-80.136, *Dalloz actualité*, 5 février 2020, obs. LAVRIC (S.) ; *D.* 2020. 312, note ROETS (D.) ; *Légipresse* 2020. 81 et les obs. ; *ibid.* 238, étude FIORINI (B.) ; 24 mars 2020, *Dalloz actualité*, 29 avril 2020, obs. RECOTILLET (M.).

76 Cons. constit. 19 juin 2020, n° 2020-845 QPC, § 24, *Dalloz actualité* 26 juin 2020, obs. GOETZ (D.).

77 Pour le recel d'apologie du terrorisme, l'auteur pouvait d'ailleurs encourir les peines propres au recel commis de façon habituelle ou en bande organisée, à savoir 10 ans d'emprisonnement et 750 000 euros d'amende.

78 Cons. constit. 7 août 2020, décision n° 2020-805 DC.

élevée de récidive et par une adhésion persistante à une idéologie ou à des thèses incitant à la commission d'actes de terrorisme » et imposant des obligations ou interdictions particulières aux fins de prévenir sa récidive. Ordonnée par la juridiction régionale de la rétention de sûreté de Paris ou, pour les mineurs, par le tribunal pour enfants de Paris, la mesure devait être prise au vu d'un avis motivé de la commission pluridisciplinaire des mesures de sûreté, chargée d'évaluer la dangerosité, pour une durée maximale d'un an, renouvelable dans la limite, selon la nature délictuelle ou criminelle de l'infraction, de 5 ou 10 ans pour les majeurs et de 3 et 5 ans pour les mineurs.

Dans sa décision, le Conseil énonce que « *s'il est loisible au législateur de prévoir des mesures de sûreté fondées sur la particulière dangerosité, évaluée à partir d'éléments objectifs, de l'auteur d'un acte terroriste et visant à prévenir la récidive de telles infractions, c'est à la condition qu'aucune mesure moins attentatoire aux droits et libertés constitutionnellement garantis ne soit suffisante pour prévenir la commission de ces actes et que les conditions de mise en œuvre de ces mesures et leur durée soient adaptées et proportionnées à l'objectif poursuivi* » (§ 14). Or, le Conseil estime que cette exigence n'a pas été respectée[79], s'agissant d'une mesure qui vient s'ajouter à celles existant et visant à prévenir la récidive des infractions les plus graves, telles que le suivi socio-judiciaire[80], la surveillance judiciaire[81], la rétention de sûreté[82], la surveillance de sûreté[83] et l'inscription au fichier judiciaire national automatisé des auteurs d'infractions terroristes[84], ainsi qu'aux mesures individuelles de contrôle administratif et de surveillance visant à prévenir la commission d'actes de terrorisme (§ 13). Si le législateur est bien fondé à vouloir prévenir la commission d'actes terroristes, il est ici sévèrement rappelé au principe de nécessité qui devrait toujours l'inspirer…

---

[79] Assurément, la *cote* de cette mesure de sûreté était mal taillée puisque : la mesure porte atteinte à la liberté d'aller et de venir, au droit au respect de la vie privée et au droit de mener une vie familiale normale ; elle est trop rigoureuse au regard de sa durée ; elle peut être prononcée dès que la partie ferme de la peine est au moins égale à trois mois d'emprisonnement ; il n'est pas exigé que la personne ait pu bénéficier de mesures favorisant la réinsertion ni que la dangerosité soit corroborée par d'autres éléments en cas de renouvellement (§§ 15-19).

[80] Art. 763-1 s.

[81] Art. 723-29 s.

[82] Art. 706-53-13 s.

[83] Art. 706-53-19

[84] Art. 706-25-3 s.

Le rôle des femmes et des mineurs dans les organisations terroristes internationales : quelle appréhension juridique ?

Julia BURCHETT

Doctorante en droit public, Université de Grenoble

La participation de femmes et de mineurs à des organisations terroristes internationales n'est pas un phénomène nouveau bien qu'il reste minoritaire. Il est vrai que cette thématique a reçu une attention particulière dans le contexte actuel marqué par la situation de femmes et d'enfants désireux de retourner dans leurs pays d'origine, après avoir séjourné sur les territoires contrôlés par l'organisation terroriste dite État islamique (ci-après « l'EI »). L'implication de femmes et de mineurs au sein des organisations terroristes ne saurait toutefois être limitée à la seule situation de celles et ceux ayant séjourné sur une zone de conflits. Elle soulève la question sous-jacente des actes susceptibles d'être imputés à ces deux catégories de personnes, habituellement réputées vulnérables.

Il convient de préciser au préalable ce que l'on entend par organisation terroriste. La nature terroriste d'une organisation s'avère être un élément déterminant pour établir une forme de participation punissable au sein de celle-ci. En droit français, l'infraction d'association de malfaiteurs en relation avec une entreprise terroriste (ci-après « AMT ») permet de réprimer le fait de participer à un groupe terroriste[1] à condition que soit caractérisée la nature terroriste d'une entente ou d'un groupement. S'il

[1] V. C. pén. français, art. 421-2-1.

n'existe pas de liste nationale des organisations classées comme telles[2], la directive européenne (UE) 2017/541 relative à la lutte contre le terrorisme, ayant vocation à s'appliquer à la matière pénale, définit la notion de groupe terroriste comme « *l'association structurée de plus de deux personnes, établie dans le temps et agissant de façon concertée en vue de commettre des infractions terroristes* »[3]. Parmi les groupes terroristes sur lesquels l'attention se fixe à l'heure actuelle et qui possèdent une force d'attraction internationale, al-Qaïda et l'État islamique se démarquent, même s'il en existe beaucoup d'autres. La présente contribution se concentrera principalement sur le rôle de femmes et de mineurs au sein de ces deux groupes, ce qui n'exclut pas que des références puissent être faites à d'autres organisations terroristes.

Poser un regard juridique sur le rôle des femmes et des mineurs au sein des organisations terroristes requiert de déplacer l'attention sur les actes de participation qui ont pu leur être reprochés. Appréhender le rôle des femmes et des mineurs par ce biais ne peut toutefois n'en donner qu'une vision incomplète, limitant le champ de l'analyse à celles ou ceux qui ont été judiciairement appréhendés, et ce, dans la mesure des sources accessibles. Ce travail s'appuiera principalement sur une analyse de sources jurisprudentielles, afin d'offrir des exemples concrets et représentatifs de la diversité des rôles assignés aux femmes et aux mineurs par l'organisation terroriste en question. Cette analyse sera en outre complétée par des rapports ayant permis de documenter les différentes fonctions exercées au profit des groupes terroristes actifs à l'échelle internationale. Sans prétendre à une analyse exhaustive, l'objectif de cette contribution sera de mettre à jour les différentes formes de contribution que les femmes et les mineurs ont pu apporter au sein des organisations terroristes précitées, à la lumière des qualifications juridiques qui leur sont applicables. Dans la mesure où la plupart des rôles que nous avons identifiés ont pu être appréhendés sous l'infraction d'AMT, qui permet de réprimer de nombreux actes contributifs, y compris lorsqu'ils sont le fruit de femmes et de mineurs, la présente contribution se concentrera principalement sur des faits revêtant une telle qualification sans nous interdire de faire des

---

[2] Il existe des listes noires établies par l'ONU et par l'UE à des fins de mesures administratives de gel d'avoir et de confiscation. Dans la pratique judiciaire de plusieurs États membres, si l'inscription d'un groupe classé comme terroriste sur une liste internationale peut être prise en compte, elle n'est toutefois pas considérée comme déterminante pour prouver la nature terroriste du groupement en cause.

[3] Directive (UE) 2017/541 du Parlement européen et du Conseil du 15 mars 2017 relative à la lutte contre le terrorisme et remplaçant la décision-cadre 2002/475/JAI du Conseil et modifiant la décision 2005/671/JAI du Conseil, *JOUE*, L 88/6, 31 mars 2017.

rapprochements avec d'autres infractions ou d'établir des comparaisons avec les législations d'autres États.

Outre la diversité des formes de participation susceptibles d'être appréhendées sous cette qualification juridique, cette recherche s'attachera à faire ressortir quelques grandes tendances observées en droit pénal. Les faits pour lesquels certaines femmes et certains mineurs ont pu être appréhendés pénalement serviront notamment à illustrer l'orientation de plus en plus préventive que prennent les législations pénales de plusieurs États. Loin d'être une tendance nouvelle, il sera démontré que des actes *a priori* anodins et éloignés du passage à l'acte terroriste lui-même sont susceptibles d'être couverts au titre des activités de participation à une organisation terroriste. Cette tendance sera par ailleurs examinée à la lumière de certaines considérations propres à la situation des femmes et des mineurs. Si la participation des femmes pose la question du degré de leur engagement au sein des groupes terroristes (I), les préoccupations relatives à la participation des mineurs portent davantage sur leur vulnérabilité, qui les place bien souvent sous un double statut de participant et de victime (II).

I. Les femmes : une contribution de plus en plus active ?

La participation de femmes à des groupes terroristes n'est pas un phénomène récent et concerne différents types de mouvances, qui ne sont pas exclusivement liées au terrorisme d'inspiration islamiste[4]. Dès les années 1970-80, les groupes terroristes d'extrême gauche, comptaient dans leurs rangs des femmes, dont certaines occupaient des fonctions de combattantes, à l'image d'Ulrike Meinhof, intellectuelle et journaliste allemande, présentée comme l'une des terroristes les plus actives du groupe Fraction armée rouge[5]. Même s'il est reconnu que les organisations terroristes de tous types comptent majoritairement des hommes parmi leurs membres, l'on trouve des exemples de femmes ayant joué un rôle de premier plan au sein de groupes terroristes internationaux, des brigades rouges jusqu'à Daesh en passant par l'IRA et l'ETA[6]. Plus récemment, un

---

[4] V. not. DUPRE (B.), BENRAÏS (L.), « Le rôle des femmes dans la radicalisation des hommes et les opérations-suicide à "conjuguer" au féminin : retour aux sources et évolutions, Conférence-débat dans les locaux de l'Académie Diplomatique Internationale », *in* GROSJEAN (A.) (dir.), *Le statut des femmes et l'état de droit*, Bruylant, 2018, p. 183 et s.

[5] CAMPANA (A.), *L'impasse terroriste - Violence et extrémisme au XXIe siècle*, éd. Multimondes, Montréal, 2018.

[6] V. CRAGIN (R. K.), DALY (S. A.), *Women as Terrorists: Mothers, Recruiters, and Martyrs*, ABC-CLIO, LLC, 2009.

rapport statistique de l'ONU sur les dimensions de genre dans les ripostes pénales au terrorisme[7] indique que le nombre de femmes arrêtées pour des infractions en lien avec le terrorisme djihadiste en Europe a connu une augmentation significative depuis 2014. Une observation confirmée par le pôle antiterroriste du TGI de Paris qui constate une part croissante de femmes, souvent jeunes, mises en cause dans les procédures traitées[8]. Cette tendance s'expliquerait à la fois par l'accroissement du nombre de femmes participant à des activités en lien avec le terrorisme, et par le fait que les agents de détection et de répression et les acteurs de la justice pénale connaissent de mieux en mieux le rôle des femmes dans le terrorisme[9]. Le nombre significatif de procédures concernant des femmes peut aussi s'expliquer par l'orientation de plus en plus préventive que prennent les législations antiterroristes dans la mesure où celles-ci permettent d'appréhender de plus nombreux comportements situés bien en amont de l'acte terroriste lui-même.

Globalement, il ressort que les femmes endossent des rôles hétérogènes, allant d'une participation active aux combats (A), laquelle peut se matérialiser dans les zones de conflits comme à distance, à un simple soutien à ceux engagés dans des opérations terroristes (B). Dans certaines organisations, la participation active des femmes contraste avec la fonction domestique à laquelle elles sont traditionnellement cantonnées. Il est plus particulièrement fait référence aux femmes ayant rejoint l'organisation de l'EI, au sujet desquelles un consensus émerge à l'échelle européenne pour considérer que celles-ci jouent un rôle significatif, contribuant activement au développement de l'organisation et à l'expansion de son influence, et qu'elles sont aussi dangereuses que les hommes, contrairement à ce qui a pu être estimé dans un premier temps. Cette évolution vient contrecarrer l'idée que l'empathie féminine n'est nullement compatible avec la violence extrême.

A. Participation en qualité de combattante (potentielle)

La participation en qualité de combattante est ici appréhendée au sens large, dans le sens où elle inclut des formes de participation au combat aboutissant à des actes violents, mais aussi des formes de participation

---

[7] ONUDC, *Manuel sur les dimensions de genre dans les ripostes pénales au terrorisme*, Vienne, 2019, p. 32 [en ligne].

[8] Entretien avec David DE PAS, juge d'instruction au pôle antiterroriste (TGI de Paris), entretien réalisé le 16 février 2017 à Paris, *Les cahiers de la justice*, 2017, p. 265.

[9] ONUDC, *Manuel sur les dimensions de genre dans les ripostes pénales au terrorisme*, Vienne, 2019, *op. cit.*, p. 32.

témoignant d'une propension au combat, notamment par le fait de recevoir un entraînement au maniement des armes.

Les formes les plus emblématiques de femmes combattantes sont illustrées par celles qui sont impliquées dans des attaques suicides. Bien que décrit comme un phénomène minoritaire, il existe des exemples d'attentats-suicides perpétrés par des femmes que ce soit de manière volontaire ou sous la contrainte. Au Proche-Orient, la première femme à commettre un attentat-suicide est une Libanaise de 16 ans[10] dont l'exemple sera ensuite reproduit par de nombreuses organisations à l'échelle mondiale[11]. Il existe également des exemples de femmes kamikazes originaires de pays occidentaux, comme la ressortissante belge Muriel Degauque, convertie à l'islam et morte dans un attentat-suicide le 9 novembre 2005. Ce fut le seul cas répertorié d'une femme d'origine européenne menant une opération-suicide sur le terrain moyen-oriental[12]. Dans ces cas de figure, la question du chef d'infraction ne se pose pas du fait que les auteures meurent systématiquement des suites de leurs actions. Il ne fait néanmoins aucun doute que ce type d'action entrerait aisément sous la qualification d'infraction terroriste[13].

En ce qui concerne les groupes terroristes contemporains, il ressort de plusieurs rapports que les fondements idéologiques concernant le statut des femmes au sein de l'organisation de l'EI ont évolué entre 2014 et 2018 aux fins de les autoriser dans certaines circonstances à participer à des activités de combat, notamment pour des raisons tactiques[14]. Cette évolution dans le sens d'un rôle plus actif confié aux femmes contraste avec le principe qui prévaut au sein des organisations djihadistes, suivant

---

10 V. en ce sens LAHNAIT (F.), « Femmes kamikazes ou le jihad au féminin », *Centre Français de Recherche sur le Renseignement – Cf2R*, Tribune libre n° 46, mai 2014, p. 1.

11 Pour des exemples d'attaques suicides marquantes commises par des femmes, v. LAHNAIT (F.), *op. cit.*, p. 1 et s.

12 DUPRE (B.), BENRAÏS (L.), *op. cit.*, p. 193. Pour une analyse biographique, v. également DE STOOP (C.), *La guerre sainte de Muriel. Le récit d'une kamikaze occidentale*, éd. Mols, 2014.

13 La législation de l'UE impose aux États membres d'ériger en infractions terroristes un certain nombre d'actes, y compris les actions constituant une atteinte à la vie d'autrui, l'enlèvement ou la prise d'otage ou encore « *le fait de causer des destructions massives* […] *susceptibles de mettre en danger des vies humaines* […] ». V. art. 3 de la directive (UE) 2017/541 du Parlement européen et du Conseil du 15 mars 2017 relative à la lutte contre le terrorisme et remplaçant la décision-cadre 2002/475/JAI du Conseil et modifiant la décision 2005/671/JAI du Conseil, *JOUE*, L 88/6, 31 mars 2017.

14 ONUDC, *Manuel sur les dimensions de genre dans les ripostes pénales au terrorisme*, *op. cit.*, p. 35 . – Europol, TE-SAT report (EU Terrorism Situation and Trend Report), 2019, p. 40.

lequel les femmes sont exclues du statut de combattant[15]. Le statut de martyr (*shahid*) est généralement réservé à l'homme, une inégalité de genre largement assumée et revendiquée par les organisations terroristes djihadistes[16].

Attestant de leur aptitude au combat, plusieurs rapports lus en combinaison avec les éléments factuels ressortant de certaines jurisprudences[17] mettent à jour des cas de femmes ayant reçu une formation au maniement des armes. Ces comportements ont pu être interprétés comme attestant d'une volonté de la part de certaines d'entre elles de s'émanciper du rôle secondaire qui leur est traditionnellement assigné au sein de l'organisation en question. Si le fait de recevoir un entraînement au maniement des armes est incriminé dans bon nombre de législations nationales, que ce soit à travers une incrimination spécifique[18] ou au titre des activités de participation à un groupe terroriste (plus large), certaines juridictions nationales démontrent toutefois une volonté d'en faire un usage prudent en tenant compte du contexte et des motivations à l'origine de l'acte litigieux[19]. À cet égard, peut être mentionné le cas d'une jeune ressortissante allemande revenue de Syrie à l'égard de laquelle il était établi qu'elle avait reçu un entraînement au maniement des armes sans toutefois participer aux combats. Appréhendée lors de son retour en Allemagne, le tribunal de grande instance de Munich a refusé de retenir le chef d'accusation de préparation de crime portant atteinte à la sûreté de l'État, disposition introduite en 2009 afin notamment de pouvoir intervenir préventivement contre la préparation d'actes terroristes[20]. La Cour fédérale de justice donnera raison à la juridiction munichoise, après avoir relevé que l'entraînement auquel s'est livrée l'accusée avait pour objectif de se défendre contre les attaques de l'armée syrienne en vue de protéger sa vie et celle de ses enfants[21]. Aux yeux de la Cour de tels actes présentant un caractère défensif ne correspondent ni à la lettre ni à l'esprit

---

15 CODEXTER, *Document de réflexion sur les rôles des femmes au sein de Daesh*, Strasbourg, 26 octobre 2016, pp. 7-8.

16 V. en ce sens LAHNAIT (F.), *op. cit.*, p. 4.

17 CODEXTER, *Document de réflexion sur les rôles des femmes au sein de Daesh*, *op. cit.* p. 7. – Corr. (12e), CA Bruxelles, 14 avril 2016, n° F-20160414-5 ; C.E. (15e ch. réf.), 23 décembre 2016, n° 236.918, Bruxelles.

18 V. par exemple, l'article 140*quinquies* du Code pénal belge qui incrimine l'entraînement passif au terrorisme.

19 V. en ce sens BOUVAIST (G.), « Allemagne : apprendre le maniement des armes en Syrie ne fait pas de vous un terroriste », *Dalloz actualité*, 29 octobre 2015.

20 *Ibid.*

21 *Ibid.*

de la disposition litigieuse du Code pénal allemand, lequel a été conçu par le législateur afin de poursuivre les individus impliqués dans une entreprise terroriste et non pour poursuivre une personne se trouvant dans une zone de conflit armé extra-européenne, sans y participer activement[22]. Les sympathies de l'accusée pour l'organisation terroriste en question n'ont pas été de nature à remettre en cause cette décision.

Au-delà des actions commises sur des théâtres de conflits, plusieurs procédures diligentées par les autorités françaises font état d'attaques planifiées sur le territoire national par des femmes ne présentant pas de lien opérationnel poussé avec une organisation terroriste. Parmi les projets d'actions violentes les plus médiatisés, mérite d'être mentionné le projet terroriste fomenté par un groupe exclusivement féminin en région parisienne, connu sous le nom de l'affaire des bouteilles de gaz de Notre-Dame (4 septembre 2016). Les trois protagonistes, poursuivies du chef d'association de malfaiteurs terroriste criminelle pour avoir tenté de faire exploser une voiture près de la cathédrale Notre-Dame, ont été condamnées par la cour d'assises de Paris à des peines allant de 20 à 30 ans de réclusion criminelle le 14 octobre 2019. Soulignons que l'argument tendant à faire valoir une volonté de désengagement de leur part n'a pas convaincu le parquet national antiterroriste qui a maintenu les peines initialement requises[23].

Outre qu'elle fut la première arrestation des membres d'une cellule composée uniquement de femmes[24], cette affaire marqua un changement d'approche dans la pratique judiciaire du fait de la prise de conscience du danger représenté par les femmes. À cet égard, l'étude de Marc Hecker, consacrée à l'analyse de parcours biographiques de plusieurs prévenus pour des faits de terrorisme[25], confirme que depuis 2015-2016, les femmes, notamment celles qui reviennent de Syrie, sont davantage considérées comme de possibles terroristes que comme des victimes. Elles font désormais l'objet de poursuites aussi systématiques que les hommes. Un changement d'approche similaire s'observe aussi du côté de la justice

---

22 BOUVAIST (G.), « Allemagne : apprendre le maniement… », *op. cit.*

23 V. PIRET (C.), « Procès des bonbonnes de gaz : 25 et 30 de prison requis contre les deux principales accusées », sur www.franceinter.fr [en ligne], publié le 10 octobre 2019.

24 ONUDC, *Manuel sur les dimensions de genre dans les ripostes pénales au terrorisme*, *op. cit.*, p. 35.

25 HECKER (M.), « 137 nuances de terrorisme. Les djihadistes de France face à la justice », *Focus stratégique*, n° 79, Ifri, avril 2018, p. 17.

belge[26] et vient rompre avec une perception stéréotypée des femmes, ayant conduit à les considérer dans un premier temps comme étant manipulées par leurs recruteurs, animées par un désir romantique, d'où la formule « *jihadi brides* » utilisée par les commentateurs occidentaux[27]. Cela a eu pour conséquence que plusieurs femmes, bien qu'ayant joué un rôle notable n'ont pas été poursuivies[28]. Thomas Renard et Rik Coolsaet confirment que les femmes de retour de zones de conflits ne bénéficient plus d'un traitement de faveur de la part des autorités belges. Considérées au début comme des victimes ou comme ayant joué un rôle logistique limité et donc quasi inoffensives, elles sont désormais susceptibles d'être poursuivies au même titre que les hommes[29].

S'il est avéré que dans certains groupes les femmes assument de plus en plus des rôles opérationnels les amenant à perpétrer directement des actes de violence terroristes, il est néanmoins reconnu qu'elles commettent moins souvent des actes de violence que les hommes[30]. Ceci n'empêche pas que leur participation puisse revêtir d'autres formes, qui, quoique non violentes, sont désormais couvertes par les législations antiterroristes.

B. Des formes de contribution non violentes

La multiplication des infractions-obstacles au sein des législations antiterroristes, c'est-à-dire des infractions incriminant à titre principal de simples actes préparatoires à la commission de l'infraction – dont l'AMT incarne l'archétype – permet d'appréhender un éventail de comportements ne revêtant pas nécessairement une dimension violente[31], qu'ils soient le fait d'hommes ou de femmes. Si le fait d'appartenir à un groupe terroriste ou la simple adhésion aux idées d'un groupe terroriste ne peuvent à eux seuls être constitutifs d'une infraction terroriste, l'extension

---

26 V. en ce sens RENARD (T.), COOLSAET (R.) (eds), "Returnees: who are they, why are they (not) coming back and how should we deal with them? Assessing Policies on returning foreign terrorist fighters in Belgium, Germany and the Netherlands", *Egmont Paper 101*, February 2018, p. 25.

27 Terme utilisé surtout dans les médias britanniques ; V. également CODEXTER, *Document de réflexion sur les rôles des femmes au sein de Daesh*, *op. cit.*, p. 3.

28 HECKER (M.), *op. cit.*, p. 33. Dans son rapport, l'auteur mentionne une affaire jugée en 2016 dans laquelle une femme avait convaincu son mari de rejoindre la Syrie, puis l'avait dissuadé de revenir lorsque celui-ci s'était montré réticent à poursuivre son voyage une fois arrivé en Turquie. Celui-ci a finalement fait demi-tour avant d'arriver en Syrie et a été condamné à 3 ans d'emprisonnement, dont la moitié avec sursis alors que l'épouse, elle, n'a pas été poursuivie.

29 V. en ce sens RENARD (T.), COOLSAET (R.) (eds), *op. cit.*, p. 25.

30 ONUDC, *Manuel sur les dimensions de genre dans les ripostes pénales au terrorisme*, *op. cit.*, p. 41.

31 Par exemple, le recrutement à finalité terroriste, l'entreprise individuelle terroriste, la provocation publique au terrorisme, *etc.*

régulière du champ des infractions terroristes traduit le souci des législateurs européens et nationaux d'appréhender le phénomène dans sa globalité. Ainsi, des contributions prenant la forme d'un soutien intellectuel ou matériel, important ou modeste, parfois éloignées du passage à l'acte terroriste lui-même, ont pu être appréhendées pénalement, y compris lorsque l'auteur est une femme. Cette partie s'attachera à mettre en lumière quelques contributions féminines parmi les plus emblématiques des divers rôles susceptibles d'être endossés par des femmes.

L'une des formes de participation ayant retenu l'attention de certaines juridictions nationales, consiste dans le rôle de procréation et d'éducation au service du Califat par lequel les femmes sont considérées contribuer à l'organisation terroriste de l'EI.

En Flandre (Belgique), une jeune femme de 18 ans a été condamnée du chef de participation aux activités d'un groupe terroriste incriminée à l'article 140 du Code pénal belge pour avoir tenté d'offrir une aide matérielle de deux manières différentes[32]. Tout d'abord, elle aurait fait croître le Califat en effectif, par le fait de s'y être établie, renforçant ainsi les rangs de l'EI d'une personne. Deuxièmement, elle aurait aidé à peupler le Califat en engendrant des enfants avec un combattant de l'EI. Son aide matérielle aurait également consisté à aider son mari dans son entraînement physique et mental pour le djihad armé par une meilleure alimentation et des soins personnels, l'affection sexuelle, le nettoyage des vêtements, et d'autres préoccupations pratiques. Cette décision démontre que la fonction domestique[33] endossée par les épouses de djihadistes est susceptible de constituer une forme de soutien punissable au titre de l'infraction de participation aux activités d'un groupe terroriste, pour autant que l'élément moral soit également présent dans le chef du participant. Quoique réduit à des actes matériels non violents d'une grande banalité, cette fonction domestique est néanmoins régulièrement considérée comme centrale pour pérenniser l'action de cette organisation terroriste[34].

---

[32] Corr. Flandre orientale (div. Gand), 16 octobre 2017, note YPERMAN (W.), ROYER (S.), « Veroordeling jihadibruid ».

[33] Cette fonction domestique est corroborée par plusieurs rapports consacrés au rôle des femmes au sein des organisations terroristes contemporaines. V. en ce sens, CODEXTER, *Document de réflexion sur les rôles des femmes au sein de Daesh*, *op. cit.*, p. 6.

[34] V. en ce sens, GUEGEN (E.), CHEREL (L.), « Les femmes dans le djihad », sur www.franceinter.fr [en ligne], mis en ligne et publié le 8 janvier 2016.

La contribution des femmes au fonctionnement de l'organisation terroriste peut également prendre la forme d'un soutien logistique et financier matérialisé, par exemple, par le fait de se rendre en Syrie pour rejoindre un groupe terroriste, de collecter des fonds destinés à assurer la subsistance et l'armement des membres du groupe, ou encore de contribuer à l'accueil de nouveaux combattants. Le cumul de ces éléments matériels a permis de retenir la culpabilité d'une femme en qualité de dirigeante d'un groupe terroriste au sens de l'article 140 du Code pénal belge[35]. La participation en tant que dirigeant constitue l'une des formes d'implication punissable au titre de l'infraction de participation aux activités d'un groupe terroriste et permet de réprimer plus sévèrement celles ou ceux qui y assument un rôle central[36]. La sœur de la prévenue a, quant à elle, été condamnée en qualité de simple participante. Il lui était reproché d'avoir transféré de l'argent à sa sœur depuis le territoire belge, contribuant ainsi à financer l'activité du groupe terroriste auquel appartenaient sa sœur et ses neveux, tout en sachant qu'ils étaient partis en Syrie pour rejoindre un groupe terroriste. Ainsi, il a été considéré que c'est en toute connaissance de cause que celle-ci contribuait à la commission des activités délictuelles ou criminelles du groupe terroriste, nonobstant l'existence d'un lien familial avec les bénéficiaires[37]. En France, dans le cadre d'une information judiciaire ouverte du chef d'AMT à l'encontre d'une femme poursuivie pour avoir aidé matériellement son mari à se rendre en Syrie, à y séjourner, après l'y avoir rejoint, et ce, en connaissance du contexte sur zone, la Cour de cassation a approuvé la décision de non-lieu rendue en sa faveur[38]. D'après la haute juridiction, le fait que les dépenses réalisées au bénéfice de son mari avaient été utilisées à d'autres fins que celles qu'elles croyaient, ajouté au fait qu'elle avait subordonné le financement de leur vie à Raqqa à la condition que son mari ne fût plus soldat pour le compte de l'organisation terroriste de l'État islamique, suffisent à établir le défaut d'élément intentionnel requis dans le chef de participation à une association de malfaiteurs terroriste[39]. Et ce,

---

35 Corr. Bruxelles (12e), no F-20160414-5, 14 avril 2016, p. 24.

36 Pour une analyse approfondie des éléments constitutifs de cette infraction, v. DE LA SERNA (I.), « Des infractions terroristes », *in* BOSLY (H. D.) et DE VALKENEER (C.) (eds), *Les infractions*, Larcier, 2012, vol. 5, pp. 215-216.

37 Corr. Bruxelles (12e), 14 avril 2016, *op. cit.*, pp. 25-26.

38 Cass. crim., no 17-82.994, 5 septembre 2018. V. également la précédente décision de la Cour de cassation rendue suite au pourvoi du ministère public, laquelle avait cassé partiellement l'arrêt de la chambre de l'instruction en ce qu'il avait confirmé l'ordonnance de non-lieu du juge d'instruction : Cass. crim., no 16-87.084, 7 février 2017.

39 *Ibid.*

contrairement à la décision rendue par les premiers juges dans cette affaire. Il ressort de cette dernière décision que l'élément intentionnel peut être sujet à interprétation dès lors que le degré de conscience exigé dans le chef de l'intéressée quant au fait que sa participation contribue à l'entreprise terroriste du groupe litigieux peut ne pas être facile à établir.

Parmi les divers rôles d'appui que les femmes sont susceptibles d'assumer au sein d'un groupe terroriste, ont pu être mises à jour des formes de soutien intellectuel contribuant à propager l'idéologie terroriste dans le but d'attirer de nouvelles recrues ou d'inciter à la commission d'actes terroristes. Alors que la plupart des États disposent d'incriminations spécifiques visant à mieux réprimer la propagande véhiculée par les groupes terroristes, il n'est pas exclu que de tels comportements soient appréhendés sous l'infraction pivot d'AMT ou de l'infraction équivalente de participation aux activités d'un groupe terroriste (Belgique)[40]. Certaines femmes ayant joué un rôle notable, y compris par le fait d'avoir propagé l'idéologie terroriste, ont pu être appréhendées en qualité de dirigeantes d'un groupe terroriste. C'est le cas de Malika El Aroud, figure féminine bien connue de la mouvance djihadiste surnommée la *veuve noire du jihad*. Cette islamiste radicale belge d'origine marocaine sera condamnée par la justice belge en 2010[41] à huit années d'emprisonnement pour participation en tant que dirigeante d'un groupe terroriste[42]. S'il est indéniable que le fait d'avoir diffusé durant des années l'idéologie du mouvement terroriste al-Qaïda compte parmi les éléments déterminants ayant fondé sa condamnation, il n'est toutefois pas le seul. D'autres activités, à savoir le fait de proposer de l'argent pour tenter de convaincre des candidats de partir pour le djihad ; récolter des fonds de particuliers par l'intermédiaire de mosquées pour financer l'organisation ; apporter son soutien aux familles des candidats djihadistes en rencontrant les épouses des combattants partis et servir de base arrière à leurs familles, sont autant d'éléments ayant servi à fonder la prévention de participation à un groupe terroriste dans le chef de celle-ci[43].

Dans une perspective récente, l'on trouve des exemples de jeunes femmes françaises ayant assumé des fonctions similaires au profit du groupe de l'EI. En ce sens, peut être mentionné l'exemple d'une jeune

---

40 V. Liège (6e ch.), 18 octobre 2017, *J.L.M.B.*, 2017, p. 1878.

41 Corr. Bruxelles (49e chambre), 10 mai 2010. Confirmée en appel, Bruxelles (11e chambre), 1er décembre 2010.

42 V. WEYEMBERGH (A.), KENNES (L.), *Droit pénal spécial*, tome 1, Limal, Anthémis, 2011, p. 119.

43 DE LA SERNA (I.), *op. cit.*, p. 220.

femme poursuivie du chef d'association de malfaiteurs terroriste pour avoir administré un site de propagande et avoir traduit de la littérature djihadiste[44]. D'autres sont également poursuivies pour avoir fourni une assistance aux femmes souhaitant migrer vers la Syrie, illustré à travers l'exemple d'une jeune femme de 24 ans, condamnée en mars 2018 à huit ans d'emprisonnement assortis d'une peine de sûreté des deux tiers, notamment pour avoir incité des adolescentes françaises à la rejoindre en Syrie, en leur fournissant des informations et un appui logistique[45].

Si la plupart des exemples précédents concernent des femmes dont le rôle est plus ou moins assumé, dans certains cas, celui-ci est subi. Ainsi, les préoccupations portant sur l'engagement revendiqué des femmes occidentales au sein des groupes terroristes contemporains ne doivent pas faire oublier le sort de celles qui en sont victimes, que l'on pense aux traitements infligés aux femmes yézidies réduites au rôle d'esclaves sexuelles ou aux exactions commises par le groupe Boko Haram (filiale de l'EI au Nigéria) à l'origine d'un rapt d'envergure de plusieurs centaines de jeunes filles nigériennes.

Loin de prétendre refléter une vue complète des fonctions féminines exercées au profit des groupes terroristes, il ressort des quelques rapports consacrés à la question du genre dans le terrorisme et des décisions judiciaires accessibles que la participation des femmes prend la forme d'activités de nature et de degré d'implication variables. Si les stéréotypes auxquels sont généralement associées les femmes ont pu jouer en leur faveur, ceci semble être de moins en moins le cas, d'autant que la plupart de leurs contributions, même les plus modestes, sont dorénavant susceptibles d'être appréhendées pénalement.

II. Les mineurs : une double identité d'auteurs et de victimes

La question du rôle des mineurs ne peut être abordée sans tenir compte de leur particulière vulnérabilité en tant que sujets en construction. Cette plus grande vulnérabilité se traduit généralement par un traitement juridique plus protecteur à leur égard et qui impose de tenir compte de la situation du mineur dans sa globalité, y compris les risques d'emprise dont il peut faire l'objet. La plus grande précaution dans la réponse qui doit leur

---

44 HECKER (M.), *op. cit.*, p. 36.

45 MUCCHIELLI (J.), « Maeva S. : souffrances, djihad et rédemption », *Dalloz Actualité*, 26 mars 2018.

être réservée n'empêche pas que des mineurs ayant pris part à des groupes terroristes puissent, dans certains cas, être condamnés pénalement.

Comme pour les femmes, la participation de mineurs à une entente ou à un groupe terroriste peut se matérialiser dans des contextes différents. Les exemples documentés sur la question du rôle des mineurs concernent majoritairement les enfants présents sur les territoires contrôlés par l'EI et les groupes qui y sont affiliés, lesquels retiennent une attention grandissante ces dernières années. Néanmoins, il est régulièrement rappelé que l'implication des enfants dans des groupes armés n'est pas une pratique nouvelle, ni exclusivement réservée aux groupes terroristes, comme le démontre le recours aux *enfants-soldats* dans les conflits armés[46]. Outre la situation préoccupante de mineurs nés sur place ou de retour de la zone de conflit irako-syrienne, les enquêtes de terrain menées auprès de mineurs poursuivis pour des faits de terrorisme sur le territoire français démontrent que les juridictions nationales sont confrontées à une autre réalité. Celle de mineurs qui ne présentent pas nécessairement de liens étroits avec des organisations terroristes, qui n'exercent pas de fonction majeure au sein de celles-ci, mais qui jouent un rôle actif sur le territoire national. Il n'est pas question d'envisager ici le rôle que peuvent assumer les mineurs dans les organisations terroristes dans son exhaustivité. La question du rôle sera principalement étudiée sous l'angle des faits pour lesquels certains d'entre eux ont pu être appréhendés judiciairement (A). Sans se limiter à une approche descriptive, il s'agira de mettre l'accent sur la double identité qui caractérise dans bien des cas le rôle des mineurs, perçus comme étant à la fois dangereux et nécessitant une protection, comme pouvant revêtir la qualité d'auteur, mais en même temps de victime. Sera ainsi abordée la question sous-jacente de l'emprise qui peut être exercée sur eux, notamment par leurs proches, susceptible d'avoir une influence décisive sur leur participation aux activités d'un groupe terroriste. Il s'agira plus particulièrement de voir comment cette emprise tend de plus en plus à être prise en compte par les législateurs nationaux (B).

A. Des formes d'implication variables

Plusieurs recherches menées à l'échelle internationale ont documenté la problématique des mineurs recrutés et exploités par des organisations

---

46 V. BENOTMAN (N.), MALIK (N.), *The Children of Islamic State*, Quilliam Foundation, March 2016.

terroristes[47] et font état dans leurs nombreux rapports des multiples rôles qui peuvent leur être assignés au sein de l'organisation de l'EI. Les données recueillies révèlent que les mineurs peuvent être mis au service d'activités diverses, incluant des cas d'enfants se livrant à des actes de violence ou exposés à une violence normalisée[48].

Outre leur particulière vulnérabilité qui en font des proies facilement exploitables par les groupes terroristes, il est régulièrement souligné que les mineurs peuvent être victimes des actes auxquels ils participent eux-mêmes, que ce soit en raison de la violence dont ils sont parfois témoins ou qu'ils subissent personnellement[49]. Aux cas de mineurs victimes de l'exploitation, voire de la barbarie des groupes terroristes, s'ajoute la situation, plus préoccupante en Europe, de mineurs victimes du choix de leurs parents de migrer vers les territoires contrôlés par l'organisation de l'EI. Ce phénomène soulève des questions tant du point de vue de la responsabilité parentale que du contexte de violence extrême auquel ces enfants se retrouvent exposés dès leur plus jeune âge[50].

Dès lors et malgré le degré de contrainte et/ou d'endoctrinement qui a pu concourir à ce que des mineurs soient associés aux activités d'un groupe terroriste, le potentiel danger que peuvent représenter certains d'entre eux en perspective de leur retour dans leur pays d'origine représente un enjeu pour les services judiciaires des États concernés. Les recherches menées à l'échelle internationale soulignent que ces mineurs sont souvent perçus comme ayant une « *double identité de victime et d'auteur* »[51]. Ce constat s'accompagne de la crainte que le statut d'auteur l'emporte sur celui de victime en raison du fait que dans le droit interne de nombreux pays, le champ des législations antiterroristes s'est progressivement élargi à de nouveaux comportements périphériques au terrorisme, y compris des

---

47 V. entre autres : ONUDC, *Manuel sur les enfants recrutés et exploités par des groupes terroristes et extrémistes violents : Le rôle du système judiciaire*, Vienne, 2018, p. 16 et s. – BENOTMAN (N.), MALIK (N.), *op. cit.*, p. 41 et s.

48 V. ONUDC, *Manuel sur les enfants recrutés et exploités par des groupes terroristes et extrémistes violents : Le rôle du système judiciaire*, *op. cit.*, p. 12.

49 Le groupe Boko Haram est régulièrement pointé du doigt pour avoir recouru à des fillettes dans le cadre de plusieurs actions kamikazes.

50 V. *infra*.

51 V. en ce sens, Document d'analyse du Réseau européen de sensibilisation à la radicalisation (RSR), « Retour des enfants dans leur pays d'origine après un séjour dans des zones de conflit », novembre 2016, p. 2. – ONUDC, *Manuel sur les enfants recrutés et exploités par des groupes terroristes et extrémistes violents : Le rôle du système judiciaire*, *op. cit.*, p. 84. – SHEAHAN (F.), « Les enfants, le système judiciaire, l'extrémisme violent et le terrorisme : Un aperçu des lois, politiques et pratiques de six pays européens », OIJJ, 2018, p. 11.

comportements passifs[52]. Une telle hypothèse implique toutefois que soit démontrée la responsabilité pénale du mineur, dont l'âge peut varier selon les États[53]. Autrement dit, un enfant n'ayant pas atteint cet âge, ou ne disposant pas d'une faculté de discernement suffisante (critère retenu en France), ne peut pas être considéré responsable de ses actes.

Bien que le nombre d'enfants poursuivis et condamnés pour des activités liées au terrorisme en Europe s'avère relativement faible[54], l'augmentation récente des procédures impliquant des mineurs soupçonnés de s'être associés à des groupes terroristes et extrémistes violents interpelle. Les quelques enquêtes de terrain consacrées à cette thématique ont permis à plusieurs chercheurs français d'avoir accès à des procédures impliquant des mineurs poursuivis pour des faits de terrorisme[55]. Cet angle de recherche, outre qu'il apporte un éclairage intéressant pour examiner la question du rôle des mineurs, ici par le biais des faits qui peuvent leur être reprochés, permet de ne pas cantonner l'analyse à la seule situation de mineurs présents sur zone de conflits. En effet, les données disponibles démontrent que les juridictions nationales sont également confrontées à des situations d'adolescents, qui, à défaut d'avoir pu concrétiser un projet de départ vers la zone irako-syrienne, ont pu être appréhendés sur le territoire national pour s'être associés aux activités d'un groupe terroriste de diverses manières.

Au-delà du constat partagé de l'augmentation du nombre de mineurs impliqués dans des affaires liées au terrorisme, en particulier à partir de 2015[56] sous l'effet du conflit en Syrie et en Irak, il ressort des enquêtes

---

52 V. en ce sens, ONUDC, *Manuel sur les enfants recrutés et exploités par des groupes terroristes et extrémistes violents : Le rôle du système judiciaire*, *op. cit.*, p. 88.

53 V. pour un aperçu des régimes prévus dans plusieurs États européens, Service des affaires européennes et internationales du ministère de la Justice (français), « Le droit pénal des mineurs en Europe », sur www.justice.gouv.fr [en ligne], publié le 27 février 2017.

54 SHEAHAN (F.), *op. cit.*, p. 11

55 BONELLI (L.), CARRIE (F.), *Radicalité engagée, radicalités révoltées. Enquête sur les jeunes suivis par la protection judiciaire de la jeunesse (PJJ)*, Université Paris Nanterre, Institut des sciences sociales du politique, janvier 2018. Dans le cadre de leur enquête réalisée entre septembre 2016 et décembre 2017, ces chercheurs ont eu accès aux dossiers de 133 jeunes poursuivis pour des affaires de terrorisme ou signalés par les services de la Protection judiciaire de la jeunesse (PJJ) pour *radicalisation.* L'objectif principal de cette recherche consiste à établir une typologie des registres de radicalité. V. également BARANGER (T.), BONELLI (L.) et PICHAUD (F.), « La justice des mineurs et les affaires de terrorisme », *Les cahiers de la justice* 2017/2, pp. 253-264.

56 BARANGER (T.), BONELLI (L.) et PICHAUD (F.), *op. cit.*, p. 253. Les auteurs relèvent que jusque récemment, la justice des mineurs semblait peu concernée par les affaires de terrorisme. Quelques mineurs pouvaient certes apparaître à la marge de dossiers basques, kurdes ou concernant l'islamisme violent, mais ces cas demeuraient exceptionnels.

précitées que la majorité des poursuites intentées à leur encontre l'ont été sur la base du chef d'infraction d'AMT et que leur nombre a progressivement augmenté jusqu'en avril 2017[57]. Il est à noter que les procédures ne concernent pas exclusivement des faits en lien avec le terrorisme d'inspiration islamiste même si la majorité des jeunes poursuivis de ce chef présentent un lien avec cette mouvance[58]. Il ressort également que les filles représentent une part non négligeable des mineurs poursuivis (un peu plus d'un tiers)[59]. Si en 2014 et 2015, elles étaient essentiellement suivies au titre de la protection de l'enfance, elles ont commencé à relever plus massivement du champ pénal à partir de l'été 2016, pour avoir tenté de partir sur une zone de conflits en lien avec des réseaux djihadistes ou pour des échanges via les réseaux sociaux révélateurs d'un projet d'attentat[60].

Dans un dossier consacré à la justice des mineurs en lien avec des affaires de terrorisme[61], il est souligné que « *Les mineurs poursuivis devant le TPE* [Tribunal pour enfants] *n'ont généralement pas commis de délits ou de crimes clairement identifiables pour le droit commun. Ils ont voulu partir en Syrie, ont accepté d'intégrer un groupe ici ou là-bas, donné de l'argent à un camarade, échangé sur Facebook, voire ont parlé de commettre une attaque. À de rares exceptions près* [...], *les prévenus n'ont donc pas commis d'actes qui isolément seraient facilement qualifiables pénalement. Ce n'est que parce qu'ils sont rattachés à d'autres éléments plus généraux – un groupe qualifié de terroriste, une situation géopolitique, des contacts étant déjà passés à l'acte,* etc. – *qu'ils deviennent constitutifs du délit (plus rarement du crime) d'association de malfaiteurs en relation avec une entreprise terroriste.* »[62] Il est en outre précisé que « *Cette qualification reste de loin la plus utilisée en matière de terrorisme, qu'il s'agisse des majeurs ou des mineurs, en ce qu'elle permet de juger d'une "intention terroriste", dès lors que celle-ci est caractérisée par des éléments matériels, même si ces derniers peuvent être ténus.* »[63]

---

[57] Dans une moindre mesure, il ressort également que plusieurs mineurs ont pu être poursuivis du chef d'apologie publique au terrorisme. BARANGER (T.), BONELLI (L.) et PICHAUD (F.), *op. cit.*, pp. 253-254.

[58] BONELLI (L.), CARRIE (F.), *op. cit.*, p. 9.

[59] Note du 1er août 2018 relative à la prise en charge éducative des mineurs radicalisés ou en danger de radicalisation violente, NOR :JUSF1821611N, p. 4.

[60] Note du 1er août 2018 relative à la prise en charge éducative des mineurs radicalisés ou en danger de radicalisation violente, NOR :JUSF1821611N, p. 4.

[61] BARANGER (T.), BONELLI (L.) et PICHAUD (F.), *op. cit.*, pp. 254-263.

[62] *Ibid.*, pp. 256-257.

[63] *Ibid.*, p. 257.

Ces quelques exemples ne peuvent être représentatifs de l'ensemble des situations de mineurs impliqués dans des groupes terroristes. Ce qui, analysé d'un point de vue juridique, est susceptible d'englober des formes d'implication de nature variable, matérialisées aussi bien sur zone de conflit qu'à distance. Ces exemples ne peuvent pas non plus refléter l'ensemble des difficultés que soulève l'appréhension des mineurs par les professionnels concernés, tant les contextes et profils sont variés et exigent une approche précautionneuse, en raison de la particulière fragilité qui caractérise le public mineur. À cet égard, il semble possible de déceler des évolutions législatives, dans le droit de plusieurs États membres, en faveur d'une plus grande prise en compte de leur vulnérabilité dans le contexte du terrorisme.

B. Vers une plus grande prise en compte de la vulnérabilité des mineurs ?

Cette partie invite à déplacer l'attention sur le rôle de ceux qui sont susceptibles d'exercer une influence décisive sur le comportement du mineur, allant jusqu'à lui faire prendre part aux activités du groupe terroriste. Cette situation fait écho à la problématique sous-jacente des capacités cognitives[64] de l'enfant, qui font qu'un mineur peut être plus réceptif à la propagande extrémiste[65] et, de manière générale, plus vulnérable à tous types d'influence, ce qui n'est pas sans soulever de questions sur le plan de l'altération du libre arbitre. Le recrutement d'enfants, quelles que soient les circonstances et méthodes employées, est reconnu par plusieurs textes supranationaux comme constitutif d'une violation du droit international[66]. Il est en ce sens souligné que le fait de reconnaître un statut de victime à ces enfants *recrutés* est une manière de réaffirmer qu'aucun recrutement d'enfants ne peut être considéré comme pleinement volontaire du fait des capacités cognitives de l'enfant et des différentes formes de contrainte ou d'influence associées aux méthodes de recrutement. Le comportement consistant à recruter une personne à des fins terroristes est d'ailleurs incriminé dans bon nombre de législations nationales. Une recherche menée sur les systèmes de justice juvénile de plusieurs États membres de l'UE, dans le contexte de la lutte contre le

---

64 V. ONUDC, *Manuel sur les enfants recrutés et exploités par des groupes terroristes et extrémistes violents : Le rôle du système judiciaire, op. cit.*, p. 7. La notion d'*enfant* s'entend de tout être humain âgé de moins de 18 ans, conformément à l'article premier de la Convention relative aux droits de l'enfant.

65 V. Note du 1er août 2018 relative à la prise en charge éducative des mineurs radicalisés ou en danger de radicalisation violente, *op. cit.*, p. 4.

66 ONUDC, *Manuel sur les enfants recrutés et exploités par des groupes terroristes et extrémistes violents : Le rôle du système judiciaire, op. cit.*, p. 78.

terrorisme, a toutefois observé dans un rapport de 2018 que trop peu d'attention est portée au fait que les enfants impliqués dans des infractions liées au terrorisme représentent souvent des cibles privilégiées du recrutement par les groupes terroristes, à l'intérieur comme à l'extérieur de leurs pays[67].

Au-delà de l'influence exercée par les recruteurs, c'est aussi parfois l'influence des parents qui est en cause. Dans plusieurs procédures nationales, des mineurs se sont ainsi vus reconnaître une qualité de victime, en raison notamment des engagements radicaux de leurs parents ou de leurs familles[68]. Corrélativement et de manière inédite, le délit d'abandon moral d'enfant a pu trouver à s'appliquer à l'encontre d'une mère de famille de cinq enfants mineurs, engagée dans la cause djihadiste au mépris de ses obligations légales à leur égard[69]. Parmi les éléments ayant fondé sa condamnation, l'arrêt retient qu'elle a exposé ses trois enfants mineurs à un environnement d'une extrême dangerosité en les faisant séjourner dans des zones de combats en Syrie et qu'elle a compromis leur équilibre par leur déscolarisation et par leur rupture avec leur environnement familial et social[70]. C'est en ce sens que la Cour de cassation française a approuvé l'interprétation selon laquelle la santé, la sécurité, la moralité ou l'éducation des enfants avaient été compromises par l'adhésion de leur mère à une idéologie radicale et sa décision de rejoindre des combattants islamistes en Syrie[71].

Dans la lignée de ces décisions, plusieurs évolutions législatives récentes s'orientent, semble-t-il, vers une plus grande reconnaissance de l'emprise dont peuvent faire l'objet les mineurs dans le contexte du terrorisme. Celles-ci abordent toutefois la problématique de manière indirecte, à savoir sous l'angle de la répression des personnes exerçant une influence sur les mineurs. Qu'ils s'agissent des recruteurs, voire même des parents/responsables légaux, certains législateurs nationaux démontrent l'ambition de sanctionner, parfois plus durement, les comportements de

---

67 SHEAHAN (F.), *op. cit.*, p. 11,

68 V. BONELLI (L.), CARRIE (F.), *op. cit.*, p. 11. À la date où le rapport a été réalisé, cette situation concernait 85 mineurs.

69 V. Cass. crim., 20 juin 2018, n° 17-84.128. Pour un commentaire de cette décision, v. MAYAUD (Y.), « Abandon moral d'enfant pour cause de terrorisme », *Rev. sc. crim.* 2018, p. 678. – SAULIER (M.), « La radicalisation d'une mère. Quel impact sur l'appréciation du délit de soustraction d'un parent à ses obligations légales ? », *AJ Famille* 2018, p. 463.

70 *Ibid.*

71 *Ibid.*

ceux qui exercent une influence sur le mineur, et qui serait de nature à l'inciter à prendre part aux activités d'un groupe terroriste.

En ce sens, l'article 10 de la loi française du 30 octobre 2017 renforçant la sécurité intérieure[72] et la lutte contre le terrorisme a introduit une nouvelle infraction terroriste à l'article 421-2-4-1 du Code pénal. En vertu de cette disposition « *est puni de 15 ans de réclusion criminelle et de 225 000 euros d'amende le fait pour une personne ayant autorité sur un mineur de faire participer ce dernier à une association de malfaiteurs terroriste* ». Cette nouvelle infraction incrimine ainsi le comportement de toute personne ayant autorité sur le mineur consistant à lui faire prendre part, sur le territoire national comme à l'étranger, aux activités d'un groupement terroriste, en connaissance du caractère criminel des agissements auxquels cette organisation se livre. Non prévue par le projet de loi initial, celle-ci résulte d'un amendement parlementaire dont l'objectif est de « *permettre une meilleure répression des parents incitant leurs enfants à commettre des actes de terrorisme ou à partir sur un théâtre de groupements d'opérations terroristes* »[73]. Si cette incrimination n'a, à notre connaissance, pas encore fait l'objet d'application jurisprudentielle, sa matérialité semble susceptible de recouvrir des actes de portée large, comme de simples discours d'adhésion morale aux actions terroristes prononcés devant un mineur[74]. Selon François Rousseau, il est néanmoins probable que soit exigée la preuve que le mineur a effectivement commis un acte de participation à un groupement terroriste provoqué sous l'influence de la personne ayant autorité sur lui[75].

Cette préoccupation concernant la vulnérabilité particulière des mineurs est également à l'origine de plusieurs modifications apportées à la législation antiterroriste belge. Depuis une loi du 5 mai 2019[76], plusieurs circonstances aggravantes ont été ajoutées à certains délits terroristes afin de réprimer plus sévèrement ces comportements lorsque ceux-ci s'adressent à un mineur. Ainsi, l'incitation au terrorisme, le recrutement à des fins terroristes, l'entraînement actif à des fins de terrorisme et le financement du terrorisme sont désormais punis plus gravement lorsque

---

[72] L. n° 2017-1510 du 30 octobre 2017 renforçant la sécurité intérieure et la lutte contre le terrorisme, *JORF* n° 0255 du 31 octobre 2017.

[73] Assemblée nationale, Sécurité intérieure et lutte contre le terrorisme, Amendement présenté par M. Gauvain, 21 septembre 2017.

[74] ROUSSEAU (F.), L'incitation de mineurs à participer à un groupement terroriste, *Rev. sc. crim.* 2018, p. 533.

[75] *Ibid.*

[76] L. du 5 mai portant des dispositions diverses en matière pénale et en matière de cultes, et modifiant la L. du 28 mai 2002 relative à l'euthanasie et le Code pénal social, *M. B.*, 24 mai 2019.

des mineurs sont impliqués. Si cette évolution est en partie justifiée par la volonté d'aligner un peu plus strictement le droit belge sur la législation de l'Union européenne, le législateur belge démontre toutefois une volonté d'aller plus loin que les exigences du droit de l'Union, qui prévoit une aggravation de la peine uniquement pour le recrutement et la formation[77]. Il ressort en tout état de cause des travaux préparatoires ayant présidé à l'adoption de cette législation[78] que l'introduction de cette circonstance aggravante est justifiée par la volonté de tenir compte de la vulnérabilité particulière des mineurs. Le législateur reconnaît explicitement que les mineurs peuvent être la cible particulière des auteurs de l'infraction de provocation publique au terrorisme et qu'ils constituent un public plus vulnérable, facilement manipulable et influençable de nature à justifier une telle circonstance aggravante de la peine[79].

Cette protection renforcée à l'égard des mineurs par la répression de leurs sources d'influence atteste ainsi de la spécificité de ce public. Il en ressort que leur appréhension judiciaire pour participation aux activités d'une organisation terroriste ne peut être déconnectée de la question sous-jacente de l'emprise qui a pu les y conduire.

La question du rôle des mineurs, tout comme celle du rôle des femmes au sein des organisations terroristes, renvoie à un éventail de situations marqué par des formes d'implications variables, mais aussi des contextes et des niveaux d'engagement très différents. Le fait que les législations antiterroristes permettent d'appréhender de nombreux actes participatifs au profit de l'organisation en question, y compris lorsqu'ils sont assumés par cette population spécifique, n'empêche pas que leur vulnérabilité puisse être prise en compte dans la pratique judiciaire. Alors que les législations antiterroristes sont neutres du point de vue du genre, certaines juridictions nationales ont pu adopter, jusque récemment, une approche différenciée à l'égard des femmes en raison d'une certaine perception du rôle féminin. La situation des mineurs appréhendés pour des faits de participation à une organisation terroriste fait, quant à elle, l'objet d'une

[77] C'est le cas pour ce qui est des infractions d'incitation au terrorisme et de financement du terrorisme prévues respectivement aux articles 140*bis* et 141 du Code pénal belge. Cette nouvelle circonstance aggravante rattachée à ces deux infractions ne trouve pas d'équivalent dans la législation de l'UE.

[78] Proposition de loi portant des dispositions diverses en matière pénale et en matière de cultes, *Doc.*, Ch., 6 février 2019, n° 3515/001, pp. 98-107.

[79] Proposition de loi portant des dispositions diverses en matière pénale et en matière de cultes, *op. cit.*, p. 103. Pour une analyse approfondie des modifications apportées par cette législation, v. CESONI (M.-L.), « Les "infractions terroristes" : de la répression des actes à la police de la pensée », *in Actualités en droit pénal 2019*, Larcier, 2019, pp. 243-245.

attention croissante, y compris de la part du législateur, au regard des risques d'endoctrinement auxquels ils peuvent être exposés.

L'implication croissante des femmes et des mineurs dans le terrorisme[1]

Jean-Paul Tissier

Assistant spécialisé à la juridiction interrégionale spécialisée de Nancy

Plan. Il s'agit d'abord de revenir sur l'engagement chiffré des femmes au sein du Califat, avant de dire quel est cet engagement des femmes dans le terrorisme. Sera ensuite présenté le lien entre les femmes et le djihadisme (entre choix assumé, place et rôle des femmes, différence femmes terroristes et femmes radicalisées). Enfin sera esquissée la place des femmes demain (avec principalement le retour de Cham : les femmes sont-elles toujours aussi engagées ?).

L'engagement des femmes au sein de la Califat - données chiffrées. La proclamation du Califat en Irak et en Syrie en 2014 est à l'origine d'un mouvement inédit de femmes occidentales faisant le choix d'une émigration volontaire destinée à rejoindre le fonctionnement des organisations terroristes : les femmes savent pourquoi elles y vont et où elles vont. Dans ce contexte, l'engagement des femmes dans les rangs de Daesh constitue un véritable phénomène social inconnu jusqu'alors. Parmi les émigrés, les Françaises représentent par exemple 35 % de la totalité des départs des nationaux en Syrie. Les services spécialisés estimaient au début de l'année 2018 à 298 le nombre de femmes, de nationalité française ou ayant établi leur résidence habituelle en France, présentes en zone irako-syrienne, sur un contingent d'adultes estimé à 676 individus[2]. Parallèlement, 72 femmes sont recensées comme étant rentrées sur le territoire national après avoir effectué un séjour en zone irako-syrienne – à des époques et d'une durée variable, qu'elles soient ou non parvenues à

---

[1] Propos tenus lors du colloque *Les femmes, les mineurs et le terrorisme* organisé à Nancy les 5 et 6 décembre 2018 et retranscrits en octobre 2020 avec l'accord de leur auteur.

[2] Évaluation qui ne tient pas compte des nombreux décès présumés intervenus au cours de ces derniers mois.

rejoindre un groupement terroriste sur place. Sur ce total, 65 ont fait l'objet d'une enquête judiciaire qui a abouti pour 32 d'entre elles à l'engagement de poursuites : 6 femmes *revenantes* ont été jugées, dont une a été relaxée pour des raisons probatoires, et 26 femmes sont mises en examen et en attente de jugement. L'analyse de leurs auditions fait état de parcours et de niveaux d'engagement relativement hétéroclites, de sorte qu'il apparaît très difficile de parvenir à dégager une figure type susceptible de fixer une politique d'incrimination et/ou de poursuite unique pour chacune des situations.

1700 Français ont rejoint l'EI depuis 2014

30 à 34 % sont des femmes

Bilan octobre 2018 :

300 femmes recensées sur zone

300 Français ont été tués

680 Français majeurs encore sur place dont 250 encore actifs

150 Français sont détenus dans les prisons kurdes

260 Français majeurs sont revenus dont 72 femmes et 82 mineurs

Une prise en compte tardive des femmes. Cette prise en compte de l'engagement féminin arrive très tardivement. Malgré l'Histoire, et notamment celle d'Action directe, malgré la leçon reçue des attentats provoqués par Mohamed Merah, une nouvelle fois, les différents services concourant à la lutte contre le terrorisme n'ont pas perçu suffisamment tôt la mesure de l'engagement des femmes dans le terrorisme lié à la proclamation du Califat. On a affublé les partantes d'une étiquette largement réductrice d'*amoureuses-suiveuses*, et finalement, comme on le verra, elles ont très tôt fait l'objet de toutes les attentions du calife et de son organisation terroriste. Elles ont eu au final, et ont encore un rôle très important. L'évènement déclencheur semble être l'attentat projeté par 5 Françaises en septembre 2016. D'un seul coup, on prenait conscience que les femmes pouvaient être autant engagées que les hommes… Cela rappelle furieusement le manque de recul dans l'appréhension des attentats en France et le déclencheur que furent les attentats de Mohamed Merah sur le sol français en 2012.

Retour en arrière sur le terrorisme au féminin. Pourtant, l'histoire du terrorisme au féminin nous démontre que l'activisme féminin dans les organisations armées ou terroristes n'est jamais éloigné du mouvement féministe, qui se radicalise pour notamment promouvoir et atteindre, même sur le terrain de la violence, l'égalité politique et sociale. Et ce qui est assez flagrant lorsqu'on se retourne sur le passé, c'est que, là aussi, la place de la femme dans l'action violente a toujours été déniée, cachée, jamais mise en valeur. Sur ce sujet, le Califat n'est pas plus différent qu'Action directe, ETA ou les Brigades rouges dans son approche. Il réserve d'ailleurs le terme de *martyr* aux hommes, les femmes devant se contenter d'être des bombes humaines.

La place des femmes dans la Califat. Pourtant dans le projet politique du Califat, la femme est une actrice de premier plan et l'organisation institutionnelle de Daesh avait bien compris son importance dans la réussite de ce califat autoproclamé et l'impérieuse nécessité de le promouvoir. Ainsi, dès la naissance de ce territoire, la femme djihadiste devait être au cœur du recrutement, de la procréation et du soutien dans le fonctionnement de Daesh. Et l'histoire racontée par les revenantes décrit bien cet état de fait, quand bien même l'histoire qui leur sera racontée pour les faire venir tournera souvent au cauchemar et à la désillusion. Le pire se trouve peut-être dans le fait que les recruteurs qui ont attiré les femmes sur le territoire irako-syrien ne sont rien d'autre que d'autres femmes, françaises la plupart.

Le départ des femmes : un choix assumé. Les femmes n'ont pas été forcées de partir. C'est un choix assumé aussi bien dans le départ que dans le retour. C'est d'ailleurs une faille importante dans l'appréciation du rôle des femmes dans le terrorisme et dans l'appréciation de leur dangerosité. Dès le départ, on les a réduites à des *amoureuses-suiveuses*. Ce qui n'est pas le reflet de la réalité. Elles ont des motivations profondes pour partir et elles ne sont pas réduites à un rôle d'épouse de djihadiste ; les considérer ainsi est éminemment réducteur. Elles recherchent une authenticité dans leur religion (toutes celles parties sont converties ou reconverties vers une pratique radicale) et une nécessité patriarcale (une protection de l'homme). Ce sont les femmes sur place qui leur assurent que sur place, elles trouveront ces deux choses. Les femmes parties, majeures ou mineures, n'hésitent pas à laisser leur famille (parents, mari, enfants, *etc.*) et préparent leur départ pendant plusieurs mois. La place des femmes est souvent présentée comme secondaire, ce qui est conforme à l'image rassurante d'Épinal de *suiveuses amoureuses*. Leur départ est au contraire toujours volontaire. Dans la réalité, les femmes sont particulièrement engagées, extrêmement dangereuses du fait même de la qualité de leur engagement et de leur jusqu'au-boutisme. Il en ressort cependant, de manière constante, une forme d'*autonomisation* du djihad des femmes à l'égard de l'engagement masculin.

Le rôle des femmes : un rôle prépondérant. Quelle était la place initialement réservée à la femme dans le Califat ? Dans son organisation, l'État islamique joue la carte de la complémentarité des sexes. Chaque sexe possède une vitrine, dispose de fonctions clairement définies, règles qu'il s'agit de protéger et qui ne supportent pas la transgression. Le couple dans le califat est donc fondé sur la complémentarité et non sur l'égalité des sexes. Hommes et femmes ont des fonctions définies à l'avance et chaque sexe possède sa manière de participer activement, de faire son djihad qui reste avant tout un devoir individuel. Le principe est que la femme ne peut pas faire la même chose qu'un homme dans le système djihadiste, sous peine de créer une sorte de déséquilibre dans le système. En clair, dans cette complémentarité, les femmes ont un statut qui se rapproche de celui de l'enfant, et qui les oblige à être en permanence sous le tutorat d'un homme. Et dans le système du Califat, une femme seule ne doit pas exister, dès qu'elle est pubère, elle doit être mariée et procréer. Dès qu'elle est veuve et *a fortiori* veuve de martyr, elle doit se remarier le plus rapidement possible avec un combattant qui lui sera présenté. Donc, en affichage, les femmes ne sont pas subordonnées aux hommes, mais placées sous un angle de complémentarité. Il s'agit donc bien de séparation des sexes, et les femmes et les hommes évoluent de manière séparée. C'est ce système patriarcal qui sera présenté aux candidates au départ et qui accélérera leur départ. Et là aussi, ce sont les femmes déjà sur place qui assureront, *via* Internet, un discours rassurant et apaisé auprès des candidates en présentant un système soi-disant protecteur, rassurant, presque idyllique où la femme peut prendre toute sa place. L'homme a le devoir de protéger son épouse, il sera puni s'il ne le fait pas, mais il a également le droit d'en changer quand il le souhaite. On se marie et l'on divorce le temps de le dire, même le père du marié peut le prononcer. Aussi, l'immense majorité des intentions de départ est ainsi née d'une rencontre sur les réseaux sociaux, prenant la forme d'un véritable *hameçonnage* au service de ce que l'on pourrait qualifier de *djihadisme de connexion*. C'est ce schéma qui a permis aux organisations terroristes d'attirer en terre de Califat toute une population de femmes – pour certaines, accompagnées de leurs enfants – ayant franchi le pas de s'exiler de manière isolée.

Pour en finir avec les clichés... Avant de parler du rôle de la femme sur place, il convient de se départir de plusieurs clichés :

Cliché n° 1 : Les femmes n'ont pas été forcées de partir. Le choix des femmes de partir sur le théâtre irako-syrien est un choix assumé aussi bien pour le départ qu'au retour, et c'est d'ailleurs un point fondamental dans le défaut de prise de conscience de la dangerosité des femmes dans le domaine terroriste. Cette prise de conscience provoquera en retour, mais tardivement, un traitement égalitaire entre l'homme et la femme dans la judiciarisation de son action sur place. Une lecture hâtive des motivations poussant les femmes à réaliser leur *hijra* en terre d'islam réduit trop souvent leur engagement à celui d'épouses de djihadistes, empreint de naïveté et d'irrationalité. Selon une conception relativement répandue, happées par la propagande diffusée sur les réseaux sociaux, manipulées par des recruteurs sur zone ou enjointes par leur mari de les accompagner sur les terres d'un combat qui les dépasserait, les femmes rejoindraient les organisations terroristes sans avoir véritablement conscience de la portée de leur engagement. Les motivations exprimées par ces *muhajirat* (femmes migrantes), que ce soit parmi les velléitaires ou parmi les *retours de zone*, invitent à une tout autre vision : dans la plupart des situations, leur *hijra*[3] trouve sa source dans une adhésion idéologique assumée, au moins aussi affirmée que celle des hommes, voire plus. L'hégire (*hijra*, en arabe) désigne à l'origine l'exil des compagnons de Mahomet de La Mecque vers Médine. Mais aujourd'hui, le mot a pris une autre acception : faire sa *hijra*, c'est un peu comme faire son *alya* pour les Juifs, c'est déménager en terres musulmanes pour pratiquer un *islam sain*. On les appelle aussi « *des djihadistes féministes parce que c'est précisément l'acquis du féminisme qu'elles détournent et mobilisent dans le sens du djihadisme au féminin* ». Mais une fois parvenues sur les terres de Daesh, elles prennent la mesure de la régression : dans leur esprit, la complémentarité des rôles dévolus au genre n'était pas l'infériorité. En Syrie, l'État islamique leur imposait une infériorité réelle. « *Et là certaines tombent totalement des nues, d'autres s'adaptent. Elles recherchent au départ une authenticité dans leur religion. Converties ou reconverties, elles veulent prouver qu'elles sont aussi musulmanes que les autres, voire plus que les autres et qu'elles sont à la hauteur de ce que l'on attend d'elles, notamment en piété. Elles doivent prouver à elle-même et aux autres qu'elles peuvent être une bonne musulmane. Elles recherchent ensuite une société patriarcale pour rompre avec ce qu'elles ont connu en France, une fragilité de la famille, une solitude, un étiage du féminisme. Elles ont l'impression de n'avoir que les aspects négatifs de la féminité et une peur de leur avenir, et elles veulent reprendre le contrôle de leur féminité. Un exemple, les femmes en France aujourd'hui recherchent, dans la plupart des cas, à avoir un enfant le plus tard possible, après avoir assuré sa position d'actrice sociale. Les femmes qui sont parties*

[3] Émigration en terre musulmane.

en Syrie veulent avoir des enfants le plus tôt possible, parfois dès 15 ans. "Redevenez une femme à l'état pur, avec un homme idéal, tout en récupérant pleinement votre statut de femme", voilà les slogans adressés aux femmes, encore une fois par d'autres femmes pour les faire émigrer. »

L'engagement djihadiste des femmes semble ainsi le plus souvent se construire dans un mouvement simultané d'aversion envers la culture occidentale – accusée d'être à l'origine des persécutions dont le monde musulman ferait l'objet sur fond de complaisance envers l'oppression dirigée contre les sunnites – et d'attraction pour l'expérience du Califat. La promesse d'une vie en communauté est associée à la possibilité d'accéder à un refuge identitaire où le rôle de chacun contribuerait à la construction d'un idéal de solidarité sociale, conforme aux préceptes de l'islam. Au-delà de la seule volonté d'accompagner un époux désireux de combattre ou de se marier sur zone à un combattant djihadiste fantasmé, la recherche de sororité ou de camaraderie féminine est ainsi régulièrement mise en avant dans le cadre de la construction d'un projet sociétal de réunification des musulmans. Il est de fait outrageusement réducteur, et elles ne se définissent pas ainsi, de classer ces femmes comme victimes. En clair, les femmes sont tout aussi capables que les hommes de faire les pires choix. Elles ont préparé leur départ pendant des semaines, voire des mois, se dissimulant à leurs familles, cachant l'argent nécessaire au voyage. On a même vu une mineure de 15 ans organiser pendant plusieurs mois une collecte, partir et franchir seule cinq frontières. Beaucoup ont quitté leur mari pour s'enfuir seules, avec ou sans leurs enfants, trouvant leur conjoint trop timoré, pas assez radical. En fait, elle lui posait la question « *soit tu deviens comme moi, soit je te quitte et je pars seule* ». Certains couples d'ailleurs ont été arrêtés dès leur tentative de départ, parce que les hommes – et uniquement eux – étaient dans le radar des services de renseignement et recherchés – les fameux fichés S – ce qui n'a pas empêché leurs épouses de partir seules. Et sur place, les femmes s'organisent. Avant de partir, elles confient leurs cartes bancaires à des amis qui ont la charge de transférer les allocations familiales sur place. Tout est réfléchi et organisé. Personne n'a été emmené de force en Syrie et le degré de motivation des femmes et des hommes partis sur le théâtre irako-syrien est le même. Surtout, le schéma d'un départ contraint par l'époux entraînant l'ensemble des membres de la famille dans son engagement unilatéral pour le djihad armé est régulièrement contredit par le discours de femmes soutenant avoir initialement vécu leur adhésion au Califat comme un projet d'accomplissement politique, humaniste et spirituel. Elles-mêmes le revendiquent : « *Nous ne sommes pas des victimes.* » « *On n'est pas à moitié idiote, et même, si oui, je regrette mon choix parce que j'ai été trompée, je suis pour autant partie en toute conscience.* » De retour en France, en liberté surveillée ou incarcérée, elles continuent à assumer leur choix, même si beaucoup déclarent être déçues de leur expérience et avoir été trompées. Là aussi, la prudence est de mise, car elles cherchent toutes à minimiser leur action dans le but de tenter de minorer la sanction qui, forcément, les attend.

Une nouvelle fois, l'histoire du terrorisme nous rappelle que cette lecture hâtive quant aux motivations des femmes a déjà existé et que les mêmes effets ont reproduit les mêmes conséquences. À relire *Les amazones de la terreur*[4], on remarque ce même déni de l'engagement féminin au sein des groupes armés, au moins dans un premier temps. En fait, l'histoire se répète et les femmes en lien avec le terrorisme n'ont pas intéressé de suite les services de renseignement ni la justice et la prise de conscience fut une nouvelle fois tardive. Pourtant, ces femmes qui ont organisé tant de départs sont bien des terroristes.

Cliché n° 2 : L'accès au Califat était compliqué. En fait, aller sur la terre du Cham était d'une facilité extrême. Tellement simple, que l'on ne sait pas exactement qu'elles sont les femmes qui sont ainsi parties en Syrie. En janvier 2018, une jeune femme rentre en France avec ses quatre enfants alors que les services de renseignements ignoraient complètement qu'elle était partie. Elle était sur place depuis quatre ans. Le retour de la terre de Cham est beaucoup plus problématique et passe, bien souvent, par la case prison sur le territoire kurde. Le voyage retour dure plusieurs semaines, voire plusieurs mois, et est particulièrement risqué. De même, tous les milieux sont représentés ainsi que toutes les régions de France. Dans ce domaine, il est réducteur de croire que toutes les femmes parties sur ce théâtre de guerre proviennent de la banlieue parisienne. Même si le mode de recrutement et les groupes de paroles organisés pour asseoir le prosélytisme sont plus faciles à organiser dans les grandes villes, beaucoup de jeunes filles parties sur place sont issues de nos campagnes. De plus, contrairement aux hommes, elles sont le plus souvent inconnues des services de police.

Le rôle des femmes dans le terrorisme : un rôle prépondérant. Un tel engouement semble à première vue contraster avec le rôle secondaire traditionnellement assigné aux femmes au sein des organisations terroristes. En réalité, il apparaît que la *doctrine d'emploi* du djihad féminin, définie par ces organisations, varie considérablement en fonction de

---

4 BUGNON (F.), *Les "amazones de la terreur". Sur la violence politique des femmes, de Fraction armée rouge à Action directe*, Payot, 2015.

paramètres opportunistes et de concepts idéologiques contingents. Bref, on s'adapte aux circonstances ou simplement à son envie. À l'échelle d'une période de 4 ans, la relation des femmes au djihad a ainsi évolué dans l'espace – leur affiliation aux organisations terroristes s'étant traduite de manière divergente au contact de ces dernières sur zone et à distance sur le sol occidental – comme dans le temps – leur statut ayant connu des évolutions à mesure des pertes enregistrées par le Califat. Le rôle des femmes en zone irako-syrienne était cantonné entre tâches domestiques et soutien logistique. On trouve depuis 2016 la trace d'un manifeste écrit par l'organisation de l'EI qui décrit de manière assez précise le projet hégémonique de l'EI :

- un rôle d'épouse et de mère (femme de combattant et mère de lionceaux),
- la propagande, le recrutement et
- la formation des jeunes femmes.

C'est vrai, mais leur rôle a évolué parce que l'assise territoriale du Califat a évolué en plus ou en moins, parce que le nombre croissant de femmes venues d'horizons différents a nécessité de mettre en place une police des mœurs et un contrôle strict des règles du Califat et, enfin, parce que les femmes ont commencé à montrer des velléités d'émancipation pour être comme les hommes. Le rôle principal des femmes était de stabiliser la structure familiale à la procréation des futurs *moudjahidin* et au maintien d'une certaine stabilité d'une structure sociale très hiérarchisée, basée sur la complémentarité des sexes, le repos du guerrier.

Le second rôle particulièrement utile à l'organisation islamique : le recrutement et la propagande. La propagande est parfaitement organisée. À la maison, les femmes ont accès à l'Internet, spécialement pour pouvoir recruter d'autres femmes, dans leur langue natale. De longues conversations, une disponibilité totale, un discours rodé. Elles organisent tout, depuis le discours jusqu'au voyage et parfois le financement. Le discours féminin véhiculé par les productions écrites de Daesh se caractérise par sa stratégie visant à *légitimer* la condition des femmes dans le *Califat* autoproclamé. Ce discours propose, en effet, de nouvelles formes de *djihad alternatif* conçues spécifiquement pour les femmes, notamment le *djihad matrimonial*, un djihad sans combat, autour d'une vie familiale idéale. Dans la même logique, les recruteuses insistent sur l'importance du *djihad éducatif* des mères dans la reproduction des futurs combattants et de leurs futures épouses : « *Nous devons faire de nos enfants les combattants de demain, leur donner une bonne éducation, leur apprendre à obéir* [...]

Et pour nos filles, en faire des épouses et des mères des mujâhidîn *si Allah le veut, pieuses, droites, gardiennes de leur maison, de leur chasteté, mais surtout de tout ce qu'il se passera dans leur demeure.* »[5]. Ce discours fait aussi la promotion du *djihad contre soi-même* auprès des femmes : « *Quant à toi, chère sœur, dont le mari est polygame, voici mon conseil pour toi : je sais avec certitude qu'il n'y a de djihâd plus difficile que celui contre son âme* [...] »[6].

Dans un premier temps, les femmes sur place n'ont pas eu un rôle de combattantes, celui-ci étant réservé aux hommes. Situées en base arrière, elles ont eu pour autant un rôle extrêmement important, celui de faire des enfants et de tenir leur rôle d'épouse. En fait, le rôle de la femme sur place est particulier, il est différent de celui des hommes dans le sens où elles n'ont pas accès à la violence offensive.

La formation et l'éducation des jeunes par les femmes : une fonction stratégique. Après le rôle de procréation, celui d'éducation et celui de recrutement confiés aux femmes du Califat apparaissent donc éminemment centraux dans le fonctionnement de celui-ci. Avant même sa proclamation en juin 2014, l'exode de familles entières, en provenance de tous points du globe, a permis à l'organisation terroriste de penser son hégémonie dans la durée en inscrivant l'endoctrinement et la formation de la jeune génération parmi ses priorités stratégiques.

La naissance de nombreux enfants sur zone a indiscutablement été mise au service de cet objectif de pérennisation institutionnelle qui confie aux femmes la responsabilité de transmettre une éducation conforme aux préceptes du djihad et de la charia. La description faite par les mères françaises, rentrées sur le territoire de leur rôle éducatif sur place, diverge en réalité fortement d'une situation à l'autre, en fonction de leur localisation géographique, du degré d'autonomie qui leur était laissé et de l'âge des enfants concernés. Il ressort cependant de certaines auditions que lorsque ces enfants n'étaient pas maintenus au domicile familial, l'enseignement doctrinal et religieux pouvait être effectué au sein d'écoles coraniques tenues par des émirs de l'État islamique. Une femme française a ainsi reconnu à son retour avoir inscrit pendant deux mois sa fille de 11 ans et son fils de 9 ans dans l'une de ces écoles, dont la description semble correspondre à un lieu d'embrigadement religieux destiné à inculquer l'idéologie djihadiste. Mais le rôle des mères du Califat à l'égard de l'éducation des enfants pose surtout la question de leur responsabilité face

---

[5] *Dar-al-islam*, n° 8.

[6] *Dar-al-islam*, n° 6

aux scènes de violence extrême et à l'altération de la perception du fonctionnement social auxquelles ces mineurs se sont retrouvés exposés dès leur plus jeune âge.

Les femmes combattantes : la règle. La doctrine djihadiste, retenue par les organes de direction des principaux groupes terroristes, interdit aux femmes, au même titre que les vieillards et que les enfants n'ayant pas encore atteint le statut de *muqâtilah* à la puberté, de prendre les armes au nom de leur inaptitude physique à se livrer à une telle activité. Le statut de martyr est d'ailleurs réservé à l'homme au titre d'une inégalité de genre parfaitement assumée par les organisations terroristes. Au terme de développements consacrés à cette question dans les organes de propagande, la doctrine djihadiste interprète ainsi de manière convergente les recommandations émises par les écoles islamiques de diverses obédiences au XIIIe siècle : les femmes ne combattent pas.

Les femmes combattantes : tempérament au principe Cependant, si la promotion de la fonction reproductrice et du rôle éducatif des femmes est particulièrement présente dans les magazines djihadistes comme *Dar-al-islam* ou *Inspire*, le contexte opérationnel a poussé les organisations terroristes à adapter leur doctrine aux besoins stratégiques de l'action guerrière.

Certaines femmes ont effectivement incorporé les systèmes de police islamiste et notamment la brigade al-Khansaa, *Umm al-Rayan,* qui ne doit pas être confondu avec un corps militaire. Des femmes françaises ont effectivement rejoint cette milice, véritables unités féminines d'encadrement de l'État islamique. Ces unités veillaient à l'application des règles de la charia en exerçant une police de la moralité à l'égard des femmes présentes sur les territoires contrôlés par l'organisation terroriste et en recourant à des sanctions allant jusqu'à la flagellation. Certaines brigades allaient jusqu'à se voir conférer une mission tactique au service de la protection des frontières de l'État : il s'agissait notamment de détecter des hommes habillés en femmes aux points de contrôle tenus par les combattants de l'organisation.

Dans une vidéo diffusée le 3 septembre 2017 par l'un des organes de propagande de l'État islamique, il est fait explicitement recours aux femmes et aux enfants aptes aux combats pour constituer le second rideau d'un effectif en grande partie décimé. La mobilisation des femmes dans la poursuite du djihad armé n'est pas un phénomène nouveau dans l'histoire de cette mouvance terroriste, dont les théâtres d'opérations se succèdent depuis plus d'un demi-siècle. Venues aux armes après l'élimination de la majorité des membres masculins du groupement, les *veuves noires* de Tchétchénie, déjà, avaient pu rappeler le rôle assigné, avant elles, aux femmes kamikazes enrôlées par les mouvements nationalistes palestiniens. Plus récemment, certaines figures féminines avaient également eu l'occasion de faire leur apparition dans le paysage islamiste radical, endossant des fonctions directement mises au service de la constitution et du fonctionnement des groupements terroristes.

Le rôle des mineurs dans le terrorisme. Parmi ces images, celle du *lionceau du Califat* est tout particulièrement surreprésentée dans les différents supports médiatiques de Daesh, à savoir : vidéo, textes et images. Ont été recensées, par exemple, plusieurs centaines de vidéos de propagande produites entre 2012 et 2017 autour des *lionceaux du Califat.* Ils sont français, tunisiens, tchétchènes, belges, kurdes, américains, *etc.*, tous âges confondus, et sont de manière très manifeste manipulés pour servir la propagande du groupe terroriste. En outre, l'image de l'enfant est souvent associée à d'autres représentants le printemps, symbole d'une fertilité, de vie exubérante et d'élan débordant. On les voit souriants, jouant dans des parcs et jardins, sur les bancs de l'école, ou encore dans des soirées animées, manger une glace... Cette image sert aussi à renforcer l'aspect « *festif* » de la guerre, selon l'expression de Farhad Khosrokhavar. Ainsi, cette dernière vient donc s'ajouter à d'autres plus « *gaies* » et « *cool* » de la vie sur le territoire putatif du Califat telles que de grandes villas avec des piscines, voire même des palais, des centres commerciaux et des complexes éducatifs, sportifs, médicaux et académiques offerts à la jouissance des *lionceaux du Califat* et de leurs aînés. Ce projet de vie (et de mort) alternatif doit répondre aux exigences des adultes qui cherchent un nouveau départ pour eux et leurs familles. La publication sur Internet de vidéos mettant en scène de très jeunes soldats combattants a constitué l'une des sources de propagande privilégiée par l'organisation État islamique pour démontrer la puissance du Califat et sa capacité à assurer la formation d'une jeune génération de combattants acquis à la cause du djihad. De jeunes adolescents y ont été mis en scène, cagoulés, se livrant à de véritables entraînements militaires au moyen d'armes de divers calibres et à des exercices de mise en situation. Au-delà de l'enrôlement de ces enfants dans les rangs des patrouilles de combat, des vidéos montrant des préadolescents (dont un jeune Français) s'adonnant à de véritables exécutions, par arme à feu ou par décapitation, empruntant la forme de rites initiatiques imposés, sont de nature à faire monter d'un cran l'intensité des actes susceptibles d'être reprochés à leurs parents.

Et demain ? La menace djihadiste féminine sur le territoire national est un message à destination des hommes : elles sont une nouvelle arme de persuasion. Privées de combat sur les terres du Califat au titre d'une inégalité revendiquée par l'idéologie islamiste, les affiliées féminines s'émancipent volontiers en Europe de la discipline des groupes djihadistes. Loin de les décourager, ces derniers mettent en avant leur volontarisme au nom des nécessités opérationnelles du moment. La règle interdisant aux femmes de combattre cède ainsi le pas devant la détermination de combattantes autoproclamées à poursuivre une action violente dite *de proximité* au nom de leur allégeance à l'organisation terroriste. Les organes dirigeants des centrales terroristes vont jusqu'à retourner l'objection théologique faite à la participation des femmes aux combats pour en faire un argument de mobilisation en direction des hommes censés éprouver de la honte face à leur propre inertie. Au-delà du risque inhérent aux retours des théâtres d'opérations terroristes, cette dualité du rôle féminin dans le djihad est au cœur de la menace endogène représentée par ces femmes, chez qui les appels au meurtre permanents lancés par organisations terroristes peuvent trouver un écho favorable.

Approche criminologique des femmes et des mineurs dans le terrorisme

Catherine MENABE

Maître de conférences HDR en droit privé et sciences criminelles, directrice du DU de criminologie & victimologie, Institut François Gény (EA 7301), Université de Lorraine

Le processus de radicalité djihadiste est un phénomène complexe, spécifique, saisissant. Il ne peut par conséquent qu'être admis, à titre liminaire, que toute approche criminologique du phénomène ne peut constituer qu'une tentative de compréhension de l'incompréhensible. La criminologie ayant pour objectif de comprendre la criminalité pour mieux lutter contre[1], elle amène à s'interroger sur les causes de la radicalisation[2] et du terrorisme dans l'objectif de les enrayer. Si les recherches se sont largement multipliées concernant les hommes majeurs[3], elles se sont en

---

1 V° « Criminologie », *Rép. pén. Dalloz*, 2019, n° 56.

2 Malgré les discussions portant sur le sens des terminologies employées, les termes de radicalité et de radicalisation seront employés comme synonyme et dans le sens d'une succession d'étapes amenant à une idéologie extrémiste. Pour Laurent Bonelli et Fabien Carrié, la radicalité s'entend « *à la fois des actes, des faits ou des comportements qui transgressent des normes établies et la réaction à ces transgressions de la part des institutions qui y voient une menace de subversion pour l'ordre politique, social et symbolique dont elles sont les garantes* » (BONELLI (L.), CARRIE (F.), *La fabrique de la radicalité. Une sociologie des jeunes djihadistes français*, Seuil, 2018, p. 16). Pour Farhad Khosrokhavar, la radicalisation peut être définie comme *« le processus par lequel un individu ou un groupe adopte une forme violente d'action, directement liée à une idéologie extrémiste à contenu politique, social ou religieux qui conteste l'ordre établi sur le plan politique, social ou culturel »* (*stopdjihadisme.gouv.fr*).

3 Not. KHOSROKHAVAR (F.), MIGAUX (P.), BENICHOU (D.), *Le jihadisme : le comprendre pour mieux le combattre*, Plon, 2015. – KHOSROKHAVAR (F.), *Le Nouveau Jihad en Occident*, Robert Laffont, 2018. – CRETTIEZ (X.), AININE (B.), *Soldats de Dieu - Paroles de Djihadistes Incarcérés*, Éd. de l'aube, 2017. – SUC (M.), *Les espions de la terreur*, HarperCollins, 2018. – BENSLAMA (F.), *Un furieux désir de sacrifice : Le surmusulman*, Seuil, 2016.

revanche assez peu intéressées aux mineurs et aux femmes[4]. Dans la délinquance, l'homme majeur est le principe, le mineur et, encore plus, la femme sont l'exception. Délinquants minoritaires, mais aussi spécifiques, ils donnent généralement lieu à une analyse comparative hommes/femmes - majeurs/mineurs, donc dans une logique de comparaison entre le général et le particulier. En effet, il est acquis que les femmes et les mineurs ne commettent pas ni les mêmes infractions ni dans les mêmes proportions que les hommes et les majeurs[5]. Ils ne sont pas ancrés de manière similaire dans la délinquance et leur criminalité donne lieu à une réponse pénale différenciée, adaptée à leurs spécificités, que ce soit explicitement dans le régime légal applicable aux mineurs ou implicitement à travers le traitement judiciaire de la criminalité féminine[6]. Le profil général des femmes et des mineurs délinquants serait ainsi distinct de celui de l'homme majeur, auteur d'infraction. Mais le constat est-il similaire en matière de terrorisme ? Le processus de radicalisation djihadiste et le passage à l'acte terroriste ont-ils des origines spécifiques chez les femmes et les mineurs devant justifier une réaction sociale adaptée ? La question est d'importance, car si les femmes et les mineurs n'ont ni les mêmes profils ni les mêmes rôles que les hommes majeurs, on peut légitimement s'interroger sur l'adéquation à ces individus des moyens généraux de prévention et de répression. L'efficacité même de la réponse judiciaire, pénale ou extra-pénale, est potentiellement dépendante de cette adaptabilité. Il est dès lors nécessaire de s'interroger sur les différences de profils entre hommes et femmes et entre majeurs et mineurs (I), mais aussi de se demander si le terrorisme est criminologiquement un phénomène à part nécessitant une réponse spécifique compte tenu des éventuelles ressemblances entre radicalisés ou terroristes et délinquants (II).

I. La radicalisation des femmes et des mineurs : des causes spécifiques ?

Les facteurs de déviance sont multiples et leur poids dans le processus criminel est variable selon les individus et les circonstances. Au-delà du milieu socio-économique, des carences éducatives ou des antécédents victimologiques, le jeune âge et le sexe masculin apparaissent comme des

---

4 BONELLI (L.), CARRIE (F.), *La fabrique de la radicalité. Une sociologie des jeunes djihadistes français*, *op. cit.* – BENSLAMA (F.), KHOSROKHAVAR (F.), *Le Jihadisme des femmes. Pourquoi ont-elles choisi Daesh ?*, Seuil, 2017. – SUC (M.), *Femmes de djihadistes. Au cœur du terrorisme français*, Fayard, 2016.

5 GASSIN (R.), CINAMONTI (S.), BONFILS (P.), *Criminologie*, Dalloz, Précis, 7e éd., 2011, p. 440 et s. – MENABE (C.), *La criminalité féminine*, L'Harmattan, 2014.

6 MENABE (C.), *La criminalité féminine*, *op. cit.*

facteurs criminogènes[7]. Le sexe étant, plus que l'âge, déterminant du volume et de la nature de la criminalité, seront d'abord envisagées les causes de la radicalisation des femmes (A) puis celles des mineurs (B).

A. Les causes de la radicalisation des femmes

« *Loin d'être un phénomène atypique ou nouveau, l'implication des femmes* [dans le terrorisme] *est une constante historique et géographique* »[8]. De la Fraction armée rouge aux FARC, de l'IRA et l'ETA, les femmes ont toujours été présentes dans la lutte politique violente[9]. Depuis quelques années, ce sont les femmes djihadistes qui préoccupent la scène internationale. Leurs noms ou surnoms sont d'ailleurs aussi célèbres que ceux de leurs homologues masculins : *Jihad Jane* (Américaine ralliée à al-Quaïda qui a cherché à tuer le caricaturiste Lars Vilks), Muriel Degauque (première femme européenne kamikaze en Irak), Hayat Boumeddiene (compagne d'Amedy Coulibaly), Inès Madani (condamnée pour la tentative d'attentat à Notre-Dame de Paris), Émilie König ou Margaux Dubreuil (détenues en Syrie par les forces kurdes). Le terrorisme des femmes n'apparaît pas exceptionnel, encore moins dans les rangs de l'État islamique[10]. Elles représenteraient un tiers des radicalisés et des départs vers la Syrie, 20 % des « *revenants judiciarisés* » en 2019 et 10 à 15 % des condamnés pour infraction à mobile terroriste sur le territoire français[11]. Cette proportion est supérieure à la part des femmes dans la criminalité de manière générale puisqu'elles représentent 15 % des mis en cause et 10 % des condamnés[12]. Le *sex-ratio* en matière terroriste est ainsi l'un des plus faibles : les femmes sont proportionnellement plus actives dans le terrorisme que dans les

---

[7] MENABE (C.), « Criminologie », *Rép. pén. Dalloz*, 2019.

[8] FELICES-LUNA (M.), « Déviance et politique : la carrière des femmes au sein de groupes armés contestataires », *Déviance et société* 2008, vol. 32, n° 2, pp. 163-185.

[9] PY (B.), « La participation des femmes dans les mouvements terroristes historiques : le sein, le sang, le chant », *cet ouvrage*.

[10] Le président du Conseil de sécurité de l'ONU a pu relever que « *vu la forte montée en puissance des activités de femmes jouant un rôle de premier plan au sein des groupes terroristes et l'augmentation du nombre de combattantes terroristes étrangères, cet aspect mérite une plus grande attention* » (Lettre datée du 18 janvier 2016, adressée au président du Conseil de sécurité par le président du comité du Conseil de sécurité créé par la résolution 1373 (2001) concernant la lutte antiterroriste, § n° 33).

[11] GUEGUEN (E.), « De plus en plus de Françaises dans les rangs djihadistes », sur www.franceinter.fr [en ligne], publié le 7 janvier 2016. – SEELOW (S.), BELLANGER (E.), « Les nouveaux chiffres de la radicalisation », sur www.lemonde.fr [en ligne], publié le 26 mars 2015. – Fil *Twitter* de Jean-Charles Brisard, 11 juin 2019 (président du Centre d'analyse du terrorisme). – OAHNY (S.), « Terrorisme : comment évaluer la dangerosité des islamistes radicaux en prison ? », sur www.lejdd.fr [en ligne], publié le 7 janvier 2018.

[12] BUSCH (F.), TIMBART (O.), « Un traitement judiciaire différent entre hommes et femmes délinquants », ONDRP, Infostat Justice, 2017, n° 149.

autres contentieux, tant d'atteinte aux personnes qu'aux biens[13]. Au-delà de ce premier constat, les femmes djihadistes assument des rôles bien définis influençant largement leur entrée dans l'islam radical.

Au cours des dernières années, les femmes sont apparues de plus en plus comme jouant un rôle clé dans le terrorisme international[14]. Pendant longtemps, le rôle des femmes dans le djihadisme était assez clairement défini et en particulier elles n'étaient ni combattantes ni *martyres*. Si elles ne portent toujours pas les armes (même si on leur apprend à les utiliser), il n'est plus exceptionnel qu'elles soient appelées à l'attentat-suicide ou au combat[15]. En principe, la place de la femme djihadiste n'est pas sur le champ de bataille, elle a à la fois un rôle de soutien des *moudjahidine* et d'incitation au djihad[16]. Leur rôle se concentre d'une part sur le recrutement, la propagande et la logistique, et d'autre part, en tant que mères, sur l'éducation des futurs djihadistes (les *ashbal* ou *lionceaux du Califat*). Elles espèrent accéder au statut de *femme de martyr* qui constitue une reconnaissance non seulement de l'époux qui s'est sacrifié, mais aussi de la femme elle-même qui y contribue par son implication personnelle. Mais depuis 2016, les femmes sont incitées elles-mêmes au martyre lorsqu'elles ne sont pas mariées à un combattant ou lorsqu'elles ne parviennent pas à rejoindre la zone irako-syrienne où elles pourraient avoir un rôle différent. Si les hommes et les femmes n'ont pas les mêmes rôles dans l'État islamique, cette répartition genrée a toutefois été amenée à évoluer vers une uniformisation sous la nécessité, lorsque l'État islamique a commencé à perdre son assise territoriale[17].

De nombreuses femmes radicalisées recherchent à travers leur engagement ou leur conversion à l'islam une redéfinition de leur rôle. Contrairement aux jeunes filles (du moins à certaines d'entre elles), elles n'apparaissent pas spécialement vulnérables ou influençables et ont généralement une démarche proactive dans le processus de

---

13 Le vol est l'infraction pour laquelle le plus de femmes sont mises en cause et condamnées mais les infractions contre la famille et l'enfant, le proxénétisme et les actes terroristes (tout particulièrement l'AMT) restent les catégories d'infractions pour lesquelles le taux de féminité est le plus important (MENABE (C.), *La criminalité féminine*, *op. cit.*, n° 134, p. 142).

14 GUIDERE (M.), « Al-Qaïda et les femmes solitaires », *in* GUIDERE (M.), *Les nouveaux terroristes* 2010, pp. 100-113.

15 SEELOW (S.), « Qui sont les femmes djihadistes ? Une étude inédite sur leur profil et leur motivations », sur www.*lemonde.fr* [en ligne], publié le 5 mai 2018.

16 BENSLAMA (F.), KHOSROKHAVAR (F.), *Le Jihadisme des femmes. Pourquoi ont-elles choisi Daesh ?*, *op. cit.* – THOMSON (D.), *Les revenants*, Seuil, 2016. – GUIDERE (M.), *Al-Qaïda et les femmes solitaires*, préc.

17 ONUDC, *Manuel sur les dimensions de genre dans les ripostes pénales au terrorisme*, Vienne, 2019 p. 35.

radicalisation[18]. Leurs choix ne sont pas spécialement l'expression d'une phase difficile de leur vie même si celle-ci est souvent marquée par une rupture conjugale. Globalement, il s'agit de femmes entre 20 et 40 ans qui trouvent dans l'islam une redéfinition des rôles sociaux des hommes et des femmes qui leur correspond davantage[19]. Il est en effet surprenant de constater que des femmes revendiquent un retour à une définition plus genrée des rôles au sein de la famille : le mari est l'homme fort, le combattant, qui protège et dirige sa famille ; la femme est la mère, elle s'occupe des enfants et gère le foyer, elle ne travaille pas et se soumet à son époux. Cette répartition des rôles est très structurante, rassurante, pour certaines personnes. En outre, elle illustre un *mal-être* moderne : les femmes peuvent avoir des difficultés à se positionner et à répondre à toutes les attentes sociales dans une société où elles doivent être épouses, mais pas soumises, elles doivent être mères, mais pas au foyer, elles doivent réussir professionnellement, mais sans délaisser leurs autres rôles[20]. Un conflit interne peut surgir face, d'une part, à des pressions sociales et, d'autre part, à une incapacité à les assumer. La radicalisation correspond alors à un rejet de la société égalitaire dans laquelle la place de la femme n'est peut-être pas totalement ni déterminée ni déterminable.

Chez les jeunes femmes, la motivation humanitaire et la lutte politique ressortent aussi assez nettement[21]. Musulmanes ou converties, elles ont été choquées des ravages de la guerre en Syrie et de l'absence de réaction forte de la société face à ces atrocités ; la recherche binaire d'un *gentil* et d'un *méchant* les a conduites à conclure, généralement sous influence, à la responsabilité des *mécréants*. Au vu, à la fois, des discours des revenantes et des lettres de départ laissées, de nombreuses filles et femmes se sont engagées dans une cause qu'elles estimaient noble et nécessaire[22]. Par leur passage en zone irako-syrienne, elles espéraient aider la population,

---

18 BENSLAMA (F.), KHOSROKHAVAR (F.), *Le Jihadisme des femmes. Pourquoi ont-elles choisi Daesh ?, op. cit.* – DELAHOUSSE (M.), *La chambre des coupables : la justice face aux djihadistes français*, Fayard, 2019.

19 ONUDC, *Manuel sur les dimensions de genre dans les ripostes pénales au terrorisme, op. cit.*, pp. 1 et 13. – BENSLAMA (F.), KHOSROKHAVAR (F.), *Le Jihadisme des femmes. Pourquoi ont-elles choisi Daesh ?, op. cit.*

20 Not. COMMAILLE (J.), « Entre famille et travail, les stratégies des femmes », *Recherches et Prévisions*, n° 36, juin 1994, Dossier « Entre la vie professionnelle et la vie familiale », pp. 3-10.

21 KHOSROKHAVAR (F.), « Les trajectoires des jeunes jihadistes français », *Études*, n° 6, juin 2015, pp. 33-44.

22 DELAHOUSSE (M.), *La chambre des coupables : la justice face aux djihadistes français, op. cit.* – THOMSON (D.), *Les revenants, op. cit.* – BONELLI (L.), CARRIE (F.), *La fabrique de la radicalité. Une sociologie des jeunes djihadistes français, op. cit.* – BENSLAMA (F.), KHOSROKHAVAR (F.), *Le Jihadisme des femmes. Pourquoi ont-elles choisi Daesh ?, op. cit.*

construire des orphelinats, participer à l'éducation des enfants et à la reconstruction des villes, se sentir utiles et trouver ainsi leur place[23]. La lutte politique des femmes radicalisées s'exprime également à travers leur volonté de rejoindre la terre du Califat pour pouvoir exprimer totalement librement leur foi. Comme de nombreux hommes, elles estiment que leur pratique religieuse est bridée par l'État (ce qui est effectivement une réalité compte tenu notamment de l'interdiction de certains vêtements islamiques). Le processus de radicalisation implique un rejet de l'État-nation et de la société dans laquelle l'individu évolue. Pour les femmes, ce rejet est toutefois moins nettement associé à une déviance préexistante[24].

Ces motivations transparaissent dans les discours de nombreuses *repenties* ou *revenantes*[25]. Si certaines femmes, tout particulièrement les plus jeunes, considèrent que leur vulnérabilité a été exploitée, qu'elles ont été manipulées dans une période difficile de leur vie[26], d'autres femmes paraissent encore, au moins partiellement, convaincues par l'idéologie de Daesh et minimisent leur implication au sein de l'État islamique. Elles n'utilisent aucunement les termes de terrorisme et certains témoignages révèlent un décalage très net entre ce qui a été vécu et ce qui est perçu. Elles estiment que leurs maris étaient des combattants qui défendaient une juste cause et assument un choix de vie en pleine connaissance de cause. Si certaines rejettent dorénavant l'extrémisme et les actions violentes terroristes, elles restent attachées à leur foi, même relativement rigoriste[27]. Au contraire, certaines femmes, comme certains hommes, ont rejeté le djihadisme en réaction à leur expérience en zone irako-syrienne. La vie au Califat s'est révélée être pour ceux-ci une véritable désillusion, loin des

---

23 DELAHOUSSE (M.), *La chambre des coupables : la justice face aux djihadistes français, op. cit.* – THOMSON (D.), *Les revenants, op. cit.* – BONELLI (L.), CARRIE (F.), *La fabrique de la radicalité. Une sociologie des jeunes djihadistes français, op. cit.* – BENSLAMA (F.), KHOSROKHAVAR (F.), *Le Jihadisme des femmes. Pourquoi ont-elles choisi Daesh ?, op. cit.* – FELICES-LUNA (M.), « Déviance et politique : la carrière des femmes au sein de groupes armés contestataires », préc. (« *Le parcours des femmes qui se sont impliquées dans la lutte armée par vocation débute par une prise de conscience d'inégalités et d'injustices perçues comme étant liées au système ou gouvernement politique en place et nécessitant une action directe pour changer une situation considérée inacceptable* »).

24 VINCENT (E.), « Terrorisme : une étude pour cerner le profil des auteurs d'attentats », sur www.lemonde.fr [en ligne], publié le 13 novembre 2019. – BENSLAMA (F.), KHOSROKHAVAR (F.), *Le Jihadisme des femmes. Pourquoi ont-elles choisi Daesh ?, op. cit.* – KHOSROKHAVAR (F.), « Les trajectoires des jeunes jihadistes français », préc.

25 THOMSON (D.), *Les revenants, op. cit.* – PASSONI (L.), LORSIGNOL (C.), *Au cœur de Daesh avec mon fils*, La boîte à Pandore, 2016.

26 BENSLAMA (F.), KHOSROKHAVAR (F.), *Le Jihadisme des femmes. Pourquoi ont-elles choisi Daesh ?, op. cit.* – THOMSON (D.), *Les revenants, op. cit.*

27 V. not. le témoignage de Margaux Dubreuil (Émission *Envoyé spécial*, diffusée sur France 2 le 9 novembre 2017).

espoirs qu'ils nourrissaient ou des aspirations auxquelles on avait pu les faire rêver. Des femmes se sont notamment senties exploitées en étant multi-mariées et en étant privées de liberté pendant leur veuvage (dans les *madafa*), tout en en ressentant une pression de la nécessité de faire illusion au péril de leur vie[28]. De nombreuses radicalisées ont aussi été choquées par les exactions de Daesh. Cette variabilité du discours des repenties s'explique principalement par les motivations variées qui ont conduit à la radicalisation. Alors que les plus jeunes se sont souvent laissées convaincre (sans forcément être repenties), les plus âgées ont davantage cherché dans l'islam des réponses à des questions existentielles. Les motivations des mineurs radicalisés ne sont effectivement pas tout à fait semblables à celles des majeurs (même si l'on retrouve des similitudes entre garçons et jeunes hommes et entre filles et jeunes femmes).

B. Les causes de la radicalisation des mineurs

Chez les mineurs, plusieurs profils peuvent également être recherchés. En particulier, de nombreux radicalisés sont des jeunes judiciarisés (y compris jeunes majeurs), issus de l'immigration, peu insérés socialement et ayant la sensation qu'ils n'ont et n'auront aucune place légitime dans la société française. Ils ne se sentent pas vraiment français, ne partagent pas la religion majoritaire, sortent vite du système scolaire, le conflit avec les institutions est rapide et prégnant. Il s'agit bien souvent d'auteurs de petite délinquance *banale* qui cherchent à trouver une place sociale par la violence[29]. Par leur engagement extrémiste, ces jeunes obtiennent une reconnaissance individualisée de leurs actions. Le terrorisme est alors perçu comme l'échelon suprême de la carrière délinquante qui donne en plus un sens à leur vie. Apparaît un sentiment de toute puissance combiné à une banalisation de l'extrême violence et une déshumanisation des victimes. Les failles d'intégration sociale et le prosélytisme en détention jouent alors fortement dans le processus de radicalisation. Les voyages initiatiques permettent de totalement embrigader le radicalisé qui peut laisser libre court à tous ses instincts primaires de violence et de mort. En terre de Califat, il a la liberté de faire tout ce qu'il veut, y compris perpétrer les actes les plus atroces, sans la moindre réprobation de ses pairs, exacerbant ainsi d'autant plus un sentiment de toute puissance prenant également naissance dans la glorification de la mort et de la souffrance. Le

---

[28] V. not. PASSONI (L.), LORSIGNOL (C.), *Au cœur de Daesh avec mon fils*, *op. cit.*

[29] Il est vrai que « *la ghettoïsation des populations* [...], *en retour, facilite la politisation des milieux de vie* » (FELICES-LUNA (M.), « Déviance et politique : la carrière des femmes au sein de groupes armés contestataires », préc.).

radicalisé n'est ainsi plus soumis aux limites humaines. Le risque d'attentat est alors majeur.

De manière plus surprenante, certains jeunes ne sont pas issus de milieux défavorisés ou de quartiers difficiles[30]. Ils n'étaient pas spécialement en échec scolaire, voire vivaient dans un environnement familial paisible. Il s'agit alors de jeunes socialement insérés en proie à un mal-être individuel fort faisant d'eux des personnes sensibles aux discours salafistes. Ils recherchent un cadre structurant et une valorisation de l'individualité. Pour eux, le djihadisme offre des normes bien définies dans un environnement familial et social où l'autorité est devenue floue[31]. Ils se radicalisent rapidement dans un processus présentant des similitudes notables avec l'endoctrinement sectaire.

De nombreux jeunes, et en particulier les filles, sont en quête d'indépendance. Ils revendiquent leur maturité dans une société qui leur accorde peu d'opportunités. Les garçons s'estiment suffisamment mûrs pour combattre, les filles pour fonder un foyer. Eux aussi recherchent une place sociale différente de celle offerte par la société. S'il est commun d'entendre de génération et en génération que les jeunes d'aujourd'hui sont plus précoces que ceux d'hier, il est pourtant certain qu'un écart se creuse entre leurs capacités physiologiques et la réalité sociale qui conduit à ce qu'ils restent de plus en plus longtemps sous l'autorité familiale en entrant de plus en plus tard dans la vie professionnelle et en construisant toujours plus tardivement leur foyer. Chez les jeunes filles, cette quête d'une vie d'adulte se double de la recherche d'une place sociale en tant que femme et peut se tripler d'une idéalisation de l'homme islamiste *viril, sérieux et sincère*, triptyque du mari idéal et, semble-t-il, plutôt éloigné de l'adolescent occidental d'aujourd'hui !

Plus finement, Laurent Bonelli et Fabien Carrié, qui ont mené une étude empirique se basant sur les dossiers traités par la protection judiciaire de la jeunesse (étude portant sur 133 mineurs, 96 garçons [72 %] et 37 filles [28 %]), ont conclu à l'existence de quatre catégories de jeunes radicalisés[32]. La radicalité agonistique est celle des jeunes judiciarisés qui

---

30 KHOSROKHAVAR (F.), « Les trajectoires des jeunes jihadistes français », préc. – BONELLI (L.), CARRIE (F.), *La fabrique de la radicalité. Une sociologie des jeunes djihadistes français, op. cit.* – DELAHOUSSE (M.), *La chambre des coupables : la justice face aux djihadistes français, op. cit.*

31 KHOSROKHAVAR (F.), « Les trajectoires des jeunes jihadistes français », préc. – BONELLI (L.), CARRIE (F.), *La fabrique de la radicalité. Une sociologie des jeunes djihadistes français, op. cit.*

32 BONELLI (L.), CARRIE (F.), *La fabrique de la radicalité. Une sociologie des jeunes djihadistes français, op. cit.*

trouvent dans la radicalité un moyen de déstabiliser et de faire peur aux intervenants sociaux. Elle leur donne une image positive plutôt que « *misérabiliste* » de « *petit délinquant* ». 88 % de ces radicalisés sont des garçons. La radicalité apaisante est ensuite celle qui découle de la recherche d'un cadre non trouvé dans la famille. Le jeune recherche alors une structure et 67 % de ces radicalisés sont des filles. La radicalité rebelle s'inscrit dans une logique de réaction au cadre familial. Enfin, la radicalité utopique découle d'un projet intellectuel et politique alternatif à l'ordre social existant. Ces deux dernières sources de radicalité sont mixtes (avec une dominante masculine pour la radicalité utopique, que l'on retrouve toutefois assez nettement dans les causes de radicalisation des majeures).

Hommes et femmes, mineurs et majeurs, jeunes et moins jeunes, mais aussi musulmans et convertis, parents et célibataires, milieux défavorisés et milieux privilégiés, le terrorisme paraît être le fait d'une variété d'individus réunis par une idéologie commune. L'étude de leurs « *profils criminologiques* » révèle d'ailleurs nettement leurs différences. La « *dimension relationnelle et contextuelle de la radicalité est nécessaire pour sortir de l'impasse des "profils", qui demeure aveugle aux enjeux de la catégorisation* »[33]. Il est impossible de « *diagnostiquer* » les causes de la radicalisation de chaque individu et il est tout aussi complexe de les catégoriser. Finalement, plutôt que de comparer les radicalisés entre eux pour tenter de dégager des caractéristiques communes, il est possible d'analyser la radicalité par rapport à la délinquance générale : la déviance extrémiste est-elle somme toute différente de la déviance *ordinaire* ?

II. Le terrorisme des femmes et des mineurs : un processus atypique ?

Dans son précis de criminologie, Gassin constate qu'un « *terrorisme de plus en plus dramatique* » figure parmi les dix principaux comportements criminels caractéristiques des pays occidentaux[34]. Le fichier de traitement des signalements pour la prévention de la radicalisation terroriste (FSPRT)

---

33 BONELLI (L.), CARRIE (F.), *La fabrique de la radicalité, Une sociologie des jeunes djihadistes français, op. cit.*, p. 69.

34 GASSIN (R.), CINAMONTI (S.), BONFILS (P.), *Criminologie, op. cit.*, p. 355, n° 389.

recense environ 20 000 radicalisés dont 10 000 à 12 000 *actifs*[35]. 700 à 800 Français, dont 300 femmes, se sont rendus dans la zone de combat irako-syrienne[36]. Le terrorisme représentait environ 1,9 % des crimes en 2018 et 2,6 % en 2017[37]. Un peu plus de 500 personnes sont incarcérées pour des faits de terrorisme et plus de 1000 détenus seraient radicalisés[38]. Il est toutefois compliqué de comptabiliser le nombre de condamnés pour infractions terroristes et plus encore d'évaluer le nombre de radicalisés ou la proportion de ceux-ci susceptible de passer à l'acte. Selon les services de renseignement, plus de la moitié des personnes qui sont parties en Syrie ou en Irak étaient « *en dehors de leurs radars* »[39] ce qui conforte l'idée selon laquelle la radicalisation est un phénomène difficilement catégorisable, dont le repérage est éminemment complexe. En effet, la radicalité est un processus protéiforme, variable dans le temps, en intensité et selon les individus (A). Pour autant, il reste possible de faire ressortir quelques similitudes avec la délinquance ordinaire relativisant ainsi l'éventuelle nécessité d'une réponse extraordinaire (B).

A. Un processus de radicalisation idéologique protéiforme

Le genre conduit à des différences de participation à la criminalité entre hommes et femmes et à une réponse pénale différenciée[40]. Le genre peut donc être un outil intéressant d'analyse du passage à l'acte criminel. Dans son rapport sur le Plan d'action pour la prévention de l'extrémisme violent, le secrétaire général des Nations unies a en effet recommandé aux États membres « *d'investir dans les travaux de recherche axés sur la problématique femmes-hommes ainsi que dans la collecte de données sur le rôle des femmes dans l'extrémisme violent, notamment pour mettre au jour les facteurs qui poussent certaines femmes à rallier des groupes extrémistes violents et les incidences des stratégies*

---

35 « *Au 29 mai 2019, 21 039 individus sont inscrits au Fichier de traitement des signalements pour la prévention de la radicalisation à caractère terroriste (FSPRT) dont 10 092 ont le statut : "pris en compte", 10 616 le statut : "clôturé", 167 le statut : "poursuite de l'évaluation", et enfin 164 le statut : "en veille".* [...] *Au début de l'année 2019, 12 809 fiches sont dites "actives", c'est-à-dire faisant l'objet d'un suivi par les services.* » (Ass. nat., *Rapport d'information sur les services publics face à la radicalisation*, par DIARD (E.), POULLIAT (E.), 27 juin 2019, pp. 16-17).

36 *Ibid.*

37 Ministère de la Justice, *Les condamnations en 2018*, janvier 2020 et *Les condamnations en 2017*, décembre 2018.

38 « La mission de garde, première mission de l'administration pénitentiaire », sur www.vie-publique.fr [en ligne], publié 5 septembre 2019.

39 BONELLI (L.), CARRIE (F.), *La fabrique de la radicalité, Une sociologie des jeunes djihadistes français, op. cit.*, p. 10.

40 MENABE (C.), *La criminalité féminine, op. cit.* – ONUDC, *Manuel sur les dimensions de genre dans les ripostes pénales au terrorisme*, préc., p. 14.

antiterroristes sur leur vie, de façon à élaborer des politiques et des programmes ciblés et fondés sur des données factuelles »[41], « *afin de prévenir le recrutement des femmes et des filles appelées à devenir terroristes* »[42]. L'analyse de genre vise ainsi à appréhender les spécificités entre hommes et femmes dans l'objectif d'apporter une réponse adaptée et efficace. Dans cette logique, l'assemblée générale des Nations unies a, dans sa résolution 70/291 *Examen de la stratégie antiterroriste mondiale des Nations unies*, exhorté les États membres et les entités des Nations unies « *à intégrer dans les programmes concernés une analyse des facteurs de radicalisation pouvant conduire au terrorisme axée sur les femmes* »[43]. Les motivations individuelles des radicalisés ne sont pas suffisantes pour comprendre leur engagement extrémiste, celui-ci ne pouvant se développer qu'en raison d'influences. La radicalisation islamiste découle d'un endoctrinement ; la notion même de processus de radicalisation exprime le fait que l'extrémisme est l'aboutissement d'étapes, d'une dynamique particulière et d'interactions[44]. Or, le processus de radicalité diffère-t-il entre hommes et femmes et entre majeurs et mineurs ? Il faut reconnaître que l'État islamique a mené une politique communicationnelle redoutable[45], notamment en adaptant le discours idéologique aux individus.

Lorsque le terrorisme est étudié sous l'angle du genre, il s'agit généralement de s'intéresser aux particularités de la radicalisation et du terrorisme des femmes. Pourtant, il faut aussi s'interroger sur les « *éléments de masculinité, d'identité masculine, de liens affectifs entre hommes et du statut d'homme* [qui] *interviennent dans la radicalisation, l'extrémisme et la participation à la violence politique* »[46]. En effet, l'État islamique a largement valorisé l'hyper masculinité du combattant du djihad[47]. Force, pouvoir, honneur sont revendiqués. L'apparence elle-même renforce l'appartenance au groupe, la barbe étant l'attribut masculin. L'image virile du djihadiste séduit les hommes, tout autant que la définition traditionnelle des rôles sociaux des

---

41 ONU, Ass. générale, *Plan d'action pour la prévention de l'extrémisme violent, Rapport du Secrétaire général*, 24 décembre 2015, p. 20.

42 ONUDC, *Manuel sur les dimensions de genre dans les ripostes pénales au terrorisme*, préc., p. 1.

43 ONU, Ass. générale, Résolution 70/291 *Examen de la Stratégie antiterroriste mondiale des Nations unies*, 19 juillet 2016, p. 6, n° 12.

44 KHOSROKHAVAR (F.), *Radicalisation*, Maison des Sciences de l'homme, 2014. – THIERRY (J.-B.), « La prévention de la radicalisation et du terrorisme », *cet ouvrage*.

45 NASR (W.), « La violence, une fin ou un moyen pour l'État islamique ? », *Inflexions*, 2016, n° 31, pp. 47-53.

46 ONUDC, *Manuel sur les dimensions de genre dans les ripostes pénales au terrorisme*, préc., p. 13.

47 *Ibid.*

femmes peut attirer celles-ci[48]. L'État islamique se caractérise par une définition genrée des hommes et des femmes et exploite celle-ci dans sa politique communicationnelle. S'il n'existe pas pour autant de processus type, il faut toutefois convenir que les dynamiques de genre font partie intégrante du processus de radicalité islamiste.

Concernant la radicalisation des mineurs, il est indéniable que l'État islamique a su adapter un discours à ses interlocuteurs. La propagande mise en œuvre par l'État islamique, notamment par son agence de presse *Amaq*, est tout à fait remarquable : longs métrages aux allures de blockbusters, groupes de rap propagandiste[49] et *influenceurs* sur les réseaux sociaux[50] (y compris, récemment, sur *TikTok*, application populaire chez les plus jeunes[51]). Le législateur a d'ailleurs veillé à incriminer spécifiquement la provocation des mineurs ; la loi du 30 octobre 2017 renforçant la sécurité intérieure et la lutte contre le terrorisme a ainsi introduit à l'article 421-2-4-1 du Code pénal un nouveau crime de provocation de mineur, par une personne ayant autorité, à participer à un groupement terroriste[52].

La communication propagandiste est ciblée et intègre des causes de radicalisation extrémiste variables selon les catégories individuelles. Pour autant, comme le souligne le site *stop djihadisme* du gouvernement, la radicalisation djihadiste « *est le résultat d'un processus évolutif* » et « *le fruit d'une conjonction de facteurs* », « *elle est la conséquence de cheminements personnels et il n'existe pas d'explications systématiques à ces parcours* ». Toutefois, quelques similitudes entre déviants et radicalisés peuvent être dégagées.

B. Un processus criminogène ordinaire

À force de distinguer les profils des femmes, des mineurs, voire des jeunes filles, on pourrait être tenté de réduire ces situations à des spécificités et de chercher à dégager un profil propre à chaque catégorie de criminels. Pourtant, la recherche de spécificités ne doit pas dissimuler

---

48 *Cf.* « La propagande de Daesh vise de plus en plus de jeunes femmes, s'alarme Europol », sur www.lexpress.fr [en ligne], publié le 15 juin 2019.

49 Les poèmes religieux chantés sont appelés des *anashîd* (PAMART (L.), « L'État islamique, la musique et la guerre », *Inflexions*, 2017, n° 35, pp. 175-187)

50 Not. CROSSET (V.), DUPONT (B.), « Internet et propagande jihadiste : la régulation polycentrique du cyberespace », *Critique internationale*, 2018, n° 78, pp. 107-125.

51 HUE (B.), « L'État islamique utilise *TikTok* pour faire sa propagande auprès des jeunes », sur www.rtl.fr [en ligne], publié le 22 octobre 2019.

52 ROUSSEAU (F.), « L'incitation de mineurs à participer à un groupement terroriste », *Rev. sc. crim.* 2018, p. 533.

que les hommes et les femmes, les majeurs et les mineurs, présentent en réalité des similitudes tout à fait remarquables, non seulement entre eux, mais aussi avec les délinquants de manière beaucoup plus générale. En effet, de nombreuses recherches portant sur les radicalisés et les terroristes relèvent l'influence des facteurs criminogènes dans la dynamique criminelle[53] comme l'influence de la famille (et tout particulièrement de la rupture familiale ou du manque de cadre structurant), des antécédents judiciaires, du parcours scolaire chaotique, des carences d'intégration sociale, des trajectoires migratoires, du niveau social et économique défavorisé, des violences intrafamiliales (qui se retrouvent dans de nombreux dossiers de la protection judiciaire de la jeunesse et sont également assez fréquentes chez les femmes judiciarisées[54]). Si le terrorisme est évidemment un phénomène criminel atypique, tout particulièrement en raison du mobile politique qui l'anime, il n'en reste pas moins que l'étiologie criminelle appliquée à cette catégorie d'infractions ne présente pas d'originalité particulière. D'ailleurs, la prison est un lieu privilégié de radicalisation certes en raison d'un prosélytisme exacerbé, mais aussi, simplement, parce que la prison elle-même radicalise comme elle aggrave la déviance[55]. Elle conforte dans le rejet de la société et de l'État, elle renforce le sentiment d'injustice et d'exclusion sociale, elle accentue la violence et les troubles psychiques, et elle peut conduire à lever les dernières barrières de soumission aux valeurs normatives.

Dans la délinquance générale, les mineurs et les femmes représentent respectivement 20 % et 18 % des mis en cause[56]. Ils représenteraient également 25 % et 30 % des radicalisés[57]. Les faits ont démontré qu'ils pouvaient parfaitement commettre des attentats[58]. En Europe, la proportion de femmes arrêtées pour des infractions en lien avec le terrorisme djihadiste est passée de 18 % de l'ensemble des personnes

---

[53] BONELLI (L.), CARRIE (F.), *La fabrique de la radicalité. Une sociologie des jeunes djihadistes français, op. cit.* – BENSLAMA (F.), KHOSROKHAVAR (F.), *Le Jihadisme des femmes. Pourquoi ont-elles choisi Daesh ?, op. cit.* – KHOSROKHAVAR (F.), « Les trajectoires des jeunes jihadistes français », préc. – KHOSROKHAVAR (F.), MIGAUX (P.), BENICHOU (D.), *Le jihadisme : le comprendre pour mieux le combattre, op. cit.*

[54] BONELLI (L.), CARRIE (F.), *La fabrique de la radicalité. Une sociologie des jeunes djihadistes français, op. cit.* – MENABE (C.), *La criminalité féminine, op. cit.*

[55] V. not. : MONNERY (B.), « Milieu ouvert, milieu fermé : quels effets sur la récidive ? Une brève revue de la littérature empirique », *AJ pénal* 2016, p. 253.

[56] V° « Criminologie », *Rép. pén. Dalloz* 2019, n°s 80 et 75.

[57] SEELOW (S.), BELLANGER (E.), « Les nouveaux chiffres de la radicalisation », préc.

[58] V. également : VINCENT (E.), « Terrorisme : une étude pour cerner le profil des auteurs d'attentats », préc.

arrêtées pour ces infractions en 2015 à 26 % en 2016[59]. L'implication des femmes dans le terrorisme a pourtant été longtemps sous-estimée et minimisée. Il faut dire qu' « *il existe au sein du système de justice pénale une tendance à attribuer toujours aux hommes le rôle d'auteur d'actes de violence et aux femmes celui de victime passive* »[60]. Pour les infractions politiques comme pour les infractions de droit commun, il faut s'écarter des stéréotypes de genre qui ont tendance à donner une image faussée de la criminalité et des criminelles. De la même manière, la dangerosité des jeunes filles ne doit pas être sous-estimée, d'autant que les jeunes filles apparaissent, selon certaines données[61], proportionnellement autant radicalisées que les jeunes garçons. Si une prise de conscience est clairement apparue depuis la tentative d'attentat à Notre-Dame de Paris, l'implication des femmes et des filles ne doit plus être oubliée pour la mise en œuvre des politiques publiques de prévention et de répression de l'extrémisme violent[62].

À titre conclusif, il est permis de s'interroger sur la nécessité d'une réaction pénale (préventive et répressive) différenciée selon l'âge et le sexe des radicalisés et terroristes : faut-il chercher à cibler les spécificités de leur radicalisation pour favoriser sa prévention voire les méthodes de *déradicalisation* ? À dire vrai, nous en doutons. Si le terrorisme doit être appréhendé dans sa globalité et à travers toutes ses particularités, il n'empêche que l'engagement des femmes, des mineurs et des hommes, est plutôt représentatif de problématiques sociétales qui dépassent le champ de l'extrémisme violent. Pour reprendre les propos de Laurent Bonelli et Fabien Carrié, nous faisons finalement face à « *problématiques extraordinaires* », mais « *pour des prises en charge ordinaires* »[63].

---

59 ONUDC, *Manuel sur les dimensions de genre dans les ripostes pénales au terrorisme*, préc., p. 32

60 *Ibid.*, p. 16. – V. également : MENABE (C.), « Le traitement judiciaire de la criminalité féminine », *in* DIBIE (D.), ROME (I.), *Femmes, droit et justice*, Dalloz, coll. Thèmes et commentaires, 2019, pp. 131-137.

61 SEELOW (S.), BELLANGER (E.), « Les nouveaux chiffres de la radicalisation », préc.

62 ONUDC, *Manuel sur les dimensions de genre dans les ripostes pénales au terrorisme*, préc., p. 27.

63 BONELLI (L.), CARRIE (F.), *La fabrique de la radicalité. Une sociologie des jeunes djihadistes français*, *op. cit.*, p. 52.

Les femmes djihadistes et la question féministe

Farhad KHOSROKHAVAR

Directeur d'études à l'EHESS, Directeur de l'Observatoire de la radicalisation à la Maison des sciences de l'homme

Dans la tradition islamique, les femmes qui ont combattu les ennemis sont d'abord les *Sahabiyyat* (femmes compagnonnes du Prophète), notamment *Umm Umara*, *Safiya* : elle avait coupé la tête d'un des attaquants arabes juifs qui aurait escaladé le mur de la forteresse où femmes et enfants s'étaient réfugiés pendant la bataille de Khandaq en 627. Du IXe au XIe siècle, les *Mutarajjulat*, des femmes s'habillant comme des hommes, ont combattu et auraient été maudites par le Prophète. Dans l'ensemble, les sources classiques de l'islam sont très réticentes sur le rôle des femmes dans le djihad[1].

Cependant, une réinterprétation de la tradition a été faite pour légitimer l'intervention des femmes dans le djihad. La référence à la doctrine classique du jihad défensif (*jihadaldaf*) est notamment utilisée : tous les musulmans, hommes, femmes, enfants et esclaves auraient l'obligation de combattre (*fardh al 'ayn*) pour défendre leur territoire et leur foi en cas d'attaque par l'ennemi[2].

En Europe, avant la guerre civile en Syrie en 2013 et la genèse de Daesh en 2014, peu de femmes étaient engagées dans le djihad. Il y avait des converties comme la Belge Muriel Degauque, ou les Américaines Colleen LaRose (surnommée *Jihad Jane*) et Jamie Paulin Ramirez qui ont tenté de tuer le dessinateur Lars Vilks qui avait dessiné le Prophète de

COOK (D.), "Women Fighting in Jihad?", *Studies in Conflict & Terrorism*, Vol. 28, February 2005.

LAHOUD (N.), "The Neglected Sex: The Jihadis' Exclusion of Women From Jihad", *Terrorism and Political Violence*, Vol. 26, May 2014.

l'islam de manière irrespectueuse, ou encore Samantha Lewthwaite (appelée la *Veuve blanche*) du Royaume-Uni. De 2013 à 2015, le nombre de femmes engagées dans le djihadisme a fortement augmenté : elles sont 1023 (environ 17 %) sur les 5904 personnes qui ont quitté les pays occidentaux pour la Syrie[3]. Elles étaient souvent issues des classes moyennes (inférieures). Peu d'entre elles venaient des quartiers pauvres, contrairement à la majorité des jeunes hommes, et peu d'entre elles avaient un casier judiciaire, contrairement aux hommes[4].

On peut distinguer deux types de femmes parmi elles : celles qui ont cherché à devenir les épouses de djihadistes (appelées *jihadi brides* par les médias anglo-saxons) et qui ont épousé des combattants étrangers, et celles qui ont cherché à devenir des actrices djihadistes, prêtes à user de violence contre les *infidèles*. La grande majorité était constituée par les *jihadi brides*, les femmes djihadistes étant une petite minorité, ne serait-ce que parce que l'EI ne leur a pas donné la possibilité d'agir comme des hommes en Syrie. Une fois sur place, elles devaient principalement épouser des djihadistes, les activités militaires étant réservées à une petite minorité de femmes dans une brigade, *al-Khansaa*.

Elles étaient souvent issues des couches moyennes et peu d'entre elles provenaient des banlieues ou des quartiers pauvres et enclavés d'où est pourtant partie la majorité des jeunes hommes, au passé criminel avéré. Dans les pays musulmans, quand les femmes participent au djihad, c'est surtout pour venger un membre de la famille comme le mari, le cousin, le frère ou le père, assassiné par les forces de l'ordre comme c'est le cas avec les *veuves noires* en Tchétchénie, ou sinon pour accompagner leur mari en se faisant exploser la ceinture comme en Jordanie, avec Sajida al-Rishwai[5]. En Europe, le djihadisme féminin s'est conjugué sous une forme nouvelle et la dimension de la vengeance n'a pas été prépondérante dans leur action. Il en allait plutôt d'une identité nouvelle fondée sur plus d'un demi-siècle de féminisme, même si leur attitude dénotait des formes antiféministes quelquefois exacerbées.

---

[3] COOK (J.), VALE (G.), *From Daesh to 'Diaspora': Tracing the Women and Minors of Islamic State*, ICSR, 2018.

[4] BASRA (R.), NEUMAN (P.), BRUNNER (C.), *Criminal Pasts, Terrorist Futures: European Jihadists and the New Crime-Terror Nexus*, ICSR, 2016.

[5] Sajida al-Rishwai est l'épouse d'Ali Hussein al-Shammari. Ce dernier a commis un attentat suicide le 9 novembre 2005 dans des établissements hôteliers à Amman. La ceinture de sa femme n'a pas fonctionné.

Ces jeunes femmes, pour commencer, ont cherché à restituer leur image de *femme* : en mettant au monde des *lionceaux* au service de leur nouvelle foi, elles se sont opposées à la tendance féministe dominante qui entend gommer la différence homme/femme et faire de la fonction reproductrice de la femme un phénomène tardif. Certaines ont alors franchi le pas et ont tenté de s'entraîner militairement en Syrie (au sein de la brigade *al-Khansaa*). Celles qui n'ont pas pu rejoindre les rangs du djihad ont nourri une haine décuplée de la société et ont quelquefois cherché à passer à l'acte avec les moyens de bord (bonbonne de gaz, couteau) ou à constituer, exceptionnellement, des cellules autonomes de femmes où les hommes n'interviennent pas en agents violents. C'est notamment le cas des trois jeunes femmes djihadistes qui ont tenté de faire sauter une voiture remplie de bonbonnes de gaz et dont l'une a poignardé un policier qui cherchait à l'empêcher de passer à l'acte.

L'affirmation de soi des femmes djihadistes pose la question d'un *féminisme d'un nouveau genre* qui est en partie en contradiction avec les leitmotivs du féminisme traditionnel qui rejette la violence censée être du ressort de la domination masculine. La nouvelle logique d'action exalte la violence dans une attitude qui procède simultanément du féminisme, du post-féminisme et de l'antiféminisme.

La dimension féministe réside dans l'affirmation de soi des femmes et de leur capacité d'agir sans un homme qui les dirigerait et leur apporterait la caution de la légitimité. Même si Rachid Kassim leur a suggéré l'action par le truchement de *Telegram*, la vision *patriarcale* de l'islam ne saurait convaincre de jeunes Européennes d'agir seules, contrairement à Ulrike Meinhof, membre du groupe terroriste allemand *Baader-Meinhoff Gruppe* des années 1970-80 qui combinait féminisme et idéologie d'extrême gauche. En France (pas en Syrie où cela aurait été impossible), c'est au sein d'une vision néo-patriarcale qu'elles surinterprètent comme une forme de complémentarité (pas d'inégalité, au mépris de la réalité) que des femmes s'affirment comme actrices autonomes d'une action hyper-violente qui les singularise dans la mort alors que jusqu'à présent celle-ci était l'apanage et le privilège incessible des hommes. La dimension féministe dans ce cas, en rupture avec le féminisme occidental, consiste à contester l'exclusivité de l'action djihadiste violente aux hommes et leur disputer le monopole de la mort en martyr.

Convergence et divergence avec les hommes : le féminisme et ses avatars

Ce qui a attiré les jeunes filles et femmes vers la Syrie de 2013 à 2016 présente des ressemblances avec les hommes.

D'abord, les femmes forment depuis au moins deux générations une proportion significative de travailleurs et d'employés en Europe, suite aux acquis du féminisme, l'ébranlement de la famille patriarcale et l'égalité juridique entre hommes et femmes. Elles ressentent de ce fait la même insécurité face à l'emploi et la même peur de l'avenir, voire davantage, que les hommes.

Un autre point commun est la morosité de la vie quotidienne et l'ennui vécus dans des sociétés pacifiées depuis la fin de la Seconde Guerre mondiale. L'instabilité et la fragilité de la famille, même si elle est vécue différemment chez les hommes et les femmes, procèdent du même constat : la cellule anthropologique primaire de l'existence collective n'est plus perçue comme solide face aux épreuves et aux aléas de la vie et la démultiplication des modèles de famille (homme et femme, femme et femme, homme et homme, le concubinage, la famille recomposée non pas comme exception, mais comme modèle de plus en plus courant, voire dominant…) rend encore plus fragile l'existence de l'individu pour qui ce ne sont plus les normes sociales qui régissent la vie du couple, mais la souveraine volonté de chaque membre, induisant des crises existentielles en cas de rupture, les formes de médiation par les familles qui existait dans la famille patriarcale devenant inopérantes. La démultiplication des divorces au cours d'une existence et des formes de moins en moins institutionnalisées de cohabitation entre hommes et femmes, mais aussi entre femmes et femmes, hommes et hommes, fait qu'il n'existe plus de modèle unique de famille. La *famille à la carte* met le fardeau sur le couple dont chaque membre doit négocier avec l'autre les formes de coexistence, la famille recomposée étant aussi le lieu de la dilution de l'autorité avec des enfants légués par d'autres pères ou mères. L'autorité partagée entre le père biologique et le nouveau mari de la mère ou de la mère biologique et la nouvelle épouse du père contribue à ce sentiment de fragilité croissante de la notion d'autorité qui est désormais sujette à d'interminables négociations entre les couples, voire leurs enfants. Le mariage avec un *preux chevalier* risquant de mourir après quelques mois a donc facilement été accepté par les jeunes femmes qui se sont aventurées en Syrie, car, dans leur esprit, le mariage était déjà atteint dans son immutabilité et mis à l'épreuve d'une modernité déstructurante. La fierté de faire ainsi totalement partie de la communauté musulmane, même si une fois arrivées en Syrie, cela se révèle illusoire, a été une forte motivation pour le départ en Syrie des jeunes femmes. Le chevalier de la foi est le contre-modèle de l'homme *désidéalisé* que le féminisme, mais aussi la perte de son rôle de pourvoyeur financier des besoins de la famille, ont contribué à banaliser et à déviriliser. Pour une grande partie des jeunes femmes, c'est le romantisme d'un amour qui ré-idéalise l'homme plutôt que l'adhésion à l'idéal politique d'un islam anti-impérialiste ou la volonté de protéger les musulmans contre la sécularisation occidentale qui prévaut dans leur motivation de rejoindre la Syrie, en quête de l'homme idéal.

Enfin, il existe chez les femmes comme chez les hommes une quête de normes, voire de discipline, un besoin d'encadrement qui donne un sens et une orientation à leur vie. Pour les hommes, c'est notamment le cas de ceux qui cherchent à s'engager dans la police ou l'armée et qui, recalés, se tournent vers le djihadisme. On dispose de nombreux exemples masculins, comme vu précédemment, mais aussi de cas féminins avérés[6].

Cependant, si les femmes et les hommes partagent certaines aspirations dans leur rapport au nouvel État islamique, d'autres caractéristiques les séparent.

Pour commencer, leur rapport à la mort est différent dans l'écrasante majorité des cas, même si certaines femmes djihadistes voudraient mourir en martyres comme les hommes. De nombreuses jeunes filles ont trouvé la mort dans les bombardements en Syrie, mais, dans l'ensemble, le taux de mortalité est beaucoup plus faible. Elles ne sont pas affectées de la même façon et ce qui les attend souvent est la mort du mari, la période de viduité (en théorie 4 mois 10 jours) et ensuite, d'éventuels mariages avec un deuxième, et plus rarement, troisième époux tant que l'EI survit. Celles qui sont *inconsolables* doivent s'accommoder d'une vie quotidienne ardue, n'étant pas autorisées à sortir sans être accompagnées d'un *mahram* (mari, père, frère…), confinées dans des *maqarr* (demeure collective de femmes).

Ensuite, les raisons de l'attirance pour cette transcendance répressive du djihadisme ne sont pas les mêmes chez les femmes et les hommes. Pour certaines femmes, c'est l'ancrage dans leur rôle de *mère*[7], un rôle sacré fondé sur l'intouchabilité de la femme par sa double transcendance : en

---

6 V. par exemple, FEO (A. DE), « Vidéo. Exclusif : les confessions d'Émilie König, la djihadiste bretonne de Daesh », *L'Obs*, 12, mai 2016.

7 C'est le surnom *Umm* en arabe (mère) qui devient le préfixe de beaucoup de surnoms (*kuniya*) chez les femmes qui ont rejoint l'EI comme Umm Umar, Umm Aminah, Umm Abbas, Umm Raeesa, Umm Husain al-Britani que l'on rencontre dans cet article.

tant que femme séparée des hommes, mais aussi en tant que mère qui assure la perpétuation de la *Umma.* Ceci n'est pas uniquement la reproduction du patriarcat. C'est aussi l'expression d'une individualité en désarroi dans une période où le féminisme est en crise et où les utopies sociales du progrès de l'humanité et de la justice sociale battent de l'aile. La *dystopie* de la femme et de l'homme islamiques authentiques est une utopie de substitution à celle qui exprimait la volonté de progrès et d'émancipation et qui a perdu une grande part de sa capacité de mobilisation et de conviction.

Le mariage djihadiste

Une fois en Syrie, pour les jeunes filles qui entendent partir, le mariage avec un homme pratiquant est rassurant parce que, par-delà son caractère opportuniste, c'est la seule façon de pouvoir vivre hors les *maqarr*, ces lieux de séjour collectifs pour des femmes non mariées. C'est aussi et surtout une manière de créer la stabilité familiale en rentrant précocement, de plain-pied, dans l'âge adulte : elles veulent non seulement se marier, mais aussi mettre précocement au monde des enfants pour être reconnues par les autres comme des femmes adultes. Pour elles, c'est l'accès à l'âge adulte, différé en Occident en raison de la longueur des études, de l'absence de travail et de la dépendance financière vis-à-vis de la famille qui compte, mais aussi l'aspiration à se sentir *femmes*, en possession d'un corps féminin qui fait ce que ne fait pas le corps masculin, à savoir enfanter qui fait sens. La maternité, comme expression de la féminité, longtemps négligée par le féminisme comme dimension essentielle de l'identité féminine, est rehaussée par ces jeunes femmes comme une aspiration à vivre leur vie dans sa plénitude comme mère précocement, en signe d'être adultes, mais aussi femmes, dans la mythification de leur rôle en tant que mère non seulement de leur enfant, mais aussi de la *Umma*, de la communauté musulmane élargie à laquelle elles s'identifient en l'idéalisant et en la mythifiant. Elles s'y attribuent une importance dont elles devront reconnaître par la suite le caractère illusoire dans la réalité concrète de leur vie quotidienne en Syrie. La dimension manipulatrice de l'EI qui vise à peupler le pays de futurs *lionceaux* intervient dans ses vidéo-propagandes qui exaltent cet aspect de l'identité chez les jeunes post-adolescentes ; mais les jeunes femmes et les filles ont joué le jeu, le mariage souvent prématuré et la mise au monde de leur progéniture étant vécus comme une réappropriation de leur corps que le féminisme européen leur aurait dénié. La dimension post-féministe se retrouve paradoxalement dans l'indifférenciation de l'homme sur le plan affectif : on le choisit sur le tas, soit en Syrie, dans les *maqarr* où les filles et les femmes non mariées séjournent dans une promiscuité souvent dégradante pour qu'elles jettent aisément leur dévolu sur un homme, soit en Europe, sur Internet où l'on peut dialoguer et consentir au futur mariage sans être trop difficultueux, le but étant de partir à l'aventure, à s'affirmer comme un être différent de ce que pense l'entourage, notamment en optant pour une action qui est rejetée par la famille, mais qui, de ce fait même, contribue à donner sens à une existence en quête de distinction par rapport aux autres. En tout état de cause, l'aspiration à se marier et à mettre des enfants au monde correspond à l'aspiration *mon corps m'appartient*. La tradition féministe a opéré comme une désappropriation du corps, de la volonté d'être mère, de l'aspiration à être femme, ces reproches étant d'autant plus vifs que ces jeunes filles sont ignorantes de l'histoire du féminisme et des luttes nécessaires afin de faire avancer la cause de l'égalité du genre, rendant possible leur affirmation de soi-même en tant qu'antiféministes.

Besoin de normes et de communauté fortes et intégratrices

Les femmes djihadistes (comme leurs homologues masculins) aspirent à appartenir à une collectivité qui donne sens à la vie et dont les normes hyper-restrictives accroissent ce besoin d'appartenance au point qu'intégration et répression deviennent largement indistinctes. Plus les normes sont rigides, voire répressives, plus l'individu anomique en quête d'appartenance se sent rassuré dans sa volonté de faire corps avec ladite communauté.

C'est notamment le cas de Saïda[8], née au début des années 1980 dans une famille maghrébine non pratiquante, d'une mère française d'origine algérienne et d'un père algérien qui ont eu sept enfants. Ses parents ont divorcé lorsqu'elle avait 13 ans. Elle reproche à son père de ne pas l'avoir élevée ainsi que ses frères et sœurs. Elle est plus tendre vis-à-vis de sa mère et se fait du souci pour elle qui ne fait pas ses prières quotidiennes et risque la géhenne. Au lycée, elle a eu des difficultés à suivre les cours et s'est tournée vers l'islam, influencée par ses amies. Elle tente de passer le concours de gardien de la paix pour, dit-elle, lutter contre l'injustice, les pédophiles, les dealers et les trafiquants de drogue. Elle ne réussit pas, malgré la bonne moyenne en entretien, parce qu'elle n'a pas obtenu le certificat médical d'un médecin assermenté. Elle attribue à Allah le fait qu'elle ait été recalée au concours. Elle constate par ailleurs que travailler dans un milieu masculin comme celui des policiers est illicite (*haram*). Elle

---

[8] Ce cas a été documenté par Agnès de Féo qui l'a mis aimablement à ma disposition.

se marie à un salafiste tunisien malgré l'opposition de ses parents, apprenant ce qu'est le salafisme (la *salafiyya*) sur *Google*. Elle trouve des réponses à ses questions sur les forums islamiques. Elle connaît des accès de dépression qu'elle attribue aux péchés qu'elle aurait commis avant son adhésion à la foi salafiste et qui dénote un sentiment de culpabilité eu égard à son manquement aux prescriptions religieuses. Non seulement, aspire-t-elle à des normes rigides, mais aussi se culpabilise-t-elle de ne pas les avoir appliquées auparavant, avant sa période ultra-orthodoxe. Ce type d'aspiration se retrouve autant chez les salafistes pacifiques (les piétistes) que chez une bonne partie des salafistes djihadistes en quête de normes, de certitudes, d'une foi qui les encadrent et donnent sens à leur existence (les piétistes tentent d'y parer en accroissant leur rigorisme, les djihadistes cherchent le martyre pour surmonter leurs nombreux péchés et accéder directement au paradis). Portant le voile intégral, elle a été interpellée par la police et, suite à une altercation, a passé la nuit en prison. Chez elle prévaut la volonté de se construire une autre vie dotée de cadres restrictifs et de normes rigoristes pour surmonter son anomie et l'absence d'une communauté qui donnerait sens à son existence. La néo-umma salafiste remplit ce vide, mais elle dépossède l'individu d'une grande part de son libre arbitre.

Les femmes face à la violence

Depuis une génération, en Occident, le rapport des femmes à la violence évolue progressivement sur le plan anthropologique. La violence demeure encore en très grande partie l'apanage des hommes : la population carcérale féminine est de 4 % en France et de 6 % en Grande-Bretagne et quant aux violences conjugales, celles-ci proviennent essentiellement des hommes, les femmes occupant une place marginale mais qui semble s'accroître. Dans les banlieues françaises, une petite partie de la délinquance est désormais le fait des filles. Cependant, l'imaginaire des femmes, surtout les très jeunes, a été bouleversé depuis une ou deux décennies, ne se traduisant pas pour le moment de manière sensible dans la réalité si ce n'est dans des actes isolés.

10 % des djihadistes seraient aujourd'hui des femmes. Si l'on compare ce chiffre avec la plupart des mouvements extrémistes, cette proportion est l'une des plus élevées sauf dans les mouvements d'extrême gauche comme la *bande à Baader* (la proportion des femmes dépassait alors 50 % et atteignait par moment les 60 %[9]) ou les *Brigades rouges* en Italie. Au sein

9 V. NEUMANN (P.), *Der Terror ist unter uns*, chapitre 10, "Frauen", Ullstein Verlag Berlin, 2016

de l'IRA en Irlande du Nord, on comptait 5 % de femmes[10] ; 6,4 % chez les Basques de l'ETA[11]. La répartition des femmes occidentales qui se sont rendues en Syrie est la suivante : 70 Allemandes (dont 9 mineures), 63 à 70 Françaises, 60 Anglaises (dont 20 mineures), 30 Hollandaises, 14 Australiennes[12]. Compte tenu de la manière dont les femmes sont traitées par Daesh, cette proportion témoigne de leur fascination, mais aussi de celle des jeunes adolescentes et post-adolescentes pour le djihadisme.

Pour commencer, comme nous l'avons vu, la violence n'est plus vécue comme étant l'apanage des hommes. Il faut souligner que cela a déjà été parfois le cas par le passé, comme les Algériennes qui ont joué un rôle majeur dans la guerre d'indépendance en Algérie, les *veuves noires* tchétchènes, mais aussi, des femmes de gauche socialiste et communiste au Liban qui ont pris part au mouvement contre l'occupation israélienne avec des attaques kamikazes dans les années 1980.

Ensuite, les femmes présentent chez Daesh des traits particuliers, dont la quête de *désoccidentalisation* est l'un des traits saillants. Celle-ci anime certaines de ces jeunes femmes qui ressentent comme une camisole de force cette *occidentalité* qui leur colle à la peau et les empêche de s'identifier pleinement, absolument, totalement à la néo-umma qui incarne à leurs yeux le bonheur dans ce monde et la félicité dans l'au-delà. Pour elles, l'Occident est d'abord le règne de la sécularisation totale, la séparation du sacré et du profane, du politique et du religieux, du public et du privé. Bref, une manière d'être qui jure avec la leur, fondée sur une existence où une loi unique régirait l'intérieur et l'extérieur, le privé et le public, le politique et le religieux. Elles souhaitent un monde à l'image de *l'unicité d'Allah* qui se traduirait par l'unification de toutes les sphères de l'existence sous l'aile protectrice de Dieu. Le monde laïque leur paraît monstrueux parce que, sans unité, uniquement lié par le consensus mou des citoyens qui ont banni Dieu de leur existence et en ont pris la place. La perte des utopies et le déficit de sens créés par l'absence du sacré mobilisateur, qui cimente le vivre-ensemble, engendre un climat angoissant pour certains qui ressentent vivement le besoin d'un principe englobant au sens d'un *Jaspers* (*das Umgreifende*, ce qui engloberait putativement la totalité de l'existence) afin de donner sens à une humanité enfin unifiée autour d'une tâche

---

10 GILL (P.), HORGAN (J.), DECKERT (P.), "Bombing Alone: Tracing the Motivations and Antecedent Behaviors of Lone-Actor Terrorists", *Journal of Forensic Sciences*, 59 (2), 2014.

11 REINARES (F.), "Who are the terrorists? Analyzing changes in sociological profiles among membes of ETA", *Studies in Conflict and Terrorism*, 27, 2004.

12 BAKKER (E.), LEEDE (S.DE), "European Female Jihadists in Syria: Exploring and Under-Researched Topic", *The International Centre for Counter-Terrorism – The Hague* 6, n° 2 (2015).

commune et noble. Daesh a apporté pendant quelques années ce type de sens à de jeunes hommes et femmes qui entrent dans le giron de l'islam et rompent avec l'Occident, ce monde de domination, de désacralisation et de l'opposition à l'islam et plus globalement, à tout ce qui est de l'ordre du sacré et du transcendant. Ils excommunient un Occident désacralisateur et profanateur en lui opposant un islam qui réintroduit le sacré dans la vie et redonne un sens unifié au monde en garantissant à l'individu une vie bienheureuse *post-mortem* s'il combat les forces du mal qu'incarnent les agents de la sécularisation au sein d'un Occident maléfique.

Certaines comme Umm Raeesa vivent en Occident tout en se détachant de cette occidentalité qui les *infecte* en s'identifiant toujours plus fortement à cette islamité cohésive qui leur assure une identité à l'abri du doute et de l'angoisse. Mais alors apparaît la suspicion sur l'authenticité de leur conviction religieuse : si elles sont de ferventes adeptes de la nouvelle foi, pourquoi sont-elles restées sur place et n'ont-elles pas émigré de l'autre côté ? Umm Raeesa répond ainsi : « *Nous ne sommes adaptées ni de ce côté* (l'Occident) *ni de l'autre* (Daesh)[13]. » Elle est prise de doute sur la capacité des mouvements djihadistes à assurer les conditions d'une vie authentiquement islamique tout en rejetant le monde irréligieux de ce côté.

L'Occident, ce théâtre du féminisme qui a réussi à désacraliser la famille patriarcale, à rapprocher dangereusement l'homme et la femme dans leurs rôles sociaux et à rendre inaudible la volonté d'être femme et de ressentir son corps dans l'enfantement, est vécu comme aliénant, rendant impossible l'affirmation de soi comme génitrices et femme-mère. Le désir de maternité ne saurait reproduire le modèle du passé, mais plutôt la volonté de revenir au corps. Une partie des jeunes femmes demande en même temps la capacité de participer, tout comme les hommes, aux combats et à la violence, indépendamment de leur genre, ce que refuse l'EI, appréhendant que cette revendication ne débouche sur la demande de l'égalité entre hommes et femmes (l'égalité devant la mort induisant l'égalité devant la vie), ce qu'il récuse avec véhémence.

L'héroïne négative : l'oscillation entre la féministe djihadiste et la djihadiste féministe

On peut définir la « *surmusulmane* », introduite par Fethi Benslama, comme celle qui cherche à se protéger et à se prouver sa légitimité religieuse en adhérant à des formes de religiosité hyper-fondamentalistes

---

13 JAFFER (N.), "'The secret world of Isis brides: 'U dnt hav 2 pay 4 ANYTHING if u r wife of a martyr'", *The Guardian*, publié le 24 juin 2015.

et en s'enfermant dans une communauté imaginaire (la néo-umma) ou réelle (le salafisme piétiste) qui a toutes les apparences d'une secte (fermeture sur soi, intermariage au sein du groupe, identification à des principes qui enserrent l'individu au sein d'un groupe hermétique à l'écart de la société globale). Mais la « *surmusulmane* » n'est pas uniquement la victime d'un sectarisme classique, elle est active, cherche à se constituer en actrice des restrictions qu'elle s'impose, et surtout, à la différence des phénomènes sectaires, ne s'identifie pas à un personnage charismatique central[14].

On franchit un pas supplémentaire vers le djihadisme avec la figure de « *l'héroïne négative* ». Celle-ci est le pendant féminin du « *héros négatif* »[15]. C'est un mélange explosif de féminisme, d'antiféminisme et de post-féminisme, dont la volonté d'agir dissimule mal son caractère éclaté et tourmenté. « *L'héroïne djihadiste* » cherche à incarner les contre-valeurs de la société, à commencer par la violence, et vise la notoriété, devenant le porte-parole de l'EI. C'est une personnalité spécifique, sortant de l'anonymat. Plus elle se révèle violente et plus elle se légitime à ses propres yeux, au *prorata* inverse de sa délégitimation dans les sociétés occidentales auxquelles elle s'adresse en priorité pour attirer de nouvelles vocations djihadistes féminines, pour se faire craindre et reconnaître comme une star à part entière dans le rôle négatif où elle incarne le diabolique, le cruel et le haïssable.

« *L'héroïne négative* » est un cas ambivalent : elle peut être une djihadiste qui adopte une perspective féministe pour donner sens à son habitation dans le double monde de la modernité, mais aussi d'un islam qu'elle veut en rupture avec elle, tout en étant en rupture plus ou moins avouée avec l'islam traditionnel ; dans ce cas, le féminisme est un *supplément d'âme* au djihadisme, le primat du second sur le premier étant reconnu par elle ; mais l'héroïne négative peut tout aussi bien être comme on le perçoit chez certaines jeunes femmes avides de lutter *manu militari* contre l'ennemi *croisé*, une féministe djihadiste, celle qui vise à se réaliser comme femme musulmane idéalisée, en rupture plus ou moins implicite avec le machisme de l'EI, en occultant son infériorité à ses propres yeux ainsi qu'à ceux des autres, visant à faire secouer les normes islamiques traditionnelles *sans en avoir l'air*, en assumant tant bien que mal son désir d'accomplir la guerre,

---

14 BENSLAMA (F.), KHOSROKHAVAR (F.), *Le jihadisme des femmes*, Seuil, 2017 ; ici, la notion de « *surmusulmane* » est calquée sur le concept de « *surmusulman* » développé par BENSLAMA (F.) *in Un furieux désir de sacrifice, le surmusulman*, Seuil, 2016.

15 KHOSROKHAVAR (F.), *Radicalisation, op. cit.* - KHOSROKHAVAR (F.), « Le héros négatif », *in* BENSLAMA (F.) (dir.), *L'idéal et la cruauté*, Lignes, 2015.

les armes à la main, pour être à égalité avec les hommes. Dans ce cas, son désir de féminisme entre en conflit avec son aspiration à s'insérer dans une néo-umma qui réaliserait les idéaux d'un islam néo-patriarcal : le désir d'être *combattante de la foi* (la *moujahidat*) signifierait l'égalité avec les hommes ; l'égalité dans la mort aurait pour corollaire l'égalité dans la vie.

Pourtant, sauf dans de rares cas exceptionnels, les *moujahidat* ne pouvaient intervenir dans le champ de bataille au service de l'EI. Le désir d'en découdre avec les ennemis pouvait regrouper de jeunes femmes qui se sont vu dénier le droit de partir en Syrie et qui ont tenté de tourner leur colère contre leur propre société. C'est le cas de ces jeunes femmes qui ont tenté de faire exploser une voiture dans le quartier touristique de Notre-Dame de Paris en septembre 2016. L'une d'elles, Inès Madani, a attaqué par la suite un policier avec une arme blanche. Elle envisageait de jouer un rôle, non seulement d'épouse de combattant de la foi, mais de combattante de la foi *stricto sensu.* Elle avait prêté allégeance à l'EI sur la Toile[16]. Le cas des féministes djihadistes est notoirement minoritaire par rapport aux djihadistes féministes pour qui la dimension contre-anomique de l'EI est de loin plus importante que celle de l'émancipation féministe au nom du djihad.

Les femmes ont ainsi oscillé entre l'onirisme de l'amour, la volonté de rompre avec un quotidien morose, l'aspiration à la sécurité familiale dans le respect de leur féminité islamisée, le désir de s'affirmer comme féministe violente et l'aspiration à faire peau neuve dans une féminité imaginaire où le statut de mère leur apporterait de la considération sociale et du prestige au sein de la néo-umma.

Quelques cas illustrent l'attitude et le mode d'action de ces jeunes femmes, allant du djihadisme féministe au féminisme djihadiste. On peut prendre l'exemple Sally Jones, devenue chef d'un bataillon[17].

Les messages sont clairs : « *Mon fils et moi-même aimons vivre avec les coupeurs de tête !* » dit Sally Jones[18], 45 ans, alias Umm Hussain al-Britani. C'est une djihadiste anglaise qui tient des propos insoutenables : « *Vous les chrétiens, vous avez tous besoin d'être décapités avec un beau couteau bien contondant* (blunt) *et être déposés sur les rails à Raqqa. Venez ici et je le ferai pour vous* ! »

---

16 SEELOW (S.), MADANI (I.), « La djihadiste qui se faisait passer pour un homme », *Le Monde*, publié le 8 novembre 2016.

17 Pour plus d'exemples, v. KHOSROKHAVAR (F.), *Le nouveau jihad en Occident*, Robert Laffont, Paris, 2018.

18 KERN (S.), "Britain's Female Jihadists", sur *soerenkern.com* [en ligne], publié le 21 septembre 2014.

Connue aussi sous le nom de *Veuve blanche*, Sally Jones est une propagandiste et recruteuse de l'EI, née en 1969 à Chatham, Kent. Avant sa conversion, elle était guitariste dans un groupe de rock exclusivement féminin, mais vivait sur l'aide sociale et occasionnellement, vendait des parfums L'Oréal. Elle a eu deux enfants et a fait le voyage du Kent à la Syrie avec son plus jeune fils Joe, né en 2004, afin d'épouser le hacker anglais Junaid Hussein, le chef de la brigade *digi-jihad* qui avait déjà une épouse. Ce dernier a été tué le 25 août 2015 par les drones américains. Sally Jones a exercé une intense activité de propagande sur les réseaux sociaux pour attirer les jeunes femmes anglophones en Syrie et demeure la première femme à le faire sur les réseaux sociaux au nom de l'EI. Elle est à la tête de la branche féminine du bataillon Anwar al-Awlaki composé de femmes étrangères (surtout occidentales), dont la tâche consiste à entraîner les femmes militairement pour d'éventuelles attaques-suicide en Occident. Début septembre 2016, un jeune garçon appelé Abu Abdullah al-Britani tuant un prisonnier dans une vidéo de l'EI aurait été identifié comme étant le fils de Sally Jones[19]. Il serait également apparu dans une autre vidéo montrant cinq jeunes garçons décapitant cinq prisonniers kurdes. Sally Jones a twitté son désir de décapiter des prisonniers occidentaux en Syrie.

La cellule des femmes djihadistes

Dans le mouvement djihadiste, la violence est devenue avec le temps non pas un fait admiré par les femmes, mais mise en œuvre par certaines d'entre elles. Le plus important cas étant celui d'un groupe de cinq femmes dont trois ont tenté de faire exploser, en septembre 2016, une voiture près de la cathédrale Notre-Dame de Paris. La nouveauté réside dans le fait que la cellule était faite exclusivement de femmes. Parmi elles, Inès, 19 ans, la plus jeune et pourtant le leader du groupe, a attaqué un policier qui tentait de l'arrêter et l'a blessé à l'épaule avec un couteau. Elle était classée fichier S pour tentative de rejoindre l'EI et aurait été en contact avec Hayat Boumeddiene, épouse islamique d'Amedy Coulibaly. Dans une lettre où elle faisait allégeance à l'EI, elle déclarait vouloir venger la mort d'Abou Mohammed al-Adnani, le ministre de la Propagande dudit État tué en Syrie, en septembre 2016, par les drones américains. Son père aurait été connu pour d'anciens faits liés au prosélytisme islamique.

---

19 LOCKETT (J.), "ISIS widow leading secret gang of female jihadis", *New York Post*, publié le 13 septembre 2016.

Un autre membre du groupe était Sarah, 23 ans, fichée S, elle aussi, pour tentative de rejoindre l'EI en Syrie. Elle cherchait à épouser un djihadiste afin de pouvoir partir en Syrie. Elle tenta d'abord se rapprocher de Larossi Abballa qui avait tué un policier et son épouse à Magnanville dans les Yvelines ; à la mort de ce dernier, elle se serait reportée sur Adel Kermiche, qui a égorgé un prêtre et aurait été tué par les forces de l'ordre ; enfin, elle aurait opté pour Mohamed L.A. interpellé dans la région parisienne, frère de Charaf Eddine A., en détention provisoire pour ses attaches avec Larossi Abballa. Pour ces jeunes femmes, le mariage est vu comme un facilitateur pour leur départ en Syrie, l'union avec un homme étant subordonnée à l'accomplissement d'une autre vocation, celle d'une djihadiste aspirant à rejoindre le Califat.

La troisième militante était Amel S., la plus âgée (39 ans). Elle était, contrairement aux deux autres, inconnue des forces de police. Habitante de Boussy-Saint-Antoine, elle était mère de quatre enfants et agent de sécurité dans un supermarché. En 2014, elle aurait pris la décision de prendre le voile intégral et aurait été contrainte de renoncer à son emploi. Sa fille de 15 ans a été arrêtée, mais par la suite relâchée.

Une quatrième suspecte, Ornella G., une convertie de 29 ans accompagnait le groupe et se serait enfuie à la vue de personnes qu'elle aurait identifiées aux forces de police. Elle aurait tenté de mettre feu aux bonbonnes avec Inès sans y parvenir.

Le groupe voulait donc venger la mise à mort d'al-Adnani, le ministre de la Propagande de Daesh. Pour ces jeunes femmes, son meurtre par les Américains appelait vengeance sur les Français, complices à leurs yeux des Américains. L'enjeu de la mort d'un membre éminent de Daesh devient ainsi un fait d'une ampleur telle que l'on veuille mourir et mettre à mort les autres dans l'identification totale avec l'EI. Par ailleurs, al-Adnani aurait enjoint à la jeunesse occidentale d'ouvrir les portes du djihad chez soi, si celles de la *hijra* leur sont interdites. Rachid Kassim, personnage clé derrière de nombreux attentats en France entre 2015 et 2016, et dont les interventions sur *Telegram* auraient joué un rôle incitateur chez les jeunes djihadistes, emboîtait le pas à al-Adnani et exhortait les jeunes à commettre des attentats chez eux plutôt que de vouloir se rendre en Syrie, dont l'accès devenait de plus en plus difficile. À noter que son action sur la Toile pour les endoctriner et les pousser à l'action ne diminue en rien l'importance de ces cellules exclusivement féminines qui n'ont plus besoin d'homme pour les diriger ou les inspirer directement, gérant elles-mêmes leurs relations à la violence.

Les converties djihadistes et la restauration mythifiée d'une unité perdue

Parmi les 17 % de femmes qui sont parties en Syrie, une minorité significative est constituée de converties (un tiers des femmes djihadistes en janvier 2016[20]). Les converties européennes présentent un certain nombre de caractéristiques qui les distinguent des femmes ou des filles musulmanes qui sont parties ou étaient sur le point de partir en Syrie, de même qu'elles ont des traits communs avec les hommes et les femmes qui ont opté pour la *hijra* pour se mettre au service du Califat.

Pour commencer, il y a un principe d'individuation actif à la base de leur motivation : elles ressentent comme un « *devoir individuel* » (*fardh ul ayne*) qui englobe hommes et femmes[21]. La détresse des sociétés musulmanes impose moralement aux femmes de se rendre en Syrie pour y défendre la dignité, mais aussi le territoire de l'islam. Être femme ne signifie plus, dans la perspective de l'écrasante majorité d'entre elles, échapper à cette obligation qui, par le passé, concernait uniquement les hommes, sinon *de jure*, à tout le moins *de facto*. À présent, la prise de conscience individuelle engendre un sentiment d'obligation et de responsabilité vis-à-vis de la communauté musulmane qui pousse à l'action. Si l'on croise les bras, le sentiment de culpabilité assaille l'individu conjugué cette fois au féminin (« *l'individue* »).

Les notions de l'après-vie, de la justice divine, du Jugement dernier, des affres de l'enfer et des délices du paradis préoccupent les femmes tout autant que les hommes. La sécularisation avait apparemment rendu caduques ces notions religieuses que l'on croyait strictement réservées à la vie privée des uns et des autres. On est face au retour d'une forme de religiosité qui cherche le sens de la vie et de la mort dans un au-delà qui existerait effectivement et pas métaphoriquement et dont la traduction dans la vie publique serait incontournable.

Leur comportement remet en cause la séparation entre la vie publique (lieu de manifestation de la citoyenneté) et la vie privée (le domaine religieux), ce qui est ressenti en France comme une remise en cause de la citoyenneté laïque. Dans la perspective de ces jeunes, la croyance dans l'au-

---

[20] 220 Françaises figureraient en janvier 2016 dans les rangs de Daesh, dont un tiers des converties. V. GUEGUEN (E.), « Les femmes dans le jihad », sur www.franceinter.fr [en ligne], publié le 8 janvier 2016.

[21] HOYLE (C.), BRADFORD (A.), FRENETT (R.), "Becoming Mulan? Female Western Migrants to ISIS", *Institute for Strategic Dialogue*, 2015, 10-14.

delà s'ancre dans une réalité éternelle qui s'étend à la totalité de la vie de l'individu (et en particulier sa vie dans l'espace public) et apporte un sens éthico-religieux englobant le privé et le public que les générations précédentes réservaient à la sphère privée. Cette demande de *religion* par des femmes et des filles converties qui remettent en cause la dichotomie entre le privé et le public s'explique par l'épuisement des utopies séculières un peu partout en Europe, et l'émergence de nouvelles *dystopies* qui tentent d'unifier la vie éclatée des individus en insistant sur la totalité de leur existence, privée et publique à la fois. Plus la modernité tardive diversifie les secteurs de la vie et tend à complexifier les relations sociales sans qu'il y ait un trait d'union qui les relie et plus les nouvelles utopies régressives comme le djihadisme tentent d'unifier mythiquement l'existence en déniant le principe de différenciation et de diversification au nom d'une transparence fondée sur la prise en compte de la totalité enfin unifiée de la vie du croyant authentique. À une complexité opaque et éclatée dépourvue de principe d'unité, le djihadisme oppose une simplicité transparente où la violence contre les mécréants donne une unité monolithique à la vie du croyant. Les femmes sont particulièrement exposées à sa séduction parce qu'elles ne savent plus où s'arrête leur féminité et où elles sont des quasi-hommes, la dialectique de l'égalité des genres induisant une indistinction angoissante eu égard à leur féminité. L'islamisme radical rassure en réinscrivant la différence des sexes dans un registre sacré où être homme ou femme revêt une signification absolue, réintroduisant une transparence mythifiée apaisant l'angoisse moderne de l'indistinction.

Un autre fait est également à noter : ces notions religieuses renvoient à un au-delà où l'individu fait corps, *post-mortem*, avec la communauté des croyants, se sentant ainsi moins seul que dans le froid ankylosant d'une individualité atomisée se déclinant dans une solitude souvent angoissante. L'islam néo-communautaire apporte le sentiment de partager une communauté de destin sous une forme effervescente, autour d'un sacré exigeant, englobant la totalité de l'existence. Au-delà de cette dimension mythifiante, il faut aussi voir la manifestation individuelle du souci de soi projeté sur l'horizon de l'éternité et la recherche d'un au-delà qui combat les incertitudes du présent par l'assurance d'un bonheur perpétuel.

Chez les jeunes adolescentes, la situation est liée à la quête d'un contre-modèle à la famille en crise qui est la leur et qui est souvent marquée par l'instabilité, l'absence d'autorité unifiée (le partage malaisé de l'autorité entre le père, la mère, le beau-père, la belle-mère...), la disparition du patriarcat sans qu'un nouveau modèle substitutif puisse s'instaurer (la famille moderne étant caractérisée avant tout par le bricolage) et la dilution angoissante de la distinction entre la femme et l'homme dans leur vécu. Les jeunes filles converties veulent trouver un conjoint qui soit aux antipodes des clichés de l'homme tel qu'on le trouve dans leur vie de tous les jours et qui est marqué par la perte de l'ancienne supériorité, une égalisation qui le détrône et le *dés-idéalise* et une culture égalitaire qui *efféminе* l'homme ou lui ôte l'ancienne virilité sans promouvoir pour autant l'image d'une femme autonome et maîtresse de son destin. Ce qu'elles cherchent est un homme exceptionnel, idéalisé sous une forme irénique, en qui l'on puisse avoir confiance, qui ne se laisse pas intimider par les dangers, se pare des insignes du chevalier de la foi (la mitraillette, le 4X4, l'air altier de celui qui tue et se fait tuer sans sourciller), affronte la mort, celui dont la nature héroïque rassure la jeune femme soucieuse d'idéaliser son futur mari. S'identifiant à une néo-umma rassurante au sein de laquelle elle assumera le rôle éminent de la mère (umma et umm sont de même racine) elle ne se sent plus dès lors dans l'insécurité et ne doit plus faire face à l'instabilité du concubinage moderne et à la fragilité de la vie familiale : cet homme qui accepte de mourir pour ses idéaux est celui-là même qui sera un soutien dans les vicissitudes de la vie du couple, soustrait à la versatilité des sentiments et aux difficultés du vivre-ensemble. L'homme *extraordinaire* garantit une vie de couple intensifiée, mais aussi assurée contre le mal de la monotonie et de l'ennui qui guette nombre de couples modernes après les premières années du mariage. Le mari pouvant mourir en martyr, l'ombre de l'ennui ne saurait se profiler. Même sous Daesh, la possibilité du divorce était ouverte au cas où l'épouse ne s'entendait pas avec le mari. Les femmes et les filles converties ont été souvent issues de familles où le désajustement familial, la séparation et la dissolution du mariage ainsi qu'une violence réelle ou imaginaire (de nombreuses jeunes filles prétendent avoir été violées ou sexuellement agressées par leur beau-père ou leurs beaux-frères) ont laissé des traces sur leur structure psychique. À l'égoïsme moderne où les hommes et les femmes se séparent lorsqu'ils ne s'entendent plus, elles ont opposé une forme imaginaire de lien indissoluble au service d'un nouveau père, l'État islamique, et d'une nouvelle mère, la néo-umma islamique à laquelle elles adhéraient. Elles ont été en quête de stabilité et de confiance dans un univers dont la toile de fond est l'instabilité familiale et la méfiance liée à l'égocentrisme moderne.

Durant des heures entières, des filles cherchaient sur Internet un jeune homme qui deviendrait leur mari et qui provenait souvent d'Europe et, dans le même temps, les hommes partaient en quête d'une femme sur les réseaux sociaux une fois en Syrie et tentaient de les séduire en leur faisant la cour selon les *normes islamiques*. Des femmes journalistes se sont fait passer un peu partout en Europe pour des jeunes prêtes à la migration (les *mouhajirat*) pour voir comment les jeunes djihadistes tentent de les séduire en déployant des trésors d'imagination.

Par ailleurs, les jeunes femmes ont voulu aussi s'assurer une célébrité pour sortir de l'insignifiance et donner sens à leur vie : elles se sont construit un nouvel ego en faisant peau neuve. Le *star-system* djihadiste avait besoin de figures féminines qui se sont fait remarquer par la qualité de leur propagande sur la Toile et par leur caractère percutant, voire cruel. C'est le cas de Samantha Louise Lewthwaite, Maria Giula Sergio ou Émilie König qui se sont fait un nom sur le réseau djihadiste mondial et ont séduit les jeunes filles pour qui elles étaient devenues des vedettes.

Enfin, le spectacle de la société syrienne, en proie à la mort, et à la destruction a pu induire une attitude de compassion pouvant créer un humanitaire d'un genre nouveau en 2013 : aider les musulmans de la Syrie contre le régime hérétique d'Assad, au besoin en ayant recours à une violence perçue comme légitime, court-circuitant la non-violence au nom des valeurs supérieures de l'islam. Cet argument est confirmé par les récits faits par une douzaine d'Américaines, qui auraient pu tout aussi bien être des Européennes, arrêtées avant leur départ en Syrie. C'est notamment le cas de Shannon Conley, une femme de 19 ans du Colorado condamnée à 4 ans de prison pour avoir tenté de venir en aide à Daesh[22].

On peut prendre comme cas typique Samantha Louise Lewthwaite ou la *Veuve blanche*. C'est l'une des converties les plus célèbres de la constellation djihadiste. Elle est la veuve de Germaine Lindsay, l'un des quatre terroristes ayant commis les attentats de juillet 2005 dans le métro et les bus de Londres. Elle est poursuivie par la justice kenyane pour possession d'explosifs et projet d'attentat. Lewthwaite a été un membre présumé du groupe djihadiste al-Shabab en Somalie et elle est accusée d'être l'un des protagonistes de l'attentat dans un bar de Mombasa pendant l'Euro 2012.

Elle naît en 1983 dans une famille dont le père est militaire. Après ses études secondaires, elle entre à l'École des études orientales et africaines de Londres, sans parvenir à décrocher un diplôme. En 1994, le divorce de ses parents la jette dans le désespoir et elle se rapproche de ses voisins musulmans chez qui les liens familiaux étaient plus solides à ses yeux. Elle se convertit à l'âge de 17 ans à l'islam. Elle rencontre par la suite Germaine

---

22 HUGHES (T.), "Teenage jihad suspect sentenced to 4 years", *Usa today*, January 23 2015.

Lindsay dans la manifestation contre la guerre en Irak à Londres et l'épouse religieusement en octobre 2002, sans que l'acte soit légalisé administrativement. Trois ans après, Lindsay se fait sauter le 7 juillet 2005 dans le métro à Londres et tue 26 personnes. Lewthwaite est alors enceinte de huit mois (ensemble, ils ont déjà eu un enfant de 14 mois). Elle prétend n'avoir rien su de l'attaque du métro. En 2009, elle met au monde un autre enfant de père inconnu. Puis, elle disparaît et part en Tanzanie ou en Somalie avec ses enfants. Elle se marie avec Hassan Maalim Ibrahim, un chef militaire au sein du groupe djihadiste al-Shabab.

Selon les polices kenyane et anglaise, elle serait impliquée dans plusieurs attaques (à Mombasa en 2012 et à Nairobi en 2013) et serait même le chef de la cellule djihadiste qui visait les touristes à Mombasa en décembre 2011. Sa présence présumée dans la ville côtière de Lamu au Kenya, puis en Syrie en 2014, ainsi que sa mort tout aussi putative annoncée par l'agence russe *Regnum*, n'ont pu être confirmées. Par ses actions toujours réalisées sous de multiples pseudonymes et la fugacité de sa présence sur de multiples scènes djihadistes, Lewthwaite demeure une star du djihadisme féminin dans le monde occidental.

Le besoin d'appartenance communautaire (la néo-umma) et de la sororité

Jacqueline (pseudonyme) est née catholique, mais n'a jamais pu s'identifier à la foi chrétienne. À 23 ans, elle se convertit à l'islam, porte le foulard, mais garde son visage à découvert. Selon ses dires, elle aurait aimé porter le voile intégral, mais ses chances de travailler auraient alors été nulles, notamment dans le secteur financier dans lequel elle évolue. À 25 ans, elle soutient inconditionnellement Daesh sur les réseaux sociaux, mais n'envisage pas le départ en Syrie. Elle a seulement besoin d'une communauté à laquelle s'identifier. Chez elle, comme chez nombre de jeunes femmes, par-delà le sentiment de faire corps avec une communauté, il existe un profond besoin d'adhérer à une collectivité de femmes, une sororité à l'abri du regard et de l'intrusion des hommes[23]. Le monde des femmes n'est alors pas vécu comme un univers incomplet, mais autosuffisant qui rendrait possible le vécu d'une communauté féminine à l'écart du monde masculin. La ségrégation qu'exige l'islam fondamentaliste ou le judaïsme ultra-orthodoxe n'est donc pas ressentie comme une contrainte, mais plutôt comme une forme de *liberté* pour certaines femmes,

23 Nabeelah Jaffer, ISIS bride reveals an unprecedented look inside the terrorist organization, The Guardian, 25 juin 2015.

mal à l'aise dans l'interpénétration des mondes masculin et féminin avec ses aspects crypto-sexuels et le harcèlement auxquels elles sont exposées, que ce soit sur les lieux du travail, dans la famille, au sein des cercles d'amis ou encore dans la promiscuité des sociabilités modernes. Cela ne signifie pas nécessairement l'homosexualité féminine, mais plutôt le fait que des femmes trouvent quelquefois un sens à se constituer en groupes à distance respectueuse de ceux des hommes. La ségrégation rigoriste du fondamentalisme religieux satisfait à ce désir de séparation.

Daesh, cet *État-umma* mythifié dans les représentations de celles et de ceux qui ont cherché à le rejoindre, a permis cette sororité imaginaire aux jeunes femmes, à tout le moins au début de leur engagement à ses côtés. Il a créé dans leur imaginaire les conditions de la néo-umma chaleureuse et de la sororité cohésive qui les satisfaisaient, avant qu'une grande partie d'entre elles ne soient déçues, voire dégoûtées, de ses excès et de ses rigueurs indus, de sa cruauté et de sa vue infériorisante de la femme, après un séjour plus ou moins long en Syrie. Une partie s'en est lassée après quelques mois, mais pour la majorité, les voies de retour étaient barrées. Une autre partie s'est fortement identifiée à Daesh, qu'elle a soutenue jusqu'au bout, quitte à mourir à son service, au nom de l'idéal d'un islam à venir.

Conclusion

Le phénomène djihadiste en relation aux femmes est fort complexe et présente des différences majeures avec les hommes. Il s'agit d'un « *fait social total* », qui a de multiples dimensions, irréductible à un seul facteur[24]. Il reste encore beaucoup à faire pour comprendre la motivation des femmes et des adolescentes et post-adolescentes dans leur engagement pour le djihad. Pour ce faire, il faudrait se défaire de l'idée qu'elles l'auraient fait à partir d'une seule cause (la crise familiale, la volonté de rompre avec la société, la quête romantique d'un monde nouveau…) et tenter de comprendre à partir de leur subjectivité leur logique d'action. Une nouveauté a été l'introduction de la violence, souvent imaginaire chez les femmes, quelquefois réelles (celles qui ont combattu les Kurdes en Syrie ou celles qui ont tenté de monter des attaques en France et en Angleterre) dans la mouvance djihadiste. Ce phénomène avait déjà été observé dans l'extrême gauche européenne (le groupe *Baader-Meinhoff* en Allemagne avait un pourcentage élevé de femmes), mais leur imaginaire différentialiste pose le problème d'une autre manière que dans les

24 V. à ce sujet, notre ouvrage, *Le nouveau jihad en Occident, op. cit.*

mouvements sécularisés, en combinant le statut inférieur de la femme (qu'elles traitent de *complémentaire*) et celui de leur affirmation de soi.

Femmes, mineures et terroristes à la fois, deux adolescentes devant leurs juges

Mathieu DELAHOUSSE

Journaliste à L'Obs, *Chroniqueur judiciaire, Auteur de* La chambre des coupables *chez Fayard*

Le métier de journaliste judiciaire offre un privilège encombrant. À condition de chercher un peu et de se placer au bon endroit, il nous met en position de surprise permanente. C'est le propre de la découverte d'une affaire, que ce soit à l'audience ou en amont. Comme l'éprouvent bien plus que nous, magistrats, avocats, enquêteurs, intervenants sociaux et autres auxiliaires de justice, nous voilà aux premières loges d'histoires ou de réalités qui nous paraissaient jusque-là à proprement parler inconcevables.

En matière de terrorisme, ce constat est démultiplié. Les problématiques s'imposent à un tel point que, pour reprendre l'expression employée par un juge d'instruction bien avant la crise du coronavirus, le terrorisme agit comme un *virus* qui devient un sujet de préoccupation exclusif. Qui aurait imaginé il y a dix ans que le terrorisme devienne quasiment un contentieux de masse ? Qui aurait pu prévoir que le nombre de dossiers instruits par le parquet spécialisé soit multiplié par six en quelques années ? Qui aurait pu concevoir, par exemple, que votre université puisse consacrer de si épais travaux à un sujet aussi précis ? Qui aurait osé écrire sans que l'on crie au fou que de très jeunes femmes se connaissant à peine allaient tenter de mener sur notre sol des actions criminelles de masse ? Les chiffres cités par les uns et les autres ne laissent évidemment désormais aucun doute sur la réalité du phénomène. Pourtant, aujourd'hui encore, il y a quelque chose d'incongru à devoir accoler ces trois termes : femmes, mineures et terroristes. Tout est contre-intuitif dans cette série de mots. Femmes, mineures et terroristes… Les femmes représentent une part marginale de la population pénale.

L'ordonnance de 1945 sur l'enfance délinquante et les lois de 1986 réprimant le terrorisme n'avaient pas vocation à, en quelque sorte, cohabiter par l'effet de ces dossiers.

Comme je l'ai écrit dans mon livre *La chambre des coupables*[1], nous autres, journalistes judiciaires, avons mis bien plus de temps que la justice antiterroriste à concevoir la réalité des actes et l'ancrage de l'idéologie de ces hommes et de ces femmes. Longtemps, peut-être dans une forme de déni ou de méconnaissance, les comptes rendus de presse ont désigné les djihadistes de la première génération partant sur zone comme de simples *pieds nickelés* inoffensifs, en particulier s'ils étaient jeunes. Il a bien fallu se résoudre au fait que les choses avaient changé.

La connaissance précise de dossiers de femmes mineures terroristes que je souhaite évoquer m'a été principalement rendue possible par le biais du suivi des audiences devant la 16e chambre correctionnelle de Paris ou la cour d'assises spécialement composée où sont jugées des affaires mettant en cause des majeurs. Dans ces dossiers sont apparues les femmes de moins de dix-huit ans poursuivies pour terroristes que je vais décrire. Pour raconter leurs histoires, je les désigne ici non par les initiales, mais par une identité de substitution proche de leurs patronymes réels[2]. J'avais déjà choisi dans mon livre ce moyen des pseudonymes pour garantir les anonymats. Ces affaires, qui n'ont donné lieu à aucun article pour mon magazine, sont inédites.

Abby Deronquière est à six mois de la majorité lorsqu'elle est interpellée en région parisienne et placée en détention provisoire à Fleury-Mérogis. Quelques semaines auparavant, les services spécialisés ont averti la section antiterroriste du parquet de Paris que son compagnon, Anthony, majeur, est entré en contact avec le djihadiste français Rachid Kassim sur sa messagerie *Télégram*. Une « *action violente imminente* » est à redouter. Une information judiciaire est ouverte. Abby intéresse assez vite les enquêteurs. Il apparaît d'abord qu'elle est manifestement radicalisée. Les recherches établissent rapidement qu'elle est suivie par l'aide sociale à l'enfance et une juge des enfants.

Ce dernier point n'est pas anodin. Lors des perquisitions qui sont ordonnées, les policiers fouillent le téléphone d'Anthony. Ils trouvent ce qu'on pourrait considérer comme la sombre panoplie habituelle des jeunes djihadistes de cette période, à savoir plusieurs dizaines de vidéos de

---

1 DELAHOUSSE (M.), *La chambre des coupables*, Paris : Fayard, 2019, 240 p.

2 Dans les exemples qui suivent, les identités ont donc été modifiées.

propagande djihadiste mettant notamment en scène des exactions commises par des Français, et notamment, une vidéo mettant en scène la décapitation d'un présumé espion par Rachid Kassim. Le propagandiste l'avait diffusée via sa chaîne tristement célèbre *Sabre de Lumière*… Plus inhabituel, ils trouvent des menaces explicites d'attentat en France. Se trouve notamment une photo de la tour Eiffel avec la mention « *le djihad c'est pas qu'en Irak* » surmontée d'un couteau et le *Guide du lion solitaire* listant les cibles potentielles en France et les moyens d'action.

Au fond de la mémoire du disque dur, les experts informatiques font resurgir les recherches menées sur *Google* par Anthony et Abby qui utilisait également l'appareil. Suivant les conseils de Kassim, ils ont cherché « *boîtes gays* », « *adresse personnelle policier* », mais aussi l'adresse personnelle d'un célèbre juge antiterroriste et celle d'une magistrate totalement inconnue du grand public en poste alors dans un tribunal de la région parisienne.

Il s'agit, en réalité, de l'une des juges pour enfants ayant suivi les procédures éducatives concernant Abby Deronquière et ayant récemment statué sur le maintien du placement de la jeune femme… Une menace existe-t-elle sur cette juge ? Que faire ? La stupeur et l'angoisse saisissent la machine judiciaire d'autant qu'en garde à vue, Anthony, le petit ami, avoue avoir voulu passer à l'acte « *sur un coup de tête* » et parle de cibles d'une façon si confuse que tout paraît possible.

Abby Deronquière, de son côté, explique lors de l'instruction s'être convertie à l'islam à l'âge de 15 ans au contact de son petit ami, Anthony dont elle est enceinte de cinq mois. Dans une rhétorique très fréquente chez ces individus, elle justifie les attentats commis en France et l'idée de partir vivre en Syrie la fascine en ces termes : « *pour moi, l'État islamique, c'est merveilleux. Je n'ai pas peur de mourir, je suis prête à mourir pour Dieu.* » À partir de janvier 2015, date des attentats contre *Charlie Hebdo*, elle décide d'ailleurs de garder son voile en permanence, y compris durant sa scolarité. Elle est en rupture. Durant les interrogatoires, elle ira jusqu'à rejeter son propre défenseur : « *Que faites-vous là ? J'aime pas les avocats, j'aime pas les juges non plus, vous représentez la République, et moi je déteste la République…* »

Reste donc la question des cibles. Abby explique qu'ils envisageaient de viser « *les juges* » ou « *les policiers* », car tous étaient des « *défenseurs du taghout, des personnes qui se mettent à l'égal d'Allah* ». « *Tuer un juge, ce n'est pas un péché pour moi* », lance-t-elle. Mais alors la juge des enfants, dont l'adresse a été recherchée sur Internet ? Abby réfute tout projet d'attentat contre elle. Elle voulait « *lui parler* » à propos de sa mère, assure-t-elle.

Le dossier, initialement poursuivi sous la qualification criminelle, sera finalement correctionnalisé et jugé devant le tribunal pour enfants. Entre temps, quatre mois après son arrestation, Abby Deronquière accouche – en détention – d'une petite fille. Jugée en 2019, elle a écopé de quatre ans de prison dont dix-huit mois avec sursis et mise à l'épreuve pendant trois ans. Elle est aujourd'hui libre, suivie dans le cadre du projet PAIRS[3] qui a succédé au programme RIVE, de suivi en milieu ouvert des prévenus ou condamnés pour terrorisme.

Aucune information n'est connue sur sa phase de réinsertion singulière mais on peut imaginer que son avenir se construit avec la fragilité de ces suivis. Son histoire semble ressembler à celle décrite en chute d'un reportage que nous avions pu réaliser pour *L'Obs* à propos du programme PAIRS (la plateforme d'accompagnement individualisé de réaffiliation sociale) :

« *Comme souvent en matière de réinsertion sociale d'anciens délinquants, il faut se raccrocher à de petites choses. Reconstruire la société avec ceux qui, il y a encore cinq ans, voulaient la détruire passe encore et toujours par des scènes dignes de conseil de classe de collège. Début 2017, à Paris une jeune femme poursuivie pour avoir tenté de rejoindre l'État islamique – et connue par tous ceux qui ont accès à elle ou à son dossier comme un cas particulièrement ardu – devait par exemple rendre des comptes à sa juge. Pourquoi arrivait-elle avec trois quarts d'heure de retard à ses entretiens de suivi imposés par contrôle judiciaire ? "Des fois, je n'allais même pas aux rendez-vous, avait répondu la jeune djihadiste désinvolte et rageuse. J'avais l'impression que l'éducateur était tout le temps en train de m'attaquer. Il y avait une étiquette sur mon front et ça ne servait à rien de parler. L'étiquette, c'était que j'étais une terroriste et que je n'avais pas changé d'idées". Depuis cet entretien, les choses ont changé pour la jeune femme. Elle est à présent suivie par l'un des 4 centres du nouveau programme. Il n'y a aucun pronostic précis sur son avenir. Mais au dernier rendez-vous, elle était à l'heure.* » Risque de récidive, fragilité permanente, réinsertion envisageable ? Il serait à mon sens totalement illusoire d'établir la moindre hypothèse quant à son avenir. Cette évolution de l'après-peine, par ailleurs, s'opère sous le seul œil des professionnels. Ni le chroniqueur judiciaire ni même l'enquêteur de presse ne peuvent prétendre à une vision suffisamment fine et endurante pour poser un diagnostic.

Autre affaire, autres particularités. Sabra Dissaoui est une jeune femme arrêtée en 2016 dans une ville de l'ouest de la France. Agissant après des informations faisant état d'une menace imminente, les services spécialisés

---

3 Lire DELAHOUSSE (M.), « Comment déradicaliser ? Dans les laboratoires de l'après terrorisme », sur www.nouvelobs.com [en ligne], publié le 12 janvier 2020.

ont visé ce jour-là plusieurs adolescentes mineures et une majeure. Toutes seront mises en examen par les juges antiterroristes.

Le projet d'attentat de cette bande de filles avait comme objectif, en mars 2016, la salle de concert parisienne du Casino de Paris. Les quatre adolescentes voulaient imiter et « *faire mieux* » que le massacre survenu au Bataclan le vendredi 13 novembre 2015, faisant 95 morts. Elles s'étaient rencontrées sur *Facebook* par la simple observation de leurs photos de profils – drapeaux, message ou mises en scène – et avaient sur Internet mené les repérages de la salle de concert. Elles avaient même prévu les dates de l'action violente. Elles n'avaient pas d'armes à portée de mains, mais comptaient sur un groupe de filles, nommées dans leurs échanges « *les sœurs marocaines* » pour amener des Kalachnikovs depuis la ville belge de Molenbeck.

Sabra Dissaoui, la meneuse, était mineure. 17 ans au moment des faits. Sur procès-verbal, elle raconte : « *On voulait attaquer le casino de Paris le 12 mars avec quatre sœurs. C'était le soir du concert de Tony Carreira. On voulait attaquer le bar à côté* ». Sabra Dissaoui avait tout programmé : l'une d'elles devait récupérer des armes en Seine-Saint-Denis et les transmettre aux autres. Le soir de l'action, deux filles devaient passer à l'action par la porte de sécurité de la salle de concert, abattre les vigiles et tirer dans le public pendant que les autres devaient se charger de l'attaque d'un café proche. « *On voulait attaquer tout le monde, venger la Syrie, être à la hauteur du Bataclan* ».

Dans le dossier figurent des retranscriptions incroyables de conversations entre l'une des adolescentes du groupe et ce *cerveau* de 17 ans.

« *Ma belle on compte sur toi, j'ai juste une question tu vx te faire kamikaze ou tveux juste tirer et après mourir normal, cst a dire que genre tu préfère mourir en te fesant tuer par le raid ou avc la ceinture* ».

Sabra Dissaoui, 17 ans, comparaîtra au tribunal pour enfants, à huis clos. La seule majeure du groupe, 19 ans, sera jugée en correctionnelle. Lors du procès, la présidente du tribunal parviendra à éclairer les motivations mortifères de la jeune femme, et notamment, une forme d'excitation sur les réseaux sociaux. Il y a « *le contact avec des copines* » et puis les discussions menées avec un jeune combattant belge de l'État islamique qui lui vante la Syrie. La jeune majeure, sur *Facebook*, avait choisi comme pseudonyme *Arous'al arb*. *Arous*, la mariée. *Al harb*, la guerre.

Face à ce monde explicite, mais virtuel, la jeune prévenue opposera la réalité : « *Elle m'a dit : on va sur Paris. Je lui ai dit : On y va si tu veux, mais tu paies le billet. C'était un délire. Je me suis dit : je vais lui montrer qui je suis. C'était… C'était comme la mode !* […] *J'ai pas réalisé. Je me suis dit que ça allait pas se passer. De toutes façons, moi, je n'aurais pas eu le courage de tuer des êtres humains* […] *J'étais sous l'emprise de la propagande. Je pensais* [au jeune combattant belge]. *Ma foi a été prise en otage.* »

Cette jeune majeure, condamnée à quatre ans de prison, est désormais libre. Les juges et les services pénitentiaires d'insertion lui ont imposé un « *suivi spécifique d'accompagnement individualité et de réappropriation sociale* ». Les professionnels de la réinsertion, chargés de son suivi et que j'ai pu rencontrer, ne formulent là non plus pas de pronostics. Tout se construit.

Ces deux dossiers illustrent la double-singularité évoquée : mineures et femmes terroristes. Ces deux caractéristiques intègrent cependant totalement les défis généraux qui désormais nous attendent : la prévention de la récidive des uns sans empêcher la possible réinsertion des autres, et surtout, le débat plus large, mais fondamental portant sur le terreau sur lequel ces radicalisations et passage à l'acte ou tentatives terroristes ont été rendus possibles.

Pour clore mes observations, et sans vouloir les transformer en catalogue, il est indispensable dans le cadre de votre sujet de faire référence à deux affaires. La première, extrêmement médiatisée, est celle d'Inès Madani, arrêtée à ses 18 ans pour la tentative d'attentat à la bouteille de gaz de Notre-Dame. La seconde concerne celui qui, à ma connaissance, est le plus jeune condamné à ce jour pour terrorisme en France. Il s'agit d'un jeune homme, Rachid Lamiche arrêté à l'été 2017 alors que de nombreux indices laissaient penser à une action imminente dans sa commune de la région parisienne. Placé en détention provisoire, libéré sous contrôle judiciaire puis réincarcéré après des incidents avant sa comparution devant le tribunal pour enfants puis devant la cour d'appel, il est aujourd'hui libre. Son avenir se dessine à la fois sous la surveillance et l'accompagnement d'équipes de professionnels pluridisciplinaires. Ayant initialement le projet d'écrire un long article sur lui, je précise que j'ai suivi autant que faire se peut l'évolution de toutes les étapes de la procédure qui le concernait. L'extrême sensibilité de son cas et le fait que son avenir semble en permanence en jeu d'une façon extrêmement fragile font que, pour le moment, je n'ai pas encore écrit son histoire de crainte de voir la médiatisation de son cas porter une influence impossible à maîtriser. Je commençais mon propos en soulignant que les surprises dans ces dossiers sont permanentes. C'est singulièrement le cas ici. À la date de son arrestation, Rachid Lamiche avait en effet… 13 ans.

Mineurs, radicalisation et violence terroriste[1]

Entretien avec Olivier BOBINEAU

Sociologue, Membre associé du Groupe Sociétés, Religions, Laïcités (GSRL – UMR 8582), Chef d'entreprise, Écrivain[2] et Scénariste de bandes dessinées, Co-fondateur de l'École du Sens

Qu'est-ce que la radicalisation et comment l'expliquer ?

Traditionnellement, la radicalisation est définie comme un ensemble d'actes violents, pour des raisons politiques ou religieuses, commis par une population. La radicalisation serait ainsi du terrorisme motivé par des raisons politiques. Cette définition, d'origine anglaise, domine les analyses et réflexions politiques depuis les années 1970. Toutefois, se limiter à cette définition ne permet pas de cerner intégralement l'essentiel du problème, ni même d'identifier une éventuelle *résolution* de ce problème. En effet, la radicalisation est un processus sociologique et non pas un passage à l'acte violent et politique. D'une part, elle est une action dans le temps de la part de certains individus : la durée est par conséquent une donnée primordiale en la matière. Elle est, d'autre part, un marqueur de l'identité individuelle et collective. Étymologiquement, le terme radicalisation provient du latin *radix*, ou « *racine* », « *principe* », « *ce qui est premier* ». Ainsi, la radicalisation identitaire se définit-elle comme « *le processus social par lequel un individu met une valeur, une norme, un principe comme premier, source, fondement et racine de toute identité individuelle à l'exception de tous les autres, et comme premier, source, fondement et racine de toute identité collective, à l'exception de tous les autres* »[3].

---

1 Propos échangés avec l'auteur en mai 2020 et retranscrits en septembre 2020.

2 V. not. BOBINEAU (O.), N'GAHANE (P.), *La voie de la radicalisation. Comprendre pour mieux agir*, Paris : Armand Colin, 2019.

3 BOBINEAU (O.), N'GAHANE (P.), *La voie de la radicalisation. Comprendre pour mieux agir*, *op. cit.*, p. 11.

En conséquence, la radicalisation fait partie des mécanismes modernes de construction identitaire des individus. Il est très important de dissocier le passage à l'acte violent du processus sociologique de radicalisation. Un phénomène de radicalisation peut s'observer chez de nombreuses personnes, sans jamais poser de difficulté. Bouddha, Jésus, Gandhi Martin Luther King étaient-ils radicaux ? Oui, mais ils étaient non violents. Et le parti radical de Clemenceau ? Parti terroriste ? Non, bien sûr. La réelle question concerne plutôt le fait de savoir non pas s'il y a une radicalisation chez telle ou telle personne, mais quel est le contenu de cette radicalisation. Ensuite, il convient de se demander si ce contenu est contraire ou non avec les lois de la République : cette radicalisation en particulier est-elle contrevenante ?

La radicalisation ne se fait pas en un jour : elle se présente toujours comme un processus long dans la mesure où chez beaucoup de mineurs, il existe une quête identitaire. Dans cette optique, ils sont en quête de sens et d'une autorité morale qui fasse sens pour eux dans leur construction identitaire. Ils sont en quelque sorte *des orphelins du sens.* Or, aujourd'hui, les sept grandes figures de l'autorité ayant encadré la construction identitaire de plusieurs générations – le père, le prêtre, le professeur, le patron, la patrie, le prince et le parti – ont toutes été remises en cause entre 1968, les pierres *valsent* à Paris, et 1969, les pierres *chutent* à Berlin. Il s'agit de la fin des méta-récits et des idéologies qui façonnaient des identités. Nous sommes entrés dans l'ère des auto-récits : les récits biographiques sont mis en lumière sous la forme d'histoires diffusées dans les médias. De fait, il ne demeure plus qu'une figure faisant autorité : l'individu lui-même et son histoire. Autrement dit, c'est l'heure du storytelling. L'individu égocentré met en scène et en récit sa propre finalité. Pour nous conter son histoire, l'individu mineur opère « *un bricolage axiologique* »[4] avec pour colonne vertébrale sa propre individualité.

Dans ce contexte de mises en scène des récits individuels et d'atomisation de la société, des mouvements et doctrines politiques prospèrent dans les réseaux sociaux et sur Internet en proposant de nouvelles racines aux jeunes gens en quête de sens. Ces mouvements composent eux aussi des récits qui mettent en lumière : l'estime de soi, l'équité et l'espérance. De ce point de vue, l'islamisme wahhabite est l'une

---

[4] Par « *bricolage axiologique* », il faut entendre le fait qu'un individu construit son identité avec des valeurs issues tant de son éducation – ou socialisation primaire – que glanées ici et là durant sa vie d'adulte – socialisation secondaire, v. BOBINEAU (O.), *Les formes élémentaires de l'engagement. Une anthropologie du sens*, Paris : Temps Présent, 2010.

de ces doctrines qui se déploie dans le monde avec la force de frappe des pétrodollars saoudiens.

Existe-t-il une radicalisation particulière chez les mineurs et dans l'affirmative comment l'expliquer ?

Maria Mourani[5], sociologue et criminologue, met en valeur ce point capital dans ses recherches sur les mineurs qui deviennent djihadistes : les filles et les garçons qui sont allés en Syrie recherchent en Daesh[6] la figure de leur père. Daesh est d'ailleurs souvent appelé par eux « *papa* ». Soit leur père était absent (inconnu, parti ou mort), soit il était défaillant dans son rôle de père notamment par rapport à leur mère omniprésente. Ce sont tout à la fois les mineurs garçons et filles qui sont à la recherche de ce « *père* ». Que s'est-il passé pour que ces jeunes gens recherchent à ce point leur père ? Notre hypothèse est que durant les années 1970[7], les sociétés patriarcales disparaissent avec la remise en cause de l'homme viril et dominant. Avec ce retrait de la figure virile, l'enfant et la femme deviennent les nouvelles figures, intouchables, à protéger et à valoriser, bref : sacrées. Par conséquent, l'homme descend de son piédestal : les lois admettent la disparition de la patriacalisation et reconnaissent la libération et l'égalité de droit de la femme. N'étant plus la figure dominante de la société, contestée par les figures rivales de la femme et de l'enfant, la figure virile ne fait plus autorité.

Par ricochet, la conséquence de la désacralisation de la figure virile est la remise en cause de la figure paternelle : le père n'est plus, en quelque sorte, une racine et un repère identitaire pour l'adolescent et l'adolescente, adolescent.e en pleine construction identitaire. En ce sens, ces jeunes cherchent une figure paternelle, soit parce que leur père est inexistant ou soit parce qu'il est un *looser*. Dans le même laps de temps, les notions de « *père de famille* » et de « *chef de famille* » disparaissent du droit[8] et Internet offre aux mineurs un accès à *tout* pour *tester* de nouvelles racines. En outre, l'inflation des informations et des images distribuées ne facilite pas les choix : *faire le tri* devient difficile et trouver du sens, plus encore. Dans ce

---

5 Elle travaille d'abord sur les *Gangs de rue inc. Leurs réseaux au Canada et dans les Amériques*, ouvrage publié aux éditions de l'Homme en 2009. Depuis 2016, elle écrit une thèse de doctorat sur l'embrigadement des mineurs dans le djihadisme, dont les résultats ne sont pas encore publiés.

6 Daesh est une organisation terroriste, militaire et politique d'idéologie salafiste djihadiste, ayant proclamé le 29 juin 2014 l'instauration d'un califat sur les territoires sous son contrôle.

7 BOBINEAU (O.), N'GAHANE (P.), *La voie de la radicalisation. Comprendre pour mieux agir*, *op. cit.*

8 La loi du 4 juin 1970 supprime la notion de « *chef de famille* » au profit de « *l'autorité parentale conjointe* ».

contexte, l'islamisme offre aux mineurs les trois dimensions du sens (le sens comme « *direction* », « *signification* » et « *incarnation* ») et les quatre vecteurs de l'intégration à un groupe (le langage, la musique, le port du vêtement et les règles alimentaires). L'islam radical permet ainsi aux mineurs de répondre à leur quête identitaire de sens. Les jeunes trouvent dès lors des directions politiques et religieuses à leur vie, une signification à leur existence et une manière de l'incarner dans leur corps.

Quels sont les outils pour identifier et prévenir la radicalisation chez les mineurs ?

L'éducation permet de lutter efficacement contre la radicalisation identitaire islamiste non violente. D'ailleurs, l'éducation nationale semble ignorer les deux sujets de conversation dont les mineurs se préoccupent aujourd'hui : un *dieu* et la violence, voire l'hyper-violence (jeux vidéos langage, images violentes, vie dans le *quartier*, *etc.*). *Dieu* et la violence sont devenus les sujets tabous de notre système éducatif. Aussi, une proposition phare consisterait à créer une école qui partirait des désirs, des besoins et des interrogations de l'enfant tout en cherchant à développer en lui l'esprit critique, la créativité, le plaisir d'apprendre et de comprendre avec les autres. C'est la vocation de l'École du Sens. Parrainée par le sociologue Edgar Morin et s'inspirant de la pédagogue italienne Maria Montessori (1870-1952), l'École du Sens se conçoit comme un écosystème pédagogique avec des structures de recherche innovantes d'expérimentation et de diffusion de cette recherche. Elle est un laboratoire intégral avec des chercheurs en sciences et des chercheurs de sens proposant des outils, des dispositifs et des formations en direction de tous les éducateurs : enseignants du public et du privé, parents et grands-parents, citoyens passionnés par ces questions. Il s'agit à chaque fois de développer chez les enfants et adolescents, mais aussi chez les adultes, les postures qui incarnent le désir et le plaisir d'apprendre, l'esprit critique et celui de créativité, l'autonomie et la coopération dans un monde devenu plus complexe et incertain[9].

9 https://www.lecole-du-sens.fr/

2e PARTIE
LA RÉPRESSION

Exécution des peines : regards sur les mineurs et les femmes condamnés pour des infractions terroristes ou radicalisés

Valérie OLECH

Docteure en droit privé et sciences criminelles, Institut François Gény (EA 7301), Université de Lorraine

Plan. Ce propos se veut synthétique et a vocation à poser un regard sur l'exécution des peines concernant les mineurs et les femmes condamnés pour des infractions terroristes ou radicalisés. La première partie portera sur la question de la gestion de la radicalisation en détention et de son influence sur le régime de la détention. Dans une seconde partie, seront envisagés plus brièvement les problèmes que la radicalisation peut poser en matière d'aménagement des peines, notamment parce que le sujet, s'il mérite d'être évoqué, soulève moins de difficultés. Il ne s'agira alors que de traiter des mineurs et des femmes incarcérés, ce qui restreint évidemment les développements au mineur de plus de 13 ans.

I. La radicalisation pendant la détention

Lien (ou absence de lien) entre la radicalisation et les infractions conduisant en détention. Il s'agit ici de s'intéresser à la radicalisation et au régime de détention des personnes condamnées pour des infractions de droit commun ou pour des infractions terroristes et qui sont écrouées et détenues. Ce qui intéresse majoritairement l'administration pénitentiaire c'est la radicalisation et non l'infraction à l'origine de la détention. Lorsque le mineur ou la femme sont écroués et détenus, il s'agit de savoir quel est l'impact de la radicalisation sur la détention, que le détenu ait été condamné pour la commission d'une infraction terroriste ou pour une infraction de droit commun. Le premier point portera sur les problèmes posés par les régimes différenciés mis en œuvre ; le second mettra l'accent sur la situation particulière des mineurs.

A. La radicalisation pendant l'incarcération : quelle influence sur le régime de détention pour les femmes ?

L'existence de *radicalisés* en détention. Selon un rapport au Sénat du 4 juillet 2018, plus de 1100 détenus de droit commun sont aujourd'hui considérés comme radicalisés[1]. Cette « *contagion radicale* » concerne aussi bien les hommes que les femmes et les mineurs. Ce rapport fait état notamment des outils mis en œuvre par l'administration pénitentiaire en matière de prévention et de détection de la radicalisation et de l'amélioration des services de renseignement. Si la question de la détection est centrale, les présents propos s'axent essentiellement sur la question du parcours en détention après une détection de radicalisation.

La question de la nature du régime de détention des personnes radicalisées se pose notamment parce que les transformations sont intervenues à coup de *plans* et *d'expérimentations*, c'est-à-dire surtout à travers une initiative politique. Ainsi le parcours de ces détenus *radicalisés* s'est différencié du parcours des autres détenus, tout en demeurant, sur le plan du droit, un régime de détention ordinaire. Il intègre les personnes détenues pour des faits de terrorisme, mais également celles repérées comme radicalisées en prison. D'où la place essentielle du renseignement et de la détection dans l'arsenal des outils mis en œuvre en la matière.

Entre isolement et regroupement des détenus *radicalisés*. Il faut d'abord rappeler que les orientations en matière de prise en charge des détenus radicalisés oscillent entre l'isolement (au sens commun du terme) et le regroupement.

S'agissant du regroupement, pour les hommes majeurs, un régime de détention *expérimental* avait été mis en place au travers des unités dédiées à partir de 2014, devenues unités pour la prévention de la radicalisation, que le contrôleur des lieux de privation de liberté a qualifiées, dans son rapport de 2016[2], de régime de détention *sui generis*. Ce traitement posait des questions quant à sa conformité au droit, notamment en ce que le placement dans les unités dédiées était insusceptible de recours alors

---

[1] Rapport de Mme Sylvie Goy-Chavent, fait au nom de la commission d'enquête n° 639 (2017-2018) - 4 juillet 2018.

[2] Le contrôleur des lieux de privation de liberté, Rapport d'activité 2016.

même qu'un traitement différencié en résultait. La loi du 3 juin 2016[3] a finalement garanti aux détenus le droit de contester en justice leur affectation en unité dédiée.

Dans son plan d'action du 25 octobre 2016, monsieur Jean-Jacques Urvoas expliquait que « *l'affectation en unité dédiée a été réservée aux hommes majeurs au regard du très faible nombre de femmes radicalisées détenues* »[4]. Bien que fortement critiquées par le contrôleur des lieux de privation de liberté, les unités dédiées ont laissé place à deux quartiers spécifiques, mis en œuvre à partir du même plan d'action et dont la logique prolonge celle des unités décriées : le quartier d'évaluation de la radicalisation (QER) et le quartier de prise en charge de la radicalisation (QPR), ainsi nommés suite au *plan national de lutte contre la radicalisation* présenté le 23 février 2018[5]. Ces quartiers concernent les détenus qui, après évaluation, sont considérés comme des « *détenus à fort pouvoir de nuisance ou risquant de passer à l'acte* ». Comme le remarque un auteur, ces détenus qui sont « *disqualifiés par l'évaluation, font l'objet d'une politique de neutralisation à travers la dispersion par l'isolement et le regroupement dans les quartiers spécifiques de prise en charge* »[6]. Les femmes n'en sont pas exclues cette fois, du fait des retours des zones de combats en Irak et Syrie, le nombre de femmes radicalisées incarcérées est en augmentation. Aussi, le rapport prévoit la création de 13 quartiers pour femmes au sein de maisons d'arrêt et de centres de détention qui accueilleront des groupes allant de 5 à 10 personnes auxquelles seront appliqués un régime de détention spécifique et une prise en charge individualisée. Cela justifie également un accroissement du parc des cellules d'isolement pour les femmes, faisant de l'isolement une mesure courante, tandis que les femmes faisaient en général peu l'objet de contraintes sécuritaires.

Le régime des quartiers de prise en charge des détenus radicalisés. Le régime des quartiers de prise en charge ne bénéficiait pas d'un statut légal déterminé, il s'agit donc *a priori* toujours d'un régime ordinaire, le discours politique utilise le mot « *étanchéité* ». En effet, l'une

---

[3] L. nº 2016-731 du 3 juin 2016 renforçant la lutte contre le crime organisé, le terrorisme et leur financement, et améliorant l'efficacité et les garanties de la procédure pénale (1), *JORF* nº 0129 du 4 juin 2016, texte nº 1.

[4] Déclaration de M. Jean-Jacques Urvoas, garde des Sceaux, ministre de la Justice, sur la sécurité dans les prisons et la lutte contre la radicalisation, à Paris le 25 octobre 2016.

[5] Comité interministériel de prévention de la délinquance et de la radicalisation, *« Prévenir Pour Protéger » - Plan national de prévention de la radicalisation*, présenté le 23 février 2018.

[6] HABOUZIT (F.), « L'usage de la notion de radicalisation dans le champ pénitentiaire », Chroniques – Chronique de l'exécution des peines, *Rev. sc. crim.* 2017/3 (nº 3).

des mesures du plan du Premier ministre du 23 février 2018 précise qu'il est nécessaire d'adapter le régime spécifique de détention des détenus terroristes et radicalisés en disposant à la fin 2018 d'au moins 450 places en gestion étanche[7]. Ainsi les détenues radicalisées pourront être mises soit à l'isolement soit placées en QPR. Si le premier placement est susceptible de recours, le second constitue une mesure d'ordre interne et donc insusceptible de recours contrairement à l'isolement. Dans un avis rendu le 1er avril 2018, le contrôleur des lieux de privation de liberté avait pointé le fait que « *la création d'un nouveau dispositif de prise en charge des personnes radicalisées, ou suspectées de l'être, réduit à néant les efforts accomplis en faveur du droit de recours* »[8] qui avait été octroyé pour les placements en unité dédiée. Pourtant le placement dans un tel quartier peut faire grief si elle restreint les droits fondamentaux et altère les conditions de détention. Il a déjà été mentionné certaines particularités des conditions de détention dans ces quartiers. En effet, l'utilisation des dispositions les plus sécuritaires du droit pénitentiaire permet d'éviter de créer un régime dérogatoire de fait mais favorise une surveillance étroite, des fouilles régulières, voire systématiques en sortie de parloirs, des changements de cellule, l'utilisation de la vidéosurveillance, la limitation de la participation à des activités avec le reste de la détention. S'agissant des fouilles, une note du 10 février 2016 à la Direction de l'administration pénitentiaire rappelait les dispositions de l'article 57 du Code de procédure pénale relatif aux fouilles et précisait que le seul placement en unité dédié ne pouvait suffire à motiver une fouille intégrale, tout en atténuant la portée de cette limite en précisant que « *ces fouilles sont réalisées au vu de la personnalité, mais également des circonstances de la vie en détention et de la spécificité de l'établissement.* » Il semble donc essentiel que les détenues puissent exercer un recours contre la décision de placement dès lors que ces placements peuvent faire grief. Les conditions de détention peuvent également rappeler les modalités de prise en charge des « *détenus particulièrement surveillés* », modalités en raison desquelles la France a fait l'objet d'une condamnation par la CEDH en 2009[9]. Concernant spécifiquement les femmes, ce placement peut s'avérer d'autant plus désastreux, s'il emporte pour conséquence des privations de droits de visite. Il peut également distendre les liens familiaux. Le contrôleur souligne, en effet, que les placements risquent de contribuer à porter atteinte au respect de la vie familiale : en fonction de l'emplacement

---

7 Quartiers d'isolement (QI), quartiers d'évaluation de la radicalisation (QER), quartiers de prise en charge de la radicalisation (QPR) et quartiers spécifiques

8 Avis sur la prévention de la radicalisation, *JORF* n° 0077 du 1er avril 2018.

9 Cour EDH, Aff. *Khider c/ France*, 9 juillet 2009, n° 39364/05.

géographique de ces quartiers, les femmes détenues radicalisées sont encore davantage éloignées de leur famille. Le maintien des liens des femmes avec leurs enfants, parfois compliqué dans des parcours de détention classique, est un facteur essentiel de la réinsertion des femmes, comme l'avait mis en avant madame Catherine Ménabé dans sa thèse de doctorat[10]. Réinsertion qui est d'autant plus compromise par les difficultés que peut poser le terrorisme ou la radicalisation quant à l'aménagement des peines. Rien n'est précisé pour le régime qui serait celui des femmes enceintes radicalisées. Les articles D. 400 et suivants du Code de procédure pénale prévoient un régime particulier pour les femmes enceintes, bien qu'il ne semble pas (encore) exister de femmes enceintes radicalisées en détention, peut-on imaginer les faire bénéficier de ce régime spécifique ou plutôt penser que la surveillance renforcée l'en empêcherait ?

B. La radicalisation et la prise en charge des mineurs détenus

Entre particularités et adaptation du régime de détention. S'agissant des mineurs, la question est tout à fait différente puisqu'ils ne sont pas soumis aux régimes précédemment évoqués. De plus, leur mise à l'isolement n'est pas envisageable comme en dispose l'article 726-1 alinéa 1er du Code de procédure pénale. Il faut d'abord préciser que lors du compte rendu de la mission d'information « *réinsertion des mineurs enfermés* »[11], il avait été mentionné par la vice-procureur, chef de la section des mineurs au parquet de Paris, que les mineurs radicalisés allaient, quel que soit leur âge, en établissement pénitentiaire pour mineur plutôt qu'en quartier mineur.

S'agissant du régime de la détention, là encore, il ne s'agit pas d'un régime d'exception. Le cadre de la détention est explicité par une note de la directrice de la protection judiciaire de la jeunesse du 1er août 2018[12]. Cette note préconise une « *adaptation du régime de détention* » au profil du mineur dans le cadre d'une intervention conjointe dans le cadre commun d'intervention de l'administration pénitentiaire et de la PJJ. Est notamment préconisée une modalité de prise en charge « *renforcée* ». Cette modalité est issue d'une circulaire du 24 mai 2013 relative au régime de détention des mineurs[13]. Elle consiste à proposer un accompagnement

---

[10] MENABE (C.), *Réflexions critiques sur la criminalité féminine*, 2013, Thèse de doctorat, droit, Université de Lorraine ; L'Harmattan, coll. Bibliothèques de droit, 2014.

[11] Sénat, *Mission d'information sur la réinsertion des mineurs enfermés*, 26 septembre 2018.

[12] Directrice de la protection judiciaire de la jeunesse, *Note relative à la prise en charge éducative des mineurs radicalisés ou en danger de radicalisation violente*, 1er août 2018.

[13] Circulaire du 24 mai 2013 relative au régime de détention des mineurs.

individualisé, renforcé et sécurisant pour les mineurs en situation de grande fragilité afin de répondre aux besoins des mineurs qui posent des difficultés dans le respect de l'autorité ou dans le cadre de la vie en détention, et cela indépendamment de la commission de fautes disciplinaires. Selon cette note, le renforcement se traduit notamment par une présence accrue du service de la PJJ auprès des mineurs concernés en termes, notamment, d'entretiens individuels et d'activités socio-éducatives. Il doit permettre d'évaluer la capacité du mineur à vivre au sein de la collectivité des mineurs détenus pour envisager leur éventuelle réaffectation.

Des difficultés pratiques et des pratiques différenciées. La modalité de « *prise en charge renforcée* » permet d'adapter, lorsque cela s'avère nécessaire, les conditions dans lesquelles les activités d'enseignement, socio-éducatives, sportives et les entretiens avec le service éducatif ou avec les psychologues sont dispensés au mineur. Néanmoins, là encore, le contrôleur des lieux de privations liberté pointait, dans un avis sur la privation de liberté des mineurs du 27 mars 2018[14], le fait que les établissements qui accueillent des mineurs en lien avec le terrorisme avaient du mal à les prendre en charge comme des détenus ordinaires. Précisant notamment que les instructions données consistent, entre autres, à ce qu'ils soient changés de cellule toutes les semaines. Pointant un établissement pour mineur en particulier, l'avis souligne que les mineurs changent d'unité régulièrement, tandis que dans la maison d'arrêt de Fleury-Mérogis, certains mineurs radicalisés sont soumis aux mesures de sécurité des détenus particulièrement surveillés et que d'autres sont privés d'activités. Sur ce point, le contrôleur des lieux de privation de liberté remarque une forte inflexion sécuritaire, axée sur la surveillance (souvent sur l'isolement), plus que sur le projet éducatif. Savoir si le mineur est radicalisé prend le pas sur l'aspect éducatif de sa prise en charge. Il paraît dès lors évident que de telles mesures font grief et doivent pouvoir faire l'objet d'un recours effectif.

II. Terrorisme, radicalisation et aménagements de peines

Des situations variées. Il s'agit ici d'évoquer à la fois les aménagements de peines pour les personnes condamnées pour des faits terroristes, mais aussi les aménagements pour les personnes radicalisées en détention.

---

14 CNCDH, *Avis sur la privation de liberté des mineurs*, 27 mars 2018.

Les aménagements de peine pour les condamnés à une infraction terroriste. Il faut dans un premier temps mentionner que les lois du 3 juin et du 21 juillet 2016[15] ont mis en place ce que le professeur Bonis-Garçon a qualifié de « *droit spécial des aménagements de peines pour les condamnés pour terrorisme* »[16]. Ce droit est applicable tant pour les mineurs que pour les majeurs sans distinction de sexe, mais ne concerne que ceux condamnés pour les infractions prévues aux articles 421-1 à 421-6 du Code pénal. Certains de ces aménagements ne sont plus envisageables au stade de la mise à exécution des peines, c'est le cas des crédits de réduction de peine automatique[17]. Ne sont plus applicables aux détenus condamnés pour ces infractions durant l'exécution des peines : la suspension et le fractionnement des peines privatives de liberté[18], le placement à l'extérieur et la semi-liberté[19].

Enfin, les conditions d'octroi de la libération conditionnelle sont largement durcies. Tel que le prévoit l'article 730-2-1 du Code de procédure pénale aux termes duquel la personne ne peut se voir octroyer une libération conditionnelle que par le tribunal de l'application des peines, quelle que soit la durée de la peine de détention restant à exécuter et à la condition qu'ait été obtenu au préalable un avis d'une commission chargée de procéder à une évaluation pluridisciplinaire de la dangerosité de la personne condamnée. Sur ce point, l'on mesure la difficulté, pour une personne condamnée pour des faits de terrorisme, d'obtenir une libération conditionnelle. Ce droit spécifique est particulièrement préjudiciable aux femmes, lesquelles bénéficient de conditions de libération conditionnelle plus souples lorsqu'elles commettent des infractions de droit commun. En effet, l'article 729-3 du Code de procédure pénale prévoit que lorsque le détenu est titulaire de l'autorité parentale d'un mineur de 10 ans qui réside habituellement chez le condamné, le temps d'épreuve prévu à l'article 729 du même code n'est plus exigé.

---

15 L. n° 2016-731 du 3 juin 2016 renforçant la lutte contre le crime organisé, le terrorisme et leur financement, et améliorant l'efficacité et les garanties de la procédure pénale. – L. n° 2016-987 du 21 juillet 2016 prorogeant l'application de la loi n° 55-385 du 3 avril 1955 relative à l'état d'urgence et portant mesures de renforcement de la lutte antiterroriste.

16 BONIS-GARÇON (E.), « À propos de l'article 8 de la loi n° 2016-987 du 21 juillet 2016 : vers la création d'un droit spécial des aménagements de peine pour les condamnés pour terrorisme », *Dr. Pén.* 2016. Étude 26.

17 C. proc. pén., art. 721.

18 C. proc. pén., art. 720-1 et s.

19 C. proc. pén., art. 723-1 et s.

Les aménagements de peines pour des condamnés à une infraction de droit commun. S'agissant des condamnés pour des infractions de droit commun qui se seraient radicalisés en détention, qu'ils s'agissent d'ailleurs des mineurs ou des majeurs, la libération conditionnelle semble également fortement compromise ; celle-ci est en effet rarement octroyée. Les conditions tenant aux efforts de réadaptation sociale, de l'exercice d'une activité professionnelle, d'assiduité à un enseignement ou à une formation professionnelle ainsi que leur participation essentielle à la vie de famille, semblent d'autant plus difficiles à mettre en œuvre au regard des conditions de détention de certaines personnes radicalisées, et notamment, un isolement de plus en plus important. L'on fait ainsi le constat de l'influence d'une politique de plus en plus dure avec les détenus *radicalisés* sur l'application des mesures d'aménagement de peine.

Le colloque singulier « Radicalisation et prison » Focus sur les femmes et les mineurs

Julie LEONHARD

Maître de conférences HDR en droit privé et sciences criminelles, Institut François Gény (EA 7301), Université de Lorraine

Radicalisation et/ou terrorisme. La radicalisation se trouve être particulièrement étudiée ces dernières années sous l'angle du terrorisme. La majorité des travaux démontre pourtant que l'une et l'autre peuvent exister de concert ou être indépendantes l'une de l'autre[1]. Aussi, la présente étude envisage de s'intéresser aux détenus – femmes et/ou mineurs principalement – dits *radicalisés* en prison, que l'infraction les y ayant conduits soit une infraction terroriste[2] ou non.

La réalité des femmes et des mineurs radicalisés en détention. S'il est un consensus en matière de radicalisation, c'est que la notion de radicalisation, bien qu'omniprésente dans les discours juridiques et extrajuridiques, souffre d'une absence de définition unanime et officielle. Le sociologue Farhad Khosrokhavar la définit comme étant le « *processus par lequel un individu ou un groupe adopte une forme violente d'action, directement liée à une idéologie extrémiste à contenu politique, social ou religieux qui conteste l'ordre établi sur le plan politique, social ou culturel* »[3]. Présentée par le ministère de la Justice comme « *un processus d'identification personnelle ou collective à des idées politiques ou politico-religieuses extrêmes qui impliquent la volonté de transformer la*

---

1 LAUFERON (F.), « Un outil au service du désengagement : présentation du dispositif RIVE », *AJ pénal* 2018, p. 135. – LENA (M.), « Synthèse du plan national de prévention de la radicalisation », *AJ pénal* 2018, p. 137.

2 *Cf.* LAVRIC (S.), « Le cadre infractionnel du terrorisme », *cet ouvrage*.

3 KHOSROKHAVAR (F.), *Radicalisation*, Paris : Maison des sciences de l'homme, coll. Interventions, 2014.

société par la violence »[4], le sens de la radicalisation aujourd'hui paraît essentiellement attaché à l'islam et à une pratique extrémiste[5]. Une prise en considération particulière de la radicalisation a peu à peu vu le jour en détention, les liens entre prison et radicalisation étant de plus en plus mis en exergue. Le monde carcéral a alors multiplié les plans d'action et le législateur s'est lui aussi engouffré dans la brèche en proposant de nombreux lois et dispositifs d'actions[6].

Les détenus radicalisés suivent ainsi aujourd'hui un parcours spécifique en prison oscillant entre « *les modalités de détention fondées sur le regroupement, la volonté de prise en charge de la radicalisation, l'opacité des régimes de détention et la place accordée au renseignement pénitentiaire* »[7]. Cette spécificité carcérale s'accroît encore davantage lorsqu'il est question des femmes et des mineurs radicalisés, constituant déjà une minorité en détention[8]. Les chiffres de la Justice témoignent bien de l'existence certaine de femmes et de mineurs radicalisés en détention, bien qu'ils soient « *une minorité dans une minorité* »[9]. Pour ces femmes et ces mineurs radicalisés, non seulement le régime juridique doit s'adapter pour leur proposer une prise en charge spécifique offerte à tout détenu *radicalisés* (1), mais les modalités de vie en prison sont lourdement impactées, plus encore sans doute que pour n'importe quel autre détenu radicalisé (2).

---

[4] URVOAS (J.-J.), *Sécurité pénitentiaire et action contre la radicalisation violente.* Plan d'action de Jean Jacques Urvoas, garde des Sceaux, ministre de la Justice, Paris : ministère de la Justice, 2016, p. 3.

[5] Ce qui n'est pas le reflet de l'Histoire, tant les radicalisations peuvent être variées.

[6] Plans de lutte antiterroriste (PLAT 1 et 2) de janvier et novembre 2015. – L. n° 2016-731 du 3 juin 2016 renforçant la lutte contre le crime organisé, le terrorisme et leur financement, et améliorant l'efficacité et les garanties de la procédure pénale, *JORF* du 4 juin 2016, texte n° 1. – L. n° 2016-987 du 21 juillet 2016 prorogeant l'application de la loi n° 55-385 du 3 avril 1955 relative à l'état d'urgence et portant mesures de renforcement de la lutte antiterroriste. – Plan d'action contre la radicalisation et le terrorisme (PART) du 9 mai 2016. – Plan de sécurisation des prisons du 25 octobre 2016. – Plan national de prévention de la radicalisation (PNPR) du 23 février 2018. – L. n° 2019-222 du 23 mars 2019 de programmation 2018-2022 et de réforme pour la justice, *JORF* du 4 mars 2019, texte n° 2. – Décret n° 2019-1579 du 31 décembre 2019 modifiant le code de procédure pénale (partie réglementaire - décrets en Conseil d'État) et relatif aux quartiers de prise en charge de la radicalisation, *JORF* du 1er janvier 2020, texte n° 11.

[7] HABOUZIT (F.), « L'usage de la notion de radicalisation dans le champ pénitentiaire », *Rev. sc. crim.* 2017, p. 587.

[8] MENABE (C.), *Réflexions critiques sur la criminalité féminine*, 2013, thèse de doctorat, droit, Université de Lorraine ; L'Harmattan, coll. Bibliothèques de droit, 2014.

[9] *Cf.* Les chiffres clés de la Justice 2019. – Rapport de Mme Sylvie Goy-Chavent, fait au nom de la commission d'enquête n° 639 (2017-2018) – 4 juillet 2018, *Menace terroriste : pour une République juste, mais plus ferme.*

I. La singularité du régime juridique de la détention

Du choix du régime de détention à la question des aménagements de peine. Dans un souci évident de sécurité, l'administration pénitentiaire cherche depuis plusieurs années à détecter au plus tôt les détenus radicalisés. Indépendamment du problème crucial du repérage des détenus radicalisés et de leur évaluation[10], se pose très rapidement la question de leur prise en charge juridique. Aussi, tout comme le régime de détention de droit commun est tourmenté face à cette population atypique (A), l'octroi ou non d'aménagements de peine peut être troublé (B).

A. Des placements illimités ?

Des placements multiples *a priori* inadaptés aux femmes et aux mineurs. Oscillant entre affectation dans une unité dédiée créée en 2015[11], maintien dans un établissement pénitentiaire *classique*, ou encore placement à l'isolement[12], l'administration pénitentiaire depuis quelque temps tente d'apporter une réponse adaptée à chaque détenu dit *radicalisé*. Les unités dédiées, regroupant les détenus radicalisés, offrent un régime de détention *ad hoc* qualifié de régime juridique *sui generis* par le contrôleur général des lieux de privation de liberté[13]. Elles ne peuvent pas réellement proposer un régime de détention de droit commun (bien que ce soit prétendu), tant la sécurité et le renseignement semblent être légitimement au cœur des préoccupations[14]. Ce régime juridique *différencié* interroge à bien des titres le juriste, mais il ne peut vraisemblablement pas concerner les femmes, minoritaires en détention, et encore moins, les mineurs relevant déjà d'une prise en charge spécifique. Les femmes et mineurs radicalisés ne peuvent donc très souvent qu'être *laissés* dans leur établissement pénitentiaire d'affectation.

---

10 Contrôleur général des lieux de privation de liberté, rapport du 7 juin 2016, *Radicalisation islamiste en milieu carcéral, 2016 l'ouverture des unités dédiées.*

11 HABOUZIT (F.), « L'usage de la notion de radicalisation dans le champ pénitentiaire », *op. cit.*, p. 587 : « *Les unités dédiées sont des lieux de détention destinés à accueillir les personnes radicalisées durant une période maximale de six mois et réglementés par une note de service du 10 février 2016 relative à la prise en charge des personnes détenues en unités dédiées* ».

12 C. proc. pén., art. 726-1 et R. 57-7-62 et s.

13 Contrôleur général des lieux de privation de liberté, rapport du 7 juin 2016, préc., p. 49.

14 HABOUZIT (F.), « L'usage de la notion de radicalisation dans le champ pénitentiaire », *op. cit.*, p. 587 : « *Les surveillants doivent "relever et analyser les signes de conversations non verbales" ; "un système de vidéosurveillance avec report vers un poste protégé peut être mis en place"; les personnes détenues de l'unité ne peuvent être autorisées à participer à des activités avec le reste de la détention que selon des modalités déterminées par le chef d'établissement,* etc. ».

La création récente de quartiers de prise en charge de la radicalisation[15]. Le décret du 31 décembre 2019[16], pris en application de la loi de programmation et de réforme de la Justice[17] (article 88) a créé des quartiers de prise en charge de la radicalisation et prévoit une procédure de placement et un régime de détention particulier. Ces quartiers sont spécialisés dans l'évaluation et la proposition ensuite d'une prise en charge adaptée : « *lorsqu'une personne détenue majeure est dangereuse en raison de sa radicalisation et qu'elle est susceptible, du fait de son comportement et de ses actes de prosélytisme ou des risques qu'elle présente de passage à l'acte violent, de porter atteinte au maintien du bon ordre de l'établissement ou à la sécurité publique, elle peut être placée au sein d'un quartier de prise en charge de la radicalisation, dès lors qu'elle est apte à bénéficier d'un programme et d'un suivi adaptés* ». Le placement est prévu pour une durée de 6 mois, renouvelable uniquement sur décision du ministre de la Justice pour une nouvelle durée de 6 mois. Cette première hypothèse de placement vise tout détenu, indépendamment de la nature de l'infraction qui l'a conduit en détention. Le décret de 2019 prévoit une deuxième hypothèse de placement, cette fois-ci axée sur la nature de l'infraction commise : pour les auteurs d'infractions terroristes et/ou inscrits au répertoire des détenus particulièrement surveillés qui seraient condamnés à une ou plusieurs peines dont la durée est de 10 ans minimum et dont la durée d'incarcération restant à subir est de 5 ans au moins (compétence exclusive du ministre de la Justice). Enfin, le décret propose une troisième hypothèse de placement : tous les autres cas (compétence du directeur interrégional après évaluation de la dangerosité de l'intéressé par une équipe pluridisciplinaire). Précisons que ces placements sont autorisés pour les prévenus. Ces quartiers sont assez nouveaux et il est encore attendu un retour sur leur expérience et les propositions concrètes de prise en charge des détenus radicalisés. Une interrogation demeure : ces quartiers sont-ils prêts à accueillir des femmes radicalisées (puisque les mineurs en sont d'ores et déjà exclus) ? Le régime de détention de droit commun est-il celui appliqué ou un régime spécifique verra-t-il le jour ?

---

15 LENA (M.), « Quartiers spécifiques en prison : de la spécialisation à la superposition ? », *AJ pénal* 2020, p. 1. – ROUMIER (W.), « Prisons : régime de détention et procédure de placement dans les unités pour détenus violents et dans les quartiers de prise en charge de la radicalisation », *Dr. pén.* n° 2, février 2020, alerte 19.

16 Décret n° 2019-1579 du 31 décembre 2019 modifiant le code de procédure pénale (partie réglementaire - décrets en Conseil d'État) et relatif aux quartiers de prise en charge de la radicalisation, *JORF* 1er janvier 2020, texte n° 11.

17 L. n° 2019-222 du 23 mars 2019 de programmation 2018-2022 et de réforme pour la justice (1), *JORF* 24 mars 2019, texte n° 2.

B. Des aménagements de peine limités

Des aménagements limités de droit. Les lois du 3 juin et du 21 juillet 2016 limitent l'octroi des aménagements de peine pour les détenus majeurs, indépendamment de leur genre, condamnés pour une infraction terroriste[18] : ils ne sont plus éligibles au crédit automatique de réduction de peine[19], à la suspension et au fractionnement des peines privatives de liberté[20], au placement à l'extérieur et à la semi-liberté[21]. Toutefois, il convient de préciser que ces restrictions ne concernent que les détenus dits terroristes[22]. Aussi, bon nombre de détenus radicalisés ne sont pas visés par ces impossibilités légales, y compris chez les femmes et les mineurs.

Des aménagements limités de fait. La majorité des aménagements de peine de droit commun exige une implication certaine des détenus traduite par un « *effort sérieux de réadaptation sociale* ». Ces attentes sont de fait très difficiles à satisfaire pour un détenu radicalisé, peu importe son sexe ou son âge. Les autres hypothèses d'octroi de ces aménagements de peine (semi-liberté[23], placement sous surveillance électronique[24], libération conditionnelle[25], libération sous contrainte[26], détention à domicile sous surveillance électronique[27]) s'axent sur une activité professionnelle, un stage, un enseignement ou une formation professionnelle, difficiles à obtenir pour une détenue femme. Pour tous, l'existence de la radicalisation en cours constitue un frein certain dans l'étude de leur dossier et dans la décision d'octroi. Si ce n'est les demandes formulées pour une « *participation indispensable à la vie de famille* » ou pour motif médical impérieux, il est difficile d'imaginer des femmes et mineurs radicalisés bénéficiant de telles mesures *de faveur*. En pratique, ils en semblent

---

18 C. pén., art. 421-1 et s.

19 C. pén., art. 721.

20 C. proc. pén., art. 720-1 et s.

21 C. proc. pén., art. 723-1 et s.

22 Pour les conditions d'octroi de la libération conditionnelle, *cf.* OLECH (V.), « Exécution des peines : Regards sur les mineurs et les femmes condamnés pour des infractions terroristes ou radicalisés », *cet ouvrage*.

23 C. pén., art. 132-25 et 132-26.

24 C. pén., art. 132-26-1.

25 C. proc. pén., art. 729 et s.

26 C. proc. pén., art. 720.

27 C. proc. pén., art. 723-7.

« *dépourvus* »[28]. Leur présence en détention s'inscrit alors dans la durée. Cet état pourrait être quelque peu positif (encore que) si ce temps était consacré à la réinsertion.

II. La singularité des modalités d'exécution de la détention

De la sécurité renforcée à la vie en détention impactée. Les détenus radicalisés, hommes ou femmes, majeurs ou mineurs, préoccupent tant le législateur et l'administration pénitentiaire, car leur dangerosité potentielle, pour eux et pour les autres, inquiète. Bien que la peur soit légitime, elle conduit à une nette augmentation de la surveillance – et donc de l'ingérence dans la vie intime du détenu (A) – au détriment des conditions de vie en détention et des droits des détenus (B).

A. Entre surveillance renforcée et réinsertion limitée

La garde *rapprochée* des détenus radicalisés. L'une des missions principales du personnel de l'administration pénitentiaire consiste à assurer la garde des détenus[29]. Ils doivent également assurer l'exécution des décisions judiciaires prononçant une peine privative de liberté et donc participer à l'insertion et à la réinsertion des personnes placées sous main de justice. S'agissant des détenus radicalisés, quel que soit leur affectation (unités dédiées ou non) ou le régime de détention (droit commun ou isolement), l'accent semble mis en pratique sur la surveillance au détriment de la mission de réinsertion quasi absente. Des techniques de renforcement voient le jour : recours à la vidéosurveillance, changements réguliers de cellule, voire d'établissements, écoutes téléphoniques et surveillance accrue du courrier[30]. Tout est *organisé* et pensé pour percevoir chaque évolution – positive ou négative – du détenu radicalisé. Cette surveillance étroite s'observe aussi et surtout chez les détenus femmes ou mineurs.

Focus sur la fouille intégrale. Parmi les outils de sécurité mis à disposition des surveillants pénitentiaires, la fouille[31] demeure sans doute l'instrument le plus sujet à discussion, plus encore lorsqu'il est question de

---

[28] Contrôleur général des lieux de privation de liberté, rapport du 7 juin 2016, préc.

[29] Décret n° 2010-1711 du 30 décembre 2010 portant code de déontologie du service public pénitentiaire (art. 2), *JORF* 31 décembre 2010, texte n° 44.

[30] SAAS (C.), « Radicalisation : répression et "sécurisation" », *AJ pénal* 2018, p. 116.

[31] C. proc. pén., art. R. 57-7-79 et s.

détenus radicalisés[32]. Dans une note du 10 février 2016, la direction de l'administration pénitentiaire rappelle à ses agents les règles juridiques applicables aux fouilles, et principalement aux fouilles intégrales. Le texte poursuit en permettant aux chefs d'établissements pénitentiaires de mettre en place un régime quasi systématique de fouille à l'encontre des détenus radicalisés suite à un mouvement en détention (parloirs, activités, *etc.*) du seul fait de leur radicalisation et des conséquences potentielles sur leurs comportements. Est-il pourtant sensé de considérer que toute personne radicalisée présenterait une personnalité ou un comportement justifiant des fouilles intégrales aussi souvent ? La condition de nécessité imposée pour procéder à une fouille est-elle toujours bien présente ? Qui plus est, si le recours à un tel procédé heurte considérablement n'importe quel détenu – ce qui avait justifié les modifications législatives opérées par la loi pénitentiaire du 24 novembre 2009[33] – l'impact sur un détenu mineur semble nécessairement plus sévère encore et il conviendrait de cesser tout recours trop fréquent.

B. Entre exercice limité des droits et solitude renforcée

Des *activités* réduites. L'administration pénitentiaire doit offrir une variété considérable d'activités à ses détenus. Entre travail[34], activités physiques et sportives[35], activités culturelles[36], formation professionnelle et enseignement, l'enfermement dans une cellule 23 heures sur 24 ne correspond plus du tout aux pratiques contemporaines (et heureusement). Ces activités permettent non seulement d'éviter l'oisiveté, mais aussi, et surtout participent activement à la réinsertion des détenus. Pour certaines catégories de détenus, parmi lesquelles se trouve celle des femmes, le nombre d'activités est réduit du fait de leur présence minoritaire en prison. Le fait d'être simplement soupçonné de radicalisation limite, voire empêche, la pratique de ces activités pour tous, y compris pour les femmes et les mineurs. La surveillance renforcée semblant occuper une très large partie du temps des surveillants, ajoutée à la limitation, voire à la disparition totale, des activités en détention, démystifie la quasi-absence de réinsertion offerte aux détenus radicalisés. Un isolement de fait,

---

32 V. par exemple, HABOUZIT (F.), « L'usage de la notion de radicalisation dans le champ pénitentiaire », *op. cit.*, p. 587.

33 L. n° 2009-1436 du 24 novembre 2009 pénitentiaire (1), *JORF* du 25 novembre 2009, texte n° 1.

34 C. proc. pén., art. 717-3 et s. et D. 432-1 et s.

35 C. proc. pén., art. D. 459-2 et s.

36 C. proc. pén., art. D. 440 et s.

largement contestable, naît alors et semble contradictoire avec les besoins spécifiques de prise en charge des détenus radicalisés.

Un exercice des droits limités. Si la majeure partie des droits des détenus ne paraît pas poser de difficultés majeures (encore que le comportement des détenus est nécessairement impacté par cette surveillance omniprésente et des habitudes de vie, comme la prière ou les repas, peuvent être modifiées pour ne plus *créer* de soupçons), la question du maintien des liens familiaux mérite quelques approfondissements tant elle semble cruciale pour les mineurs et pour une majorité de femmes.

L'affectation dans tel ou tel établissement pénitentiaire – dans une unité de prise en charge des détenus radicalisés ou non – joue inévitablement sur le maintien des liens familiaux du détenu. Une éventuelle séparation du détenu avec ses proches ne doit pas dispenser l'administration pénitentiaire de prendre des dispositions propres à entretenir les contacts profitables à leur réintégration dans la société. Elle y est tenue sur le plan supranational, la Cour européenne des droits de l'homme l'ayant rappelé dans l'arrêt *Messina c/ Italie* du 28 septembre 2000[37] sur le fondement de l'article 8 de la convention européenne des droits de l'homme. Le pacte international relatif aux droits civils et politiques de l'Organisation des Nations unies retient, à l'article 23 paragraphe 1er, que « *la famille est l'élément naturel et fondamental de la société et a droit à la protection de la société et de l'État* ». En droit interne, l'article 1er de la loi du 22 juin 1987 dispose que le « *service public pénitentiaire* [...] *favorise la réinsertion sociale des personnes qui lui sont confiées* ». Plusieurs mécanismes existent : le rapprochement familial[38], les visites[39], les correspondances[40], le téléphone[41], les *parloirs familiaux*, ou encore les unités de vie familiale. Le contrôleur général des lieux de privation de liberté a toutefois constaté qu'en pratique peu de ces procédés sont réellement offerts aux détenus radicalisés, en général[42]. Qu'il s'agisse de les *punir* parce qu'ils ne présentent pas d'efforts sérieux ou que la sécurité soit brandie comme un étendard justifiant le refus, ce constat inquiète en ce qu'il paraît avoir des incidences

---

37 Cour EDH, *Messina c/ Italie* du 28 septembre 2000, Req. n° 25498/94, Rec. 2000-X, *JCP* 2001. I. 291, obs. SUDRE (F.), spéc. n° 34.

38 C. proc. pén., art. R. 57-8-7.

39 C. proc. pén., art. R. 57-8-8 et s.

40 C. proc. pén., art. R. 57-8-16 et s.

41 C. proc. pén., art. R. 57-8-21 et s.

42 Contrôleur général des lieux de privation de liberté, rapport de janvier 2020, *Prise en charge pénitentiaire des personnes « radicalisées » et respect des droits fondamentaux*.

négatives en particulier sur les détenus femmes et mineurs. Qui plus est, des liens familiaux distendus pourraient au contraire parfois amplifier le processus de radicalisation chez les intéressés et être contre-productifs.

Conclusion. La radicalisation en prison paraît aujourd'hui un terme aussi répandu dans le vocabulaire carcéral que peuvent l'être ceux de *maton*s, *mitard*, *dirlo*, *etc.* Ni l'administration pénitentiaire ni le législateur n'ignorent la population spécifique des détenus radicalisés et une remise en cause régulière des régimes juridiques proposés et des pratiques mises en place s'opère[43]. Aujourd'hui, la question non traitée dans ces lignes du repérage – sur quels critères et avec quels outils ? – paraît aussi sensible que celle de leur place en détention. Demain, il ne faudra pas ignorer la question de leur sortie de prison et des éventuels suivis, car si la prise en charge des détenus en prison pose de vraies et grandes difficultés, qu'en sera-t-il une fois que ces détenus recouvreront la liberté ?

---

43 MAUPIN (E.), « Les services publics face à la radicalisation », *AJDA* 2019, p. 1313.

Réflexions sur la responsabilité pénale des mineurs ayant commis des infractions de nature terroriste

Mathilde HIRSINGER

Doctorante en droit privé et sciences criminelles, Équipe de recherche Louis Josserand, Université de Lyon III Jean Moulin

En énonçant, dès les premières lignes, que « *la France n'est pas assez riche d'enfants pour qu'elle ait le droit de négliger tout ce qui peut en faire des êtres saints* »[1], l'exposé des motifs désormais célèbre de l'ordonnance du 2 février 1945 affirmait avec force l'objectif de relèvement éducatif des mineurs délinquants. La délinquance juvénile, qu'elle soit, selon la distinction proposée par le rapport de la commission Varinard, de « *transgression* » ou « *d'exclusion* »[2], constitue aujourd'hui une réalité difficilement réfutable. Le terrorisme n'échappe pas à la criminalité des mineurs, laquelle aurait notamment progressé depuis le conflit irako-syrien[3]. Si les chiffres diffèrent selon les organismes, le Gouvernement français dénombre sept cents citoyens français présents sur zone irako-syrienne, théâtre d'opérations terroristes, parmi lesquels cinq cents mineurs[4] dont la

---

[1] Ord. n° 45-174 du 2 février 1945 relative à l'enfance délinquante (*JORF* 4 février 1945), exposé des motifs.

[2] Commission de propositions de réforme de l'ordonnance du 2 février 1945 relative aux mineurs délinquants, présidée par M. André Varinard, *Entre modifications raisonnables et innovations fondamentales : 70 propositions pour adapter la Justice pénale des mineurs*, Rapport remis à madame la garde des Sceaux en décembre 2008.

[3] BARANGER (T.), BONELLI (L.), PICHAUD (F.), « La justice des mineurs et les affaires de terrorisme », *Les cahiers de la justice*, Dalloz, 2017/2, pp. 253-264.

[4] Instruction du Premier ministre n° 5995/SG relative à la prise en charge des mineurs à leur retour de zone d'opérations de groupements terroristes (notamment la zone irako-syrienne), 23 février 2018.

majorité est âgée de moins de cinq ans[5]. Le rapatriement des enfants présents sur ces zones d'opérations se fait au compte-gouttes, mais leur traitement judiciaire à leur arrivée en France reste systématique, que ce soit au plan civil afin de les protéger ou au plan pénal afin d'établir leur éventuelle responsabilité[6]. Au-delà de ces seuls individus revenus de zone, le nombre de mineurs français impliqués dans des infractions terroristes n'est pas négligeable. Et pour cause, le recrutement de mineurs par des organisations terroristes présente de nombreux avantages : en plus de leur visibilité médiatique et de leur faible coût, ils sont également facilement influençables et moins soupçonnés que les adultes[7]… En 2016, cent soixante-dix-huit mineurs étaient poursuivis pour terrorisme contre soixante-sept en 2015[8]. Derrière ces chiffres de prime abord éloquents, l'évaluation de la responsabilité pénale des mineurs auteurs d'infractions terroristes se heurte à de nombreux obstacles, à commencer par une impasse sémantique de taille : la définition du terrorisme. En effet, si quelques normes internationales proposent des définitions de la notion[9], il n'existe actuellement aucune définition juridique universelle du terme. Au niveau national, le législateur ne se risque pas à en donner une définition, mais en précise les contours. Auparavant infractions politiques, les actes terroristes ont cessé de bénéficier du régime de ces incriminations spécifiques avec l'arrêt *Gorguloff*, qui précise qu'une infraction dont la gravité est trop importante ne peut, dès lors, revêtir une nature politique[10]. Le droit pénal énonce depuis 1986[11] qu'un acte est terroriste dès lors qu'il est rattaché à « *une entreprise individuelle ou collective ayant pour but de troubler gravement l'ordre public par l'intimidation ou la terreur* »[12]. Cette formule, référant aux motifs de l'action, constitue la pierre angulaire de l'arsenal législatif en matière de lutte contre le terrorisme.

---

5 CNCDH, *Avis sur les mineurs français retenus dans les camps syriens*, adopté lors de l'Assemblée plénière du 24 septembre 2019.

6 Instruction du Premier ministre n° 5995/SG, préc.

7 ONUDC, *Manuel sur les enfants recrutés et exploités par des groupes terroristes et extrémistes violents : le rôle du système judiciaire*, 2018, pp. 12-13.

8 OIJJ, *Les enfants, le système judiciaire, l'extrémisme violent et le terrorisme : un aperçu des lois, politiques et pratiques de six pays européens*, 2018, p. 21.

9 V. not. la décision-cadre du Conseil n° 2002/475/JAI du 13 juin 2002 relative à la lutte contre le terrorisme (*JO* L164/3 du 22 juin) et la convention du Conseil de l'Europe du 16 mai 2005 pour la prévention du terrorisme (STCE n° 196).

10 Cass. crim., 20 août 1932, *Bull.* n° 207.

11 L. n° 86-1020 du 9 septembre 1986 relative à la lutte contre le terrorisme et aux atteintes à la sûreté de l'État (*JORF* n° 0210 du 10 septembre).

12 C. pén., art. 421-1.

La notion de responsabilité pénale, quant à elle, a été largement définie par la doctrine. De façon générale, elle fait référence à « *l'aptitude à répondre de ses actes* »[13], à l'obligation de « *rendre compte de ses actes délictueux en subissant une sanction pénale* »[14]. Autrement dit, la responsabilité pénale n'est « *pas un élément de l'infraction ; elle en est l'effet et la conséquence juridique* »[15]. Trois éléments cumulatifs la composent. En premier lieu, il ne peut y avoir de responsabilité sans violation de la loi pénale, autrement dit, sans commission d'une infraction. La responsabilité pénale impose l'existence d'une infraction composée parfois de conditions préalables, et toujours d'un élément matériel et d'un élément moral. En deuxième lieu, cette infraction doit pouvoir être rattachée au fait personnel d'un individu, qu'il s'agisse d'un auteur ou d'un complice. Elle doit donc être accompagnée d'une imputation, cette dernière reposant sur le principe de responsabilité pénale du fait personnel[16]. En dernier lieu, l'individu ayant commis l'infraction doit être en capacité de se voir imputer cette dernière, en disposant de discernement et de libre arbitre suffisants permettant de s'assurer qu'il a commis ses actes avec conscience et volonté. C'est précisément cette dernière condition – l'imputabilité – qui est régulièrement source de confusion. Elle est à distinguer de la culpabilité, car, bien que ces deux éléments soient des composantes à part entière de la responsabilité pénale, elles ne sauraient être confondues. L'imputabilité précède la culpabilité, elle constitue un « *socle commun* »[17] et fait référence à l'individu en lui-même et à ses capacités intrinsèques de discernement et de libre arbitre. La culpabilité s'apprécie, quant à elle, au moment de l'infraction, elle en constitue l'élément moral tel qu'appréhendé par l'article 121-3 du Code pénal[18]. Tandis que l'imputabilité préexiste à toute infraction, la culpabilité en est une composante[19].

C'est précisément sur l'imputabilité que viennent se greffer les spécificités applicables à la responsabilité pénale des mineurs. L'idée d'une

---

13 MARGAINE (C.), « L'atténuation de la responsabilité pénale des mineurs », *Dr. pén.* 2012, n° 9, étude 19.

14 PEREIRA (B.), *Rép. pén. Dalloz*, v° « Responsabilité pénale », n° 1.

15 BOULOC (B.), *Droit pénal général*, Dalloz, coll. Précis, 26e éd., 2019, p. 353.

16 C. pén., art. 121-1.

17 DE LAMY (B.), SEGONDS (M.), *JCl. Pénal des Affaires*, fasc. 5, v° « Notions fondamentales. - Responsabilité pénale », n° 51.

18 MAYAUD (Y.), « De l'article 121-3 du Code pénal à la théorie de la culpabilité en matière criminelle et délictuelle », *D.* 1997, p. 37.

19 GUERIN (M.-C.), *JCl. Pénal Code*, fasc. 10, v° « Mineur délinquant. - Généralités. Responsabilité pénale », n° 120.

adaptation de la justice pénale au cas des mineurs auteurs d'infractions est acquise et imposée par le droit international, notamment par la Convention internationale des droits de l'enfant[20] qui bénéficie d'un effet direct en droit interne pour nombre de ses dispositions. Au niveau interne, l'ordonnance de référence en la matière[21] relève d'une philosophie humaniste qui se situe directement « *dans le sillage du mouvement de la défense sociale nouvelle* »[22], faisant primer l'éducatif et le relèvement moral sur le répressif. Sur fondement de cette ordonnance s'est progressivement construit un droit pénal des mineurs autonome reposant largement sur une « *atténuation de responsabilité pénale* ». Depuis 2002, la primauté de l'éducatif sur le répressif et le principe d'atténuation de responsabilité ont acquis valeur constitutionnelle[23]. S'il est loisible de constater un durcissement de la justice pénale des mineurs au fil des dernières réformes de l'ordonnance de 1945, le principe reste bien celui d'une « *responsabilité atténuée* ». L'expression est critiquable, car moins que la responsabilité pénale elle-même – indivisible et donc insusceptible de degrés[24] –, c'est davantage l'aptitude à la peine qui est atténuée en fonction de l'âge. Quoi qu'il en soit, le droit pénal des mineurs repose sur l'indulgence et la bienveillance à l'égard de ceux qui, encore en développement, représentent moins une menace qu'un espoir pour l'avenir de la société.

Malgré tout, l'esprit éducatif de la justice pénale des mineurs se trouve mis à mal par les impératifs sécuritaires qui trouvent en la menace terroriste le terreau fertile à leur hypertrophie. Entre nécessité de répression et prise en compte de la minorité, la question de la responsabilité pénale des mineurs auteurs d'infractions terroristes est des plus complexes. En effet, face à l'hydre terroriste, comment le législateur articule-t-il ces deux impératifs aux finalités antinomiques à savoir, d'une part, la protection de la société et d'autre part, la prise en compte de la minorité dans l'établissement de la responsabilité pénale ?

Si le législateur a mis en place un arsenal législatif d'une efficacité redoutable en matière de terrorisme, permettant d'intervenir avant tout

---

20 Convention du 20 novembre 1989 *relative aux droits de l'enfant* adoptée par l'Assemblée générale des Nations unies et signée par la France le 26 janvier 1990.

21 Ord. n° 45-174 du 2 février 1945, préc.

22 BONFILS (P.), BOURGEOIS-ITIER (L.), *Rép. pén. Dalloz*, v° « Enfance délinquante », n° 8.

23 Cons. constit. n° 2002-461 DC du 29 août 2002, *Loi d'orientation et de programmation pour la justice.*

24 MARGAINE (C.), « L'atténuation de la responsabilité pénale des mineurs », *op. cit.*

passage à l'acte (I), il le fait sans égard aux spécificités que présente la minorité (II).

I. Le terrorisme désamorcé

Le législateur, remontant de plus en plus loin sur *l'iter criminis*, incrimine des comportements toujours plus en amont de l'acte terroriste, permettant la sécurisation de la société (A) au détriment de la matérialité de l'infraction (B).

A. Le triomphe de la sécurité

Afin d'appréhender le plus largement possible le risque terroriste, le législateur a significativement élargi le champ de la répression (1) tout en allégeant les conditions d'imputation des infractions (2).

1. Une législation surchargée

Si la loi pénale a traditionnellement une valeur répressive, elle acquiert aujourd'hui une valeur déclarative, en intervenant régulièrement suite à une pression sociale, dans un objectif de communication[25]. La législation antiterroriste peut aisément être qualifiée de « *législation de réaction* »[26], chaque nouvelle incrimination étant adoptée en réponse à certains actes commis. Parallèlement, et notamment du fait de la pression internationale[27], l'objectif sécuritaire impose une répression accrue de certains comportements. De ce fait, les infractions se multiplient depuis 1996 : en 2001 est incriminé le financement du terrorisme[28], en 2003 la non-justification de ressources[29], en 2012 le recrutement terroriste[30], en 2014 la provocation, l'apologie et l'entreprise individuelle terroriste[31], et dernièrement l'incitation parentale au terrorisme[32]. Cette « *extension des*

---

[25] ANDRE (C.), *Droit pénal spécial*, Dalloz, coll. Cours, 5e éd., 2019, p. 19.

[26] DE COMBLES DE NAYVES (P.), « Sauf en matière terroriste », *AJ pénal* 2014, p. 528.

[27] ALIX (J.), « La répression de l'incitation au terrorisme », *Gaz. Pal.* n° 55, 24 février 2015, p. 11.

[28] L. n° 2001-1062 du 15 novembre 2001 relative à la sécurité quotidienne (*JORF* n° 266, 16 novembre 2001).

[29] L. n° 2003-239 du 18 mars 2003 pour la sécurité intérieure (*JORF* n° 66, 19 mars 2003).

[30] L. n° 2012-1432 du 21 décembre 2012 relative à la sécurité et à la lutte contre le terrorisme (*JORF* n° 0298, 22 décembre 2012).

[31] L. n° 2014-1353 du 13 novembre 2014 renforçant les dispositions relatives à la lutte contre le terrorisme (*JORF* n° 0263, 14 novembre 2014).

[32] L. n° 2017-1510 du 30 octobre 2017 renforçant la sécurité intérieure et la lutte contre le terrorisme (*JORF* n° 0255, 31 octobre 2017).

qualifications »[33], que d'aucuns ont pu qualifier de « *"surchauffe" du droit pénal spécial* »[34], ne simplifie ni la lisibilité de la loi pénale ni la protection des libertés individuelles. Ces dernières sont « *parfois sacrifiée*[s] *sur l'autel de la sécurité* »[35], lorsque l'impératif de protection de la société supplante la sauvegarde des libertés. Le terrorisme incarnant l'hydre de Lerne des temps modernes, le danger qu'il représente semble primer sur toute autre considération. Progressivement, le critère de la dangerosité prend le pas sur celui de la culpabilité. Prévenir, pour ne pas avoir à subir ; et, à l'aune des revendications politiques, faire fi des considérations individuelles. Les mineurs soupçonnés de terrorisme n'échappent pas à cette tendance et « *la charge politique et émotionnelle des dossiers terroristes* »[36] supplante largement le principe de primauté de l'éducatif en matière de minorité. Au-delà, c'est le spectre d'application de la loi pénale lui-même qui est largement déployé. L'article 113-13 du Code pénal permet ainsi de contourner les conditions d'application de la loi pénale dans l'espace – notamment la condition de réciprocité d'incrimination – en permettant d'appliquer la loi pénale française aux crimes et délits commis à l'étranger par un Français ou une personne résidant habituellement en France sans avoir à remplir les conditions du principe de personnalité active[37].

Mais c'est essentiellement l'extension des incriminations qui reste l'élément le plus marquant de cette volonté répressive. L'objectif premier des infractions terroristes n'est pas de punir le passage à l'acte, mais de le prévenir en réprimant des comportements situés bien en amont de toute attaque. En matière terroriste, la frontière entre préventif et répressif devient volontairement poreuse[38], dans un souci d'efficacité et de prévention. Les incriminations se dédoublent ainsi, pour reprendre les termes du professeur Mayaud[39], entre le terrorisme « *dérivé* », qui emprunte des infractions déjà existantes auxquelles sont accolées des circonstances

---

33 MAYAUD (Y.), « La politique d'incrimination du terrorisme à la lumière de la législation récente », *AJ Pénal* 2013, 442.

34 ANDRE (C.), *Droit pénal spécial*, *op. cit.*, p. 29.

35 DASSA-LE DEIST (D.), « Le délit de provocation et d'apologie des actes de terrorisme : grandeur et servitude d'un délit d'opinion ? », *Gaz. Pal.* n° 55, 24 février 2015, p. 8.

36 BARANGER (T.), BONELLI (L.) et PICHAUD (F.), « La justice des mineurs et les affaires de terrorisme », *op. cit.*, p. 256.

37 V. BAUER (A.), SOULLEZ (C.), *Terrorismes*, Dalloz, coll. À savoir, 2e éd., 2017, pp. 130-131.

38 DE COMBLES DE NAYVES (P.), « Sauf en matière terroriste », *op. cit.*

39 MAYAUD (Y.), « La politique d'incrimination du terrorisme à la lumière de la législation récente », *op. cit.*

terroristes[40], et le terrorisme « *qualifié* » qui est composé d'incriminations autonomes, largement en amont du passage à l'acte. Le droit pénal procède donc par « *l'incrimination de comportements périphériques* »[41], dont l'association de malfaiteurs à caractère terroriste constitue la pierre angulaire. Outre la volonté d'appréhender au plus tôt les comportements terroristes afin d'éviter les conséquences dévastatrices du passage à l'acte, ce mouvement d'élargissement des infractions trouve également sa source dans la « *dimension idéologique du terrorisme* »[42]. En effet, afin d'envisager le phénomène dans toute sa globalité, y compris dans sa composante intellectuelle, le législateur a dû limiter certaines formes de prosélytisme, notamment par le biais des incriminations de provocation directe et d'apologie du terrorisme, regroupées au sein de l'article 421-2-5 du Code pénal. Pourtant, l'écart semble colossal entre quelques propos provocateurs émanant d'un jeune en quête d'affirmation de soi, et le passage à l'acte terroriste *stricto sensu*… Car c'est bien là l'une des conséquences de cette frénésie législative : l'augmentation non négligeable du nombre de mineurs poursuivis ou mis en examen pour terrorisme[43]. De façon plus générale, ce mouvement a également pour conséquence une prise de distance plus ou moins importante avec le principe de responsabilité du fait personnel.

2. Une imputation élargie

L'article 121-1 du Code pénal précise que la responsabilité pénale est une responsabilité personnelle. Autrement dit, seul l'individu ayant effectivement commis l'infraction devrait pouvoir en être déclaré responsable. Et pourtant, force est de constater que ce principe souffre, sinon d'exceptions, du moins d'assouplissements récurrents. La responsabilité pénale du chef d'entreprise du fait de l'un de ses préposés est désormais acquise à certaines conditions – dont l'exigence d'une faute personnelle du dirigeant –, et les cas de responsabilité pénale des titulaires de l'autorité parentale se multiplient. La commission Varinard[44] proposait, à cet égard, de responsabiliser davantage les parents, non pas en incriminant leur comportement défaillant, mais en les faisant participer

---

40 MAYAUD (Y.), *Rép. pén. Dalloz*, v° « Terrorisme – Infractions », n° 11.

41 GUERIN (D.), *JCl. Pén.*, fasc. 20, v° « Les actes de terrorisme », n° 23.

42 ALIX (J.), « La répression de l'incitation au terrorisme », *op. cit.*

43 ONUDC, *Manuel sur les enfants recrutés et exploités par des groupes terroristes et extrémistes violents : le rôle du système judiciaire*, *op. cit.*, p. 88.

44 Commission de propositions de réforme de l'ordonnance du 2 février 1945 relative aux mineurs délinquants, présidée par M. André Varinard, *Entre modifications raisonnables et innovations fondamentales : 70 propositions pour adapter la Justice pénale des mineurs*, préc.

activement à la procédure ouverte à l'encontre de leur enfant[45]. Le Code pénal va au-delà et incrimine de façon autonome les parents qui agissent, à l'égard de leur enfant mineur, soit en tant qu'incitateur, soit en tant que complice de l'infraction commise par ce dernier. L'archétype de cette responsabilisation parentale réside dans l'article 227-21 du Code pénal, réprimant le fait de provoquer directement un mineur à la commission d'un crime ou d'un délit. Si l'acte redouté est l'infraction qui pourrait être commise par le mineur, le comportement réprimé est bien la simple incitation, qu'elle soit suivie d'effet ou non. L'objectif, *in fine*, est d'agir à l'encontre de l'auteur intellectuel de l'acte redouté, ou du moins à l'encontre de l' « *auteur derrière l'auteur* »[46]. Bien que cette incrimination de référence soit applicable à la commission de tout crime ou délit à laquelle aura été incité un mineur, certaines incriminations complémentaires viennent réprimer l'incitation à des infractions spécifiques. Il en est ainsi de l'incitation à la commission d'infractions en matière de stupéfiants,[47] mais aussi, et surtout, en matière de terrorisme.

Depuis 2017[48], en effet, la législation antiterroriste comporte une nouvelle infraction venant réprimer le fait de faire participer un mineur à un groupement terroriste. L'article 421-2-4-1 du Code pénal dispose que « *le fait, par une personne ayant autorité sur un mineur, de faire participer ce mineur à un groupement formé ou à une entente établie en vue de la préparation, caractérisée par un ou plusieurs faits matériels, d'un des actes de terrorisme mentionnés aux articles 421-1 et 421-2 est puni de quinze ans de réclusion criminelle et de 225 000 € d'amende* ». Le Code pénal punit donc de la réclusion criminelle – peine autrement plus indigeste que les cinq ans d'emprisonnement prévus par l'article 227-21 – le simple auteur moral de l'infraction, y compris si l'incitation n'a pas été suivie d'effet, autrement dit, si le mineur n'a pas effectivement rejoint un groupe terroriste. L'infraction ne concerne pas exclusivement les parents ni même plus largement les titulaires de l'autorité parentale. L'article fait référence à « *une personne ayant autorité sur mineur* », permettant d'incriminer tant les parents que les « *recruteurs* » des groupes terroristes n'entretenant pas de lien juridique avec le mineur. Autrement dit, le texte cherche à réprimer l'endoctrinement terroriste, sans autre condition préalable que l'existence d'une autorité – de droit ou

---

45 PIN (X.), « La responsabilité pénale des parents du fait de leur enfant mineur », *in* JACQUES (P.) (dir.), *Être parent aujourd'hui*, Dalloz, coll. Thèmes et commentaires, 2010, p. 71.

46 *Ibid.*, p. 73, entre guillemets dans le texte.

47 C. pén., art. 227-1 et 227-18-1.

48 L. n° 2017-1510 du 30 octobre 2017 renforçant la sécurité intérieure et la lutte contre le terrorisme, préc.

de fait – sur le mineur[49]. Ainsi, lorsque le recrutement est suivi d'effet, le mineur en question devient, en un seul et même acte, à la fois victime et auteur. Victime de l'infraction prévue par l'article 421-2-4-1 du Code pénal, et auteur d'association de malfaiteurs à caractère terroriste, prévue par l'article 421-2-1 du même code. Le principe de responsabilité pénale est donc aménagé, non seulement par la faiblesse du fait personnel requis pour la matérialité de l'infraction – le Code pénal fait simplement référence à un « *fait* » –, mais plus encore par la simple potentialité d'un résultat dommageable.

Les articles 227-21 et 421-2-4-1 du Code pénal s'inscrivent en réalité dans une logique plus large d'incrimination autonome d'actes de complicité. Il s'agit, dans un objectif de prévention, de « *traiter juridiquement en auteur l'instigateur ou le provocateur qui doit habituellement être traité comme un complice* »[50]. En effet, le droit pénal, en matière de lutte contre le terrorisme, procède par un élargissement de l'imputation en érigeant la complicité comme infraction autonome, permettant de réprimer le complice même en l'absence d'infraction principale punissable et sans besoin de prouver l'un des adminicules prévus par l'article 121-7 du Code pénal. Par conséquent, la complicité peut être poursuivie même si ses conditions légales ne sont pas remplies, et ce sous plusieurs qualifications : association de malfaiteurs à caractère terroriste, provocation de l'article 421-2-4 du Code pénal ou encore provocation directe et apologie prévues par l'article 421-2-5 du même code[51]. Pour résumer, un même comportement peut être puni soit au titre de la complicité, lorsque l'incitation a été suivie d'effet et lorsque l'un des adminicules imposés par l'article 121-7 est présent, soit au titre d'une infraction autonome ne nécessitant pas de résultat dommageable.

Ainsi, plus encore que l'extension faramineuse des incriminations de nature terroriste, le législateur en a considérablement élargi l'imputation, permettant d'incriminer le simple auteur moral – y compris s'il est mineur – d'une infraction redoutée qui ne nécessite pas d'être consommée. Cet élargissement répressif s'inscrit, par ailleurs, dans un mouvement plus large de dilution de l'élément matériel des infractions terroristes.

---

49 ROUSSEAU (F.), « Droit pénal », *Rev. sc. crim.* 2 (2), 2018, p. 534.

50 ROUSSEAU (F.), « Droit pénal », *op. cit.*, p. 535.

51 ALIX (J.), « La répression de l'incitation au terrorisme », *op. cit.*

B. La dilution de la matérialité

La lutte contre le terrorisme a astreint le législateur à agir en amont, en multipliant les infractions-obstacles sur l'*iter criminis* (1), sans exiger pour autant la solidité de l'élément matériel (2).

1. Des incriminations toujours plus avant sur *l'iter criminis*

La lutte antiterroriste repose sur une « *stratégie d'anticipation* »[52] qui est marquée par l'incrimination de comportements situés bien en amont de toute attaque terroriste. La répression se situe majoritairement avant le commencement d'exécution, notamment au stade de la préparation, voire encore plus en amont pour ce qui est de l'apologie et de la provocation directe au terrorisme. La majorité des infractions terroristes sont des infractions-obstacles[53], c'est-à-dire ayant pour objectif de réprimer des comportements périphériques ou préalables afin d'éviter la réalisation du dommage redouté. Le terrorisme est ainsi endigué, d'une part, par l'incrimination des incitations (apologie et provocation directe[54], recrutement terroriste[55]) et, d'autre part, par celle des actes préparatoires (association de malfaiteurs à caractère terroriste[56], financement du terrorisme[57], entreprise individuelle terroriste[58]). Si, en principe, toute incrimination nécessite l'existence d'un préjudice[59], ces infractions-obstacles n'induisent, pour la plupart, qu'un préjudice potentiel, mais non effectif. Il en va ainsi de l'association de malfaiteurs à caractère terroriste qui n'impose pas la commission d'un acte terroriste, mais représente pourtant « *le pilier de la répression du terrorisme* »[60]. C'est précisément sur ce fondement que sont poursuivis grand nombre de mineurs. En effet, malgré les recommandations internationales de ne pas poursuivre les mineurs pour leur seule appartenance à un groupe terroriste[61], les poursuites des mineurs pour terrorisme sont majoritairement fondées sur l'infraction de l'article 421-2-1 du Code pénal. Ainsi, en avril 2018

---

52 GUERIN (D.), *JCl. Pén.*, préc., n° 23.

53 V. RASSAT (M.-L.), *Droit pénal spécial*, Dalloz, coll. Précis, 8e éd., 2018, p. 989.

54 C. pén., art. 421-2-5.

55 C. pén., art. 421-2-4.

56 C. pén., art. 421-2-1.

57 C. pén., art. 421-2-2.

58 C. pén., art. 421-2-6.

59 RASSAT (M.-L.), *Droit pénal spécial*, *op. cit.*, p. 24.

60 BAUER (A.), SOULLEZ (C.), *Terrorismes*, *op. cit.*, p. 61.

61 V. *supra*.

soixante mineurs étaient poursuivis pour association de malfaiteurs à caractère terroriste[62] contre cinquante-six au début de l'année 2017[63]. À côté de l'association terroriste, les mineurs sont également poursuivis pour apologie du terrorisme (trente-et-un en avril 2018[64]).

Ces deux infractions – association de malfaiteurs à caractère terroriste et apologie –, sur le fondement desquelles sont poursuivis la plupart des mineurs en matière de terrorisme, sont très éloignées du passage à l'acte. En théorie, toute infraction doit être composée d'une matérialité cristallisant la volonté de l'agent. Le Conseil constitutionnel[65] a eu l'occasion de le rappeler lors de l'examen de l'infraction d'entreprise individuelle terroriste, en imposant l'existence, pour toute incrimination, d'une matérialité suffisante démontrant le « *basculement de l'idée à* [la] *préparation* [d'une infraction] *ou à son commencement d'exécution* »[66]. Si le principe de non-incrimination de la pensée nécessite une activité matérielle[67], il semble qu'on assiste aujourd'hui à un « *rétrécissement de l'élément matériel* »[68], notamment pour les principaux chefs d'incrimination pour lesquels les mineurs sont poursuivis, mettant en péril leur protection face au système judiciaire.

2. Vers un évanouissement de l'élément matériel terroriste ?

Le 7 avril 2017, le Conseil constitutionnel a validé – à raison – la constitutionnalité de l'incrimination d'entreprise individuelle terroriste. Il a notamment relevé que, si les dispositions ne répriment ni l'exécution, ni un commencement d'exécution, mais de simples actes préparatoires, la pluralité des composantes de l'élément matériel compense le caractère obstacle de l'infraction[69]. Et en effet, bien que située en amont du passage à l'acte puisque réprimant la simple préparation, l'incrimination prévue par l'article 421-2-6 du Code pénal ne manque ni de matérialité ni de précision.

---

62 Avis nº 146 présenté par Mme Josiane Costes au nom de la commission des lois constitutionnelles, de législation, du suffrage universel, du Règlement et d'administration générale (1) sur le projet de loi de finances, adopté par l'Assemblée nationale, pour 2020, t. IX, PJJ, Sénat, 21 novembre 2019, p. 22.

63 BONELLI (L.), CARRIE (F.), *Radicalité engagée, radicalités révoltées, Enquête sur les jeunes suivis par la protection judiciaire de la jeunesse (PJJ)*, Université Paris Nanterre, janvier 2018, p. 6.

64 Avis nº 146 présenté par Mme Josiane Costes, préc.

65 Cons. constit. nº 2017-625 QPC, 7 avril 2017.

66 Commentaire officiel de la décision cité *in* ALIX (J.), « Flux et reflux de l'intention terroriste », *Rev. sc. crim.* 2019, p. 505.

67 ANDRE (C.), *Droit pénal spécial*, *op. cit.*, p. 6.

68 *Ibid.*, entre guillemets dans le texte.

69 MAYAUD (Y.), *Rép. pén. Dalloz*, v° « Terrorisme – Infractions », nº 148.

L'acte matériel est composé de deux éléments : d'une part, la préparation doit être matérialisée par deux comportements cumulatifs limitativement énumérés au I de l'article et, d'autre part, la préparation doit cibler certaines infractions précisément visées par le II, laissant peu de place à une appréciation potentiellement arbitraire des juges du fond. Mais cette infraction représente quelque peu l'exception qui confirme la règle en matière de terrorisme, particulièrement en ce qui concerne les fondements des poursuites pour les mineurs. En effet, ces derniers sont principalement suivis et/ou mis en examen pour association de malfaiteurs à caractère terroriste et apologie du terrorisme. Or, la matérialité de ces incriminations est loin d'égaler la précision de l'entreprise individuelle terroriste.

L'association de malfaiteurs à caractère terroriste réprime le seul « *fait de participer à un groupement formé ou à une entente établie en vue de la préparation, caractérisée par un ou plusieurs faits matériels, d'un des actes de terrorisme mentionnés aux articles précédents* »[70]. L'élément matériel est composé de la participation à un groupement visant à préparer des actes terroristes, cette préparation devant être caractérisée par certains faits matériels, non précisés et laissés à l'appréciation souveraine des juges. Autrement dit, il n'est pas requis que le participant prenne part aux actes préparatoires ou aux infractions envisagées par le groupement[71]. L'infraction se situe donc bien au-delà du commencement d'exécution, et même en amont de la préparation puisqu'elle se matérialise par le simple fait de participer au groupement. Cette incrimination se range à la limite du répressif et du préventif[72], à la fois du fait de son indépendance vis-à-vis des actes commis par le groupement en question (auxquels l'auteur n'a ni à participer, ni à en connaître la teneur exacte et les détails[73]) et à la fois du fait de l'imprécision des « *faits matériels* » devant caractériser la préparation, par le groupement, d'un acte terroriste[74]. Ont par exemple été considérés comme matérialisant le délit les comportements suivants : contacts avec des personnes de mouvance djihadistes et recherches Internet[75], et, pour les mineurs, volonté de départ vers une zone d'opérations terroristes, intégration d'un

---

70 C. pén., art. 421-2-1.

71 CONTE (P.), « Association de malfaiteurs - Élément matériel », *Dr. pén.* 2016, n° 11, comm. 162.

72 DE COMBLES DE NAYVES (P.), « Sauf en matière terroriste », *op. cit.*

73 GUERIN (D.), *JCl. Pén.*, fasc. 20, préc., n° 41.

74 *Ibid.*

75 DUMENIL (G.), « Association de malfaiteurs terroriste et cumul de compétence entre le tribunal pour enfants et le tribunal correctionnel », *Dr. pén.* 2018, n° 12, étude 29.

groupe ou encore don d'argent[76]. Si l'association de malfaiteurs à caractère terroriste paraît matériellement creuse, c'est sans comparaison avec la quasi-absence de matérialité de l'infraction d'apologie du terrorisme.

L'apologie est appréhendée conjointement avec la provocation directe au terrorisme par l'article 421-2-5 du Code pénal. L'exposé des motifs du projet de loi instaurant cette nouvelle incrimination précisait qu'il ne s'agissait nullement « *de réprimer des abus de la liberté d'expression, mais de sanctionner des faits qui sont directement à l'origine des actes terroristes* »[77]. Pourtant, si la provocation se situe bien en amont de potentiels actes terroristes et en encourage la commission de façon directe, tel n'est pas le cas de l'apologie qui intervient davantage *a posteriori*. Tandis que la provocation directe cherche à encourager la commission d'un acte terroriste dans un futur plus ou moins proche, l'apologie cherche à légitimer un acte terroriste déjà commis, et se tourne donc davantage vers le passé[78]. Certains ont contredit directement la formule de l'exposé des motifs du projet de loi, en énonçant que l'objectif de l'article 421-2-5 du Code pénal était bien d'incriminer, sous une qualification terroriste, l'expression de simples pensées, le provocateur et l'apologiste étant considérés eux-mêmes comme des terroristes[79]. Or, si l'infraction de provocation conserve une matérialité, même ténue, par l'exigence de son caractère direct notamment, l'apologie se rapproche progressivement du simple délit d'opinion... Est réprimé le fait de « *faire publiquement l'apologie* » d'actes de terrorisme. Eu égard à l'absence de définition légale du terme *apologie* et au manque de clarté de la loi, des précisions prétoriennes sont apparues afin de définir les contours d'une infraction qui défie frontalement le principe de légalité. Les juges du fond vont même au-delà, puisqu'ils réinterprètent la loi en considérant que l'apologie peut porter, outre sur des actes terroristes, sur l'auteur lui-même[80]. Si cette extension fait preuve de logique – la justification de l'auteur impliquant indirectement celle de son acte[81] –, il n'en reste pas moins qu'elle vient assouplir l'élément matériel d'une apologie que le législateur avait initialement limitée aux actes. Dans la même dynamique, la jurisprudence atténue l'exigence de

---

76 BARANGER (T.), BONELLI (L.) et PICHAUD (F.), « La justice des mineurs et les affaires de terrorisme », *op. cit.*, p. 256.

77 Exposé des motifs cité *in* GUERIN (D.), *JCl. Pén.*, fasc. 20, préc., n° 57.

78 ALIX (J.), « La répression de l'incitation au terrorisme », *op. cit.*

79 *Ibid.*

80 V. par ex. Cass. crim., 4 juin 2019, n° 18-85042, *Bull. crim.* n° 102.

81 DASSA-LE DEIST (D.), « Le délit de provocation et d'apologie des actes de terrorisme : grandeur et servitude d'un délit d'opinion ? », *op. cit.*

publicité pourtant explicitement posée par le législateur. Dorénavant, il semblerait que les juges regardent davantage la volonté de l'auteur de rendre ses propos publics, plutôt que la publicité objective de ces derniers[82]. Enfin, le terme apologie lui-même est interprété souplement, l'éloge de l'acte en question n'est pas requis, la simple justification et la légitimation étant suffisantes afin de caractériser le délit[83]. Malgré ces incertitudes, qui amènent à envisager le risque d'une censure constitutionnelle sur fondement du principe de légalité, les Sages ont validé la constitutionnalité du délit d'apologie du terrorisme[84].

Ainsi, les incriminations sur fondement desquelles les mineurs sont aujourd'hui poursuivis pour terrorisme sont précisément celles qui pâtissent d'un élément matériel incertain. Lorsque l'infraction, située très en amont sur l'*iter criminis*, ne bénéficie pas d'une matérialité robuste, le législateur dispose de deux possibilités pour l'élément intentionnel[85]. Il peut décider de renforcer l'exigence d'intentionnalité afin de compenser la dilution de la matérialité, ou bien de conserver une exigence intentionnelle classique, avec les risques que cela comporte dans l'établissement de la responsabilité pénale des mineurs…

II. La minorité délaissée

Suivant la maxime latine *specialia generalibus derogant*, en matière de minorité l'établissement de la culpabilité doit être établi en suivant les règles de droit commun (A), tandis que l'établissement de l'imputabilité s'en écarte par l'application de quelques dispositions particulières (B).

A. Une culpabilité promptement assumée

Si le législateur a fait le choix d'imposer un dol aggravé pour les infractions de nature terroriste (1), trop nombreuses sont celles qui n'en bénéficient pas entièrement (2).

1. La nécessité théorique d'un dol aggravé

Toute incrimination est composée d'un élément moral qui, lorsqu'il est intentionnel, se compose *a minima* de la volonté et de la conscience de

---

[82] V. par ex. Cass. crim., 11 juillet 2017, n° 16-86965.

[83] DETRAZ (S.), « Apologie du terrorisme : gare à qui n'est pas que Charlie », *Gaz. Pal.* n° 27, 18 juillet 2017, p. 62.

[84] Cons. constit. n° 2018-706 QPC, 18 mai 2018.

[85] ALIX (J.), « Flux et reflux de l'intention terroriste », *op. cit.*

violer la loi pénale[86]. La volonté qui sous-tend l'élément intentionnel doit chercher à atteindre une valeur sociale protégée[87], critère de distinction avec les infractions non intentionnelles. En matière de terrorisme, la culpabilité se compose indubitablement d'intentionnalité. Outre le dol général exigé pour toute infraction intentionnelle, les infractions terroristes doivent en théorie être composées en plus d'un dol aggravé spécifique. Ce dol, que l'on peut qualifier de *terroriste*, est précisé par l'article 421-1 du Code pénal qui affirme que des infractions sont terroristes « *lorsqu'elles sont intentionnellement en relation avec une entreprise individuelle ou collective ayant pour but de troubler gravement l'ordre public par l'intimidation ou la terreur* ». Cette formule constitue la pierre angulaire de l'ensemble du dispositif pénal de lutte contre le terrorisme. La notion d'entreprise doit être comprise en ce qu'elle représente du caractère pensé et organisé de l'acte envisagé[88]. Le terrorisme n'est, ni le fruit d'un hasard, ni le fruit d'une impulsivité. Il est, *a contrario*, rationnel, réfléchi et prémédité. Ce caractère calculé du dol aggravé terroriste est confirmé par la finalité qu'il doit entretenir, l'article 421-1 précisant en effet que cette entreprise doit avoir pour but de causer un trouble grave à l'ordre public. Si la notion de « *trouble grave* » reste brumeuse, elle impose de rechercher, pour toute infraction terroriste, que l'entreprise – qu'elle soit individuelle ou collective – ait bien envisagé les suites de l'acte, sa portée et ses conséquences sur la société dans son ensemble. Cette finalité doit en outre être atteinte par l'utilisation de certains moyens, constitués par l'usage de « *l'intimidation ou la terreur* ». Notion aux contours mal définis, il s'agit de vérifier la « *logique de peur* »[89] que souhaite utiliser l'entreprise terroriste pour arriver à ses fins.

Ce dol terroriste est d'une imposante complexité, référant à la fois aux moyens utilisés (intimidation ou terreur) et à l'objectif poursuivi (trouble grave causé à l'ordre public), le tout centré autour de la notion d'entreprise, dans une logique de préméditation et d'organisation calculée et rationnelle. Il est important de noter que ce dol spécifique concerne bien davantage l'entreprise que l'auteur de l'infraction lui-même. Autrement dit, il suffit que l'infraction soit en relation avec une entreprise mue par ce dol aggravé sans que l'auteur ait lui-même l'intention de troubler l'ordre public[90]. En

---

86 PIN (X.), *Droit pénal général*, Dalloz, coll. Cours, 11e éd., 2019, p. 197.

87 BIGUENET (J.), « L'élément intentionnel dans les infractions formelles et obstacles depuis la loi du 13 mai 1996 », *Gaz. Pal.* 2003, no 364, p. 2, no 16 et s.

88 BAUER (A.), SOULLEZ (C.), *Terrorismes*, *op. cit.*, p. 53.

89 MAYAUD (Y.), *Rép. pén. Dalloz*, v° « Terrorisme – Infractions », no 161.

90 GUERIN (D.), *JCl. Pén.*, fasc. 20, préc., no 26.

revanche, l'auteur doit être pleinement muni d'intention, composée de connaissance et de volonté. Connaissance, en ce que sa détermination doit viser un objectif clair et précis, avec une « *parfaite et complète perception de ce qui est à même d'y parvenir* »[91]. Volonté ensuite, qui se dédouble en une volonté de comportement d'une part, et une volonté de résultat d'autre part[92]. L'auteur doit anticiper les suites de ses actes, mais aussi désirer les atteindre. L'élément intentionnel terroriste est donc puissant et complexe et devrait permettre d'éviter l'arbitraire. Le Conseil constitutionnel a, par ailleurs, rappelé l'importance de la volonté terroriste à l'occasion de l'examen du délit de consultation habituelle de sites à contenu terroriste. Ce délit a été mis en place en 2016[93] au sein d'un nouvel article 421-2-5-2 du Code pénal qui réprimait alors « *le fait de consulter habituellement un service de communication au public en ligne mettant à disposition des messages, images ou représentations soit provoquant directement à la commission d'actes de terrorisme, soit faisant l'apologie de ces actes lorsque, à cette fin, ce service comporte des images ou représentations montrant la commission de tels actes consistant en des atteintes volontaires à la vie* ». Objet d'une question prioritaire de constitutionnalité, le texte est une première fois censuré par le Conseil constitutionnel[94] qui précise que les dispositions en cause n'imposent pas que l'auteur ait eu la volonté de commettre des actes terroristes, le texte réprimant la simple consultation sans exiger d'intention spécifique. L'article est rapidement réintroduit[95], précisant cette fois-ci que la consultation de tels sites doit s'accompagner « *de l'adhésion à l'idéologie exprimée sur ce service* ». Mais la légèreté de l'élément intentionnel désormais exigé ne suffit pas aux Sages qui, inébranlables, censurent à nouveau le délit[96]. Ils énoncent que l'adhésion à l'idéologie exprimée sur le site consulté ne suffit pas à établir la volonté de l'agent de commettre des actes terroristes, l'infraction étant ainsi toujours dépourvue d'intention terroriste et devant, de ce fait, être à nouveau censurée. Ces deux décisions constitutionnelles permettent de déduire que la « *volonté de commettre des actes terroristes* » constitue l'intention

---

91 MAYAUD (Y.), *Rép. pén. Dalloz*, v° « Terrorisme – Infractions », n° 177.

92 *Ibid.*, n° 179.

93 L. n° 2016-731 du 3 juin 2016 renforçant la lutte contre le crime organisé, le terrorisme et leur financement, et améliorant l'efficacité et les garanties de la procédure pénale (*JORF* n° 0129, 4 juin 2016).

94 Cons. constit. n° 2016-611 QPC, 10 février 2017.

95 L. n° 2017-258 du 28 février 2017 relative à la sécurité publique (*JORF* n° 0051, 1er mars 2017).

96 Cons. constit. n° 2017-682 QPC, 15 décembre 2017.

nécessaire en matière d'infractions terroristes, la simple adhésion à l'idéologie ne vaut pas intention terroriste[97].

Ainsi, le dol aggravé terroriste se composerait à la fois d'une entreprise ayant pour but de troubler gravement l'ordre public par l'usage de l'intimidation ou de la terreur, et à la fois d'une volonté propre à l'auteur qui doit tendre, *in fine*, vers la réalisation d'actes terroristes. Malgré l'exigence théorique de cette intentionnalité renforcée pour toutes les infractions terroristes[98], le Code pénal ne l'impose que de façon sporadique et irrégulière.

2. La carence effective d'un dol aggravé

Si le dol aggravé est exigé sans équivoque et de façon directe pour les actes terroristes de l'article 421-1 du Code pénal, le terrorisme écologique[99] et l'entreprise individuelle terroriste, il n'en va pas de même pour les autres infractions, notamment obstacles. L'entreprise individuelle terroriste, incriminant de simples actes préparatoires, bénéficie pourtant d'un élément intentionnel solide puisqu'elle doit être « *intentionnellement en relation avec une entreprise individuelle ayant pour but de troubler gravement l'ordre public par l'intimidation ou la terreur* ». Autrement dit, elle requiert sans ambages le dol aggravé terroriste. Pour autant, elle ne constitue qu'une exception parmi la multitude d'infractions-obstacles existant en matière terroriste. Seulement, la logique imposerait de requérir à plus forte raison ce dol lorsque la matérialité de l'infraction s'éloigne du passage à l'acte. Mais pour la grande majorité des infractions-obstacles, le dol aggravé n'est exigé que de façon sous-jacente. Par exemple, le recrutement terroriste, incriminé par l'article 421-2-4, réprime le fait de faire participer un individu à des actes de nature terroriste, non pas d'y participer soi-même. Le dol aggravé n'est donc requis qu'à titre indirect à l'égard non de l'auteur du recrutement, mais de la personne qui en est l'objet. De façon similaire, l'infraction prévue par l'article 421-2-5 réprime le fait de provoquer à des actes de terrorisme, sans que l'agent n'ait la volonté d'en commettre lui-même. Une fois encore, le dol terroriste n'est donc pas requis pour l'auteur de l'infraction dont la responsabilité pénale se contente d'un dol général.

Plus spécifiquement, il en va également de l'association de malfaiteurs à caractère terroriste, pour laquelle l'article 421-2-1 n'impose pas le dol terroriste. La seule référence, très indirecte, à cet élément intentionnel

---

97 MAYAUD (Y.), *Rép. pén. Dalloz*, v° « Terrorisme – Infractions », n° 186.

98 RASSAT (M.-L.), *Droit pénal spécial*, *op. cit.*, p. 985.

99 C. pén., art. 421-2.

spécifique, réside dans la préparation, par le groupement en question, d'actes de terrorisme tels que définis par les articles 421-1 et 421-2 (qui eux, imposent expressément le dol aggravé). En revanche, l'auteur de l'infraction lui-même n'a nul besoin de prétendre à un tel dessein, le délit étant caractérisé par la seule participation au groupement sans nécessiter la connaissance précise de l'objectif de ce dernier. L'auteur doit seulement avoir la volonté de rejoindre le groupement en ayant conscience de son projet, même de façon très lacunaire. Seul un dol général est donc exigé en la matière, l'élément intentionnel ne requiert nullement la volonté de commettre des actes terroristes[100], comme l'avait pourtant expressément requis le Conseil constitutionnel pour le délit de consultation de sites terroristes. Si, en termes de sécurité juridique, cette lacune dans l'élément intentionnel constitue un danger pour l'ensemble des mis en cause, le péril s'amplifie lorsque ce sont des mineurs qui sont poursuivis. En effet, les mineurs, en l'absence de règles spéciales les concernant, se voient appliquer le droit commun. Tel est le cas pour ce qui relève de l'élément intentionnel. Or, si la minorité n'a pas d'incidence juridique sur l'établissement de la culpabilité, l'intentionnalité chez les mineurs est sans conteste plus volatile que chez les majeurs dont le développement psychique est terminé.

À côté de l'association de malfaiteurs à caractère terroriste qui semble ne requérir qu'un dol général, le délit d'apologie, bien qu'encore plus éloigné sur l'*iter criminis* et largement appliqué aux mineurs, ne bénéficie pas non plus du dol aggravé. Si le Conseil constitutionnel a exigé, en matière de consultation de sites terroristes, la démonstration d'une volonté de commettre un acte terroriste, il a pourtant validé le délit d'apologie du terrorisme[101] reposant sur un simple dol général. En effet, le dol terroriste n'est pas requis puisque l'infraction consiste en la légitimation d'un acte terroriste déjà commis, sans que l'auteur ait nécessairement l'intention d'en commettre un ou d'appeler à en commettre un, la première situation correspondant à l'entreprise individuelle terroriste et la seconde à la provocation directe. On assiste donc à une « *progressive dématérialisation* »[102] du délit d'apologie du terrorisme qui n'est pas accompagnée d'une exigence renforcée en matière d'intentionnalité. Or, avec le développement des réseaux sociaux, notamment chez les mineurs, et les besoins fréquents de confrontation à l'adolescence, il semble risqué

100 ALIX (J.), « Flux et reflux de l'intention terroriste », *op. cit.*, note de bas de page n° 39.

101 Cons. constit. no 2018-706 QPC, 18 mai 2018.

102 ALIX (J.), « Flux et reflux de l'intention terroriste », *op. cit.*

d'assimiler un tweet provocateur à un risque terroriste réel. Pourtant, tel est bien l'objectif de cette incrimination : agir au plus tôt afin d'éviter la commission d'actes terroristes.

Malgré tous les risques que comporte l'affaiblissement de l'élément intentionnel en matière terroriste, la culpabilité reste un élément à prouver afin de pouvoir engager la responsabilité pénale de l'agent. Quant à l'imputabilité, si elle est présumée pour les majeurs, elle est aménagée pour les mineurs, permettant de les protéger et de compenser, du moins en apparence, la faiblesse en matière de culpabilité (B).

B. Une imputabilité fallacieusement atténuée

L'imputabilité, appréciée au regard des qualités intrinsèques de l'auteur, impose à la fois le discernement, sur lequel viennent se greffer certaines règles spécifiques aux mineurs (1), et à la fois le libre arbitre, sans particularisme en termes de minorité, mais potentiellement salutaire en matière d'endoctrinement (2).

1. Le discernement, garant limité de la justice pénale des mineurs

L'imputabilité, à la différence de la culpabilité, est préexistante à l'infraction, elle constitue un socle commun et est présumée[103]. Elle est également à différencier de la capacité pénale, en ce qu'elle est une condition de la responsabilité pénale et représente une « *aptitude à l'infraction* »[104], tandis que la seconde concerne les conséquences de la responsabilité pénale, autrement dit, elle représente une « *aptitude à la sanction* »[105]. De façon générale, l'imputabilité renvoie à « *la possibilité de mettre l'infraction au compte de la personne qui l'a commise* »[106]. Les composantes de la notion sont précisées par le célèbre arrêt *Laboube*[107], qui en identifie deux éléments cumulatifs : le discernement et le libre arbitre. La Cour de cassation précise dans cette décision fondatrice que tout mineur, pour pouvoir être déclaré responsable de l'acte qu'il a commis, doit avoir « *compris et voulu cet acte* ». Elle ajoute que « *toute infraction, même non intentionnelle, suppose en effet que son auteur ait agi avec intelligence et volonté* », autrement dit, avec discernement et libre arbitre. C'est seulement si ces

---

[103] DE LAMY (B.), SEGONDS (M.), *JCl. Pénal des Affaires*, fasc. 5, préc., n° 53.

[104] GUERIN (M.-C.), *JCl. Pénal Code*, fasc. 10, préc., n° 135.

[105] GUERIN (M.-C.), *JCl. Pénal Code*, fasc. 10, préc., n° 135.

[106] GREGOIRE (L.), « La condition de discernement en droit pénal des mineurs. Entre droit positif et droit prospectif », *Dr. pén.* 2020, n° 2, étude 6, n° 3.

[107] Cass. crim., 13 décembre 1956, n° 55-05772, *Bull.* n° 840.

deux éléments sont réunis que la volonté peut, par la suite, être mise en œuvre au sein de l'élément intentionnel[108]. Pour autant, le législateur n'offre aucune définition légale de la notion, pourtant centrale, de discernement. La jurisprudence, avec l'arrêt Laboube, envisage le discernement comme la capacité à comprendre et vouloir ses actes. La doctrine, quant à elle, l'appréhende comme « *l'aptitude à distinguer le juste de l'injuste, le moral de l'immoral* »[109], ou comme « *la faculté de juger et d'apprécier avec justesse* »[110]. Plus précisément, le discernement consiste en l'aptitude à comprendre à la fois ses actes, et à la fois leur portée. Or, est-il un élément moral qui requiert plus de discernement que le dol aggravé terroriste ? Son caractère prémédité impose que l'individu soit doté, intrinsèquement, d'une forte capacité de discernement. L'adaptation des règles d'imputabilité en matière de minorité est donc, *a priori*, bienvenue.

En effet, les règles de droit commun présument l'imputabilité, qui n'est alors envisagée que de façon négative au travers l'invocation d'une cause de non-imputabilité. *A contrario*, pour les mineurs, le discernement constitue le critère prépondérant de l'imputabilité[111] et doit être prouvé par l'accusation, au même titre que les autres conditions de la responsabilité pénale. C'est ce qu'énonce l'article 122-8 du Code pénal, référence en la matière, en précisant que seuls « *les mineurs capables de discernement sont pénalement responsables* ». Ainsi, pour l'ensemble des mineurs, le ministère public doit apporter la preuve de leur discernement. Néanmoins, le Code de la justice pénale des mineurs, dont l'entrée en vigueur était prévue en octobre 2020, fait un pas en arrière en instaurant une double présomption. Si son futur article L. 11-1 instaure une présomption simple de non-discernement pour les moins de treize ans, il met également en place une présomption de discernement pour les plus de treize ans, ces derniers étant donc soumis au droit commun et suivant le même régime que les majeurs. Aussi, pour ceux-ci, le discernement est donc présumé et n'a plus à être prouvé par l'accusation. De plus, bien qu'un effort ait été fait en fixant un âge de présomption de non-discernement, la modification demeure

---

108 MARECHAL (J.-Y.), *JCl. Pénal Code*, fasc. 20, v° « Élément moral de l'infraction », n° 2.

109 PRADEL (J.), *Droit pénal général*, Cujas, coll. Références, 22e éd., 2019, n° 510 cité *in* GREGOIRE (L.), « La condition de discernement en droit pénal des mineurs. Entre droit positif et droit prospectif », *op. cit.*, n° 2.

110 BONFILS (P.), « Le discernement en droit pénal », *in Mélanges Raymond Gassin*, PUAM, 2007, p. 97 et s. cité *in* GREGOIRE (L.), « La condition de discernement en droit pénal des mineurs. Entre droit positif et droit prospectif », *op. cit.*, n° 2.

111 BONFILS (P.), GOUTTENOIRE (A.), *Droit des mineurs*, Dalloz, coll. Précis, 2e éd., 2014, p. 854.

insuffisante au regard du droit international qui impose que la présomption de non-discernement soit irréfragable[112].

Enfin, si ces quelques règles dérogatoires obligent à rapporter la preuve du discernement chez les mineurs afin de pouvoir établir leur responsabilité pénale, la quasi-totalité des dispositions applicables en matière de minorité concerne les effets de la responsabilité pénale, non ses conditions[113]. Le critère de l'âge, largement utilisé dans l'ordonnance de référence en matière de délinquance juvénile[114], module la capacité pénale des mineurs en adaptant les sanctions prévues, non leur responsabilité. Le nouveau Code de la justice pénale des mineurs, quant à lui, utilise l'âge dans l'établissement de la responsabilité uniquement à titre d'indice pour apprécier le discernement[115]. Ainsi, « *la responsabilité pénale des mineurs n'aurait donc rien de spécifique, si ce n'est qu'elle nécessite la preuve du discernement* »[116], cette dernière n'étant requise, à compter d'octobre 2020, que pour les seuls mineurs âgés de moins de treize ans. La prétendue « *atténuation de responsabilité pénale* » n'a donc, en théorie comme en pratique, qu'une effectivité extrêmement limitée. La formule est trompeuse et les mineurs restent tributaires de l'appréciation de l'existence du discernement par les juges du fond. En matière terroriste, les capacités psychocognitives limitées des mineurs ne sont en réalité que trop peu prises en compte dans l'établissement de leur responsabilité pénale, tant au regard d'une culpabilité à la légèreté perfide qu'au regard d'une imputabilité aux garanties illusoires. Si le libre arbitre, quant à lui, est apprécié de la même façon chez les mineurs et les majeurs, il constitue néanmoins une protection intéressante contre l'endoctrinement.

2. Le libre arbitre, garde-fou contre l'endoctrinement ?

Parallèlement au discernement, l'imputabilité impose que l'agent soit doté de libre arbitre suffisant afin de pouvoir opérer ses choix en toute liberté. L'imputabilité suppose donc l'existence d'une « *volonté libre, laquelle se traduit par une aptitude à résister à l'infraction* »[117]. Le libre arbitre constitue une condition négative de la responsabilité pénale puisqu'il est envisagé

---

112 BIGOT (J.), « Le mineur en conflit avec la loi reste-t-il un enfant à protéger ? », *AJ Pénal* 2019, p. 479.

113 GUERIN (M.-C.), *JCl. Pénal Code*, fasc. 10, préc., n° 132.

114 Ord. n° 45-174 du 2 février 1945 relative à l'enfance délinquante, préc.

115 GREGOIRE (L.), « La condition de discernement en droit pénal des mineurs. Entre droit positif et droit prospectif », *op. cit.*, n° 10 et 11.

116 GUERIN (M.-C.), *JCl. Pénal Code*, fasc. 10, préc., n° 132.

117 PIN (X.), *Droit pénal général*, *op. cit.*, p. 293.

uniquement au travers des causes de non-imputabilité que constituent la contrainte et l'erreur de droit. Aucune disposition spécifique n'adapte le libre arbitre au cas des mineurs, malgré leur volonté nécessairement plus perméable que celle des majeurs. Néanmoins, il semble que le libre arbitre puisse être utilisé afin de mettre un coup d'arrêt à l'endoctrinement opéré par les organisations terroristes à l'encontre des mineurs. La contrainte telle qu'appréhendée par l'article 122-2 du Code pénal, nécessite, pour pouvoir effacer la responsabilité pénale de l'agent, d'être à la fois imprévisible et irrésistible. Imprévisible, en ce qu'elle ne doit notamment pas résulter d'une faute antérieure chez celui qui l'invoque, et irrésistible en ce qu'elle annihile toute capacité de résistance chez l'agent qui se trouve alors dans « *l'impossibilité absolue de se conformer à la loi* »[118]. Or, si les stratégies d'endoctrinement et de recrutement utilisées par les organisations terroristes brisent, de façon insidieuse et sous-jacente, la volonté des mineurs qui en sont l'objet, elles ne remplissent de toute évidence pas les conditions légales de la contrainte. Pourtant, elles altèrent nécessairement le libre arbitre, surtout chez un mineur en quête de repères et en phase de développement psychique. Le droit pénal est conscient de cet effet, il a même envisagé l'endoctrinement, non en termes de non-imputabilité pour celui qui en est la victime, mais en incriminant l'auteur. L'article 421-2-4 du Code pénal réprime expressément le recrutement terroriste opéré, entre autres, par des menaces et des pressions, autrement dit, par la contrainte. Or, si un mineur rejoint un groupe terroriste du fait de telles pressions ou menaces exercées à son encontre, comment peut-il, par la suite, être poursuivi pour association de malfaiteurs à caractère terroriste sans que soit posée la question de son libre arbitre ? Le droit international a appréhendé cette impasse en imposant de ne pas poursuivre les mineurs du seul fait de leur appartenance à un groupe terroriste.

En effet, en dehors du fait que chaque enfant, en matière de terrorisme, devrait être considéré comme victime avant de l'être comme coupable[119], les organismes internationaux alertent sur les capacités cognitives limitées des mineurs. Leur poursuite pour association de malfaiteurs à caractère terroriste n'est, dans les faits, que la conséquence d'une opération de recrutement orchestrée par les organisations terroristes. Néanmoins, selon certaines organisations, le recrutement de mineurs ne peut jamais être considéré comme volontaire[120], et ce pour de

---

118 PIN (X.), *Droit pénal général*, *op. cit.*, p. 295, entre guillemets dans le texte.

119 CNCDH, *Avis sur les mineurs français retenus dans les camps syriens*, préc., p. 8.

120 ONUDC, *Manuel sur les enfants recrutés et exploités par des groupes terroristes et extrémistes violents : rôle du système judiciaire*, préc., pp. 14 et s.

raisons aussi nombreuses qu'évidentes : déséquilibre de pouvoirs entre le groupe et l'enfant, capacité cognitive limitée, méthodes de recrutement usant de la contrainte ou de l'influence[121], *etc.* Selon les principes de Paris, les mineurs ne devraient donc pas être poursuivis au seul titre de leur appartenance à un groupement terroriste[122]. Plus encore, le droit international imposant aux États d'incriminer le recrutement par les organisations terroristes[123], la question se pose de savoir si un mineur peut, tout en étant victime de ce recrutement, être déclaré coupable, sur fondement du même acte. Cette question est d'autant plus légitime quand le droit international interdit toute poursuite pénale des victimes de traite lorsque les infractions qui leur sont reprochées ont été commises en lien direct avec la traite dont elles font l'objet[124]. Malgré ces diverses recommandations, il n'existe actuellement, en droit français, aucune spécificité applicable à l'établissement du libre arbitre des mineurs, y compris et surtout, en matière terroriste.

Ainsi, malgré son appréhension par le droit pénal à travers les infractions de recrutement terroriste des articles 421-2-4 et 421-2-4-1 du Code pénal, l'influence exercée par les majeurs sur des mineurs n'est pas prise en compte dans l'établissement de la responsabilité pénale de ces derniers. Pourtant, il semble difficile de prendre en considération les stratégies d'endoctrinement des organisations terroristes sans en tirer les conséquences logiques pour ceux qui en sont l'objet. Pourquoi, sur un schéma analogue à celui mis en place pour la question du discernement, ne seraient pas établies des variations du libre arbitre ? En effet, il semblerait que les méthodes de recrutement entraînent, chez le mineur qui en est la cible, si ce n'est une « *abolition du libre arbitre* », à tout le moins une « *altération du libre arbitre* » qui doit être intégrée dans l'évaluation de sa responsabilité pénale.

---

121 *Ibid.*, p. 31.

122 ONUDC, *Manuel sur les enfants recrutés et exploités par des groupes terroristes et extrémistes violents : le rôle du système judiciaire*, préc., p. 82.

123 *Ibid.*, p. 25.

124 ONUDC, *Manuel sur les enfants recrutés et exploités par des groupes terroristes et extrémistes violents : le rôle du système judiciaire*, préc., p. 52.

Le difficile équilibre de la contrainte et de l'éducatif dans la prise en charge judiciaire des adolescentes terroristes

Bertrand MAZABRAUD

Magistrat, Coordinateur des Humanités judiciaires à l'École nationale de la magistrature

« *Le terrorisme a pris en otage la narration du monde.* »
Anne Scott

Si les ressorts de l'action terroriste n'ont plus rien d'énigmatique, au regard de l'ampleur des analyses qui lui sont consacrées, insistant sur les facteurs personnels ou historiques, économiques et géopolitiques[1], il est beaucoup moins mis en exergue que la majorité des candidats au djihadisme sont jeunes, de 15 à 25 ans, et – fait nouveau – parmi eux, à peu près un tiers sont des filles. Sous ce prisme criminologique, le terrorisme se dévoile, peut-être, différemment.

Les *Lionnes du Cham*, comme elles se qualifient elles-mêmes, ont un rôle prépondérant et structurant dans les organisations djihadistes. Mère, épouse, sœur d'un combattant, elles en sont les compléments indispensables. Elles remplirent, d'abord, des fonctions supports : logistique, recrutement, propagande, puis, à compter des années

---

1 CRETTIEZ (X.), SEZE (R.), AININE (B.), LINDEMANN (T.), *Saisir les mécanismes de la radicalisation violente : pour une analyse processuelle et biographique des engagements violents*, Rapport de recherche pour la Mission de recherche Droit et Justice, avril 2017, pp. 8-22 et 140-143, qui insistent sur le processus de victimisation, relayé par les médias des pays arabo-musulmans, le contenu idéologique (justifications des actions violentes, discours millénariste, valorisation du martyr) et sa diffusion par Internet, le contexte international et les conflits perçus comme injustes, les facteurs biographiques tenant aux engagements familiaux ou aux réseaux d'amis, le regroupement forcé lors d'incarcération, les fragilités identitaires et le ressentiment lié, avec une volonté de rupture et un rêve de vertu. – V. aussi KHOSROKHAVAR (F.), *Radicalisation*, Paris : Maison des sciences de l'homme, 2019, pp. 19-20, qui insiste sur la stigmatisation, la ségrégation économique et la marginalisation politique.

2016-2017, elles prirent en plus, pour les besoins de la cause, une part active au djihad[2].

Selon que leur *embrigadement* se traduisait en projets objectivés, ou selon qu'il était encore un processus non infractionnel, elles étaient poursuivies ou bien au pénal ou bien au civil. Le juge des enfants a une double compétence, selon qu'il s'agit de l'enfance en danger (articles 375 et suivants du Code civil) ou de l'enfance délinquante (ordonnance du 2 février 1945).

Néanmoins, si l'attention se porte sur les adolescentes impliquées dans des infractions terroristes, elles sont traitées principalement par la chaîne pénale : des policiers (DGSI, DGSE) aux services éducatifs (PJJ), du parquet au juge d'instruction et au juge des enfants, avec une compétence nationale du tribunal pour enfants de Paris.

Les adolescentes se voient imputer, principalement, des infractions dites *obstacles* : association de malfaiteurs en vue d'un acte de terrorisme (AMT), ou apologie/provocation à des actes de terrorisme. Ces infractions qui cernent dans leurs maillages des projets ou des idées objectivées, mais non encore accomplies mettent en tension les principes du droit pénal avec les principes régissant la justice des mineurs. D'un côté, la politique pénale tend à neutraliser la dangerosité des personnes radicalisées candidates à des actes de terrorisme par des mesures de sûreté. D'un autre côté, les principes de la justice des mineurs cherchent le *relèvement de l'enfant*, considérant que les adolescentes en cause ont des personnalités vulnérables et en construction.

Afin de mieux accompagner les jeunes filles engagées dans des infractions terroristes, il est indispensable de ramener au premier plan les problématiques d'adolescence qu'elles traversent plutôt que de les considérer dans le danger potentiel qu'elles manifestent (I). C'est à l'aune des problématiques sociales et psychologiques différenciées que la justice des mineurs pourra assurer dans le cadre des sanctions pénales la priorité éducative dont elle a la charge, tout en évitant qu'elles ne soient un danger pour elles-mêmes et les autres (II).

---

2 BOUVIER (E.), MARTELET (C.), *Un parfum de Djihad. Qui sont ces femmes qui ont rejoint une organisation terroriste ?*, Paris : Plon, 2018. – *Cf.* aussi « Terrorisme islamiste : la place des femmes », *in Bulletin du Parquet Général sur le terrorisme*, juin 2019, n° 6, 42 p.

I. Des adolescentes terroristes radicalement adolescentes

Derrière les voiles, les adolescentes impliquées dans les infractions terroristes n'ont pas le même rapport à l'acte terroriste (1) ; elles ont en commun d'être prises dans des problématiques adolescentes typiques (2) avec des facteurs plus spécifiques liées à la féminité (3).

1. Une adhésion différenciée des mineures aux discours djihadistes

Selon l'étude menée par Laurent Bonelli et Fabien Carrié[3], il est possible de classer l'adhésion des mineurs observés (et donc des mineures) qui ont endossé le discours subversif proposé par l'État islamique (EI), selon deux axes : 1) appropriation individuelle ou collective ; 2) adhésion structurant fortement ou faiblement leurs identités. Une sorte de *carré sémiotique* de l'affiliation au discours djihadiste pourrait être dégagé : la *radicalité apaisante* (la mineure qui se réfugie dans la religion et ritualise son action pour lutter contre des angoisses massives) ; la *radicalité de rébellion* (la mineure qui s'oppose bruyamment à sa famille ou la société) ; la *radicalité agonistique* (plus commune chez les garçons, offrant un vernis idéologique et de vertu à une socialisation délinquante) ; la *radicalité utopique*, qui serait un nouveau type d'engagement dans les discours de violence (par exemple, dans un dossier, l'investissement scolaire bloqué et la rupture dans la transmission de l'histoire familiale, ont déterminé l'adolescente à devenir une entrepreneur de morale terroriste, particulièrement active et efficace dans le recrutement sur les réseaux sociaux).

L'intérêt de cette étude, qui est confirmé par le terrain du tribunal pour enfants de Paris, est d'insister sur la diversité des modes d'adhésion à l'idéologie djihadiste, avec des intensités fortes ou faibles. Dans une même affaire d'AMT, les adolescentes pouvaient avoir des modes d'adhésion différents, cependant que le groupe de pairs maintenait une même unité de discours et d'action – chacun surveillant la pureté de l'engagement des autres par les *rappels*. Néanmoins, une fois prise dans les suivis judiciaires et éducatifs, et donc mises hors de leur communauté virtuelle de *sœurs* et de *frères*, l'adhésion selon qu'elle est forte ou faible, individuelle ou collective, suppose des traitements différenciés.

Cependant, si les modes d'adhésion sont intéressants, comme le montre l'étude d'Ariel Planeix, anthropologue attaché au parquet général de Paris, les mineures radicalisées ont avant tout été sujettes à des carences

BONELLI (L.), CARRIE (F.), *Radicalité engagée, radicalités révoltées. Enquête sur les jeunes suivis par la protection judiciaire de la jeunesse*, Université Paris Nanterre, 2018.

familiales importantes, des maltraitances et abus sexuels, qui fragilisent d'autant leur négociation des problématiques adolescentes[4].

2. Des adolescentes bloquées dans le processus d'individuation

Au plan du développement psychologique, l'adolescence est définie comme un mouvement de séparation-individuation de l'enfant à l'égard des parents, prenant en charge la problématique pubertaire[5]. Or, pour se déterminer soi-même, il faut pouvoir s'opposer à des déterminations antérieures et se déterminer autrement, et cela est d'autant plus difficile lorsque l'adolescente manifeste un vécu abandonnique, de stigmatisation et une rupture dans les transmissions culturelles[6]. Comme le soutiennent Fethi Benslama et Farhad Khosrokhavar : « *la radicalisation s'enracine dans la vie psychique de certains individus, mais aussi dans une société au sein de laquelle le "ciment social" semble de plus en plus manquer de consistance. Une société sans utopie où peut s'exercer la séduction de "dystopies", une société qui n'assigne plus de places à ses jeunes autrement qu'en termes d'une adolescence sans fin, ballotés qu'ils sont entre l'enfance et l'âge adulte sur une durée qui peut s'échelonner sur de nombreuses années. Une société, enfin, où être fille ou garçon, être femme ou être homme est devenu problématique pour de nombreux individus, ce qui peut rendre attractives des utopies répressives et régressives.* »[7]

Par ailleurs, nombreuses sont les jeunes femmes qui avaient subi des violences sexuelles ou de la maltraitance, antérieurement à leur enrôlement dans les rangs de l'EI : « *Les femmes ayant connu directement ou dans leur entourage des cas de violences domestiques ou sexuelles, d'abandon parental, de prostitution ou de toxicomanie paraissent fortement. Dans ces cas d'espèce, l'idéologie promettant paradis et expiation des péchés pour soi et ses proches après une vie d'épreuves offre l'espérance d'une rédemption.* »[8]

---

[4] PLANEIX (A.), *Étude systémique sur le phénomène de radicalisation des mineurs*, Parquet Général Paris, 2018.

[5] GUTTON (P.), *Le pubertaire*, PUF, 1994, spéc. p. 45 et s.

[6] YAHYAOUI (A), « Stigmatisation/vulnérabilité psychologique et risque d'affiliation extrémiste », *in* YAHYAOUI (A.) (dir.), *L'adolescence à l'épreuve de la stigmatisation. Aux sources de la radicalisation*, éd. In Press, coll. Ouvertures psy, 2017, p. 77.

[7] BENSLAMA (F.), KHOSROKHAVAR (F.), *Le jihadisme des femmes. Pourquoi ont-elles choisi Daesh*, Seuil, 2017, p. 12.

[8] THOMSON (D.), *Les revenants*, Seuil, 2016, p. 51.

Le discours djihadiste offre une solution valorisante, purificatrice et claire pour les jeunes femmes bloquées dans leurs processus d'individualisation-séparation[9].

3. Résoudre sur un plan biographique les contradictions de la féminité

Les jeunes filles ont un rôle corrélé aux autres membres de la famille. Elles sont filles, mères, épouses, sœurs. L'idéologie djihadiste leur permet de refonder une famille idéale et de rejouer leur place. Dès lors, c'est en tant que *femmes* qu'elles s'engagent dans le groupement djihadiste, plus qu'en tant qu'individu. *Femme* devient une vocation, voire une profession, comme un support essentiel à la cause : nourrir, satisfaire sexuellement le combattant, donner naissance à de nouveaux combattants[10].

Le djihadiste constitue une réponse globale aux problématiques adolescentes, et plus particulièrement, à la construction de la féminité. Celle-ci passe par des repères biographiques – qui seront autant de facteurs symboliques et relationnels – à prendre en considération dans le travail éducatif qui accompagne les mesures judiciaires. Ces repères, de façon non limitative, concernent : le voile, le mariage, la maternité, la *hijra*. Ils paraissent être orientés par la construction d'un métier djihadiste de *Femme*, normé et stable, mettant fin à l'indétermination de l'adolescence de type occidentale.

Le voile remplit plusieurs rôles potentiels. Il peut être la marque d'une conversion revendicative, dans une rébellion contre le système parental, voire social. Il offre aussi une possibilité de *purification*, avec une protection contre les abus des hommes. « *Le voilement aurait en somme pour elles une fonction de libération d'un enfermement dehors.* »[11] Mais, il peut jouer encore le rôle d'objet transitionnel, comme pour cette mineure dont les rapports éducatifs mentionnaient que le voile fonctionnait à la fois comme un *doudou* et un objet de négociation, et donc aussi d'échange, avec ses parents.

Le mariage remplit lui aussi de multiples offices. Dans tous les dossiers de jeunes filles radicalisées, celles-ci cherchaient un garçon avec qui se marier pour faire leur *hijra* (exil) vers le Dar al-Islam. Les rencontres et la

---

9 GRATTON (E.), COMBER (C.), « L'adolescence face à la tentation de la radicalisation : quand l'idéal prend le visage de la haine », *in* YAHYAOUI (A.) (dir.), *L'adolescence à l'épreuve de la stigmatisation, op. cit.*, p. 117.

10 « Terrorisme islamiste : la place des femmes », *op. cit.*, p. 39.

11 BENSLAMA (F.), KHOSROKHAVAR (F.), *op. cit.*, p. 67.

célébration du mariage s'organisaient souvent sur Internet ou par smartphone, avec des témoins et officiants virtuels. Une fois mariés, les époux tentaient leur voyage vers l'EI. Avec le mariage, les adolescentes se soumettent elles-mêmes à un certain régime de prescriptions. Elles choisissent un *tuteur* qui agira en lieutenance du père – qui *koufar* (mécréant) est invalidé. Le mariage est pour elles une autre façon de *faire famille*, de fuir pour différentes raisons une famille maltraitante ou absente. Elles trouvent ainsi, d'une part, une place en tant que femme, dans un contexte de famille carencé, et, d'autre part, une fonction professionnelle de support de leur mari combattant[12].

La maternité suit la même logique : elle permet de forclore au plus vite l'espace d'adolescence, par un passage en accéléré du statut d'enfant à celui d'adulte, et en remplissant un rôle déterminé. « *Pour des jeunes dont les assises féminines sont très fragiles, devenir mère très vite permet de fuir une féminité angoissante, voire martyrisée dès l'adolescence.* »[13]

En bref, les mineures impliquées dans des infractions terroristes n'avaient pas toutes le même niveau d'adhésion à l'idéologie djihadiste, mais toutes l'endossaient pour résoudre sur un plan biographique les problématiques adolescentes, dans un contexte familial carencé. Certes, si toutes les adolescentes en danger ne deviennent pas djihadistes, certaines trouvent dans la communauté de l'EI, idéalisée et en partie virtuelle, et dans l'idéologie terroriste proposée, des solutions à leurs problèmes de construction identitaire. Les adolescentes ne cherchaient pas principalement le martyr (*shahid*) ni à tuer des mécréants (*koufar*), même si certaines ont fomenté des projets d'attentats en réaction à des départs empêchés. Elles s'associaient davantage aux organisations criminelles de Daesh, afin de fuir une adolescence indéterminée et traumatique, et endosser un rôle idéalisé, hautement valorisé dans la propagande djihadiste, celui de la mère et de l'épouse de soldats d'Allah.

Dès lors, les réponses éducatives et judiciaires devraient, d'une part, éviter les généralisations hâtives pour mieux ressaisir le parcours de la mineure sous l'étiquette *terroriste*, et d'autre part, l'aider et l'accompagner contre ses mises en danger plutôt que de l'enfermer dans sa dangerosité.

12 « Terrorisme islamiste : la place des femmes », *op. cit.*, pp. 12-14.

13 BENSLAMA (F.), KHOSROKHAVAR (F.), *op. cit.*, p. 85.

II. De l'adolescente dangereuse à l'adolescente en danger

Le traitement judiciaire des mineures impliquées dans des infractions avec un coefficient terroriste chemine entre l'appréhension d'une personne dangereuse, avec un régime pénal à la contrainte accrue (1) et, d'autre part, d'une mineure en danger, avec des suivis éducatifs, difficiles à coordonner (2). Or cette immixtion du temps judiciaire et éducatif dans la construction adolescente doit elle-même être arbitrée dans la finalité – l'objectif à valeur constitutionnelle – du préambule de l'ordonnance du 2 février 1945 qui vise le « *relèvement de l'enfant* », sans tomber dans les écueils d'un contrôle excessif ou d'un étiquetage *terroriste* ineffaçable (3).

1. Les infractions terroristes : lorsque la prévention devient la précaution

Les mineures condamnées et suivies judiciairement pour des infractions terroristes sont quasiment toutes des infractions-obstacles : AMT, consultation habituelle de sites à contenu djihadiste, apologie du terrorisme, provocation, *etc.* Ces infractions ont la particularité d'appréhender la personne avant qu'elle ne commette l'acte répréhensible[14]. Par ailleurs, les peines prononcées, les mesures de sûreté, et la restriction des aménagements de peine finissent par enserrer la mineure dans un parcours judiciaire très long au regard de sa période d'adolescence.

L'extension par la jurisprudence de la qualification d'association de malfaiteurs en lien avec une entreprise terroriste (421-2-1 du Code pénal) a largement aidé à qualifier de terroriste les filles qui ont généralement un rôle support[15]. En effet, la jurisprudence retient que tout membre de l'association acquiert, par sa simple participation, la qualification de « *terroriste* », sans distinction entre un simple « *soutien* » ou une « *préparation* » d'un acte[16]. Les éléments matériels visés généralement dans les dossiers d'AMT : le mariage (qui est en soi une alliance), un départ prévu ou effectif pour rejoindre le Califat, l'obtention de fonds pour financer le départ, le recrutement d'autres jeunes filles, le partage de contenus djihadistes, l'obtention de papiers, ou toute autre fonction support. Il est dès lors

---

14 Cette logique dite de prévention est validée au plan européen, comme cela ressort de la convention du Conseil de l'Europe pour la prévention du terrorisme, qui attrait trois comportements : provocation publique, recrutement et entraînement pour le terrorisme, sans tenir compte du résultat. *Cf.* MAYAUD (Y.), « Regard sur les qualifications terroristes », *AJ pénal* 2017, p. 478.

15 Cass. crim., 12 juillet 2016, n° 16-82.692.

16 ALIX (J.), *JCl. pén.*, fasc. 20, 6 juin 2017, pp. 27-28.

difficile de faire comprendre aux mineures et à leurs familles ce qui leur a été exactement reproché, si ce n'est l'adhésion idéologique à un groupement terroriste.

Le caractère d'infraction-obstacle de la quasi-totalité des infractions terroristes reprochées à des mineures fait aussi obstacle à une compréhension de ce qui leur est reproché. Ces infractions sont pour le moins abstraites. Elles permettent d'arrêter – de mettre un coup d'arrêt – à un projet qui serait dangereux pour la mineure, et éventuellement pour les autres, avant tout passage à l'acte effectif. Par exemple, sur un groupe de quatre mineures, qui cherchaient à accomplir leur *hijra*, l'interdiction administrative de quitter le territoire et une audition de garde à vue ont suffi pour trois d'entre elles à opérer une prise de conscience et un désengagement. La quatrième en revanche avait un besoin de fuir plus pressant, dans un contexte familial carencé, de sorte que l'interdiction prononcée ne l'empêcha nullement de quitter le territoire.

2. Les mesures éducatives et les sanctions pénales

Les mesures éducatives pendant l'instruction, le jugement et l'application des peines reposent sur des dispositifs classiques, contenus dans l'ordonnance du 2 février 1945, et sur quelques innovations. Cependant, il est manifeste que les mineures terroristes sont sous le coup d'une intensité accrue des mesures de sûreté – par rapport à tout autre enfant délinquant.

La détention provisoire est souvent longue (pour les mineurs de 16 à 18 ans, l'article 706-24-4 du Code de procédure pénale, en dérogation à l'article 11, al. 12 et 14, de l'ordonnance du 2 février 1945, prévoit un délai de 2 ans). Il est fait un usage fréquent du bracelet électronique (ARSE ou PSE), alors que cette mesure n'est quasiment jamais utilisée pour les autres mineurs délinquants. Les condamnations sont beaucoup plus lourdes, s'agissant de délits, avec des peines d'emprisonnement avec ou sans sursis avec mise à l'épreuve pour 3 ans, outre l'inscription facultative au FIJAIT (article 706-25-4 al. 1 du Code de procédure pénale).

Par ailleurs, les aménagements de peine ont été restreints. Les articles 720-1 et 723-1 du Code de procédure pénale interdisent le recours au placement extérieur et à la semi-liberté, ne laissant donc que le placement sous surveillance électronique. L'article 730-2-1 rend la libération conditionnelle pragmatiquement impossible, étant donné la saisine pour avis de la Commission d'évaluation pluridisciplinaire de la dangerosité, qui a des délais importants, et l'obligation d'une période probatoire à la libération.

Dès lors, il apparaît que le souci de *relèvement* de l'enfant – la priorité éducative de toute mesure de coercition et de sanction pénale visant un mineur – est relégué à l'arrière-plan d'un objectif de précaution face à la dangerosité éventuelle. La prise en charge éducative par la PJJ doit donc s'insérer dans un cadre fortement contraignant.

La PJJ a développé pour assurer le travail éducatif des dispositifs spécifiques (avec des accueils séquentiels et un suivi éducatif coordonné entre éducateur et psychologue, des structures d'accueil individualisé avec encadrement renforcé), mais a aussi réorienté des dispositifs classiques, partant de l'idée que la mineure terroriste était avant tout une mineure (UEHC, EPE, CER et CEF se sont adaptés à la spécificité des mineurs radicalisés). Il est souvent difficile cependant de coordonner les intervenants : entre le milieu ouvert, les dispositifs d'accueil, les autres administrations (pénitentiaires, ASE), avec soit une pléthore de suivis, ou bien une lacune par incompétence négative.

C'est le cas exemplaire de cette adolescente, qui a rencontré son mari par Internet, l'épousa par smartphone, et partit avec lui, en prenant le train, errant sur les routes, jusqu'à Genève, d'où ils devaient embarquer par avion pour la Turquie, avant de se faire interpeller. Pendant le périple, dans une tente de fortune, ils conçurent un enfant. En raison de sa grossesse, elle sortit rapidement de détention pour intégrer un centre éducatif fermé (CEF). Son suivi éducatif montrait un désengagement rapide et sincère, lié aussi à la projection de ses nouvelles responsabilités parentales. Or le CEF ne pouvait gérer la maternité à venir. Il fut alors particulièrement difficile pour la mineure et son éducatrice de la faire accepter dans un Centre maternel (relevant de l'ASE), le profil *terroriste* de la jeune mère terrifiant ledit Centre. Cette mère-enfant n'a eu vite plus besoin pour son *relèvement* d'être soumise à une surveillance constante, mais davantage d'un soutien éducatif et social – ce que l'étiquette *terroriste* empêchait.

3. Les dangers d'une réponse pénale et éducative qui ne s'adapte pas à la personnalité en construction des adolescentes terroristes

Le fait que les adolescentes soient perçues d'abord sous leur dangerosité plutôt que dans leur propre mise en danger peut amener à un mauvais équilibre dans les suivis judiciaires et éducatifs. Avec des adolescentes, aux problématiques identitaires importantes, les mesures de contrôles renforcées sont susceptibles d'effets pervers.

D'abord, un risque non négligeable *d'escalade symétrique* existe. Les mesures d'enfermement ou de contrôle peuvent ne laisser comme solution à l'adolescente qui cherche à s'individualiser, en s'opposant aux référents parentaux ou sociaux, que de persévérer dans la voie terroriste, à surenchérir avec un processus de *feed-back* amplificateur. C'est ainsi, par exemple, qu'une mineure, qui avait été impliquée dans un premier dossier d'AMT (où elle voulait rejoindre la Syrie) a fait l'objet de mesures de contrôle judiciaire avec suivi éducatif, dont la dimension de surveillance constante était devenue invivable. Dans son village, dès qu'elle sortait, le maire, le proviseur, les gendarmes étaient au courant. Même ses parents s'étaient mués en policiers et contrôleurs judiciaires. Dès lors, elle réitérait son projet de départ, et s'est trouvée mise en examen dans un deuxième dossier d'AMT (cette fois avec un mariage en vue d'un départ sur zone). Or le mobile de cette réitération tenait davantage à échapper à l'asphyxie d'un contrôle permanent qu'à une adhésion continue et bien dissimulée (*taqiya*) à la cause djihadiste.

Ensuite, la réitération des interrogatoires et audience, avec la multiplication des entretiens éducatifs et des suivis psychologiques, s'ils peuvent être nécessaires pour accompagner la mineure dans ses difficultés adolescentes peuvent aussi l'enfermer dans le rôle écrit par les institutions. Dit autrement, lorsqu'une instruction dure deux ans et que la condamnation prononce une peine avec mise à l'épreuve sur trois ans avec suspension du délai d'épreuve pendant l'aménagement en PSE, cela fige l'adolescente dans un *moment terroriste* et l'empêche de passer à une autre étape de sa vie. C'est ainsi qu'une mineure, qui essayait de répondre à toutes les exigences de ses suivis éducatifs, dans le cadre contraint d'un PSE de dix-huit mois, ne supportait plus les audiences où lui étaient rappelés les faits datant de deux ans antérieurs. Afin de quitter ce rôle imposé, et de mettre fin aux suivis éducatifs, elle finit par tomber enceinte d'un jeune majeur, lui-même suivi pour AMT, qu'elle rencontra dans le foyer PJJ qui l'accueillait (UEHC).

Enfin, la nature des infractions reprochées – infractions-obstacles à l'extension large – et la disproportion des contraintes déployées par rapport à la teneur des actes reprochés peuvent nourrir chez certaines un sentiment lancinant d'injustice. Il est parfois difficilement compréhensible pour une adolescente, voire pour ses parents, que ce qu'elles considèrent comme de simples paroles sur des réseaux sociaux – qui favorisent une expression désinhibée – puisse faire d'elles des criminelles. La mineure donnera alors le change aux services sociaux, sortira de sa radicalité, mais avec un ressentiment fort envers les institutions et les valeurs républicaines qui n'augurent pas d'une socialisation sans heurts.

Conclusion

L'équilibre dans la prise en charge des adolescentes impliquées dans des infractions terroristes doit être orienté par la pleine application de l'ordonnance du 2 février 1945, et des principes constitutionnels dégagés par le Conseil constitutionnel de son article 2, insistant sur la priorité éducative en vue du relèvement de l'enfant. Cette priorité éducative finalise tant les mesures de sûreté, de coercition ou les peines. Qu'une adolescente soit dangereuse, pour elle-même d'abord, pour les autres ensuite, est un lieu commun de l'adolescence. Il ne faudrait pas que la qualification *terroriste*, qui fixe l'adolescente sur sa dangerosité potentielle, voile le fait qu'elle est d'abord une jeune fille en danger, à accompagner dans la construction de sa personnalité. Le rêve d'une terre sacrée, à rejoindre pour vivre une féminité déterminée sous le regard de Dieu, centrée sur le rôle de mère et d'épouse, et l'engagement à lutter contre un Occident corrompu est passé avec les changements géopolitiques.

Il reste que « *l'éternelle ironie du féminin* » dit beaucoup des problèmes constitutifs des démocraties libérales[17]. « *Pourquoi ces jeunes filles ont-elles exprimé la haine ou le désir de fuir la société qui les ont vues grandir ?* » est une question, qui si elle n'est pas prise au sérieux, se verra reposer dans de nouvelles configurations sociales radicales. Plutôt que de soumettre ces jeunes à des mesures d'enfermement et de prophylaxie (recodage, psychologique et éducatif), peut-être faudrait-il entendre la question de confiance qu'elles posent à la démocratie, leurs demandes d'attention et le malaise qu'elles révèlent.

---

17 GUTTON (P.), *Adolescence et djihadisme*, éd. L'Esprit du Temps, 2015, p. 59.

3e PARTIE
LA PRÉVENTION

Radicalités affectives et désir d'idéal. Une approche anthropologique[1]

David PUAUD

Anthropologue (IIAC/CNRS/EHESS)

Les services français du renseignement font face depuis plusieurs mois à la libération de centaines de condamnés pour fait de terrorisme islamiste ayant purgé leur peine. En janvier 2020, 500 personnes étaient derrière les barreaux incarcérées pour des faits de terrorisme islamiste[2]. Parmi ces derniers, on trouve notamment des anciens d'al-Qaïda, des djihadistes actifs avant la création de l'État islamique et des sujets ayant eu des velléités de départ vers les zones de conflits syro-irakiennes et ayant été arrêtés avant de pouvoir s'y rendre (ils ont été condamnés pour la plupart à des peines relativement courtes)[3]. Les premières sorties de condamnés

---

Cet article est un extrait remanié d'un ouvrage à paraître : PUAUD (D.), *Les sortants*, Paris : Robert Laffont.

Durant l'année 2019, 30 djihadistes furent remis en liberté suite à une évaluation de leur dangerosité au sein de quartiers dits *étanches*. Ces derniers furent condamnés entre 2012 et 2014 pour des allers-retours dans les zones de conflits et/ou pour avoir apporté une aide logistique à Daesh. Ils ont été condamnés à des peines inférieures à dix années d'incarcération, de rigueur depuis les attentats de 2015 et 2016.

Fin 2019 selon la Direction de l'administration pénitentiaire (DAP), 366 places sont allouées dans les prisons françaises aux détenus pour des faits de terrorisme islamiste (TIS) et aux détenus de droit commun susceptibles d'être considérés comme présentant un risque important de radicalisation violente (DCSR), dont 177 en quartier d'isolement (QI) répartis dans 79 établissements *sensibles* de France, 104 dans les six quartiers *d'évaluation de la radicalisation* (QER) où les détenus peuvent être placés, pendant quatre mois ; des détenus ou prévenus dont il faut analyser la dangerosité, puis ensuite réaffecter dans le type de détention adapté à leur profil. Enfin, 85 places sont, dans des quartiers de prévention de la radicalisation (QPR), réservées à des détenus prosélytes, dont l'influence en détention ordinaire apparaît dangereuse. Ces derniers bénéficient de suivis de la part d'équipes spécialisées pour déconstruire leur discours doctrinal. Au mois de novembre 2019, environ 70 détenus TIS étaient à l'isolement, une cinquantaine en QPR, et 80 autres, dont les détenus de droit commun radicalisés en QER. 170 places restaient donc vacantes.

pour fait de terrorisme se sont déroulées en mars 2018[4]. 250 personne étiquetées comme *terroristes islamistes* sont actuellement sous main de justic en milieu ouvert en France. En 2019, 126 sortants de prison ont été pri en compte. À ce jour, 531 détenus sont considérés comme des terroriste islamistes (TIS). Mais l'attention des pouvoirs publics et d l'administration pénitentiaire se concentre également sur le 900 condamnés à des peines courtes pour des faits de droit commun qu l'administration pénitentiaire qualifie de *susceptibles de radicalisation.*

109 personnes étiquetées *terroristes islamistes* ou fortement radicalisée sont sorties de prison en 2019 et ont fait l'objet d'un suivi par la Directio générale de la sécurité intérieure (DGSI). En 2020, 45 condamnés pou des faits de terrorisme vont sortir de prison au terme de leur peine, l'a prochain, ils seront 57 en 2021, et 46 en 2022.

Les défis de l'incarcération comme celui de la surveillance et du suiv socio-judiciaire des personnes revenantes et/ou libérées constituent u enjeu majeur de la prochaine décennie. À ce propos, Hugo Michero indique : « *Depuis 2016, les gouvernements successifs expérimentent de nouvelle méthodes de prise en charge de cette matière extrêmement délicate, sans stratégie arrêté mais en manque d'alternative au renforcement de la dimension sécuritair L'administration pénitentiaire doit pourtant répondre à un défi qu'aucune institutio n'a eu à relever. À la fin de 2019, les maisons d'arrêt sont en effet devenues le premie réservoir humain du djihadisme européen, avec plus de cinq cents détenus concernés.* »[5]

Les questions qui se posent sont également : comment prendre e charge ces individus sortant de prison et de quelle manière s'y prendr pour favoriser leurs sorties morales d'engagements radicaux liés à de violences extrêmes ?

Cet article vise à mieux appréhender comment la compréhension et l prise en compte du cheminement biographique[6] d'un sujet lié à un

---

[4] La loi Urvoas du 3 juin 2016 a modifié le fait que les peines liées à des faits terroriste pouvaient être sensiblement réduites par le biais des réductions de peines automatiques, en créar « *une peine de perpétuité réelle* » jusqu'à trente ans. Cette disposition n'est pas applicable aux délits crimes commis avant sa promulgation. En 2018, 18 sont sortis de prison, 23 en 2019 et il est prév la sortie de 16 personnes en 2020, puis 25 en 2021, puis 17 en 2022.

[5] MICHERON (H.), *Le djihadisme français. Quartiers, Syrie, Prisons*, Paris, Gallimard, 2020, p. 371.

[6] Le cheminement biographique entendu au sens d'un engagement perçu comme un processu psycho-social, politique, religieux, mais également territorial, juridique, affectif qui peuve conduire des sujets à se radicaliser. Je me réfère ici notamment au concept de « *disponibil biographique* » de MCADAM (D.), "Recruitment of high-risk activism: the case of freedom summer *American Journal of Sociology*, vol. 92, 1986, pp. 64-90. V. également à ce sujet, PUAUD (D.), *Un monst humain ? Un anthropologue face à un crime sans mobile*, Paris, La découverte, 2018.

idéologie extrémiste peut-elle favoriser son processus de sortie physique et morale de la propension à commettre un acte de violence extrême ?

Ce travail est lié avec une recherche menée en tant que chercheur/collaborateur au sein du programme expérimental Recherche et Intervention sur les Violences extrémistes (RIVE) mis en place par l'administration pénitentiaire dans le plus grand secret entre décembre 2016 et octobre 2018, un dispositif unique en Europe de prise en charge des personnes placées sous main de justice, suivies en milieu ouvert au titre d'une mise en examen pour actes de terrorisme ou identifiées comme radicalisées, qui avait pour finalité de favoriser le désengagement de la violence extrémiste et la réinsertion sociale[7].

J'ai ainsi mené un travail d'observation participante au sein du centre RIVE et réalisé des entretiens avec les professionnels du service (référents sociaux, cultuels, psychologue…) J'ai également travaillé sur un corpus de documents comprenant 3500 pages portant notamment sur 22 dossiers des personnes suivies par le service durant un an et demi.

Soyons clairs, il n'existe pas de profil type, comme le souligne Farhad Khosrokhavar : « *Les travaux sur le djihadisme entendent souvent dégager des profils d'acteurs djihadistes. Pourtant, de multiples recherches ont montré l'impossibilité d'établir un profil unique. C'est pourquoi il est plus opportun de parler de typologie, portant sur le rapport à l'espace urbain, à l'origine sociale et ethnique, à l'état de santé mentale, à la famille, mais aussi à la subjectivité des acteurs…* »[8]

Donc, le but n'est pas de faire du *profiling*, mais bien d'identifier certains ressorts subjectifs liés aux dynamiques identitaires, sociales, économiques, territoriales, psychologiques, politiques. La volonté de compréhension du passage à l'acte violent nécessite de porter une attention aux formes marginales des intérêts que peuvent porter des sujets dits *radicalisé*s envers des idéologies extrémistes. En effet, l'appréhension de certaines lignes vitales existentielles de sujets extrémistes peut laisser subodorer des motifs de compréhension de possibles passages à l'acte brutaux. Si en aucun cas

---

7 Le dispositif RIVE avait pour mission d'offrir aux personnes placées sous main de justice, en milieu ouvert, une « *prise en charge sanitaire, sociale, éducative ou psychologique* », dans le but de permettre leur « *réinsertion et l'acquisition des valeurs de la citoyenneté* ». Cette enquête a donné lieu à un rapport référencé aujourd'hui au sein du Réseau européen Radicalisation Awareness Network (RAN). PUAUD (D.), *Spécificités du travail mené au sein du dispositif RIVE (Recherche et intervention sur les violences extrémistes). État des lieux et approches pluridisciplinaires de type mentorat auprès de personnes placées sous-main de justice pour des faits de terrorisme, ou condamnées pour des faits de droit commun, mais identifiées par l'administration pénitentiaire comme radicalisées*, Rapport d'étude pour l'Association de Politique Criminelle Appliquée et de Réinsertion sociale (APCARS), Paris, mai 2018, 314 p.

8 KHOSROKHAVAR (F.), *Le nouveau djihad en Occident*, Paris, Robert Laffont, 2018, p. 24.

on ne peut parler de profil type, il est possible d'observer des traits de similitudes conditionnelles dans les processus d'endoctrinement.

En ce sens, je propose dans cet article de revenir sur la situation d'une jeune femme que, pour des raisons évidentes d'anonymat, je nommerai Naïma. Elle va nous conduire à appréhender son cheminement biographique à partir de problématiques relatives à une radicalité affective et un désir d'idéal. J'ai choisi cette dernière du fait que, de manière assez troublante, on retrouve dans au moins trois autres situations de prises en charge RIVE des éléments significatifs et communs concernant la trajectoire sociale et affective de jeunes femmes, mais également des techniques mises en place par l'équipe pluridisciplinaire pour tendre à un désengagement d'un éventuel passage à l'acte violent.

En effet, cette jeune femme en quête d'appartenance individuelle et collective au sens d'un désir d'idéal absolu, de place convoitée et mise en miroir par les recruteurs lui a permis de réaliser et se projeter vers un capital missionnaire lié notamment à des actions humanitaires.

À partir de ces constats, l'équipe du centre a privilégié la mise en place d'un « *mur mou* », une posture professionnelle liée à un cadre rappelant les modalités d'action liées au cadre social et sécuritaire. Celle-ci qui se veut sécurisante est associée à une position mêlant une certaine souplesse de fonctionnement, de partage de sensible (mentorat) entremêlés d'une certaine utilisation des forces endogènes de sujet radicalisé et des adversaires liés à ses affiliations radicales.

Radicalité affective

Il y a eu un avant et un après Osny, et l'attentat commis par Bilal Taghi, condamné le 22 novembre à vingt-huit ans de prison par la cour d'assises spéciale pour avoir blessé des surveillants avec un couteau artisanal en septembre 2016. À Osny étaient regroupés des détenus radicalisés qui, à la différence des quartiers d'évaluation de la radicalisation (QER), ne font pas l'objet d'évaluation ni de prise en charge spécifique. Cette attaque est considérée comme le premier attentat qui a eu lieu en milieu pénitentiaire et a la particularité d'avoir fait l'objet d'un récit détaillé par le terroriste lui-même[9].

---

9 Cette agression a notamment entraîné la remise en cause des unités dédiées à la déradicalisation et la mise en place quelques mois après des *quartiers d'évaluation de la radicalisation* (QER) visant à mesurer la dangerosité et le degré de radicalisation d'un détenu avant son transfert dans un lieu de détention.

En janvier 2015, Bilal Taghi, sa femme Naïma et leur fils âgé de deux mois, accompagnés de deux amis sont interpellés en Turquie suite à un accident de voiture. Extradé vers la France, Bilal Taghi est condamné à cinq ans de prison ferme. Quant à Naïma, elle est condamnée en mars 2016 par le tribunal correctionnel de Paris à la peine de trois ans d'emprisonnement, dont un an avec sursis pour des faits de participation à une association de malfaiteurs en vue de la préparation d'un acte de terrorisme, de courant juillet 2014 au 21 janvier 2015.

Naïma est incarcérée à la maison d'arrêt de Fleury-Mérogis, en détention provisoire du 7 mars au 31 juillet 2015, puis placée en contrôle judiciaire du 31 juillet 2015 au 23 mars 2016. En février 2017, suite au passage à l'acte de son ex-compagnon, elle s'adresse à son conseiller pénitentiaire en insertion et de probation pour lui faire part de son inquiétude concernant les conséquences de l'acte de son ex-compagnon qui pourraient la desservir dans l'évolution de sa situation. Elle admet que les faits commis par son ex-conjoint ont eu un impact sur elle d'une certaine façon.

Tendue à la barre, Naïma comparaît devant la 10e chambre de la cour d'appel de Paris. Le procureur de la République lui demande de se présenter. Naïma indique être issue d'une fratrie de trois enfants. Elle a une sœur de 20 ans et un frère de 15 ans. Elle a également une demi-sœur plus âgée, née d'une première union de son père. Ses parents se sont séparés lorsqu'elle était âgée de dix ans, le père vit à Paris, il exerce la profession de cordonnier-serrurier. Sa mère est coiffeuse et a exercé la profession d'auxiliaire de vie. Son père s'est remarié depuis une quinzaine d'années. Naïma explique qu'elle vit actuellement au domicile de sa mère qui a élevé ses trois enfants seule, son père étant présent « *financièrement* », mais non « *affectivement* ». Selon cette dernière, les relations entre son père et sa mère étaient houleuses, son père frappant régulièrement sa mère. Elle semble souffrir de ce manque de liens avec son père. Elle ajoute avoir cessé sa scolarité en première après avoir obtenu un BEP secrétariat. Par la suite, elle a eu quelques expériences professionnelles (opératrice téléphonique pendant 4 mois, garde d'enfant à domicile non déclarée, vendeuse dans un magasin de prêt-à-porter).

Le ministère public indique qu'elle aurait notamment menti à diverses reprises à la justice et qu'un problème de confiance se pose et perdure avec sa situation quant à ses liens avec Bilal Taghi. Naïma s'insurge, en aucun cas elle n'a renoué contact avec Bilal Taghi, depuis leur dernier parloir en août 2016 soit un mois avant l'agression des surveillants par ce dernier : « *Effectivement avant l'agression, il avait changé donc je lui avais pardonné, mais il m'a trahi en faisant cet attentat en prison ! Il nous a abandonnés avec les enfants ! J'ai décidé d'arrêter notre relation. Il n'a même pas reconnu notre dernier enfant qu'est né en avril ! Bon j'avoue, j'ai quand même des nouvelles via ma belle-mère. Mais pas direct ! Aujourd'hui, je suis heureuse, malgré les galères, tout est rentré dans l'ordre même si j'ai peur de la peine qui reste à exécuter. J'ai des regrets par rapport aux faits commis ! J'ai compris la gravité de mes erreurs ! Bilal ne m'avait pas dit qu'il souhaitait combattre, mais qu'on avait une mission là-bas d'aider le Califat ! Vous comprenez, j'étais partie en Belgique, car j'étais en rupture avec ma famille ! Là, on m'a vendu du rêve, l'idéal !* »

Quelques semaines plus tard, Naïma rencontre le juge d'application des peines du tribunal de grande instance de Paris, compétent en matière de terrorisme. Il lui indique qu'elle est placée sous surveillance électronique. Elle a l'obligation de suivre la formation *assistante de vie-dépendance* et sera prise en charge par le centre RIVE dans le cadre d'une prise en charge sanitaire, sociale, éducative ou psychologique. « *Même si vous avez toujours indiqué vouloir vous installer durablement à Raqqa notamment pour y faire de l'humanitaire et que vous connaissiez les aspirations djihadistes, le tribunal correctionnel de Paris note chez vous une certaine franchise encourageante pour la suite.* »

Le soulagement de Naïma est de courte durée, le procureur de la République fait immédiatement appel de cette décision. Il demande à la cour de réformer le jugement entrepris en indiquant notamment que l' « [...] *octroi d'un aménagement de peine est inopportun au vu de la situation et de la personnalité de Mme et des liens conservés avec la famille Taghi* (mère), *famille considérée comme radicalisée* (l'enquête ayant établi la présence en Syrie de deux frères de Bilal Taghi ainsi que leur participation à des exactions au sein de l'État islamique). *Ces liens permettront difficilement de s'extraire, qu'elle en ait conscience ou non, d'une vision extrémiste de la religion susceptible de l'entraîner à commettre de nouvelles infractions, mais aussi de la sincérité de son repentir, que la comparution de Mme Salini à l'audience de cour où elle s'est présentée en portant des vêtements traditionnels est d'ailleurs loin d'être neutre à cet égard et ne semble pas montrer un signe de désengagement manifeste.* »

Quelques jours plus tard, malgré cet appel, la cour, en chambre de conseil en la présence de la personne condamnée et de son avocate, statue que Naïma faisait preuve d'efforts conséquents de réadaptation sociale au travers de multiples suivis sociaux et professionnels. Elle confirme le jugement déféré et ajoute l'obligation particulière de s'abstenir d'entrer en contact notamment avec l'ensemble des membres de la famille de Bilal Taghi que ce soit de façon directe ou indirecte.

Naïma débute alors avec plus ou moins d'enthousiasme son suivi socio-judiciaire. Stressée, elle se rend au second entretien avec le référent cultuel. Elle exprime très clairement la notion d'obligation de la *Hijra*[10]. Selon Abdelkader, ses arguments sont décontextualisés ; Naïma, très étonnée, demande le texte de référence (*hadith*) dans son contexte. Abdelkader lui dit qu'il enverra ce dernier dans le week-end.

Naïma ajoute qu'elle ne se ressent pas comme radicalisée, à cette réponse le référent cultuel indique : « *cela ne change rien à la procédure, car aucun radicalisé ne dit qu'il l'est.* » Un échange s'ensuit sur la notion d'État d'un point de vue religieux, puis la question des châtiments corporels : « *Je trouve vos propos cohérents avec la logique de la source primaire de la religion* [Coran et valeurs universelles de l'Humain]. »

Durant cette période, Naïma retire notamment son voile pendant son activité professionnelle liée à sa formation. Elle décide également de faire des démarches pour donner le nom de Taghi en premier à ses deux enfants.

La semaine suivante, le référent social et le référent cultuel se rendent au domicile de Naïma. Sa mère en pleurs évoque la tentative de départ de sa fille. Les échanges portent également sur la question du nom de famille du père de ses enfants et des répercussions sur le devenir de ces derniers. Naïma motive son choix : « *J'ai cœur que mon second fils* [né en mars] *puisse porter le nom de famille de son père afin que les deux enfants portent le même nom* [notamment par rapport à l'école], *et aussi pour respecter la coutume, voulant qu'un enfant porte le nom de son père* [quels que soient les actes commis par ce dernier]. *Maman* [en pleurs] *je n'ai jamais voulu partir, mais je ne désirais pas non plus me séparer de lui. J'aurais aimé que ma grossesse ne se termine jamais pour retarder le moment du départ. L'incarcération et la séparation d'avec mes enfants ont été un "choc". J'ai encore des cauchemars de tout ça. Bilal m'a parlé de ses projets juste quand on s'est mariés. Ma belle-sœur vivait sur place, elle me contactait régulièrement pour m'expliquer la vie en Syrie pour les familles, dans des zones sanitaires, m'incitant à venir la rejoindre. Elle m'a convaincue de venir par mission faire de l'humanitaire, développer l'œuvre du Califat. Au départ, je m'intéressais peu à ce qui se passait en Syrie, et à l'Organisation État islamique. Je ne voulais pas également que mon fils vive sans son père. Maintenant, je sais que l'accident de voiture a été une chance. Je suis une miraculée, la voiture a fait plusieurs tonneaux, sans blessure y compris pour mon enfant.*

---

10 L'hégire (*hijra* en arabe) désigne à l'origine l'exil des compagnons de Mahomet de La Mecque vers Médine. Mais aujourd'hui, le mot a pris une autre acception : faire sa *hijra*, c'est un peu comme faire son *alya* pour les Juifs, c'est déménager en terres musulmanes pour pratiquer un *islam sain*. Devenue le principal outil de propagande des djihadistes, la *hijra* peut être aussi pratiquée sur un mode plus pacifique.

Maintenant, j'ai une pratique religieuse "tranquille". Par exemple, si je dois me faire soigner à l'hôpital, je demanderais à ce que ce soit un médecin femme qui me prenne en charge, mais sinon je me laisserais soigner par un homme. »

Naïma reçoit une convocation à la Direction générale de la sécurité intérieure (DGSI) un samedi matin. Interloquée et perdue, elle décide d'appeler son éducateur référent qui, en arrêt de travail, lui avait indiqué qu'il restait disponible même le week-end. Elle se sent rassurée par ce suiv socio-judiciaire au sens où ce dernier, tout en bordant le cadre, reste disponible et ouvert aux échanges. Après avoir pris des nouvelles de sa santé, elle lui lit le courrier. Le référent social la rassure et lui indique qu'il va faire son possible pour l'accompagner à l'audience. Le juge d'application des peines spécialisé dans l'antiterrorisme (JAPAT) lu rappelle fermement les risques encourus du fait qu'ils se sont aperçus qu'elle envoyait, malgré l'interdiction de communiquer de façon directe ou indirecte, des photos de leur enfant à M. Taghi. Il souligne l'extrême vigilance dont elle doit faire preuve. À la sortie de l'audience, Naïma est soulagée. Sur le chemin du retour, l'éducateur profite de l'occasion pour aborder quelques *sujets brûlants* ; en l'occurrence, le rôle tenu par cette dernière dans l'organisation de son départ, mais également celui de son mari. Naïma se décrit comme une femme « *soumise à son mari, en incapacit de lui dire. Je ne peux me séparer de lui, car je ne veux reproduire l'erreur de l'échec du mariage de mes parents.* »

Quelques jours plus tard, le référent social est de retour au domicile de Naïma. Pour faire suite à une conversation sur les médias, il lui offre un exemplaire de la revue *Courrier international*. Naïma en profite pour lui pose des questions concernant le conflit Arabie saoudite/Yémen, la sorcellerie mais également le support *Facebook*. Naïma précise ne pas se soucier « *de ce qu'on dit sur elle dans les médias, car le plus important reste ce que je sais avoir fait* ». À différentes reprises, elle cite également les propos du référent cultuel « *Abdelkader m'apporte beaucoup au niveau des sources et des comparaisons de hadiths. Par exemple, sur l'excision, l'avortement, la tenue vestimentaire de la femme ainsi que certaines pratiques cultuelles et culturelles, mais également les circonstances de mon départ… Ça me questionne au niveau des sources religieuses et après je fais des recherches par moi-même.* »

Durant cette période, Naïma prend également plaisir à réaliser l'arbr généalogique de son ex-belle-famille avec la psychologue. Son fils vient d'entrer en maternelle, elle envoie une photo de ce dernier au professionnels du centre. Elle accueille Abdelkader, le référent cultuel, son domicile dans l'objectif de lui faire rencontrer sa mère. Différent sujets d'ordre religieux sont abordés tels le voile, les pratiques cultuelle quotidiennes, sa mère indiquant tenir à sa tenue vestimentaire musulmane et n'y renoncer sous aucun prétexte. Elle évoque également sa vie maritale et son vécu au domicile de sa belle-famille. Elle dit avoir été mise au courant de l'expulsion de son ex-mari et de son beau-frère au Maroc. En conséquence, elle appréhende qu'on lui retire ses enfants et évoque souvent ce sujet.

Naïma termine sa formation d'auxiliaire de vie, elle enchaîne sur une semaine de stage au sein d'une crèche, puis une semaine d'examen à l'issue de laquelle elle devrait être diplômée. Un poste vacant dans une maison de retraite lui est également promis. Elle indique également être en contact avec une assistante sociale, ce qui la rassure sur la suite de son accompagnement social. Elle aborde donc sereinement le rendez-vous avec le psychiatre dont le compte rendu lui sera fait deux semaines plus tard par le référent social : « *Madame présente deux distorsions cognitives perçues au travers d'une discussion sur les principes de fonctionnement de la personnalité. Elle confond d'une part solitude et abandon, et d'autre part emprise et attachement, ne saisissant pas bien la limite où l'attachement devient une emprise, dont on peut également devenir soi-même un acteur réciproque, selon une double contrainte relationnelle fusionnelle. La question de l'abandon (ou plutôt de la fragilité du lien) déjà éprouvé vis-à-vis de son père, père qu'elle n'a pu rencontrer comme elle l'aurait souhaité, ainsi qu'elle le reconnaît elle-même, l'a amené à idéaliser la relation masculine, où la question de l'abandon vient se substituer à la question de la compatibilité mutuelle et des limites qu'on met à son conjoint vis-à-vis de soi-même* [...] *On peut d'ailleurs se risquer à l'hypothèse que le geste agressif de son conjoint en détention serait un refus inconscient de l'accompagner elle, vers un couple plus réaliste et moins "radical", ce qui mettrait les raisons psychiques au premier plan du passage à l'acte violent.* [...] *Il semble Madame apparaissait plus encline à suivre son idée relationnelle qu'à percevoir où l'emmenait la soumission à cet idéal... (plus qu'à ce conjoint d'ailleurs, le distinguo, n'étant ici, pas anodin)* [...] *Madame n'a pas le profil d'une victime carencée prise dans une relation d'emprise, même si certains éléments du discours pourraient amener à nous le laisser croire. Au total, Madame ne présente aucune pathologie psychiatrique digne de ce nom, pas plus qu'elle ne présente de trouble grave de la personnalité. Elle n'évoque pas spontanément d'épisodes dépressifs passés ni de manifestations anxieuses notables. Elle dit n'avoir jamais consommé de substance, de manière addictive. On peut néanmoins relever un épisode anxio-dépressif modéré et non nommé comme tel, durant sa première grossesse. Cet épisode, lié à une désillusion conjugale précoce est peut-être à considérer comme le point de départ chronologique des péripéties aventureuses qui l'ont menée jusqu'ici et le moment où elle a décidé de prendre davantage les choses en main afin de moins les subir.* »

Selon le psychiatre, Naïma serait sujette à une *radicalité affective* qui l'aurait amené à se radicaliser concrètement en relation avec un contexte sociopolitique. Cependant les épreuves subies, ainsi que de manière paradoxale, l'échec de son couple et de la famille qu'elle a fondée l'a conduite, selon l'expert, à renforcer un sentiment de confiance dans ses capacités personnelles notamment en ce qui concerne l'éducation de ses enfants. De plus, le psychiatre souligne le soutien important de sa mère. « *Il lui reste néanmoins un cheminement personnel à accomplir par rapport à la question de ses propres responsabilités* [...] *Elle semble trop attachée à la nécessité d'être aimée, en général, plutôt qu'à celle d'être elle-même, et on sait bien que cette inclination introduit des variations du discours parce qu'il s'agit alors de répondre ce qu'on croit que l'autre veut entendre, plutôt que ce qu'on pense, ou ressent réellement* [...] *La solution adverse étant alors de se couper d'autrui affectivement, pour ne pas être confrontée au problème. C'est donc là que réside pour elle, le chemin ou l'apprentissage qui doit être parcouru en étant accompagnée par des interlocuteurs multiples qui la renvoient, de leur place, qu'ils soient psychologues, imam, éducateurs, enseignants, à son propre ressenti, avec bienveillance, mais sans concession à l'enfance.* »

Quelques jours plus tard, Naïma est fière d'entrer à Sciences Po, au 27 de la rue Saint-Guillaume. Elle doit y rencontrer un politologue, chargé de recherche au CNRS et arabisant, spécialiste des mouvements salafistes et de la péninsule arabique contemporaine. Il débute l'entretien par un exposé sur la géopolitique du Moyen-Orient et en particulier la guerre qui a lieu au Yémen. Naïma pose des questions, prend des notes et références bibliographiques. Au bout de deux heures d'entretien, elle en sort très satisfaite et demande s'il serait possible de réitérer la rencontre. Suite à cette rencontre, le référent cultuel en profite pour aborder avec elle différents sujets d'ordre théologique :

- les distinctions entre musulman et non-musulman ainsi que la notion de mécréant ;
- la vie après la mort ;
- le voile et sa tenue vestimentaire ;
- la comparaison de sources.

Ces échanges sont également des supports pour le référent cultuel pour aborder différents éléments liés à la vie quotidienne : son travail, les enfants de sa sœur qui ont abandonné certaines pratiques de l'islam... Naïma se demande notamment si sa sœur est de fait encore musulmane. Le référent cultuel l'accompagne ensuite jusqu'à l'école maternelle de son fils, elle lui confie la garde de ce dernier, le temps d'aller chercher l'aîné.

Naïma s'intéresse aux origines du sunnisme, du chiisme, ainsi que la signification du salafisme. Elle demande à revoir le politologue. De plus, durant cette période, Naïma apprend qu'elle pourra bénéficier d'un suivi par un psychiatre dans le cadre de son obligation de soins ainsi que la poursuite d'un accompagnement par les éducateurs de l'unité éducative en milieu ouvert (UEMO).

À l'heure de la fin du suivi par le centre pour Naïma, cette dernière s'avère avide de connaissances. Elle interpelle régulièrement, même le week-end par texto, le référent cultuel devenu source de connaissances sur des orientations de lectures sur plusieurs thèmes religieux comme la procédure de divorce religieux, la relation du musulman avec ceux qui ne partagent pas ses convictions, ou la tenue vestimentaire et le voile en particulier, et parfois des questions plus *profondes* comme la vie après la mort ou la comparaison des sources. Elle perçoit le doute et le questionnement comme des outils contribuant à une meilleure compréhension des textes religieux. Elle rencontre de nouveau le chercheur en sciences politiques avec lequel elle échange sur la situation en Palestine.

Elle apprécie son travail actuel d'assistante de vie dans un Ehpad. Naïma envisage également de prendre un appartement en autonomie en face de ses parents. À cette occasion, elle a renoué des liens avec son père qui l'aide à effectuer de menus travaux au sein du logement. Elle souhaite à présent avoir plus de temps pour elle, et rêve de vacances avec ses enfants. À l'issue du suivi, la directrice du centre RIVE note : « *C'est ainsi que l'univers de Madame a gagné aujourd'hui en volume et s'est enrichi. Le dispositif, par les rencontres qu'il a induites, a joué un rôle non négligeable dans le nouveau regard que Madame peut porter sur son environnement. De nouvelles références et un champ de connaissances étoffé sont désormais à sa disposition pour regarder, étudier, analyser, comprendre.* »

Cheminement biographique : en quête d'appartenance

La situation de Naïma nous amène à plusieurs points d'analyse tant au niveau du cheminement biographique que des stratégies de civilités permettant de se désengager de l'idéologie violente.

Dans cette situation comme dans d'autres, les ressorts de la radicalisation mis en liaison avec son histoire relèvent avant tout du ressort de la conjugaison de radicalités affectives au sens d'histoires relationnelles, familiales, amicales traumatiques compensées par un désir d'idéal, la quête d'une appartenance absolue.

Cette synergie est performée par la croyance en un capital missionnaire. C'est-à-dire que la personne se donne pour tâche ultime de contribuer à la propagation, diffusion d'une cause, idéologie qu'elle estime juste. Mais revenons rapidement sur la conjugaison de ces deux axes de la radicalité affective et du désir d'idéal. La quête d'appartenance de cette jeune femme, qui lui a fait défaut dans son enfance puis à l'adolescence, est comblée par une *appartenance totale* à une cause idéalisée et perçue comme absolue.

Le désir d'idéal

On peut définir le désir d'idéal par « *l'aspiration profonde d'un sujet répondant à une attente conçue comme conforme à la perfection et qu'il se donne comme but ou comme norme à sa pensée ou son action dans quelque domaine que ce soit* ».

Ce désir d'idéal est dans la situation de Naïma à relier avec une radicalité affective au sens où cette jeune femme a connu une rupture progressive, une déstructuration de son tissu affectif notamment dans l'enfance et/ou l'adolescence. Radicalité affective qui se conjugue également avec une crise de la famille ayant entraîné une fragilité identitaire comblée par le désir total d'épouser la cause djihadiste. En effet, la vie familiale de Naïma est ponctuée de ruptures brutales entraînant des déséquilibres émotionnels notoires. Naïma souffre de l'absence, en terme affectif, de son père. Elle a été témoin de la violence et de la brutalité qu'il exerçait sur sa mère. L'agent CPIP fait l'hypothèse qu'elle aurait peut-être vécu des violences sexuelles.

La question de l'absence de *place ressentie* dans la sphère familiale est cruciale. À l'adolescence, Naïma part en quête d'une appartenance tel un désir de réparation relationnelle et/ou pour combler les liens insécures ressentis durant leur enfance. Comme le souligne Naïma : « *j'avais vécu des ruptures avec ma famille, là avec Daesh on m'a vendu un rêve, l'idéal !* » On peut faire l'hypothèse que pour cette jeune femme la désaffiliation envers la figure paternelle se retrouve compensée par une surrafiliation à une idéologie extrémiste salvatrice en termes de cadre et de virilisme violent et d'assurance d'une permanence totale et morale de la figure masculine. C'est ainsi qu'elle se marie rapidement, favorisant son appartenance dans un premier temps par un cadre sans défaut, rassurant (au moins dans un premier temps), sans nuance englobant les failles relationnelles et affectives dans un monde total. Cette direction de conscience est dans cette situation complétée par le désir de capitaliser son investissement en termes de mission notamment humanitaire fournissant un rôle, une place projetée là-bas à défaut d'en avoir une ici.

Le capital missionnaire

Les failles identitaires et relationnelles des « *Naïma* » composent un espace mental que l'on peut considérer comme une zone de *no man's land* affectif et de reconnaissance parfaite pour les recruteurs. Leurs radicalités affectives les conduisent à se radicaliser concrètement en relation avec un contexte sociopolitique et un projet idéologique idéalisé.

À son départ, Naïma a la conviction de développer un capital missionnaire sur lequel elle souhaite consciemment ou inconsciemment capitaliser au sens d'une somme d'investissement réalisé pour en tirer un profit réel et/ou symbolique. Elle souhaite s'installer durablement à Raqqa pour y faire de l'humanitaire. Cette mission ainsi que son image radicale sont désormais renforcées par la place dans sa famille d'un homme médiatisé de par son passage à l'acte terroriste (Bilal Taghi).

Faire de l'humanitaire, pour elle, répond en écho à son objectif de nission. Cela vise symboliquement à réparer un idéal familial perdu par 'embrassement d'une cause absolue. Naïma signifie son indignation de la souffrance des civils musulmans, son désir de participer à la bataille de la in des temps contre les « *croisés* ».

Ses désirs altruistes radicaux sont sans doute également à relier au rôle le l'humanitaire dans l'islam. En effet, pour un musulman, la réalisation l'une action humanitaire est aussi un moyen pour recevoir l'aide du ciel, nais également effacer ses péchés et échapper au châtiment. De plus, entreprendre une mission humanitaire aide pour se protéger des malheurs, ce qui n'est pas un détail pour cette jeune femme ayant subi des raumatismes et ruptures familiales.

Tout en répondant à un désir d'idéal, les radicalités affectives vécues lans son histoire familiale et sublimées à travers la surrafiliation relationnelle à la cause djihadiste et son alliance matrimoniale remplissent une fonction de capital missionnaire au sens d'un moyen de production le biens moraux qui seront comptabilisés dans l'au-delà.

tratégies de civilité : le *mur mou*, utiliser la force de 'adversaire

Dans cette situation, il est intéressant de percevoir également 'engagement relationnel des professionnels contribuant au désamorçage les idées les plus radicales des « *Naïma* » ainsi qu'à son désengagement de projection d'acte de violence. En somme, chez eux l'approche de type nentorat est quasiment une logique inhérente à leurs fonctions. Point besoin de la nommer, elle fait partie de la corporéité et de l'éthique propre à chaque membre de l'équipe. Pour un éducateur spécialisé de l'équipe, elle se résume en une expression, celle du *mur mou*, qualifiant sa fonction relationnelle avec les personnes placées sous main de justice pour des faits liés à la radicalisation.

Cette métaphore du *mur mou* renvoie à une position professionnelle spécifique qui est le simple fait d'être disponible, parfois seulement d'être présent, silencieux, attentif et à l'écoute de la parole de l'autre. Comme dans la situation de Naïma où cette dernière indique au travailleur social être rassurée par sa disponibilité et son cadre relationnel sécurisant. « *J'ai toujours considéré mon rôle d'éducateur comme un mur mou. C'est celui qui absorbe et qui renvoie éventuellement ce qu'il faut renvoyer comme recadrage, comme bienveillance comme plein de choses.* »

Une position constante permettant aux professionnels et à la personne placée sous main de justice de partager des échanges autour de sujets divers au-delà de la problématique initiale, mais connexes, et permettant au professionnel de travailler le centre à partir de sujets périphériques comme le souligne le référent cultuel : « [...] *on ne peut pas convaincre, aider dans une approche frontale autour d'une problématique forte, comme celle de la radicalisation, comme ça pourrait être une problématique délinquante criminelle. Mais c'est en utilisant d'autres supports, situations* [pour] *créer quelque chose d'un peu tiers entre le travailleur social et la personne, qu'on peut toucher la personne, c'est en parlant d'autre chose, d'autres sujets, qui ont un lien indirect avec une problématique. Comme on sait, dès le départ, qu'une problématique comme la radicalisation renvoie à un tas de choses, crise identitaire, aspect idéologique, un vécu familial particulier. Ces sujets-là, on peut les toucher, mais en parlant de plein de choses. On convainc rarement en étant trop direct et frontal, et beaucoup plus en touchant les personnes à partir de thèmes, de situations qui sont à côté de la problématique même, mais qui vont faire écho. Il y a des relations de cause à effet, des interprétations. Ça fait écho, la personne se remet en question. L'idée c'est qu'on voit bien quand on est trop frontal, les personnes élèvent des barrières, mettent des défenses et restent dans leur conviction. Donc ça ne marche pas, ça ne sert à rien. Le risque, ça pourrait être de renforcer même, ça pourrait être contre-productif de renforcer les personnes dans leur croyance. On dit, pour caricaturer, "ça, ce n'est pas bien, faut pas penser comme ça, il y a une République avec des valeurs", bon ça, ça fait un flop. Faut passer par un tas de choses, mais j'crois que c'est ce qui se fait sans doute, dans le travail éducatif en général.* »

Ce travail s'avère subtil tel que l'exprime Abdelkader au sujet de la situation de Naïma : « *Je vais essayer d'être le maximum sincère dans ma démarche et je pense que ça se voit dans le regard. J'essaie qu'il y ait une confiance, une énergie du "qui es-tu ?", qui fait en sorte que je puisse ramener la personne dans mon énergie moi. Pour qu'elle puisse se sentir à l'aise, que je ne suis pas là pour voler sa religion* [...] *on ne me paie pas pour qu'elle devienne une mauvaise musulmane ou bien un mauvais musulman. Donc j'essaie de travailler la confiance. Donc voilà, ça se voit dans le regard. Et puis parfois, je n'hésite pas être frontal aussi, à dire les choses, à tendre le miroir carrément pour que ça puisse choquer la personne. Parfois, ils ont besoin de limites. C'est un fil, il ne faut pas tirer trop pour qu'il ne casse pas !* »

Cette *double contrainte* relève véritablement d'un travail d'artisan au sens où le référent social et/ou cultuel, la psychologue sont des « *passeurs entre des mondes* »[11]. Pourtant, les professionnels n'hésitent pas à dire leurs doutes quant à la dissimulation, sentiment de double jeu des personnes tel le moment où l'éducateur sort un article du journal *Libération* devant les yeux d'une autre jeune femme suivie par le dispositif RIVE pour lui signifier ses discours contradictoires : « *Là, c'est le mur et faut être fort. Mais je sais déjà que l'accroche relationnelle est faite. Il faut renvoyer quelque chose de stable de manière à ce que tu ne renvoies pas des fragilités à quelqu'un qui en a déjà plein quoi. Moi ce que je sais faire, c'est aller chercher quelqu'un pour qu'on puisse partir d'un point A et aller à un point B* [...] *Ouais, ça, c'est ce que je sais faire* [...] *C'est de devenir un adulte significatif dans la vie de quelqu'un, voilà ça je sais faire.* »

Certains professionnels mettent également en avant des éléments relevant de leur sphère personnelle afin de tendre à « *un effet ricochet voulu* » en termes émotionnels : « *Je demande aux gens de livrer des choses personnelles, il n'y a pas de raison que moi j'n'en livre pas* [...] *Disons que je garde la maîtrise des informations que je donne, c'est le seul truc. Mais après moi je n'ai pas de pudeur ou de choses comme ça quoi. Donc je peux évoquer des choses personnelles, s'il y a un intérêt* [...] *Ce n'est pas forcément stratégique, parce que ce n'est pas toujours à l'initiative, dans le but de provoquer quelque chose. Cela peut être pour engager une relation. Quand on a un échange avec quelqu'un, s'il me parle d'un truc et que moi ça m'évoque quelque chose j'en parle.* »

Les professionnels se positionnent ainsi au « *seuil de la caverne* » pour reprendre l'expression de Didier Fassin[12] ; c'est-à-dire qu'ils représentent à la fois l'ordre social et judiciaire de par leurs fonctions et missions professionnelles tout en ayant une vision compréhensive de la situation individuelle de la personne. En ce sens, ils sont des *murs mous*. Pour tendre

---

11 GOGUEL D'ALLONDAS (T.), *Anthropo-logiques d'un travailleur social. Passeurs, passages, passants*, Paris : Téraèdre, 2003.

12 À partir de l'allégorie du mythe de la caverne développé par Platon, Didier Fassin déclare que la plupart des travaux critiques en sciences sociales se situent d'un côté ou de l'autre du seuil de la caverne : « *D'un côté, on dévoile. De l'autre, on traduit. Les uns pratiquent la dénonciation de l'ordre social. Les autres proposent une grammaire des mondes sociaux* », FASSIN (D.), *La raison humanitaire. Une histoire morale du temps présent.* Paris : Gallimard-Seuil, 2010, p. 317.

et tenir ce positionnement dans le temps, il est nécessaire qu'ils puissent développer des temps d'analyse des pratiques afin d'étudier les « *évènements auprès d'eux-mêmes* »[13]. Ce travail nécessite du temps comme on a pu le percevoir dans la situation de Naïma : « *Déjà ça, imagine le temps que ça prend pour avoir accès chez elle non pas à la carapace, mais à ce qu'il y a en dessous ? Donc ça prend du temps, vachement de temps, puis je n'ai pas de durée. Chez certains ça peut durer un mois, d'autres deux mois, d'autres deux ans, trois ans* [...] *Ou jamais, ouais ! Parce que ça ne "matche" pas. Après quand les gens commencent à parler comme Naïma, c'est là où ils nous livrent eux leur point d'ancrage, leurs émotions et tout ça. C'est là où il faut être un mur qui renvoie quelque chose de solide quoi* [...] *Donc là, à ce moment-là, il faut avoir la tête sur les épaules, il faut être aidant, il faut être* fort. »

---

13 DEVEREUX (G.), *De l'angoisse à la méthode dans les sciences du comportement* [1967]. Paris : Flammarion, 1980, p. 382.

La prévention de la radicalisation et du terrorisme

Jean-Baptiste THIERRY

Maître de conférences en droit privé et sciences criminelles, Directeur de l'IEJ, Institut François Gény (EA 7301), Université de Lorraine

La radicalisation fait partie de notions englobantes qui, sous l'apparence de la simplicité, dissimulent mal une certaine vacuité de sens. Cette radicalisation est pêle-mêle, islamiste, djihadiste, terroriste. Elle concerne des enfants, des adultes, des hommes, des femmes, des supporters, des politiques publiques, des manifestants, *etc.* La neutralité du terme n'est qu'apparente : il n'a accédé à une forme de reconnaissance qu'au travers de la radicalisation islamiste.

S'intéresser en pénaliste à la prévention de la radicalisation et du terrorisme relève alors de la gageure, tant les exigences de la légalité criminelle se concilient mal avec l'évanescence du terme. La prévention de la radicalisation pose à cet égard de nombreuses questions et l'on cherchera en vain le mot dans le Code pénal et dans le Code de procédure pénale. Il n'y est fait référence que dans le Code de la sécurité intérieure[1]. Le droit pénal semble se désintéresser de la radicalisation, ce qui signifie qu'il ne la punit pas directement. Tout au plus peut-on mentionner les infractions relatives à la provocation et à l'apologie du terrorisme[2], l'embrigadement[3] ou les anciens et éphémères délits de consultation

---

1 C. séc. int., art. L. 123-2 et D. 132-1 et s.

2 C. pén., art. 421-2-5.

3 C. pén., art. 421-2-4 et 421-2-4-1.

habituelle de sites terroristes[4]. Ces incriminations n'utilisent certes pas le mot *radicalisation*, mais leur *ratio legis* consiste bien à lutter contre ce phénomène.

Comprendre la radicalisation suppose de suivre un cheminement. Elle est définie comme l'« *action de (se) radicaliser* » ou le « *résultat de cette action* »[5]. Radicaliser, c'est rendre radical, intransigeant. Est radical ce qui est relatif au radicalisme. Le radicalisme est l'« *attitude qui refuse tout compromis en allant jusqu'au bout de la logique de ses convictions* ». Autrement dit, la radicalisation serait l'action correspondant à l'attitude refusant tout compromis en allant jusqu'au bout de la logique de ses convictions, ce qui est éminemment large et englobe de nombreux comportements dont la dangerosité resterait à démontrer. Dans le cadre du terrorisme, le mot renvoie, *a minima*, à ce que l'on a pu appeler la *radicalisation violente*, ce qui n'est pas beaucoup plus précis. Le manque de précision est inversement proportionnel à l'intérêt que suscite le terme dans la sphère scientifique[6]. L'intérêt porté à la radicalisation est tel que, comme le relevait un officier du renseignement, « *la radicalisation, il y aura bientôt plus de gens qui en vivent que de radicaux* »[7]. Tout le monde est sensibilisé à la radicalisation, comme le montre l'avis de la Commission nationale consultative des droits de l'homme consacré au sujet, qui relève que la radicalisation fait l'objet de dispositifs dans l'administration pénitentiaire, dans l'unité de coordination de la lutte antiterroriste, dans le ministère de l'Éducation, dans le ministère de la Jeunesse, de la Ville et des Sports, dans le ministère des Affaires sociales, dans la Caisse nationale d'allocations familiales[8]...

---

4 C. pén., art. 421-2-5-2 (ancien). Envisagé dès 2012 dans le cadre d'un projet de loi renforçant la prévention et la répression du terrorisme, le délit a d'abord été introduit par la loi n° 2016-731 du 3 juin 2016 renforçant la lutte contre le crime organisé, le terrorisme et leur financement, et améliorant l'efficacité et les garanties de la procédure pénale. Le Conseil constitutionnel a, une première fois, déclaré l'incrimination contraire à la Constitution dans sa décision n° 2016-611 QPC du 10 février 2017. Réintroduit quelques jours après dans le Code pénal par la loi n° 2017-258 du 28 février 2017 relative à la sécurité publique, il a de nouveau été déclaré contraire à la Constitution dans la décision n° 2017-682 QPC du 15 décembre 2017. Il est indirectement réapparu par l'intermédiaire de la Cour de cassation qui a réprimé le recel d'apologie du terrorisme (Cass. crim., 7 janvier 2020, n° 19-80.136). Cette interprétation a été censurée par le Conseil constitutionnel dans sa décision n° 2020-845 QPC du 19 juin 2020.

5 Trésor informatisé de la langue française.

6 Pour s'en convaincre, il suffit de consulter le site https://radical.hypotheses.org/, consacré aux *processus et trajectoires de radicalisation*, qui recense énormément de manifestations scientifiques sur ce thème.

7 Cité *in* BONELLI (L.), CARRIE (F.), *La Fabrique de la radicalité. Une sociologie des jeunes djihadistes français*, Seuil, 2018.

8 CNCDH, Avis sur la prévention de la radicalisation, 18 mai 2017, p. 11.

Les raisons du foisonnement sont évidentes : les attaques terroristes qui ont eu lieu sur le territoire, les départs en Syrie, les passages à l'acte imprévisibles et isolés, font que la menace apparaît diffuse, incontrôlable. Le radicalisé peut être partout et l'objectif est d'empêcher un passage à l'acte. Il est donc *a priori* logique que l'on essaie de le détecter. Ce faisant, la radicalisation est érigée en notion permettant d'assurer un suivi, voire de *dé-radicaliser.* Mais l'on se heurte à des difficultés importantes puisqu'il est difficile de prédire ou défaire quelque chose que l'on ne sait pas cerner avec précision. Les difficultés augmentent encore s'il s'agit de s'intéresser à la prévention de cette radicalisation : prévention et radicalisation sont des notions floues, qui obéissent par ailleurs à la mise en œuvre de moyens peu évidents. Au flou de ces notions (I) répond un flou de leurs fonctions (II).

I. Le flou des notions

Prévention et radicalisation ont ceci de commun qu'il s'agit de termes polysémiques. Employés sans que leur sens soit précisé ne participe pas à la clarification du débat public, en général, et juridique, en particulier.

A. Le flou de la prévention

Le flou de la prévention n'est pas nouveau, ce qui n'empêche pas son succès : « *La prévention est comme la vertu : personne n'est contre.* »[9] Elle n'est pourtant pas uniforme et revêt deux formes principales : situationnelle ou sociale. Il s'agit, dans les deux cas, d'un ensemble de mesures qui ne relèvent pas de la loi pénale[10] permettant d'agir sur les facteurs de criminalité.

La prévention est dite *situationnelle* lorsque les mesures mises en œuvre agissent sur la situation pré-criminelle : « *Par "prévention situationnelle" on désigne les interventions non pénales qui visent à empêcher le passage à l'acte en modifiant les circonstances particulières dans lesquelles une série de délits semblables sont commis ou pourraient l'être.* »[11] Relèvent ainsi de cette prévention situationnelle des mesures aussi variées que les patrouilles de militaires, la pose de blocs de béton pour empêcher le passage de véhicules, les

---

9 CUSSON (M.), TREMBLAY (P.), L.-BIRON (L.), *et al.*, *La prévention du crime. Guide de planification et d'évaluation* [en ligne], Montréal : École de criminologie, Université de Montréal, août 1994, éd. numérique, p. 7, http://classiques.uqac.ca

10 La prévention peut par ailleurs être pénale : elle se concrétise notamment par l'adoption d'incriminations obstacles ou d'indisciplines permettant d'éviter un résultat particulier.

11 CUSSON (M.), *Criminologie actuelle* [en ligne], Paris : PUF, 1998, éd. numérique, p. 238, http://classiques.uqac.ca

contrôles d'accès, *etc.* Il s'agit d'une prévention très immédiate du terrorisme, mais pas de la radicalisation, qui n'est pas une infraction.

La prévention est dite sociale lorsqu'elle se concentre sur les facteurs de criminalité. Elle correspond à une conception étiologique du crime et permet un traitement social de la délinquance. La prévention sociale peut être plus adaptée à la radicalisation. Pour le dire simplement, en luttant contre les causes profondes de la radicalisation, il serait possible de lutter contre la radicalisation elle-même. Elle est toutefois difficile à évaluer, car elle est très éloignée d'un passage à l'acte. Le modèle français de prévention de la délinquance était principalement fondé sur cette prévention sociale. Mais, comme l'a bien démontré Virginie Gautron, il a évolué vers un abandon progressif d'une logique d'émancipation au profit d'une approche morale de responsabilisation et, aujourd'hui, de surveillance et d'étiquetage[12].

Il est dès lors délicat de cerner précisément ce que la prévention de la radicalisation recoupe. Ce que l'on cherche à prévenir, c'est le terrorisme entendu comme un passage à l'acte, mais également la radicalisation entendue comme une manière de penser.

B. Le flou de la radicalisation

Le flou de la radicalisation est éminemment problématique puisque ne sachant pas trop ce que l'on cherche à prévenir, il est difficile d'avoir une vision claire des actions mises en place. Il suffit pour s'en convaincre, d'un exemple certes caricatural, tiré d'un rapport établi par un psychologue, qui montre que tout n'est pas forcément très clair, au sujet d'un jeune considéré comme radicalisé : « *le choix de la filière S et le rapport au savoi mathématique peuvent être entendus comme une défense, par la solution qu'il trouve . l'énigme de la sexuation et/ou de la rencontre sexuelle. En effet, pour lui, la définitio rassurante des mathématiques est qu'avec les maths 1+1=2. En effet, 1+1 ne font pa 3… Comme avec la reproduction sexuelle.* »[13] Quelle prévention de quell radicalisation dans cette hypothèse ?

Le problème de la radicalisation est qu'elle ne fait pas l'objet d'un consensus. « *La radicalisation n'est pas une notion clairement définie, non qu'el manque de définition, au contraire, son problème viendrait plutôt de la variété et surtou de la plasticité de ses définitions. Elle est, pour le dire de manière imagée, une notio molle dont on comprend déjà qu'elle peut prendre différentes formes selon les forces e*

12 GAUTRON (V.), *Les politiques publiques de lutte contre la délinquance*, thèse de doctorat, droi Université de Nantes, 2006, tel-00813174, spéc. p. 685 et s.

13 Cité *in* BONELLI (L.), CARRIE (F.), *op. cit.*

présence. »[14] Selon une définition courante, la radicalisation est « *un processus par lequel un individu ou un groupe adopte une forme violente d'action, directement liée à une idéologie extrémiste à contenu politique, social ou religieux qui conteste l'ordre établi sur le plan politique, social ou culturel* »[15]. La clarté de la définition n'est qu'apparente puisque les termes qu'elle contient sont tout aussi flous que ce qu'elle prétend décrire. De très nombreux comportements peuvent entrer dans ce champ : l'idéologie extrémiste peut être libertaire, totalitaire. La forme violente d'action englobe un nombre très important de comportements disparates.

Dès lors, des méthodes critiquables de prévention de ce concept flou peuvent être mises en place. Laurent Bonelli et Fabien Carrié[16] ont démontré le danger de catégories venues de nulle part, comme l'emprise, la manipulation, l'embrigadement, un temps populaires et aujourd'hui délaissées. Ils relèvent que nombre de professionnels de la justice des mineurs ont été marqués par cette approche, ce qui a changé leur manière d'appréhender les personnes suivies : « *des notions comme l'emprise et l'embrigadement facilitent le travail éducatif. Dans un contexte où les auteurs d'attentats sont volontiers démonisés et renvoyés à une altérité irréductible, elles permettent de porter un regard différent sur les mineurs auxquels ils sont confrontés, même s'ils ont commis des actes graves. Bien qu'auteurs de ces derniers, ils apparaissent simultanément comme des victimes de la manipulation d'individus sans scrupules* […] *qui tireraient parti de leurs fragilités personnelles. Le bénéfice est double : d'une part, la responsabilité ultime du passage à l'acte est renvoyée sur des acteurs dont ils n'ont pas à s'occuper (ils relèvent des services de renseignement, de la justice antiterroriste, voire des militaires) ; de l'autre, les mineurs concernés peuvent être amendés, notamment par un travail éducatif et psychologique.* »[17]

Or, la radicalisation est loin d'être neutre, ce que facilite son absence de définition. La notion est tellement malléable que Laurent Bonelli et Fabien Carrié refusent de l'utiliser, lui préférant le terme de radicalité : « *s'il n'est pas totalement satisfaisant, il reste moins* […] *brouillé. Par ce terme* [il faut entendre] *à la fois des actes, des faits ou des comportements qui transgressent des normes établies et la réaction à ces transgressions de la part des institutions qui y voient une* ***menace de subversion***[18] *pour l'ordre politique, social et symbolique dont elles*

---

14 BRIE (G.), RAMBOURG (C.), « Radicalisation et mystifications », *Délinquance, justice et autres questions de société*, 20 mars 2017.

15 KHOSROKHAVAR (F.), *Radicalisation*, Paris : Maison des sciences de l'homme, 2014.

16 BONELLI (L.), CARRIE (F.), *op. cit.*

17 BONELLI (L.), CARRIE (F.), *op. cit.*, p. 56.

18 C'est nous qui soulignons.

sont les garantes. »[19] L'intérêt de cette approche, comme le soulignent les auteurs, est de montrer que la radicalité est *relationnelle* : « *on n'est jamais radical en soi, mais toujours pour quelqu'un. Et il faut que ce quelqu'un dispose d'une autorité d'État pour que l'étiquetage puisse déclencher une action publique.* »[20]

Ces auteurs distinguent ensuite quatre formes de radicalité. La radicalité agonistique[21], apaisante[22], rebelle[23] et la radicalité utopique[24]. Seuls les cas de radicalité utopique apparaissent les plus inquiétants, même si la prédiction de la dangerosité apparaît bien délicate. Il faut ajouter à ces difficultés les biais inhérents à l'identification des individus radicalisés : il faut des condamnations, des suivis préexistants, des seuils de tolérance particuliers, l'observation est elle-même difficile.

La difficulté est donc de combiner les incertitudes de la prévention à celles de la radicalisation. Et pourtant, la volonté des pouvoirs publics est bien marquée. L'ironie est certaine : l'on plaisante fréquemment de la vanité de la recherche de l'homme criminel par l'étude des condamnés chez Lombroso, mais les mêmes erreurs sont reproduites en recherchant les *radicalisés* chez les terroristes ; si tous les terroristes sont radicalisés, tous les radicalisés ne sont pas terroristes, et c'est heureux. Prendre appui sur un témoignage d'une personne *anciennement radicalisée* pour construire un modèle de ce qui doit être recherché est un non-sens méthodologique. La chose ne serait pas inquiétante si la méthodologie était seule en cause. Elle devient dangereuse dès lors que les fonctions de cette prétendue prévention de la radicalisation apparaissent tout aussi floues.

II. Le flou des fonctions

Le flou des fonctions découle du flou des notions : que peut bien vouloir dire prévention de la radicalisation ? Empêcher la commission d'actes violents : c'est la finalité. Or, s'intéresser aux fonctions de la prévention, revient à s'intéresser aux moyens de cette prévention. Deux

---

19 BONELLI (L.), CARRIE (F.), *op. cit.*, p. 16.

20 *Ibid.*

21 Relatif à la lutte pour la vie : provocation et revalorisation de soi dans les interactions avec les agents des institutions d'encadrement de la jeunesse, principalement masculins, signalés par les éducateurs.

22 Marquée par une quête de protection par rapport aux violences subies, une mise en ordre des désordres familiaux, du rapport au corps et à la sexualité.

23 Marquée par une opposition au cadre familial.

24 Marquée par un engagement idéologique, djihadiste notamment.

glissements apparaissent alors : le premier est celui de la punition à la prévention ; le second est celui de la prévention à la normalisation.

A. De la punition à la prévention

La volonté de toujours prévenir est risquée pour les libertés fondamentales. Le phénomène est déjà suffisamment connu pour qu'il ne soit pas utile de s'y attarder. Le droit pénal devient de plus en plus préventif, de sorte que la répression apparaît détachée de la survenance d'un résultat. La dernière illustration réside dans la proposition de loi instaurant des mesures de sûreté à l'encontre des auteurs d'infractions terroristes à l'issue de leur peine[25]. Ce texte prévoit, en l'état, la possibilité d'édicter, en fin de peine, des mesures de sûreté destinées à prévenir la récidive des personnes concernées. Une nouvelle section serait créée au sein du titre XV du livre IV du code de procédure pénale, consacré aux procédures particulières applicables au terrorisme. La sanction pénale n'interviendrait qu'en cas de non-respect des mesures de sûreté. Cette quête de la surveillance apparaît malheureusement vaine.

Une autre manifestation de ce glissement se trouve également dans l'articulation entre polices administrative et judiciaire. « *Nombre d'enquêtes sont ouvertes sur la base d'un renseignement qui est judiciarisé. Ce sont les services de renseignement qui* […] *vont estimer la nécessité de judiciariser un renseignement et faire, le cas échéant, un rapport qui va "blanchir" ce dernier, c'est-à-dire en gommer la source ainsi que les éléments d'identification* »[26]. Ce « *renseignement incident de la commission d'une infraction* »[27] est un moyen de contourner les exigences de la procédure pénale. Il faut toutefois relativiser cette difficulté, puisque ce renseignement ne sert qu'à ouvrir une enquête et n'est pas considéré comme un élément de preuve sur lequel les juges pourraient fonder leur conviction.

Plus largement, c'est la question de la place de l'assistant spécialisé en matière de lutte contre la radicalisation qui se pose. Ces assistants ont pour rôle de traiter et suivre les signalements réalisés. Ils ont également pour rôle d'assister le magistrat lorsqu'une infraction de droit commun est

---

25 Proposition de loi n° 2754 instaurant des mesures de sûreté à l'encontre des auteurs d'infractions terroristes à l'issue de leur peine, 10 mars 2020.

26 HENNETIER (C.), « Le traitement judiciaire du terrorisme. La construction d'une justice spécialisée », *Cah. séc. int.*, n° 35-36, 2016, p. 8, spéc., p. 12.

27 FOURMENT (F.), « La loi "Renseignement", le renseignement incident de commission d'une infraction et l'autorité judiciaire », *Gaz. Pal.* 26 janvier 2016, n° 4, p. 75.

commise par un individu signalé pour radicalisation[28]. L'objectif est d'apporter des éléments de compréhension de la personnalité de la personne poursuivie et d'observer attentivement son attitude à l'audience. La nature de l'infraction commise et l'évolution de son parcours délinquant peuvent constituer des indicateurs. Mais quelle est l'incidence de l'appréciation de cet assistant ? Quelles sont les garanties de la pertinence de son analyse ? « *Les informations communiquées aux juges sur l'éventuelle radicalisation d'un prévenu soulèvent des problèmes, tant du point de vue de la déontologie des magistrats que du respect du contradictoire. Par leur présence au sein des cellules de suivi préfectorales, les procureurs sont susceptibles de recueillir des informations dans le cadre du suivi des personnes détectées comme radicalisées. En l'absence de directives officielles sur le partage de ces informations, certains procureurs peuvent être amenés à les transmettre aux magistrats du siège. D'un autre côté, l'évaluation de la radicalité menée par l'administration pénitentiaire, et plus généralement par les services de renseignement, peut être communiquée au juge pour apprécier le risque de passage à l'acte de la personne mise en cause pour son lien avec une activité terroriste (en raison d'un départ en Syrie, d'apologie de terrorisme,* etc.*)* »[29]

Ceci s'inscrit dans une logique d'anticipation recherchée avec la prévention de la radicalisation, comme avant de la dangerosité[30], qui rend les mesures mises en œuvre dangereuses pour les droits et libertés. Le risque de faux positifs est assumé[31] : puisqu'il faut éviter absolument le passage à l'acte, il importe finalement peu que soient ciblées des personnes qui ne seraient pas passées à l'acte. Cette recherche de la prédiction aboutit à ce que la personne n'est plus jugée à l'aune de son acte, mais de ceux qu'elle pourrait commettre. L'ensemble relève de *préqualifications terroristes*[32], problématiques au regard de leur fiabilité, et du respect ultérieur des droits de la défense. L'ensemble est d'autant plus critiquable que la récidive des auteurs d'infractions terroristes apparaît particulièrement faible. La peur de la récidive terroriste est disproportionnée par rapport à sa réalité[33].

---

28 PRIE (V.), « L'assistant spécialisé en matière de lutte contre la radicalisation au parquet de Pontoise », *AJ Pénal* 2018, p. 123.

29 CNCDH, avis préc.

30 COCHE (A.), « Faut-il supprimer les expertises de dangerosité ? », *Rev. sc. crim.* 2011, p. 21.

31 V. par ex. SUC (M.), « Le djihad en prison : l'impossible évaluation de la "radicalisation" », *Mediapart* 25 mai 2020.

32 ALIX (J.), *Terrorisme et droit pénal*, Dalloz, 2010, coll. Nouvelle bibliothèque des thèses.

33 RENARD (T.), "Overblown: Exploring the Gap Between the Fear of Terrorist Recidivism and the Evidence", *CTC Sentinel* avril 2020, vol. 13, issue 4, p. 19.

B. De la prévention à la normalisation

La volonté de normalisation a pu être qualifiée de *normalisation des esprits* : « *La déradicalisation, objectif traversant de nombreux discours, tend précisément à normaliser la personne radicalisée religieuse.* »[34] Ce que, une fois encore, la CNCDH dénonce en relevant une « *volonté d'inculquer les valeurs de la République de manière unilatérale* »[35]. Le traitement de la radicalisation aboutit alors à un mélange entre déviance et infraction.

Laurent Bonelli et Fabien Carrié relèvent que la plupart des signalements relèvent des logiques agonistiques, apaisantes ou rebelles : « *non seulement celles-ci ne constituent pas le marchepied vers la violence politique, mais elles trouvent au contraire pour partie leur raison d'être dans une volonté de susciter une réaction de ceux vers lesquels elles sont dirigées. En d'autres termes, l'essentiel des comportements enregistrés aujourd'hui en France sous le label de radicalisation ne constituent pas des signaux faibles du djihadisme, mais les manifestations éclatantes d'une défiance envers des familles et/ou des institutions. Ils sont l'expression circonstancielle de problématiques qui, sous une forme exacerbée et dans un registre que les attentats récents ont rendu particulièrement suspect, n'en restent pas moins communes à l'adolescence et au-delà. Pourtant, le principe de précaution aveugle l'analyse et la réponse publique. Les professionnels interrogés, dans la justice et ailleurs, sont bien conscients que la plupart des cas qu'ils ont à traiter ne présentent pas une dangerosité particulière. Mais l'éventualité, si infime qu'elle paraisse, qu'il en soit autrement les conduit à raisonner – on les comprend aisément – comme si toutes les situations relevaient d'un* continuum. »[36]

Ce mouvement est d'autant plus inquiétant qu'il a des conséquences au-delà de la seule sphère pénale et concerne également l'éducation, l'emploi, le logement, *etc.* L'étiquette de radical n'est pas un facteur évident d'insertion. Et il y a une forme d'effet pervers, puisque la machine s'alimente elle-même : la publicité faite à la radicalisation rend plus probable l'adoption de tels comportements. Si normalisation il doit y avoir, ce n'est pas une normalisation des esprits dits *radicalisés*, mais une normalisation du traitement social de la radicalisation qui ne se distingue pas d'autres formes de déviances. Il n'y a pas de certitude de réussite, certes, mais la lutte contre la radicalisation n'a pas fait davantage preuve de son efficacité.

---

34. SAAS (C.), « Radicalisation : répression et "sécurisation" », *AJ Pénal* 2018, p. 116.
35. CNCDH, avis préc.
36. BONELLI (L.), CARRIE (F.), *op. cit.*, p. 290.

Les expériences étrangères de déradicalisation : le modèle danois

Nicolas CATELAN

Maître de conférences en droit privé et sciences criminelles, Aix-Marseille Université - LDPSC (EA-4690), Directeur adjoint de l'Institut de sciences pénales et de criminologie (ISPEC)

Tabou. Dans la nébuleuse des concepts évanescents, la déradicalisation semble avoir une place de premier choix. Après les critiques essuyées par l'approche sectaire[1] et la fermeture du premier centre de déradicalisation[2], la prévention de la radicalisation violente semblait ressortir à une figure mythique ou totémique. Un rapport du coordinateur européen à la lutte contre le terrorisme en date du 10 octobre 2014[3] est pourtant en mesure de piquer la curiosité de toute personne intéressée par le désengagement et la *désistance*[4] terroristes : "*The Danish pilot project, supported by the Commission, 'De-radicalisation - Back on track', which was launched in May 2011, came to an end in 2014. With support from the EU, the Danish Prison and Probation Service and the Ministry of Children, Gender Equality, Integration and Social Affairs developed and tested a mentoring scheme designed to support prison inmates in disengaging from criminal and extremist groups and prevent*

---

[1] BOUZAR (D.), MARTIN (M.), « Méthode expérimentale de déradicalisation : quelles stratégies émotionnelles et cognitives ? », *Pouvoirs* 2016/3, n° 158, pp. 83 à 96.

[2] V. VINCENT (E.), « Le gouvernement annonce la fermeture définitive du centre de "déradicalisation" de Pontourny », *Le Monde* 29 juillet 2017. – V. également BENBASSA (E.), TROENDLE (C.), *Rapport d'information n° 633 sur le désendoctrinement, le désembrigadement et la réinsertion des djihadistes en France et en Europe*, Sénat, 12 juillet 2017. V. not. pp. 11 et s. et 41 et s.

[3] Coordinateur à la lutte antiterroriste, *Report on the implementation of the EU Counter-Terrorism Strategy*, 10 octobre 2004, n° 13971/14, p. 14.

[4] V. MCNEILL (F.), "A desistance paradigm for offender management", *Criminology & Criminal Justice*, Sage Publications, 2006, vol. 6, pp. 39-62, https://doi.org/10.1177/1748895806060666 – GRAHAM (H.), MCNEILL (F.), (2017) "Desistance: Envisioning Futures", *in* CARLEN (P.), AYRES FRANÇA (L.) (eds.) *Alternative Criminologies,* London: Routledge, pp. 433-451.

radicalisation in Danish prisons. Lessons learned and reports from the project can be found on the homepage of the Ministry of Children, Gender Equality, Integration and Social Affairs (www.sm.dk)". Le Danemark semblait avoir très tôt appréhendé la problématique de la déradicalisation. De rapides recherches permettent de découvrir que ce pays a en effet initié de nombreux projets dès les années 2000. Même si cet État n'est pas le seul à avoir substantiellement investi ce champ[5], son approche mérite une attention particulière au regard du polymorphisme dont elle fait preuve. On se réjouira également de la considérable documentation mise en ligne par les différentes institutions danoises œuvrant contre le terrorisme. Surtout, il est acquis désormais que les stratégies danoises inspirent de nombreux protocoles à travers le monde : l'Angleterre a suivi, l'Australie s'est pareillement beaucoup inspirée du système danois, et le dispositif français RIVE[6] lancé et porté par l'APCARS en janvier 2017, et arrêté à l'automne 2018[7], s'inspirait dans les grandes largeurs du programme *Back on track*. À cet égard, il peut être observé que de nombreux rapports publics français font référence à ce modèle[8].

Sources. La politique danoise de lutte contre le terrorisme et la radicalisation violente fait l'objet de recherches pratiques et de stratégies transparentes. À cet effet, l'État scandinave a substantiellement communiqué tant à l'intérieur du pays qu'à destination de l'Union européenne. Le Gouvernement a ainsi publié en 2009, 2014[9] et 2016[10] des plans d'action globale destinés à éclairer la prévention de la radicalisation

---

5 V. ainsi BUTT (R.), TUCK (H.), *European Counter-Radicalisation and De-radicalisation: A Comparative Evaluation of Approaches in the Netherlands*, Sweden, Denmark and Germany, Institute for strategic dialogue, 2014.

6 « RIVE, le projet de déradicalisation secret du gouvernement », *France Inter*, 9 novembre 2017 [en ligne] : https://www.franceinter.fr/societe/rive-le-projet-de-deradicalisation-secret-du-gouvernement

7 V. Questions à Frédéric Lauféron, Directeur général de l'APCARS, par PEROT (J.), *Lexbase Pénal*, n° 12, janvier 2019 ([LXB= N7262BXA]).

8 V. ainsi CIOTTI (E.), MENUCCI (P.), *Rapport n° 2828 sur la surveillance des filières et des individus djihadistes*, 2 juin 2015, Assemblée nationale. – BENBASSA (E.), TROENDLE (C.), *Rapport d'information n° 633*, préc., pp. 44 et s. – PIETRASANTA (S.), *La déradicalisation, outil de lutte contre le terrorisme*, Mission auprès du ministre de l'Intérieur, juin 2015, pp. 44 et s.

9 *Prevention of radicalization and extremism – Action plan*, septembre 2014 [en ligne].

https://www.justitsministeriet.dk/sites/default/files/media/Pressemeddelelser/pdf/2015/SJ20150422125507430%20%5BDOR1545530%5D.PDF

10 *Preventing and countering extremism and radicalisation national – Action plan*, octobre 2016 [en ligne].

https://ec.europa.eu/home-affairs/sites/homeaffairs/files/what-we-do/networks/radicalisation_awareness_network/docs/preventing_countering_extremism_radicalisation_en.pdf et de l'extrémisme. Le ministère des Affaires sociales a quant à lui publié le fruit de l'expérience prophylactique en prison, le fameux projet *Back on track*[11]. Le PET, service de renseignement intérieur qui dépend du ministère de la Justice édite également des rapports réguliers[12]. Il en va de même du Danish Centre for Prevention of Extremism[13], émanation du ministère de l'Intérieur. À tout ceci s'ajoute un institut universitaire qui œuvre grandement sur ces questions : le DIIS (*Danish Institute for International Studies*). Une de ses membres, le Dr Ann-Sophie Hemmingsen a ainsi rédigé une introduction au système danois de prévention, dont la lecture est des plus opportunes[14]. Au-delà, les universités au sens strict apportent leur pierre à l'édifice, notamment l'Université d'Aarhus, Aarhus étant une commune pionnière en termes de lutte contre l'extrémisme.

Modèle danois ? Même s'il est souvent présenté comme le *modèle Aarhus*, le système danois de lutte contre la radicalisation violente ne se limite pas aux seuls outils imaginés et mis en application dans cette commune[15]. Il s'agit d'une véritable approche globale construite sur la base d'une pensée réellement complexe qui se considère comme inachevée, débattue et nécessairement soumise à la controverse. La spécificité de la démarche tient également à une approche réticulaire du problème au moyen du tissu social et institutionnel existant :

"The Danish approach to preventing and countering all types of violent extremism and radicalization, be they political or religious, is based on systematized multi-agency collaboration between various social-services providers, the educational system, the health-care system, the police, and the intelligence and security services that has evolved over a decade"[16].

---

[11] *Back on track – A pilot project on the prevention of radicalisation among inmates*, juin 2014 [en ligne]. https://www.kennisplein.be/Documents/Back%20On%20Track_Denemarken.pdf

[12] V. ainsi *État de menace terroriste au Danemark*, janvier 2018 [en ligne]. https://www.pet.dk/English/~/media/VTD%202018/VTD2018ENGpdf.ashx

[13] V. ainsi *Working with mentoring programmes* publié par le *Danish Centre for prevention of extremism* en mai 2017 [en ligne].

https://strongcitiesnetwork.org/en/wp-content/uploads/sites/5/2017/06/Danish-Centre-for-Prevention-of-Extremism-1.pdf

[14] HEMMINGSEN (A.-S.), *An Introduction to the danish approach to countering and preventing extremism and radicalization*, Danish Institute for International Studies, 2015 [en ligne].

https://www.ft.dk/samling/20151/almdel/reu/bilag/248/1617692.pdf

[15] V. à cet effet, *Preventing and countering extremism and radicalisation national - Action plan*, préc., p. 11.

[16] HEMMINGSEN (A.-S.), *An Introduction to the danish approach to countering and preventing extremism and radicalization*, préc., p. 7.

Surtout, le système danois cherche à distinguer extrémisme et radicalisation :

"Extremism can be defined in various ways. In this publication, the term is used to describe groups that can be characterised by their:

- *simplistic views of the world and of "the enemy", in which particular groups or as- pects of society are seen as a threat*

- *intolerance and lack of respect for other people's views, freedom and rights*

- *rejection of fundamental democratic values and norms, or non-acceptance of democratic decision-making processes*

- *use of illegal and possibly violent methods to achieve political/religious ideological goals*

Radicalisation is not a clearly defined concept. It is a process that takes various forms. Sometimes it happens relatively quickly, sometimes it is long and drawn-out. There are no simple causal relationships – radicalisation is triggered by different factors and leads to different forms of involvement. It can assume forms such as support for radical views or extremist ideology, and it can lead to acceptance of violence or other unlawful acts as a means to achieve a political/religious goal."[17]

L'extrémisme est donc une structure d'esprit alors que la radicalisation est perçue comme un simple processus qui amène l'individu à des actes variés : qu'il s'agisse de prises de position, d'apologie, de financement, de départs ou encore d'actes terroristes. De plus, les plans d'action visent toutes les formes d'extrémisme même s'ils abordent essentiellement les extrémismes de droite, de gauche et islamiste. À la lecture des différents rapports et travaux, il apparaît que l'action danoise se disperse et se diffuse dans le temps (I) et l'espace (II) par le truchement d'une approche théorique, mais également concrète et pragmatique qui mérite une attention particulière.

I. Temps et déradicalisation au Danemark

Méthode : Apprentissage par la pratique/le tâtonnement. La stratégie pratique initiée par les autorités danoises consiste à développer la pédagogie préventive par l'action et l'apprentissage selon le modèle *essais et erreurs.* Ce double protocole a permis de déterminer les différents temps

---

17 HEMMINGSEN (A.-S.), *An Introduction to the danish approach to countering and preventing extremism and radicalization*, préc., p. 19.

de la déradicalisation (A), et de la rendre plastique au gré des nécessaires évolutions (B).

A. Les temps de la déradicalisation

Prémisses. Comprendre la stratégie danoise de lutte contre l'extrémisme violent et la radicalisation exige de comprendre comment la vie en société y est perçue. À la différence de nombreux autres pays, le Danemark ne cherchait pas, initialement, à analyser les défaillances du monde actuel pour comprendre ce qui pousse certains à se rebeller. Le pays se concentrait et se concentre encore davantage sur les gains pouvant être retirés d'une vie intégrée socialement. La politique vise donc à permettre à chacun d'accéder aux bienfaits de l'État providence et d'une vie relationnelle (école, travail, liens familiaux) avec l'idée que chacun devrait chercher à ne pas perdre ces bienfaits[18]. Le consensus repose sur l'idée selon laquelle la vie danoise est si agréable que cela n'aurait pas de sens de s'en détourner. Il en résulte que toute opposition au bien-être national est perçue comme le résultat d'une mauvaise compréhension par un individu de ses opportunités. En d'autres termes, la population cible de la politique de déradicalisation est appréhendée comme ayant été mal dirigée ou tout simplement inconsciente des possibilités qui lui sont en réalité offertes. Il est donc logique, et on le verra, que l'approche danoise mobilise fortement les mentors, les *coaches* et la thérapie, et cherche à ouvrir le spectre de conscience des personnes visées. Il s'agit d'activer et de construire des compétences qui permettront aux *cibles* de s'intégrer au *flot* social. La radicalisation et son issue, le terrorisme, sont donc appréhendées comme des comportements à risques que l'on prévient par une politique de conscience de soi et de ses capacités sociales[19].

---

18 V. ainsi *Preventing and countering extremism and radicalisation national - Action plan*, octobre 2016, préc., p. 3.

19 V. HEMMINGSEN (A.-S.), *An Introduction to the danish approach to countering and preventing extremism and radicalization*, préc., p. 20.

Triple approche. Les autorités danoises ont conçu la prévention de la radicalisation à travers trois étapes. Il s'est agi de développer une réponse graduée visant à prévenir, anticiper et agir directement. La pyramide a ainsi été dessinée à titre général :

De manière un peu plus précise, cela débouche sur la stratégie suivante[20] :

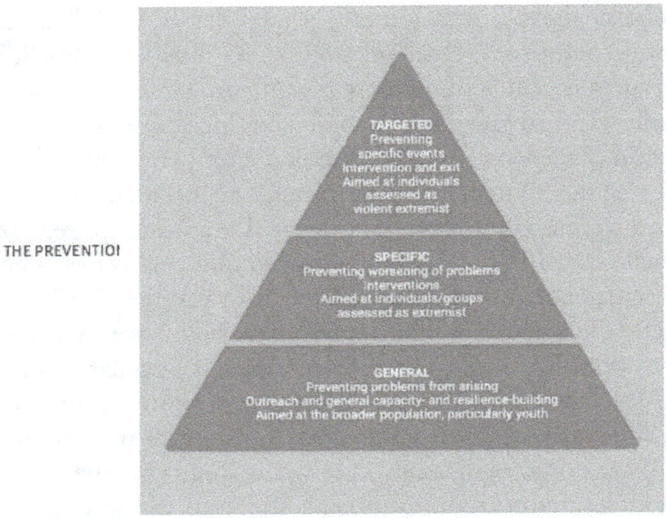

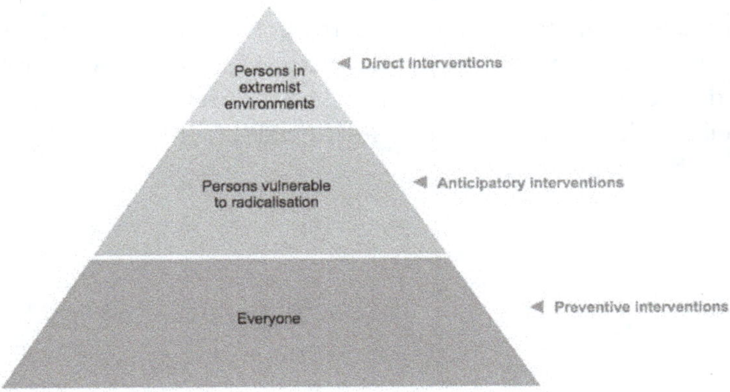

---

[20] Infographies : v. HEMMINGSEN (A.-S.), An Introduction to the danish approach to counterin and preventing extremism and radicalization, Danish Institute for International Studies, (2015), 23. – *Preventing and countering extremism and radicalisation national - Action plan*, préc., p. 16.

Triple approche de la lutte. Il résulte de ces schémas la volonté d'agir à tous les niveaux de la société, et ce, en réalité, de manière synchronique. En ce sens, l'approche danoise ne s'éloigne pas de la pensée pénale classique. Beccaria déjà en 1764 préconisait une réforme globale de la société pour amorcer une réforme pénale[21], et postulait qu'aucune répression ne pouvait être légitime si l'infraction n'avait pas été suffisamment prévenue[22]. Les Danois ont simplement dépassé le stade fondamental pour mettre en pratique[23] cette politique pénale en agissant tant au niveau global, qu'au niveau des individus pouvant basculer dans la radicalisation, ainsi qu'à l'endroit de ceux déjà radicalisés. Ces trois étapes doivent nécessairement être différenciées. Il convient surtout de séparer le niveau général des deux autres échelons. En effet, la prophylaxie générale n'est pas à proprement parler une politique antiterroriste. Il s'agit simplement de garantir à chaque citoyen un bien-être social (éducation nationale, cohésion sociale…) en vue de le détourner en principe de toute velléité extrémiste. On peut ici observer une véritable spécificité danoise en ce sens que le pays refusait initialement d'aborder certains problèmes au niveau global ou national au motif que ce coup de projecteur risquerait de généraliser un problème. Certains individus pourraient en tirer la conclusion que la médiatisation est la preuve qu'il ne s'agit pas réellement d'un comportement anormal et pourraient être tentés d'y succomber par banalisation[24]. En revanche, les actions *anticipée* et *directe* visent très précisément les individus risquant de basculer dans l'extrémisme violent ou s'y trouvant d'ores et déjà. Ces actions reposent sur une grille psychologique comprenant trois outils complémentaires de compréhension, d'évaluation et de traitement du risque[25]. Un premier outil consiste à définir les signaux dits de sécurité ; un second permet de détecter des risques de bascule en évaluant la qualité de vie des individus

---

21 « *Pour prévenir les crimes, il faut aussi que la liberté s'accompagne des lumières. Plus les connaissances sont répandues, plus les inconvénients qu'elles peuvent présenter sont rares, et plus nombreux sont leurs avantages.* » (BECCARIA (C.), *Des Délits et des peines*, Flammarion, Paris 1991, p. 171).

22 « *On ne peut appeler juste la punition d'un crime tant que la loi n'a pas eu recours, pour le prévenir, au meilleur moyen possible.* » (BECCARIA (C.), *Des Délits et des peines*, *ibid.*, p. 146).

23 Sur la politique de l'habitat, par exemple comme outil de prévention, v. *Preventing and countering extremism and radicalisation national - Action plan*, préc., p. 22.

24 Cette perspective se retrouve également au niveau individuel puisque, de manière générale, les outils de prévention abordent assez peu les aspects idéologiques. C'est la raison pour laquelle certains spécialistes préfèrent ici parler de désengagement plutôt que de déradicalisation. V. ainsi HEMMINGSEN (A.-S.), *An Introduction to the danish approach to countering and preventing extremism and radicalization*, préc., p. 25.

25 Sur l'approche par les risques v. *Preventing and countering extremism and radicalisation national - Action plan*, préc., p. 16.

vulnérables, et ce par autodéclaration ; enfin, un dernier outil consiste à déterminer quelle stratégie est, éventuellement, de nature à accompagner l'individu présentant des risques sur le chemin de la *désistance*. Il s'agit ici de construire une cellule autour d'un ressortissant, composée de proches et de mentors appartenant à la fois à des structures nationale et locale[26].

"*Life Psychology*" : la compréhension de la radicalisation. Cette approche psychologique qui vise à déterminer et comprendre les risques de radicalisation repose sur une idée simple : comprendre les phénomènes sous-jacents à la radicalisation permet de déterminer les outils destinés à interrompre le processus. Le professeur Preben Bertelsen[27], membre du département de psychologie et des sciences du comportement à l'Université d'Aarhus, a ainsi développé une théorie selon laquelle un cadre de pensée pouvait être proposé afin de comprendre le processus de radicalisation. L'idée centrale de la *Life psychology* consiste à affirmer que vivre dans un environnement socio-culturel sécurisé génère un sentiment d'attachement à la vie. Les éléments de nature à altérer ce sentiment constitueraient la racine de la radicalisation. Cette théorie met également en exergue les interactions entre les activités basiques inhérentes à la vie (comme la participation à des activités collectives) et les aptitudes de chaque individu (avec cette précision que chacun évalue à la fois ses propres compétences, mais également celles de ses congénères). Le professeur Bertelsen en est arrivé à la conclusion que l'acquisition défaillante de ces compétences de vie est un facteur de risque. Cette défaillance est un élément clé en ce qu'elle éclaire le lien entre un attachement à la vie non sécurisé et l'extrémisme. Cette hypothèse a constitué le fondement théorique du modèle dit *Aarhus* substantiellement repris dans la stratégie danoise pour la prévention de la radicalisation. Dans une perspective préventive, l'approche cognitive de la *Life psychology* place la focale sur la tolérance envers la différence, la capacité à tirer très rapidement des conclusions et des jugements définitifs, l'ouverture d'esprit et les éventuelles monomanies.

---

[26] Pour les schémas suivants et la description de l'approche du mentorat, v. *Working with mentoring programmes*, préc.

[27] Pour une synthèse récente, v. OZER (S.), BERTELSEN (P.), "Countering radicalization: An empirical examination from a life psychological perspective", *Peace and Conflict: Journal of Peace Psychology*, 2019, 25(3), pp. 211-225. https://doi.org/10.1037/pac0000394

The

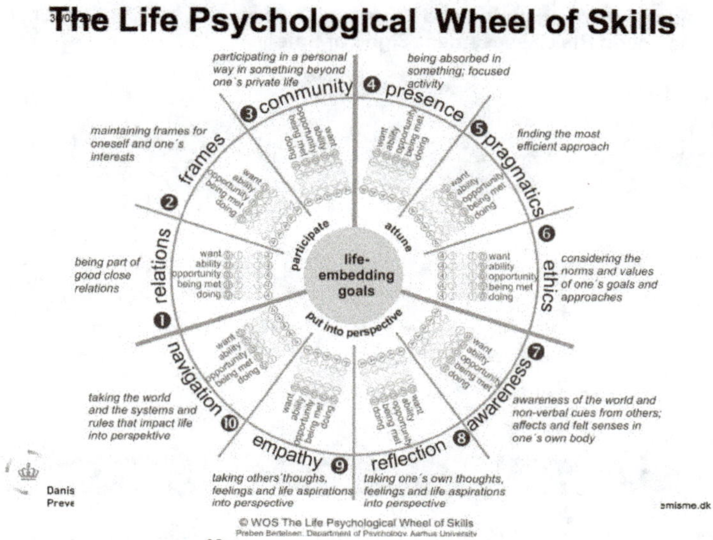

Life

Psychological Wheel of Skills[28]

“*Signs of Safety*” : la détection de la radicalisation. L’analyse sous-jacente de la radicalisation par la théorie de la *Life psychology* amène à évaluer les risques de radicalisation à l’aune de différents signes : cognitifs, dynamiques, et introspectifs. Ils sont évidemment reliés à l’existence d’un entourage apte à soutenir les individus considérés comme plus vulnérables. Les autorités danoises ont ainsi mis à disposition des professionnels du désengagement de nombreux outils destinés à assurer une détection efficiente. Même s’ils ne sont pas parfaits, ils permettent d’initier une évaluation des risques sur la base de laquelle un suivi plus ou moins intense sera décidé.

---

28 *Working with mentoring programmes*, préc.

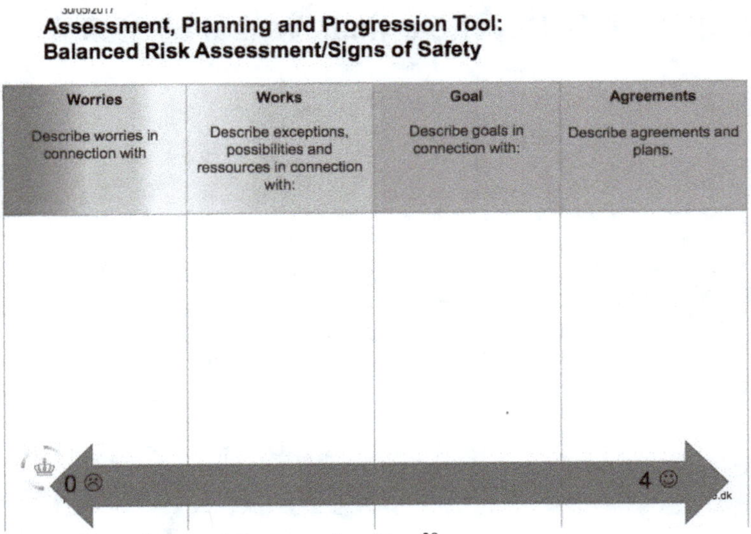

Assessment, Planning and Progression Tool[29]

Principes d'action et axes de travail par mentorat : le traitement. Le mentorat est un exemple de suivi *sur-mesure* des individus à risques reposant sur des postulats considérés comme élémentaires au sein de la société. Ces postulats sont analysés au moyen d'un outil de dialogue avec l'individu concerné appelé la *Solution Based Approach* dont les éléments fondamentaux sont les suivants :

- chacun a des idées et des rêves quant à son avenir ;
- les objectifs visés par la famille et les plus jeunes sont la force active du changement ;
- affirmer que les problèmes ne sont pas éternels ;
- un problème complexe n'appelle pas nécessairement une réponse complexe ;
- si la solution fonctionne, il faut l'intensifier. Si elle échoue, il faut changer de perspective.

Pour que les programmes de mentorat soient efficaces, les mentors et les auxiliaires parentaux sont formés sur le terrain, directement auprès des populations visées. Les mêmes méthodes sont utilisées sur l'intégralité du territoire danois. Une plateforme en ligne est en outre dédiée au recueil

29 *Working with mentoring programmes*, préc.

d'informations destinées à mesurer les efforts fournis, ce qui permet une évaluation nationale de l'efficacité du système mis en place.

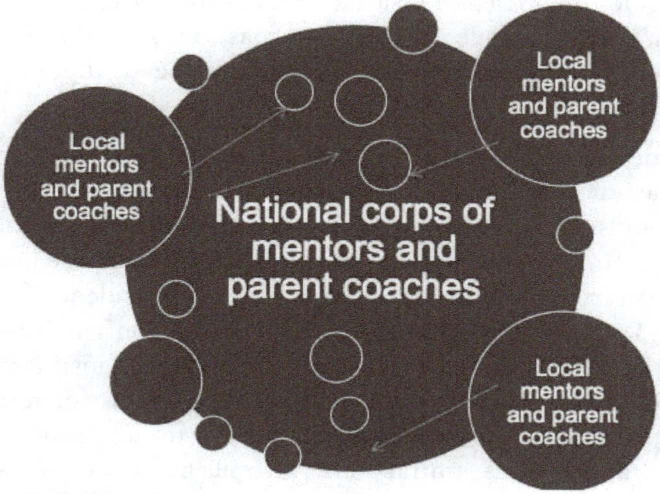

B. La déradicalisation dans le temps

1. Double évolutivité

L'approche et son adaptation. Les autorités danoises ont toujours eu conscience que les défis concrets inhérents à la lutte contre la radicalisation et l'extrémisme pouvaient changer de nature ou de degré. Cette évolutivité en amont nécessite logiquement une adaptation en aval, quand est pensée, structurée et décidée la politique de prévention[30]. Cette indispensable évolutivité se retrouve à un double niveau.

Un *individu* peut ainsi faire l'objet d'une stratégie de désengagement susceptible de changer dans le temps selon les besoins : on peut ainsi passer d'une prévention dite spécifique à une approche dite *ciblée*. Évidemment, rien n'est figé et rien n'est étanche. La clé est l'adaptation puisque toutes les études danoises démontrent la difficulté de saisir le phénomène de radicalisation : multifactoriel et évolutif, ce phénomène semble rétif à toute systématisation. La réaction se doit par conséquent d'être à l'image du phénomène combattu[31].

---

[30] "*The concrete challenges involved in tackling extremism and radicalization change over time. Consequently, we need to continuously develop and adapt the preventive effort*", (*Preventing and countering extremism and radicalisation national - Action plan*, préc.)

[31] "(T)*he concrete challenges involved in tackling extremism and radicalisation change over time. Consequently, we need to continuously develop and adapt the preventive effort*", (*Preventing and countering extremism and radicalisation national - Action plan*, préc., p. 6).

Au-delà, au *niveau politique*, l'approche du Danemark a elle-mêm évolué dans le temps. La fameuse stratégie du *trial and error* incite le techniciens et les théoriciens à essayer certaines méthodes et à changer d prisme si la vision initiale ne présente pas ou plus d'efficacité. L pragmatisme danois rappelle le fameux aphorisme de Beckett : « *Déj essayé. Déjà échoué. Peu importe. Échouer encore. Échouer mieux* »[32].

Savoir mobiliser les acquis. Il ne faudrait pas croire que la politiqu danoise de déradicalisation repose exclusivement sur le développement d nouveaux outils. La démarche inclut également la coordination e l'utilisation de composants déjà existants qui peuvent servir le but ici visé Les différents services mis à disposition par l'État-providence (du consei de carrière, à l'assistance psychologique) sont ainsi reconfigurés pour aide à prévenir la radicalisation. Ce recours à certaines institutions nor spécialisées est à mettre en relation avec l'acception danoise du terrorisme il s'agit en principe d'appréhender le terrorisme tel un crime ordinaire comparable aux autres infractions. Pareillement, extrémisme e radicalisation sont davantage perçus comme des risques pour le populations jeunes et vulnérables que pour l'État. Il ne s'agit pa réellement d'un défi politique[33]. Cette compréhension des problèmes es évidemment cruciale[34] pour appréhender la stratégie danoise.

2. Sens de l'évolutivité

Au commencement : "*Deradicalisation – Targete Interventions*". L'objectif du projet initié en 2009 consistait à développe des outils susceptibles d'être adaptés aux besoins individuels des mineurs e jeunes adultes et de leur fournir soutien et conseils à long terme pou rompre avec les cercles extrémistes et demeurer en dehors de ceux-ci. I s'agit ainsi d'un *exit-program* proche des protocoles adoptés dans le domain de la prévention des phénomènes de gang. Ainsi, en 2009, le ministèr danois des Affaires des réfugiés, de l'Immigration et de l'Intégration a reç le soutien de l'UE pour un projet pilote de trois ans : *Deradicalisation – Targeted Interventions*. Ce projet fut construit en coopération avec le municipalités de Copenhague et d'Aarhus – dont le travail sur l

32 BECKETT (S.), "Worstward Ho!", *in Company / Ill Seen Ill Said / Worstward Ho / Stirrings St* Faber & Faber, 2009.

33 Même si cette perspective a sensiblement évolué dernièrement, v. II, B.

34 HEMMINGSEN (A.-S.), *An Introduction to the Danish approach to countering and preventing extremis and radicalization*, préc., p. 18.

déradicalisation avait déjà été initié depuis deux années[35] – un service de police local et le service danois de sécurité et de renseignement (PET). Il fut amorcé dans le but de répondre à des demandes précises venant des professionnels de terrain. En effet, plusieurs acteurs impliqués dans la coopération locale entre les écoles, les services sociaux, et la police avaient exprimé des préoccupations quant à des mineurs formulant des opinions extrémistes ou manifestant un comportement discriminatoire envers les autres groupes de leur environnement. Les autorités, et surtout les professionnels de terrain recevant de tels rapports, se sentaient désarmées, car les différents outils mis à leur disposition ne répondaient pas à la spécificité de la radicalisation violente.

Le projet comportait alors une double approche : développer une rationalité incitative destinée aux personnes faisant déjà partie de groupes extrémistes (et c'était alors le PET qui était en charge des *négociations*). S'ajoutait un volet davantage préventif, puisque dédié aux jeunes individus se rapprochant dangereusement, mais sûrement des groupes extrémistes. Des mentors, tant à Copenhague qu'à Aarhus, avaient ainsi pour mission d'empêcher le recrutement des individus dans les milieux extrémistes et de retenir les personnes en voie de départ sur des théâtres d'opérations extérieurs. À l'instar des gangs, il fut ici constaté que quitter un groupe extrémiste pouvait être extrêmement difficile sans un soutien personnel continu offert par de tels programmes d'accompagnement sur-mesure. Ces différents protocoles reposaient sur l'assentiment des individus : ils étaient conçus comme des offres de services mises à leur disposition. Un aspect central du projet revenait donc à développer des méthodes cognitives pour atteindre ces publics et les motiver à participer à un programme. Il fallait, pour ce faire, les aider à trouver un aiguillage social, positif et constructif, alternatif aux groupes extrémistes.

Une des spécificités du projet tenait au fait qu'aucun modèle type n'avait été imposé aux communes de Copenhague et d'Aarhus. Le ministère danois avait préféré compléter les dispositifs déjà existants tout en permettant à d'autres communes de rejoindre le programme. La stratégie du *trial and error* permettait d'adapter ainsi les mesures proposées à chaque individu. Pour ce faire, les différentes autorités étaient amenées à échanger très régulièrement afin de déterminer l'approche la plus efficace au regard des spécificités de chacun. Au niveau de l'État, cette stratégie a permis d'étudier *in situ* les voies menant à la radicalisation et de déterminer

---

35 Le projet *De-radicalization Targeted Intervention* fut en effet lancé en 2007 au sein de la commune en partenariat avec l'université de la ville.

et initier des modèles de prise en charge adaptés à la variété des profils rencontrés.

Second temps : "*Back on track*". Dans une perspective davantage frappée du sceau pénal, il faut ici souligner la spécificité du programme *Back on track*[36], également financé par la Commission européenne, et amorcé au début des années 2010. L'objectif du programme consistait à construire et évaluer un schéma de mentorat propre aux détenus présentant un risque de radicalisation, et aux individus condamnés pour terrorisme ou pour des crimes haineux. Le programme a été mis en œuvre à la fois par l'administration pénitentiaire danoise, et le ministère de l'Enfance, de l'Égalité de genre, de l'Intégration et des Affaires sociales. L'action précise du projet visait à aider les condamnés à abandonner les groupes extrémistes et criminels dans une logique évidente de prévention de la délinquance extrémiste. Un point fort du programme a été la formation des mentors afin de les doter des compétences et des outils appropriés aux destinataires du programme. Il s'agissait de soutenir et renforcer la motivation du détenu à s'engager dans des alternatives positives et à rester à l'écart de la criminalité et des environnements extrémistes une fois libéré. Le mentorat devait permettre au détenu de mieux gérer les situations, problèmes et conflits quotidiens. Un autre élément clé consistait à mobiliser les familles et les structures sociales afin d'offrir aux détenus un soutien à long terme lorsqu'ils réintègrent la société. Il y eut treize mentors, dont trois reçurent une formation supplémentaire afin de pouvoir superviser l'équipe. Les mentors furent recrutés dans le corps des mentors du service de probation et dans le cadre du projet précédent *Deradicalisation – Targeted Interventions*.

Au terme du projet, certains points fondamentaux ont pu être dégagés. Tout d'abord, et cela paraît évident, la formation des mentors est un élément fondamental. La clé est d'accroître leurs connaissances sur l'extrémisme et de leur permettre de développer des compétences et de maîtriser des outils pour les mettre en situation d'assumer leur rôle. Cette formation se concentre sur les techniques de conversation, de coaching et de gestion des conflits tout en s'appuyant plus activement sur les réseaux familiaux et sociaux.

---

36 *Back on track – A pilot project on the prevention of radicalisation among inmates*, préc.

Ce projet n'est pas resté lettre morte puisque, à son issue, ont été institutionnalisées des unités de déradicalisation au sein de l'administration pénitentiaire danoise, et pérennisés des dispositifs d'*exit* [37].

Évolution récente : plus de répression. Le Danemark a complété et modifié la politique afférente au terrorisme et à sa prévention. Alors que cet État a longtemps été présenté comme un modèle prophylactique, les dernières législations adoptées ont très sensiblement infléchi cette perspective. En effet, entre 2009 et 2014, le Danemark s'est quasi exclusivement concentré sur la prévention de la radicalisation et de l'extrémisme violent. Depuis, le droit danois a été considérablement durci. On pourrait croire que les attentats perpétrés en février 2015 à Copenhague ont déclenché la vague répressive, mais en réalité ils n'ont fait qu'accélérer un mouvement initié dès janvier 2015. Si initialement, le fait de s'engager sous le drapeau d'une autre organisation afin de combattre pouvait être perçu tel l'acte libre d'un citoyen, il n'en est plus désormais ainsi. En effet, le Danemark, à l'instar de nombreux pays, a fini par incriminer les agissements des *foreign fighters*[38]. Ainsi une loi adoptée en 2016 a modifié le Code pénal danois et la définition de la trahison pour finalement embrasser le cas du ressortissant affilié aux forces armées d'une organisation que l'État combat dans le cadre d'un conflit armé[39]. Le code a encore été modifié en 2017 pour incriminer la participation à des groupes terroristes de combat, à une organisation terroriste et le voyage vers les *no-go zones*[40]. En octobre 2019, un projet de loi a pareillement été déposé afin de priver un ressortissant, disposant de la double nationalité, de la citoyenneté danoise[41]. Parallèlement, les crédits ont depuis 2015 davantage

---

37 V. *Preventing and countering extremism and radicalisation national - Action plan*, préc., p. 31.

38 Le Gouvernement danois estimait à 135 le nombre de citoyens partis en Syrie en 2012, le nombre de femmes augmentant progressivement : v. *Preventing and countering extremism and radicalisation national - Action plan*, octobre 2016, p. 10.

39 Danish Criminal Code, art. 101(a). – V. JAKOBSEN (H.), "Returning foreign fighters: The case of Denmark", *International Review of the Red Cross*, vol. 100, 2018, pp. 315-336. – Pour une étude de terrain de ce phénomène au Danemark, v. LINDEKILDE (L.), BERTELSEN (P.), STOHL (M.), "Who Goes, Why, and With What Effects: The Problem of Foreign Fighters from Europe", *Small Wars and Insurgencies* 2016, 27(5), 2016 858-877. DOI: 10.1080/09592318.2016.1208285.

40 V. les nouveaux alinéas de l'article 101. De manière générale, ces modifications peuvent également être perçues comme de nécessaires transpositions de textes internationaux : la résolution 2178 du Conseil de sécurité des Nations unies sur les menaces contre la paix et la sécurité internationale résultant d'actes de terrorisme, adoptée le 24 septembre 2014, et la directive (UE) 2017/541 du Parlement européen et du Conseil du 15 mars 2017 relative à la lutte contre le terrorisme.

41 « Denmark to strip foreign fighters of Danish citizenship », https://www.reuters.com [en ligne], publié le 14 octobre 2019.

alimenté les services de renseignements (afin d'assurer une surveillance plus serrée de la population) que les différents programmes de prévention[42].

Bien que le droit danois se soit rapproché au cours des dernières années de nombreuses législations européennes, la place faite à la prévention reste prégnante. Le plan d'action nationale publié en 2016 en témoigne puisque, outre l'amélioration du dispositif préventif existant, de nouvelles pistes prophylactiques ont été amorcées[43]. Le Danemark continue ainsi à considérablement investir la recherche et la formation des acteurs de la déradicalisation à tous les échelons possibles. Cette lutte contre la radicalisation et l'extrémisme violent pénètre ainsi effectivement de nombreux espaces politiques afin de diffuser une véritable stratégie globale de déradicalisation.

II. Espaces et déradicalisation

Les espaces de la politique danoise de déradicalisation sont connus. La stratégie repose sur une approche institutionnelle (A) et individuelle (B). Plus précisément, le Danemark a structuré de nombreuses organisations en réseau afin d'évaluer et traiter les menaces extrémistes. Si cet espace institutionnel a su faire ses preuves, a cependant été remise en question l'approche individuelle du désengagement. Outre son illusoire neutralité est apparue la nécessité de *recontextualiser* la radicalisation dans un espace plus vaste que l'individu. En d'autres termes, s'est posée la question de *repolitiser* la radicalisation terroriste à l'aune de concepts laissés *ab initio* intentionnellement dans le flou.

A. Une approche institutionnelle en action

Approche structurelle. La politique danoise de lutte contre l'extrémisme violent repose sur la collaboration de nombreuses agences et institutions[44]. Cette structure collaborative a beaucoup évolué au cours des dix dernières années afin de s'adapter aux nouvelles typologies des risques. L'approche danoise de la prévention de la délinquance extrême repose donc sur un agencement d'institutions non subordonnées, mais en échange constant. S'il existe au niveau national des institutions supervisant la politique de prévention (ministères, administration pénitentiaire et

---

42 En ce sens, v. HEMMINGSEN (A.-S.), *An Introduction to the Danish approach to countering and preventing extremism and radicalization*, préc., p. 11.

43 Not. en ce qui concerne la radicalisation en ligne : v. *Preventing and countering extremism and radicalisation national - Action plan*, préc., p. 26 et s., et not. p. 29.

44 V. *Preventing and countering extremism and radicalisation national - Action plan*, préc., pp. 12 et 13.

ervice de renseignement), l'essentiel de la politique de déradicalisation est n réalité exécuté au niveau local. La structure principale est l'*info-house*[45], orte de maison communale informelle où les citoyens peuvent échanger ntre eux, avec des agents publics et des professionnels. L'*info-house* s'insère t s'infère d'une logique réticulaire puisque sont constitués à sa marge trois éseaux : le SSP (école, services sociaux et police), le PSP (hôpitaux sychiatriques, police et services sociaux), et le KSP (probation et police). 'info-house collecte ainsi des informations relatives à des risques de adicalisation qui seront évalués par le PET qui décidera de la marche à uivre et de l'intensité du suivi et du traitement en coopération avec les nstitutions locales.

Source[46]

La réussite du dispositif est évidemment conditionnée par la capacité les acteurs à échanger les informations collectées[47]. À cet égard le § 116 lu

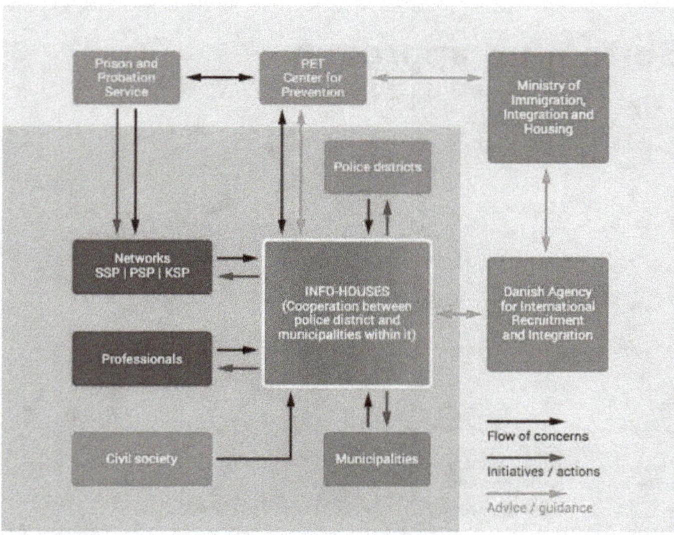

Danish Administration Justice Act précise que les autorités peuvent échanger les informations relatives aux citoyens si cela se révèle nécessaire à la oopération en vue, soit de la prévention de la délinquance, soit d'aider les

Acteur-clé selon le plan d'action nationale, v. *Preventing and countering extremism and radicalisation ational - Action plan*, préc., p. 12.

Schéma *in* HEMMINGSEN (A.-S.), préc., p. 28.

Sur cette difficulté au regard de condamnés, v. *Back on track - A pilot project on the prevention of dicalisation among inmates*, juin 2014, pp. 10 et 11.

individus socialement vulnérables. Surtout, il est expressément prévu que ce partage d'informations ne peut donner lieu à des poursuites pénales.

Une politique « matérielle » ***ad hoc.*** L'apprentissage par l'erreur impose évidemment de laisser de la place aux initiatives tout en permettant à l'échelon central de coordonner les pratiques. Il en résulte que les méthodes spécifiques de prévention ne sont pas dictées par l'État, mais développées au sein de coopérations réunissant des acteurs considérés comme égaux. Ainsi des opérateurs de terrain reçoivent des lignes directrices. L'idée consiste à les tester pour faire remonter au niveau central les *retours d'expérience*, ce qui permet de les affiner. Pareillement, les praticiens locaux peuvent développer et initier de nouvelles méthodes qui peuvent être généralisées à d'autres contextes locaux. Le pragmatisme est donc le maître-mot : il s'agit de mettre en place un processus permettant aux différents acteurs de s'adapter aux changements et aux défis relatifs à la perception des menaces[48].

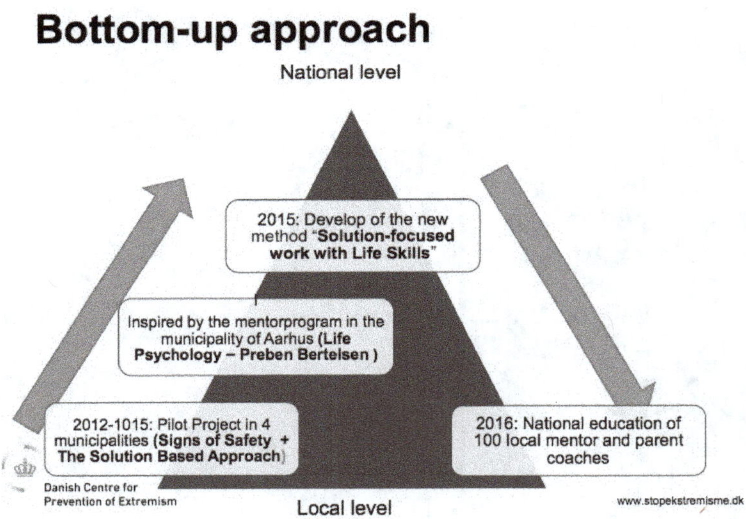

Bottom-up approach[49]

Bottom – Up. Un exemple de stratégie *Bottom – Up* est issu d l'expérience relative aux citoyens danois désirant partir combattre l'étranger. Elle fut initiée à Aarhus et consistait à développer de programmes individualisés de conseil et d'accompagnement. La ville, e

---

48 V. HEMMINGSEN (A.-S.), *An Introduction to the Danish approach to countering and preventing extremism and radicalization*, préc., pp. 7-8.

49 *Working with mentoring programmes*, préc.

collaboration avec une police de district, a également pris en charge des *revenants* en leur apportant des soins médicaux, des consultations psychologiques et un mentorat. L'approche a été étendue aux proches et à la famille et a inclus le dialogue avec les communautés locales. Cette stratégie, appelée *modèle Aarhus*, a fini, en raison de ses succès, par être adoptée au niveau national dans le cadre du plan d'action gouvernemental en 2014[50].

B. Une approche individuelle en discussion

Un espace « société/citoyen ». Comme le relève le Dr Hemmingsen, depuis le commencement, l'approche danoise s'est ancrée dans deux agendas. Il s'agissait de protéger l'État et la société des attaques terroristes tout en assurant le bien-être des citoyens quitte à les protéger contre eux-mêmes. La répression ne pouvait dès lors suffire : un modèle préventif devait être institué aux niveaux national, régional et local[51]. Or, cette stratégie a concentré ses efforts sur l'individu, le citoyen dans ses rapports avec les autorités, une sorte d'*homo oeconomicus* aux aspirations fort peu politisées. Il n'est dès lors pas étonnant que les nombreuses initiatives mises en place au Danemark s'appuient sur l'assentiment de l'intéressé. Qu'il s'agisse de mentorat, d'assistance, ou encore d'*exit programs*, la participation demeure volontaire. Le Danemark s'est ainsi refusé à faire de la participation à un *exit program* un moyen d'obtenir une réduction de peine. Comme le précise le rapport final sur le projet *Back on track* : "*Personal motivation is a very fundamental prerequisite of change management*"[52].

Les acteurs de la prévention de déradicalisation et ses concepteurs n'ignorent pas que le système ainsi construit repose sur des bases fragiles. La volonté de ne pas s'enfermer dans des classifications rigides et l'agenda politique lié aux attentats sont autant de facteurs prêts à remettre en cause les efforts fournis en vue de la construction d'un programme multivarié, pragmatique, et à l'efficience régulièrement remise en question. Les difficultés, pour les acteurs de la radicalisation, tiennent ainsi à la nécessité de manœuvrer dans un environnement façonné par des évènements en dehors de leur contrôle[53]. Cette prise de conscience a ainsi permis

---

50 *Prevention of radicalization and extremism - Action Plan*, préc., p. 13.

51 HEMMINGSEN (A.-S.), *An Introduction to the danish approach to countering and preventing extremism and radicalization*, préc., p. 15.

52 *Back on track - A pilot project on the prevention of radicalisation among inmates*, préc., p. 8.

53 HEMMINGSEN (A.-S.), *An Introduction to the danish approach to countering and preventing extremism and radicalization*, préc., p. 35.

d'améliorer substantiellement les programmes de déradicalisation au cours de la dernière décennie[54].

L'espace de la déradicalisation, sans opérer une révolution, a dès lors substantiellement évolué. La reconfiguration a été rendue possible par la professionnalisation de l'approche et des institutions. L'espace politique de cette politique antiterroriste par la prévention a également changé de physionomie en ce qu'elle a été déconnectée de la politique d'intégration et de lutte contre les discriminations. Cette dissociation a eu le mérite de limiter le risque d'amalgame et l'inéluctable stigmatisation[55] qui l'accompagne. Enfin, le modèle a su remettre en cause son assise théorique et comportementaliste en affinant voire en remodelant le profil criminologique de ceux basculant dans l'extrémisme.

Un espace critiqué. Plus fondamentalement encore, le système élaboré au Danemark a fait l'objet de discussions et contestations quant à sa dynamique individuelle. L'approche *société/individu* tend à être remise en cause au bénéfice du prisme *société/groupe dissident*. La relation *État/individu* inhérente à l'approche danoise est interrogée au regard de la population cible. Certains ont en effet mis en exergue que l'apparente neutralité du dispositif comportait inexorablement une dimension politique puisque la radicalisation peut relever d'une attitude politique et/ou religieuse[56], positionnement que le système tend *de facto* à combattre. Vouloir faire du seul individu le seul espace de la déradicalisation pose ainsi problème tant au niveau théorique que pratique. Lorsqu'est construit un programme sur-mesure de désengagement, il peut être nécessaire de reconnaître l'existence d'un *agenda politique*, de reproches et d'indignations légitimes. Il est sans doute trop simpliste de vouloir assimiler terrorisme et délinquance ordinaire.

Au niveau politique local, des difficultés ont pu ainsi surgir à Aarhus et Copenhague à propos de l'opportunité d'engager un dialogue avec certaines mosquées quant au problème relatif aux Danois s'apprêtant à

---

54 V. LINDEKILDE (L.), "Danish prevention of extremism and radicalisation 2009-2014: tendencies in development and future challenges", *Politica*, 2015, 47(3), pp. 424-444.

55 Selon Goffman, « *Le maniement du stigmate n'est qu'un rameau d'une activité fondamentale dans la société, à savoir le stéréotypage, le "profilage" de nos attentes normatives quant à la conduite et au caractère d'autrui* », (GOFFMAN (E.), *Stigmate, les usages sociaux des handicaps*, Les éditions de Minuit, Le sens commun, 2015, p. 68).

56 LINDEKILDE (L.), "Refocusing Danish counter-radicalisation efforts: an analysis of the (problematic) logic and practice of individual de-radicalisation interventions", *in* BAKER-BEAL (C.), HEATH-KELLY (C.), JARVIS (L.), *Counter-radicalisation. Critical perspectives*, Abingdon: Routledge, 2015, p. 235.

aller combattre en Syrie[57]. Ces problématiques se retrouvent au niveau du *terrain* en ce que le système de détection des comportements à risques s'est souvent focalisé sur les communautés musulmanes. Un sentiment de persécution a alors logiquement émergé, perception ayant pu déboucher sur des radicalisations. Les acteurs de la déradicalisation en ont pris conscience et ont ainsi tenté d'identifier les voies permettant de pérenniser dans ce contexte la logique même de la prévention. Ces discussions ont amené les acteurs et les théoriciens de la déradicalisation à interroger le sens même de cette action au sein d'une politique plus globale de lutte contre le terrorisme. La flexibilité du dispositif en ce qu'il repose sur des notions indéterminées (radicalisation, extrémisme) et sur des structures malléables constitue autant un atout qu'un défaut. Atout en ce qu'il permet aux acteurs de ne pas être enfermés dans un schéma d'action trop rigide. Défaut, car l'absence de précision dissimule assez mal la dynamique politique des actions menées. Le fait que dans un manuel destiné à la formation des professionnels du désengagement, et édité en 2017 par le ministère danois de l'Intégration, apparaît une définition partiellement collective de l'extrémisme marque une inflexion notable dans l'approche classique : « *L'extrémisme survient quand des individus* **ou des groupes**[58] *se livrent à, ou essaient de légitimer, des menaces, des pressions, harcèlements, prédations violences ou terreurs,* etc. *en se référant aux conditions sociales à l'endroit desquelles elles ne sont pas satisfaites.* »[59]

Au-delà, il n'est sans doute pas illogique de voir la phrase suivante achever la présentation synthétique de l'approche danoise par une de ses spécialistes : "*a debate about proportions is needed. A debate that addresses the importance of preventing radicalization and extremism and the importance of preventing terrorism compared to the importance of other issues.*"[60]

---

57 V. ainsi HEMMINGSEN (A.-S.), préc. (2015), pp. 38-39. – V. également *Preventing and countering extremism and radicalisation national - Action plan*, préc., p. 25.

58 Nous soulignons.

59 *Mentoring effort, parent coaching and relatives and carers networks - Solution-focused work on life skills*, Danish Institute for prevention of extremism, 2017, p. 6 [en ligne] : https://uim.dk/publikationer/mentoring-effort-parent-coaching-and-relatives-and-carers-networks - V. également *Preventing and countering extremism and radicalisation national - Action plan*, préc., p. 7.

60 HEMMINGSEN (A.-S.), préc. p. 45.

Le recrutement en milieu libre et fermé : techniques d'endoctrinement, moyens d'identification et méthode de déradicalisation

Retranscription des propos tenus à l'occasion de la table ronde du 6 décembre 2018 du colloque Les femmes, les mineurs et le terrorisme *organisé à Nancy les 5 et 6 décembre 2018*

Belkacem Khachei, conseiller pénitentiaire d'insertion et de probation, Metz

« Je suis CPIP à la maison d'arrêt de Metz. Nous avons quelques dossiers de personnes dites radicalisées. Elles sont incarcérées à Metz, mais sont suivies par la magistrature de Paris. Il y a aussi un problème de termes qui posent des difficultés. On parle par exemple de prévention de la radicalisation pour les personnes incarcérées qu'elles soient prévenues ou condamnées, et on parle de prévention alors qu'en général la prévention doit intervenir avant. Une autre difficulté porte sur la communication avec les détenus radicalisés. Dans les formations du personnel, il y a un accent mis sur l'échange. Or, quand on veut parler utilement avec des détenus radicalisés, il faut maîtriser la religion en question, ce qui peut poser une autre difficulté de terrain pour le personnel. La durée courte des formations est aussi problématique, car une semaine de formation – pour ne pas *quitter* son travail trop longtemps – est parfois insuffisante pour aborder une situation complexe. Le travail interdisciplinaire dans les commissions pluridisciplinaires (CPU), nécessaire à la prise en charge des détenus radicalisés crée lui aussi parfois des contraintes, car certains opposent par exemple le secret professionnel (soignants, psychologues par exemple).

À un moment donné, les détenus radicalisés vont sortir. Et les CPIP doivent travailler à un projet de sortie. Les aménagements de peine sont un outil de ce projet de réinsertion, pas un objectif. Mais en pratique, il est constaté que souvent quand un dossier de demande d'aménagement de peine est présenté à un juge d'application des peines, il est refusé si le détenu est radicalisé. Une personne qui s'investit en détention ne comprend pas vraiment ce refus justifié par l'existence de *l'étiquett radicalisation*. Les CPIP sont des intermédiaires entre les détenus et toute les personnes physiques et morales qui *traitent* d'avec les détenus. Et en tant qu'intermédiaire, les CPIP sont aussi le relais des informations, le messager. Et la mission est difficile quand il faut expliquer un refus justifi par la radicalisation.

La radicalisation est plutôt un phénomène nouveau en détention. Et la prise en charge des détenus radicalisés est donc nouvelle aussi, don changeante. Il a d'abord été question de les isoler pour les étudier apprendre à les connaître. Et dans cette prise en charge, la difficulté port sur l'évaluation, qui elle ne peut se faire que sur du *déclaratif* pas sur de faits. Cet échange oral n'est pas le même avec les prévenus et le condamnés. L'entrée en relation avec les prévenus est particulièremen difficile, car les CPIP représentent l'État. Et les programmes de préventio de la violence sont à ce moment-là présentés aux détenus (plutôt que d parler de radicalisation, il est dorénavant préféré évoqué la violence). E des échanges sur ces programmes, on tente une évaluation sur l dangerosité du détenu, sur ce qu'il convient de faire (détention de droi commun, placement autre, *etc.*). Apporter des réponses précises et juste est alors très compliqué. Et travailler en sachant que cela est presque vou à l'échec n'est pas très stimulant. À ce jour, une permission de sortir pou un détenu radicalisé a été acceptée (à Metz, pour un décès), mais aucu aménagement de peine ne l'a été…

Pour les femmes, c'est un peu plus compliqué, car elles son incarcérées non pas pour avoir commis un acte, mais pour avoir souten un acte. Et elles mettent en avant leur amour pour l'auteur des faits parfoi Ce sont des situations complexes et le CPIP n'est ni psychologue r spécialiste en criminologie. Les commissions pluridisciplinaires sont alor très utiles pour parvenir à la meilleure réponse. Le travail de ce commissions évolue toujours vers une meilleure coordination et donc u travail de qualité de plus en plus grande.

La déradicalisation n'est pas vraiment un processus auquel je crois. L personne radicalisée pourra certainement se réinsérer, mais j'ai de difficultés à croire qu'elle abandonne totalement ses idéologies. Au moin pour les majeurs (hommes et femmes).

Qui plus est quand un détenu est dit *radicalisé*, selon l'estimation de so niveau de dangerosité, ses déplacements ne sont plus *libres* en détention, est accompagné de 1 ou 2 surveillants. Les CPIP eux rencontrent systématiquement ces personnes seuls dans une pièce. Une forme d'ironie du fonctionnement des établissements pénitentiaires se fait plus ou moins sentir. Le système n'est ni parfait ni imparfait ».

Eva Lajarige, référente Laïcité et Citoyenneté, Direction interrégionale de la Protection Judiciaire de la Jeunesse Grand Est

« Je travaille à la PJJ avec un réseau de 5 référents laïcité sur le territoire (70 postes dédiés au national à la radicalisation). L'idée est d'aboutir à une meilleure connaissance du phénomène. Dans le Grand Est, aujourd'hui, on a 50 mineurs repérés radicalisés. Sur ces 50 mineurs, beaucoup de disparités existent. 9 sont poursuivis pour des faits en lien avec le terrorisme (AMT, apologie, actes racistes et provocations). 9 autres sont suivis au civil dans le cadre de la radicalisation (pour aboutir à des mesures judiciaires d'investigations éducatives dans le cadre de la radicalisation, mesures que la PJJ doit étudier pour aider à leur détermination). 2 mineurs sont poursuivis pour faits autres (violences, stupéfiants, *etc.*). La dernière catégorie contient des mineurs pour lesquels la crainte est plutôt vis-à-vis la famille (des membres de la famille étant en lien avec des actes terrorismes).

Partie 1 : Les techniques d'endoctrinement. Comment les référents laïcité essaient de traiter la problématique en sachant qu'un référent vient en soutien (et ne traite pas seul le problème) ? À la PJJ, la radicalisation est un symptôme d'une problématique adolescente. Précisons qu'il n'est déjà pas question de regrouper les mineurs.

Sur les techniques d'endoctrinement, il est d'abord constaté que celle-ci est assez passive. La radicalisation se perçoit plus comme une emprise. Chez certaines mineures, cela s'est vérifié avec un processus proche d'une emprise sectaire (isolation de sa famille, *etc.*). Dans la nouvelle note d'août 2018, cette vision *emprise-manipulation* est décriée, car elle empêche de considérer la part active des mineurs dans la radicalisation. Or, les mineurs ne sont pas que victimes, il y a parfois une vraie volonté d'agir. La radicalisation a un aspect également politique que la PJJ ne veut plus ignorer.

Partie 2 : Les moyens d'identification. Plusieurs voies existent : une qualification terroriste et la PJJ est saisie, la PJJ qui s'inquiète, l'éducation nationale qui sollicite la PJJ. Plusieurs voies existent. Dans tous les cas, il y a un travail de construction à faire avec les mineurs. Il faut se prémunir de toute tentative de prédiction, surtout chez les jeunes. Et il faut aussi se prémunir de prendre toutes les grilles d'évaluation comme étant figées. Elles peuvent éclairer le regard du professionnel pour mieux comprendre ce qui est en jeu chez le mineur. Les référents laïcité se posent la question du profil du mineur : établir un profil n'est pas vraiment utile pour le travail social dans un premier temps, ni pour motiver la décision du magistrat, ni pour apporter un point de vue éducatif sur la situation du mineur.

Sur la notion de manipulation, il faut être vigilant sur les fantasmes qu'on peut avoir sur la notion. Cela reste un public adolescent et les travailleurs qui les prennent en charge ont tous l'habitude et l'expérience pour reconnaître les mineurs qui seraient manipulateurs. Il ne faut pas surestimer la force de manipulation de ces mineurs.

Il faut savoir quelle est la question qu'on se pose : à la PJJ, on se recentre sur les besoins et la notion de danger. Les moyens d'investigations doivent répondre à la question du danger pour le mineur (inscrit dans une paranoïa, quand il noue une haine profonde, quand il est déscolarisé, quand il a une famille explosive, *etc.*) ? Il faut résister à la tentative de collecte de preuves d'une radicalisation effective ou non et on se contre sur un point de vue éducatif.

Partie 3 : les méthodes de déradicalisation. On parle plutôt de désengagement aujourd'hui. Ce qui pose problème c'est la violence ou la légitimation de la violence (pour certains jeunes qui ne sont pas encore passés « à l'acte »). Il faut reconnaître les moteurs de radicalisation pour en déduire les leviers d'intervention éducative. Il existe de nombreux moteurs, donc de nombreux leviers : un besoin de structuration d'un quotidien complètement désorganisé, un besoin de reconnaissance, un besoin de distanciation avec certaines familles (certains mineurs ont adhéré à une doctrine radicale dans des familles catholiques où le *pire* qu'ils pouvaient faire était d'adhérer à un mouvement radical islamique), un besoin de soutien psychologique (pour traiter les vulnérabilités psychiques), un travail sur la dynamique familiale, *etc.* Il faut également aussi attirer l'attention sur les discours de valeurs républicaines : on commence à avoir une vision critique de ces discours qui peuvent parfois être inutiles, voire contre-productifs. Il y aurait plus de pertinence à travailler sur les normes, les principes et les lois, communément admis par la population (et qui constituent le contrat social), plutôt que de travailler sur des valeurs, plus subjectives et relatives (un mineur peut facilement dire qu'il n'a pas les mêmes valeurs que son interlocuteur). Pour les individus qui seraient dans les radicalisations où il existe une critique politique, les référents laïcité invitent à réfléchir sur les moyens de l'engagement du mineur (pour qu'il cesse d'utiliser des moyens violents par exemple, mais plus pour les faire *changer d'avis*). »

Margaux Manziat, étudiante du Master 2 Droit pénal et sciences criminelles, Université de Lorraine

Les femmes sont surreprésentées quand il s'agit de représenter le djihadisme, car elles séduisent l'islam sur leur capacité à enfanter, leur rôle de pérennisation de l'état islamique, elles ont une place essentielle dans l'état islamiste (elles peuvent occuper des emplois) et elles ont une couverture médiatique certaine.

Les moyens de communication. Daesh c'est 20 000 photos, 1000 vidéos dans une dizaine de langues, une vingtaine de magazines : on peut légitimement dire que c'est une entreprise de communication. L'État islamiste dispose de la vidéo, il y en a plusieurs types : des messages de recrutement, des messages d'appel à la haine et des messages de propagande. Daesh dispose aussi de *Twitter* (application en vogue chez les jeunes). Les applications androïdes se sont développées aussi et l'organisation peut poster simultanément des messages sur les comptes des combattants. Une autre est un site de rencontre entre les hommes et les femmes qui partagent la même idéologie. Daesh dispose aussi de Facebook, premier réseau social au monde (très en vogue chez les jeunes et surtout les jeunes femmes) avec de nombreuses pages destinées à les attirer comme « *islam dans le cœur - femmes uniquement* » ou « *la femme en islam - pas d'hommes SVP* ». L'organisation dispose aussi d'agences de presse dont le but est de retransmettre toutes les actions de Daesh (notamment les attentats), mais aussi leurs revendications, et ce en amont de leurs communiqués de presse officiels. Il y a également la radio : Daesh a une station téléchargeable sur les téléphones qui va diffuser toutes les actions, les revendications et sa propagande. Et enfin, il y a un magazine d'information qui a été créé par l'organisation qui est une sorte de guide pour les apprentis djihadistes. Daesh utilise les techniques des médias occidentaux, ils érotisent l'homme djihadiste qui saura protéger les femmes jusqu'à sa mort (pour endoctriner les femmes).

Indubitablement, les femmes sont des cibles pour Daesh, car elles vont aider à créer cette société idéale, *le djihadisme familial*. L'organisation a un vrai plan marketing islamiste. Sans parler de la glorification du combattant islamiste, Daesh a séduit plus facilement les femmes du fait d'une islamisation des produits de consommation. En témoignent des enseignes qui par leurs slogans vont mettre en place des marchandises en lien avec l'islam. Dans le domaine de la littérature aussi il y a une commercialisation de plus en plus importante, des livres portant des recommandations pour appliquer la sharia dans la vie quotidienne, des bouquins similaires au guide de la bonne épouse qui avait été publié en 1955. Ces ouvrages donnent des conseils aux femmes pour savoir ce qu'elles sont autorisées ou non à faire vis-à-vis de la loi islamique, mais aussi comment se comporter avec son mari.

Pour pouvoir appâter ces jeunes femmes et ces jeunes hommes, Daesh a su puiser dans Internet et les réseaux sociaux, en ce qui remplace peu à peu les relations de proximité et à s'enfermer dans une bulle. Il fallait coller à leurs images. Les recruteurs de l'état islamique vont utiliser des procédés de fond et de forme pour attirer leur attention. De forme, les recruteurs ont estimé qu'il était bon d'attirer l'attention par le nom des sites et des blogs. Les couleurs sont *flashy*. Sur le fond, l'objectif des recruteurs est d'établir une relation de confiance avec leurs interlocutrices pour qu'elles se confient. Un univers féminin islamiste s'est mis en place sur la toile. Les recruteurs vont essayer de coller à l'image des femmes, les relations sont polies, courtoises, sans trace de prosélytisme. La question du terrorisme n'est pas abordée. Ce sont d'ailleurs souvent des femmes déjà sur le terrain qui vont communiquer avec les jeunes femmes en leur parlant de leur vie quotidienne, de cuisine, de garde d'enfant (il existe cette vie commune qui séduit les femmes). De manière générale, l'hameçonnage est tout un procédé frauduleux qui fait croire à la victime qu'elle est en contact avec une personne de confiance dans le but de leur soustraire des renseignements personnels. Cette technique peut être retranscrite à celle utilisée par les recruteurs djihadistes. Ils vont instaurer un climat propice aux confessions pour que les interlocutrices se confessent pour permettre une individualisation de l'endoctrinement en fonction des tracas que peut rencontrer la femme dans sa vie quotidienne. Et en fait, l'apanage de cet hameçonnage, c'est qu'aucune référence au terrorisme n'est abordée, le nom du groupe terroriste n'est même jamais évoqué. Une djihadiste convaincue de partir rejoindre trois jeunes hommes français partis en Syrie a dit plus tard : « *je croyais qu'ils étaient dignes de confiance, ils allaient en cours, certains avaient un travail. C'était des personnes ordinaires, ils pensaient l'être tout du moins. Ils ne parlaient jamais de leur appartenance à Daesh. Ils avaient le discours que pouvaient avoir certains salafistes ou musulmans par rapport aux gens qui s'intéressent à la souffrance des autres. Il n'y avait pas d'échanges politiques entre nous, ils devaient savoir à quoi s'en tenir avec moi* ».

Par rapport au discours djihadiste, il y a un processus de désocialisation qui est mis en place par les recruteurs qui proposent à beaucoup de jeunes femmes des cours à domicile pour leur apprendre des cours de bonne conduite, ils leur conseillent de plus sortir de chez elles sans être accompagnées d'un homme de la famille, de préférer le travail à domicile plutôt que dans les structures publiques et de ne fréquenter que les musulmans qui eux seulement peuvent partager leurs convictions et même de désinscrire leurs enfants si elles en ont de l'école publique pour échapper à l'implication des valeurs républicaines. Une échappée de l'état islamique a témoigné de ce processus de désocialisation. Elle dit : « *J'ai rencontré un homme sur Internet, il me disait que je ferais mieux de partir pour la Syrie, que je pourrais être infirmière et aider le peuple syrien et que je pourrais vivre ma religion plus facilement. Il me disait que j'allais rencontrer un homme fidèle autour duquel je pourrai me reconstruire avec mon fils. Il a su m'éloigner de ma famille et de mes amis, il était la seule personne à qui je faisais confiance. Je me renfermais sur moi et c'est à partir de là que j'ai commencé à avoir des velléités pour un départ en Syrie* ».

Il y a des techniques d'approches différentes entre les hommes et les femmes sur les réseaux sociaux en matière de communication. Les sites que les femmes consultent sont bien loin de ceux destinés à la gent masculine. En effet pour les hommes les blogs appellent plutôt à la violence, au combat contre les mécréants et sont en général accompagnés de photographies où sont stéréotypés le guerrier des jeux vidéos ou des films américains. Pour les femmes, les thèmes abordés sont davantage centrés sur la vie au quotidien et les recruteuses apportent une vision idéalisée de leur vie au sein de Daesh en leur vantant l'acquisition d'une nouvelle maison, des discussions entre copines, de l'éducation rêvée de leurs enfants, *etc.*

4e PARTIE
LA PROTECTION

La protection de la population : déjouer un attentat terroriste[1]

Guillaume CRIVELLI

Commissaire-divisionnaire, Directeur adjoint du Service régional de Police judiciaire de Nancy

Une anticipation complexe

La police judiciaire au sein de la police nationale a plusieurs cœurs de métier. La lutte contre la criminalité organisée est le cœur de métier principal de la police judiciaire, mais celle-ci a aussi une compétence en matière de lutte contre le terrorisme à différents niveaux, aussi bien sûr la partie attentats commis que la partie anticipation/prévention.

Cette contribution ne cherchera pas à donner toutes les *clés* pour déjouer un attentat, car une telle anticipation est extrêmement complexe. C'est un enchevêtrement de différents services, de différentes informations que l'on a sur des faits et sur des personnes, mais il est évident que c'est un enjeu fondamental pour la société et pour les personnes, car un attentat implique de semer la terreur, de semer la peur au sein d'un État et au sein d'une population.

Une législation dérogatoire et d'exception

Le premier moyen d'action est la législation d'exception qui existe en matière terroriste, pour lutter contre l'ensemble des actes terroristes. Cette législation d'exception est présente à deux niveaux. Tout d'abord, elle existe en droit pénal avec des particularités procédurales, des techniques d'enquêtes particulières, des services spécialisés, mais aussi des peines et des juridictions spéciales. Ensuite, elle existe en matière administrative. On l'a vécu en 2015, suite aux attentats du Bataclan, avec la mise en place à

[1] Propos tenus lors du colloque *Les femmes, les mineurs et le terrorisme* organisé à Nancy les 5 et 6 décembre 2018 et retranscrits en octobre 2020 avec l'accord de leur auteur.

l'époque de l'état d'urgence, de perquisitions administratives et d'assignations à résidence. Il s'agit bien de mesures dérogatoires pour lutter contre ces formes d'atteintes à la sûreté de l'État. D'autres dispositions sont arrivées par la suite en matière administrative avec la possibilité pour les différents services de renseignement d'avoir recours à des mesures administratives particulières pour pouvoir agir contre le terrorisme. Ce qui est intéressant concernant ces mesures dérogatoires administratives est l'action du juge administratif dans sa jurisprudence pour normer et définir les règles. En 2015, lorsque nous mettions en œuvre des perquisitions administratives, les règles étaient un peu floues, mais elles ont été affinées au fur et à mesure par le juge administratif, notamment sur l'entrée dans les lieux ou sur ce qui pouvait être saisi et de manière générale sur le cadre juridique de mise en œuvre.

La première *boîte à outils juridique* pour déjouer un attentat est ainsi constituée par ces règles dérogatoires en droit pénal et d'exception en matière administrative.

Une interaction entre les services de l'État

Pour déjouer un attentat, cette *boîte à outils n'est pas suffisante*, il faut une interaction forte et nécessaire entre les différents services de l'État, les autorités judiciaires, les autorités préfectorales, les différents services de renseignement de la police, les différents services de police judiciaire, l'administration pénitentiaire et les différents services de police et de gendarmerie au niveau local. Cette interaction entre ces différents services est tout à fait indispensable qu'ils soient judiciaires ou administratifs, de police au niveau central et de renseignement ou de police au niveau local. C'est grâce à cette interaction que l'on peut avoir un maillage important sur le territoire pour déjouer un attentat.

Depuis 2015, l'évolution du risque d'attentat nécessite d'autant plus une telle interaction. Auparavant, on avait des groupes terroristes qui pouvaient être identifiés au niveau national ou international alors que désormais la menace est plus diffuse. On n'est pas uniquement cantonné à des groupes terroristes qui s'approprient des armes et des explosifs et mettent en place un véritable mode opératoire. Désormais, le mode opératoire a changé, il n'y a plus besoin de se procurer des explosifs particuliers et il suffit d'une arme blanche ou d'un véhicule-bélier pour créer un attentat. Par conséquent, on n'est plus limité aux services nationaux et il nous faut ce maillage pour contrecarrer des initiatives locales.

Un spectre large d'action

Des exemples peuvent venir étayer le propos.

Le premier exemple est celui de la SDAT (sous-direction antiterroriste) de la police de Lyon et de la DGSI (Direction générale de la sécurité intérieure) qui sont intervenues pour interpeller quatre individus radicalisés qui avaient l'intention de commettre un attentat à l'occasion des mouvements de manifestation sociale des gilets jaunes. L'attentat a été déjoué. Ces individus, dont l'un était incarcéré, ont été interpellés et mis en examen du chef d'association de malfaiteurs en lien avec une entreprise terroriste de nature criminelle. Cet exemple est représentatif des équipes terroristes organisées qui font entrer en action une SDAT, la DGSI et un service local de police judiciaire.

Mais la menace terroriste est aussi le fait d'autres hypothèses. Le deuxième exemple est celui d'une mère de famille dans la région Rhône-Alpes qui signale que sa jeune fille de 14 ans s'est radicalisée sur les réseaux sociaux. Sur ces réseaux, elle a fait la connaissance d'une autre jeune fille de 17 ans. Les deux adolescentes échangent sur le réseau social et projettent d'attaquer au couteau des fonctionnaires de police dans une gare. Un rendez-vous est fixé. La plus jeune ne viendra pas, l'attentat n'ayant alors pas lieu. Elles sont interpellées par rapport à ces échanges d'intention. Au cours des perquisitions, sont trouvés notamment de la lecture islamique, des téléphones portables, des clés USB, un dessin du drapeau de Daesh et un certain nombre d'éléments sur la téléphonie. Une jeune fille a été écrouée, et l'autre a été placée sous contrôle judiciaire.

Déjouer un attentat terroriste, c'est donc agir dans ce spectre, du groupe organisé de malfaiteurs qui agit au niveau national, aux adolescentes radicalisées qui agissent sans même se connaître au niveau local après quelques échanges sur les réseaux sociaux. La menace terroriste actuelle correspond à ces différentes hypothèses.

Déjouer un attentat c'est donc agir sur ces différents spectres, agir à différents niveaux, d'où l'intervention des différents services.

Le « spectre haut »

Sur le *spectre haut*, la menace provient principalement des *revenants* des foyers de crise au niveau international (ceux qui reviennent d'Irak, de Syrie, d'Afghanistan, du Pakistan, du Soudan). Ils ont été entraînés et peuvent mener des attentats à l'explosif ou au véhicule-bélier, mais il peut aussi s'agir d'attentats au couteau. Concrètement, pour déjouer l'attentat, il y aura une phase de renseignement avec la DGSI qui va gérer avec la sous direction antiterroriste de la DCPJ (Direction centrale de la polic judiciaire)[2] sous l'égide d'une juridiction spécialisée liée au terrorisme, l parquet antiterroriste de Paris avec la juridiction d'instructio antiterroriste de Paris. Le *haut du spectre* c'est donc principalement ceux qu reviennent de l'étranger qui ont eu une pratique hostile en terrain d guerre, ce sont les radicalisés en France, mais ce sont aussi les collecteur d'argent (des individus qui vont puiser de l'argent dans telle ou tell collectivité et qui vont faire les trajets pour financer le terrorisme en Syrie en Irak ou en Afghanistan). Ce sont alors les services spécialisés qui seron chargés de les identifier et de les interpeller.

Des difficultés marquées

Mais les services sont confrontés à certaines difficultés. La premièr est la rapidité du passage à l'acte, le laps de temps court qui sépare le proje de son exécution. C'est aussi la difficulté des réseaux sociaux et d'Interne d'autant que certains services de messagerie sont cryptés (comme *Telegram* et il est donc très difficile d'y avoir accès, il ne s'agit pas d'une simpl interception des communications. Dans les investigations classiques, suffit d'avoir le téléphone, on aura notamment les SMS alors qu'ave *Telegram*, il n'y aura rien à trouver. La dernière difficulté est le caractèr international de la menace. On peut avoir des réseaux qui ont leur poin d'appui en Belgique ou en Allemagne et qui vont faire un raid en Franc ou ailleurs. Par conséquent, la coopération entre services (d renseignement, d'investigation et d'autorité judiciaire) s'étend l'international.

La détection de la radicalisation

La stratégie de l'État français n'est pas que de se concentrer sur ce *signaux forts* du terrorisme, mais de cibler également les signaux plus faible Les services sont alors mobilisés pour la détection de la radicalisation. Le individus ne sont pas encore terroristes, mais ils pourraient le devenir, l radicalisation est le cheminement jusqu'au terrorisme. L'État français donc choisi d'identifier ces signaux faibles en raison de la rapidité de mis à exécution du projet criminel. Le but est évidemment d'éviter le passag à l'acte. Le Gouvernement définit ainsi la radicalisation, comme u « *processus par lequel un individu ou un groupe qui adopte une forme violente d'acti*

[2] Si cela se passe à Paris, ce sera avec la Préfecture de police qui est un service particuli anciennement le 36 quai des Orfèvres, la brigade criminelle.

directement liée à une idéologie extrémiste à contenu politique, social ou religieux et qui conteste l'ordre établi sur le plan politique, social ou culturel ». De cette définition, peuvent être dégagées trois caractéristiques de la radicalisation :

- c'est un processus qui est progressif,
- il consiste en une adhésion à une idéologie extrémiste,
- il suppose l'adoption de la violence comme un mode d'action légitime.

Pour éviter un passage à l'acte, une action de détection de la radicalisation est donc menée. Au niveau local, il existe des groupes de suivi de la radicalisation. Des réunions sont organisées pour faire un point sur des individus, sur leur degré de radicalisation, en fonction des renseignements disponibles. Il s'agit bien d'une phase relevant des renseignements. Par exemple, on peut être informé qu'une personne a déscolarisé ses enfants pour des raisons islamistes ou qu'un individu sur *Facebook* a des propos de soutien envers Daesh. À partir de ces renseignements, les autorités locales vont devoir éventuellement décider de *judiciariser*, c'est-à-dire de transformer le renseignement en une infraction pénale (par exemple : association de malfaiteurs à visée terroriste, apologie du terrorisme, provocation au terrorisme ou encore, jusqu'à la décision du Conseil constitutionnel, consultation habituelle de sites djihadistes). On passe alors des services de renseignement aux services de police, dont la police judiciaire de Nancy, sous le contrôle des autorités judiciaires (parquet ou juge d'instruction).

Ces situations sont assez variées. Il peut s'agir, par exemple, d'un individu qui sur sa page *Facebook* ou *Instagram* s'exhibe avec un pistolet automatique et profère des menaces. Le parquet saisit alors la police qui sera chargée d'identifier l'individu le plus rapidement possible. La difficulté pour la police sera alors d'évaluer les risques que présente l'individu (est-ce un *fanfaron* ou un radicalisé avec un projet criminel ?). Il faut également évaluer son profil et ses éventuels troubles psychiques ou psychiatriques. En effet, la police est chargée de l'appréhender et elle doit se préparer en conséquence. Le but est alors de lever le doute le plus rapidement possible, car les profils sont très différents. Il peut s'agir d'une personne psychologiquement instable tout autant que d'un individu radicalisé qui passe ses journées reclus à regarder en vidéos les exactions de Daesh et qui est *piloté* par quelqu'un en Syrie. Le lien entre les services de renseignement et les services de police est aussi essentiel pour mesurer cette dangerosité.

Les profils féminins

Concernant les profils féminins, un certain nombre sont *sur site* en zone irako-syrienne, on retrouve des mineures et des majeures, des mères de famille, des *femmes de djihadistes*. L'âge moyen des femmes revenant de zone de combats était de 26 ans. Le taux de converties était important. Leur origine géographique était variée, on ne retrouvait pas spécialement de surreprésentation de Parisiennes. Les motivations de leur départ étaient également variées : sociales, religieuses, politiques. Toutefois, le *vecteur Internet* est très net, car elles étaient très largement pilotées depuis la Syrie pour venir en zone de combat. Ces femmes ont un contexte de délinquance préalable beaucoup plus rare que les hommes.

Par ailleurs, un risque actuel concerne de très jeunes enfants qui sont endoctrinés, déscolarisés et éduqués pour devenir des combattants.

Pour conclure, déjouer un attentat implique donc de mener un maillage territorial pour *ne rien louper*, tout autant que possible, il est essentiel de lever le doute rapidement face à un individu potentiellement dangereux ; la police judiciaire, au niveau local, joue pour ce faire un rôle essentiel.

La protection de la famille du radicalisé

Mathieu MARTINELLE

Maître de conférences en droit privé et sciences criminelles, Institut François Gény (EA 7301), Université de Lorraine

Du radicalisé à sa famille. Face à la radicalisation d'un individu, sa prise en charge par les services étatiques se présente, de prime abord, comme une nécessité utile. Alors que la radicalisation d'un individu est susceptible de conduire à la commission d'infractions les plus graves, c'est en suivant le principe selon lequel il convient de *prévenir plutôt que guérir* qu'une prise en charge de l'intéressé, *a priori* de tout fait infractionnel, présente une efficacité remarquable. La prévention de la radicalisation et du terrorisme est, à cet égard, une question centrale et majeure[1].

Il convient, alors, de souligner qu'un individu est qualifié de *radicalisé* au regard de la société au sein de laquelle il évolue. Selon la définition proposée[2] par Romain Sèze[3], la radicalisation se présente « *à partir d'une posture de rupture vis-à-vis de la société d'appartenance,* [le radical] *accept*[ant] *au moins en théorie le recours à des formes non conventionnelles d'action politique*

---

[1] THIERRY (J.-B.), « La prévention de la radicalisation et du terrorisme », *cet ouvrage.*

[2] *Adde* : BOCKEL (J.-M.), CARVOUNAS (L.), *Les collectivités territoriales et la prévention de la radicalisation, Rapport d'information fait au nom de la délégation aux collectivités territoriales et à la décentralisation*, Sénat, n° 483, 29 mars 2017. Les auteurs de ce rapport notent qu'il faut « *comprendre pour agir* », ce qui nécessite de « *clarifier la notion de radicalisation* », cette « *prénotion indispensable* [...] *que l'on doit placer sous une forte vigilance épistémologique* », selon les propos repris de BENSLAMA (F.) (*in* « Non, la déradicalisation n'est pas un échec » !, *Le Monde*, 28 février 2017). – DIARD (E.), POULLIAT (E.), *Les services publics face à la radicalisation, Rapport d'information déposé par la Commission des lois constitutionnelles, de la législation et de l'administration générale de la République*, Assemblée nationale, n° 2082, 27 juin 2019. – HABOUZIT (F.), « L'usage de la notion de radicalisation dans le champ pénitentiaire », *Rev. sc. crim.* 2017, p. 587. – HABOUZIT (F.), « L'usage de la notion de radicalisation dans le champ pénitentiaire (suite) : existe-t-il un statut *sui generis* des personnes "radicalisées" ? », *Rev. sc. crim.* 2018, p. 541.

[3] Chercheur à l'Institut national des hautes études de la sécurité et de la justice (INHESJ).

éventuellement illégales, voire violentes »[4]. Dans le même sens, selon Farhad Khosrokhavar[5], la radicalisation est un « *processus par lequel un individu ou un groupe adopte une forme violente d'action, directement liée à une idéologie extrémiste à contenu politique, social ou religieux qui conteste l'ordre établi sur le plan politique, social ou culturel* »[6]. La radicalisation est donc marquée par le caractère *contre-sociétal* de l'individu[7], ce dernier contestant les règles établies au sein de ses groupes d'appartenance.

Ce caractère *contre-sociétal* est, à cet égard, doublement intéressant, puisqu'il est d'une part, l'un des marqueurs de la radicalisation et d'autre part, l'un des points permettant d'œuvrer aux fins d'une déradicalisation. Ainsi, l'étude des facteurs criminologiques animant le radicalisé alimente à la fois le constat et la réponse susceptible d'être apportée[8]. Les ruptures, l'environnement personnel ou encore les théories et discours sont les premiers signes d'une radicalisation. Selon les informations communiquées au plus large public[9], les comportements permettant de repérer une radicalisation sont, notamment, la rupture avec la famille, les anciens amis, l'éloignement d'avec les proches, une déscolarisation soudaine, une nouvelle façon de s'alimenter, de s'habiller, de s'exprimer, un repli sur soi avec une fréquentation de sites Internet et de réseaux sociaux à caractère radical ou extrémiste, ou encore l'emploi d'un discours antisémite ou complotiste. Or, seuls les proches du radicalisé sont capables de constater ces changements, parfois soudains ; seuls les proches du radicalisé sont susceptibles de travailler, avec les autorités, pour résorber ces comportements et resociabiliser l'individu : la famille est en première ligne face à la radicalisation de l'un de ses membres.

---

4 V. sur ce point, SOMMIER (I.), « Engagement radical, désengagement et déradicalisation. Continuum et lignes de fracture », *Lien social et Politiques*, n° 68, 2012, p. 15.

5 Sociologue.

6 KHOSROKHAVAR (F.), *Radicalisation*, éd. Maison des sciences de l'homme, coll. Interventions, 2014, p. 8. Cette définition est reprise par le Comité interministériel de la prévention de la délinquance et de la radicalisation.

7 KHOSROKHAVAR (F.), « Quelques réflexions sur la notion de radicalisation », *in Les Carnets du CAPS - Radicalisation et djihadisme*, n° 24, 2017, p. 9 et s., spéc. p. 13. L'auteur souligne, not. que « *la notion de terrorisme ne coïncide que partiellement avec celle de radicalisation* », cette dernière faisant « *ressortir le caractère "sectaire" et "contre-sociétal" de la plupart des groupes qui adhèrent à cette vision au nom d'une théologie faisant directement intervenir la religion et pas les idéologies séculières, qui ont pour point d'ancrage le "peuple" le "prolétariat", ou encore, "la race blanche" ou l' "Aryen"* ».

8 MENABE (C.), « Approche criminologique des femmes et des mineurs dans le terrorisme », *ce ouvrage.*

9 « Dispositif de lutte contre les filières djihadistes. Assistance aux familles et prévention de la radicalisation violente », sur le site du ministère de l'Intérieur [en ligne], www.interieur.gouv.fr publié le 21 novembre 2019.

De la famille du radicalisé à son entourage. Le rôle des familles est, dans le domaine de la radicalisation, d'une importance singulière. En premier lieu, la famille souffre des comportements nouveaux et parfois soudains de l'un de ses membres. Directement d'abord, car les rapports familiaux sont détruits, les mensonges se multiplient, et l'isolement d'un proche désole les autres membres de la famille qui ne comprennent pas le sens de ces changements. Indirectement ensuite, car la cause de la radicalisation peut être à rechercher au sein du groupe familial, vecteur des valeurs individuelles. En second lieu, la responsabilisation de la famille est confirmée lorsqu'elle est appelée à être un rempart contre les processus de radicalisation et comme un indispensable permettant de combattre l'engagement radical de l'individu[10]. Alors qu'il n'apparaît pas bon être membre de la famille du radicalisé, la question de ses membres apparaît comme essentielle. Qui compose ce groupe si particulier qu'est *la famille* ? La réponse à cette première question est délicate à plusieurs égards, tant le droit pénal que le droit civil nous laissent sur notre faim.

Certes, le droit pénal de la famille est marqué par des infractions symboliques, tels l'abandon de famille[11] et les autres *atteintes aux mineurs et à la famille*[12]. Toutefois, aucune définition de la famille n'est affirmée par les textes répressifs. Cette absence de définition légale a été rappelée par le Conseil constitutionnel lorsqu'il a, en 2011[13], déclaré non conforme à la Constitution[14] les dispositions de l'article 222-31-1 du Code pénal d'alors, comprenant la *famille* comme étant un élément de la surqualification d'inceste. Y répondant, c'est par la loi du 14 mars 2016[15] que le législateur a préféré lister les personnes concernées par cette surqualification et donc renoncer au terme de *famille*, certainement insaisissable au regard de sa polysémie. Assurément, les précisions apportées par les termes du nouvel article 222-31-1 du Code pénal ne sauraient permettre de proposer une notion de famille, en un sens pénal, au moyen d'une simple transposition des membres indiqués : le groupe familial du radicalisé ne saurait se limiter

« Prévenir la radicalisation : le rôle des familles », [en ligne] www.stop-djihadisme.gouv.fr

C. pén., art. 227-3.

Intitulé du Chapitre 7, du Livre 2 du Code pénal. Nous y retrouvons, outre l'abandon de famille, le délaissement de mineur (C. pén., art. 227-1), les atteintes à l'exercice de l'autorité parentale (C. pén., art. 227-5), les atteintes à la filiation (C. pén., art. 227-12), ou encore la mise en péril de mineur (C. pén., art. 227-15)

Cons. constit., 16 septembre 2011, n° 2011-163 QPC.

La décision a été rendue sur le fondement de l'article 34 de la Constitution, ainsi que sur le principe de légalité des délits et des peines qui résulte de l'article 8 de la Déclaration des droits de l'homme et du citoyen de 1789.

L. n° 2016-297 du 14 mars 2016, art. 44.

aux ascendant, frère, sœur, oncle, tante, neveu ou nièce, conjoint o concubin de l'intéressé ou de l'une de ces personnes. À défaut, le descendants du radicalisé en seraient exclus.

Le même constat quant à l'insuffisance de la notion de famille es également à regretter lorsque sont mobilisées les dispositions du droit civi spécialement du droit de la famille. Là encore, aucune définition n'es proposée dès lors que « *tout le monde sait de quoi il s'agit* »[16]. Le domaine d la présente étude cherchant néanmoins des précisions, les droits e obligations familiaux liant les individus entre eux pourraient marquer l notion de famille. Toutefois, là encore la carence est évidente : à retenir c critère, le concubin ne serait pas membre de la famille du radicalisé et sera exclu des dispositifs y afférents.

Partant, alors que le droit fait défaut, l'approche sociologique de l famille mérite d'être retenue dans le cadre de la présente étude. L phénomène de radicalisation intéresse plus globalement les proches e l'entourage de l'individu. Ceux-ci participent, tous et conjointemen d'abord à la détection des signes de la radicalisation et, ensuite, à la pris en charge de l'individu aux fins de resocialisation. Indépendamment de liens juridiques entre les intéressés, la radicalisation est davantage u phénomène social – certes, pris en compte par le droit – si bien que le notions employées doivent être davantage prises en leur sens social, plut que juridique. Toutefois, les moyens employés dans le cadre de déradicalisation de l'un des membres de la famille trouvent une efficacit dans les droits et obligations unissant les sujets, si bien que les modalité juridiques susceptibles d'être mises en œuvre sont au cœur du débat. C'es en mobilisant ces mécanismes juridiques que la lutte contre radicalisation est efficace. Ainsi, par exemple, l'autorité parentale est u moyen utile aux fins d'œuvrer vers la déradicalisation d'un mineur[17].

Une protection de la famille. Au regard de son rôle majeur e matière de lutte contre la radicalisation, la famille a été intégrée – à just titre – dans cette quête. Il s'agirait, alors, de *protéger la famille*. À cet égar plusieurs questions se posent, encore une fois.

---

16 Pour reprendre les propos du doyen Carbonnier, à propos de la famille et du mariage. V. s ce point : CARBONNIER (J.), *Droit civil, Tome 2, La famille, L'enfant, Le couple*, éd. PUF, 2004, p. 391.

17 LIEVAUX (C.), « Terrorisme, autorité parentale et droit pénal », *cet ouvrage*. – BERNARD (Y « Autorité parentale exclusive. Le juge aux affaires familiales et la radicalisation religieuse », *L famille* n° 7-8, 2017, comm. 161. – BERNARD (Y.), « Quelle approche par le juge des enfants phénomène de "radicalisation" ? Réflexions à partir du cas de Amir X. Libre propos », *Gaz. p* 26 juillet 2016, n° 28.

D'abord, contre qui convient-il de *protéger la famille* ? Certainement, contre le nouveau groupe auquel l'un de ses membres s'est associé, voire contre ce membre lui-même, ce dernier pouvant avoir commis ou avoir pour projet de commettre certaines violences à l'encontre de son groupe familial. Ensuite, contre quoi convient-il de *protéger la famille* ? Certainement, contre le phénomène de radicalisation, afin que celui-ci ne cause pas un préjudice plus important encore aux autres membres de la famille, voire ne s'étende à ceux qui pourraient être convaincus. Certainement.

Ces premières questions ouvrant déjà vers de vives controverses, ces débats se présentent finalement au moyen de deux interrogations plus larges encore : d'une part, pourquoi protéger la famille ? D'autre part, comment protéger la famille ? À ce propos, nous remarquerons que la protection de la famille du radicalisé se présente comme un objectif auquel s'est astreint le législateur face à ce groupe. La famille est ainsi considérée comme une victime particulière qu'il convient de prendre en charge (I). Cependant, cet objectif que se donne la société est manifestement poursuivi à dessein global. La famille se présente en effet comme un moyen utile aux fins de lutter contre le phénomène de radicalisation grâce à ce groupe. La famille est ainsi un acteur particulier dont il convient d'user à cette fin (II).

I. La famille victime

Une victime particulière ? En matière de radicalisation, le groupe familial est un élément central. Les études et analyses des comportements des radicalisés se présentent classiquement à l'aune de son comportement et de la place de l'intéressé au sein de ce groupe[18]. Face à un phénomène de radicalisation, la famille du sujet est étudiée afin de comprendre son évolution, marquée par la désocialisation, par le repli sur soi, par le changement de discours et de posture. Ainsi, a-t-il été remarqué qu'aucun type de famille n'est épargné par le phénomène de radicalisation. Quelles que soient les origines et les cultures, toutes les familles, qu'elles soient insérées socialement, aimantes, ou présentant des difficultés d'intégration et sociales, sont susceptibles d'avoir un radicalisé au sein de ses membres.

---

18 CRETTIEZ (X.), SEZE (R.), *Saisir les mécanismes de la radicalisation violente : pour une analyse processuelle et biographique des engagements violents*, Rapport de recherche pour la Mission de recherche Droit et Justice, avril 2017, spéc. p. 145. Ce rapport a été dressé fort de nombreux entretiens avec des personnes radicalisées. Le premier élément du guide d'entretien portait sur le *cadre de vie et socialisation primaire*, à l'occasion duquel étaient abordées les questions des *grands traits de l'enfance*, les *lieu et cadre de vie*, le *type de famille (recomposée, soudée, frères et sœurs)*, les *professions des parents*, *etc.*

S'il fallait préciser ce point, nous rappellerions que, selon une enquête réalisée par Laurent Bonelli et Fabien Carrié entre septembre 2016 et décembre 2017[19] auprès de 133 mineurs poursuivis pour des affaires de terrorisme ou présentant des signes de radicalisation, les trajectoires de la radicalisation sont multiples et diverses. Ils distinguent ainsi quatre grandes trajectoires de la radicalisation, selon la situation familiale du sujet[20] : ils qualifient de *radicalité apaisante* celle concernant principalement les jeunes filles issues de familles instables, en quête de protection face à des violences subies ou des désordres familiaux ; de *radicalité rebelle* celle concernant principalement les enfants dans des familles protectrices, répondant à un besoin d'opposition au cadre familial ; de *radicalité agonistique* celle concernant principalement les jeunes hommes vivant dans des familles déstructurées, ainsi provoquant et cherchant une revalorisation de soi dans les interactions avec les agents représentant l'État ; de *radicalité utopique* celle concernant principalement les fractions stables des milieux populaires dont les familles ont poussé leurs enfants à réussir scolairement afin de connaître une ascension sociale par procuration.

Face à cette globalité, la famille se présente comme une victime de l'un de ses membres. La famille ne saurait, certes, être qualifiée de victime au sens juridique du terme, ne serait-ce qu'au regard de l'absence de personnalité juridique de ce groupe social, indéfinissable à tout le moins polysémique. Il n'en demeure pas moins que, collectivement, les membres du groupe familial subissent une souffrance du fait de la radicalisation de l'un de ses membres, celle-ci étant reconnue par les tiers, par la société. Partant, la famille peut être qualifiée de victime particulière, dès lors que la lésion qu'elle subit est si singulière et que la prise en charge de celle-ci si délicate.

Une prise en charge psychologique. La première difficulté quant à la prise en charge de la famille victime de la radicalisation de l'un de ses membres tient en son approche psychologique. Cette prise en charge est essentielle, sinon première. Elle permet d'assurer la refondation du groupe familial, dont l'un de ses membres s'est radicalisé. Dès lors qu'aucune famille n'est assurément épargnée par le phénomène, cette radicalisation

---

19 BONELLI (L.), CARRIE (F.), *Radicalité engagée, radicalités révoltées. Enquête sur les jeunes suivis par la protection judiciaire de la jeunesse (PJJ)*, Institut des Sciences sociales du Politique, Université Paris Nanterre, janvier 2018 [en ligne] http://www.justice.gouv.fr/art_pix/Rapport_final_Bonelli_PJJ.PDF.

20 Nous noterons que cette étude, dont la lecture est recommandée, concerne uniquement des mineurs.

représente un choc important pour les autres membres, symptomatique du trauma, auquel il convient de répondre[21].

Cette réponse est, en premier lieu, apportée par les associations et autres acteurs proposant des actions d'accompagnement des familles. Leurs diligences sont, d'abord, déterminées en fonction du membre de la famille concerné et de sa place au sein de celle-ci. Certaines structures interviennent à leur bénéfice, telles que les missions locales, les maisons des adolescents ou encore l'École des parents. Ces actions d'accompagnement des familles sont, ensuite, diligentées en fonction de l'évènement subi, notamment lorsqu'il s'est matérialisé par un passage à l'acte du radicalisé. L'approche n'est en effet pas la même selon que le radicalisé est l'auteur d'une infraction terroriste ou n'est *que* convaincu par les prêches de certains, sur la toile. Le trauma subi par la famille est différent, ne serait-ce qu'au regard de la *culpabilité* (*sic*) ressentie par ce groupe social face aux autres victimes de leur membre radicalisé. La multiplicité de ces structures présente alors les inconvénients de ses avantages, puisqu'elle augmente, un peu plus encore, la difficulté quant à disposer d'une prise en charge commune et globale face au phénomène de radicalisation ; cette multiplicité des acteurs présente néanmoins l'intérêt majeur de proposer une réponse spéciale et adaptée à l'intéressé sollicitant leurs diligences. La prise en charge psychologique apportée à un frère ou une sœur d'un radicalisé ne saurait être identique à celle devant être apportée aux parents de celui-ci. Le rôle au sein de la famille de chacun de ses membres est distinct et ne peut être confondu en étant pris comme un tout. La compréhension du phénomène de radicalisation d'un individu par les membres de sa famille doit, à ce titre, être abordée en fonction de la position de ce dernier au sein de ce groupe. Dans le même sens, la prise en charge psychologique apportée aux membres de la famille de l'auteur d'un acte terroriste commis sur le sol français ne saurait être la même que celle apportée aux membres d'une famille dont l'un de ses membres a quitté le territoire pour gagner les rangs de groupes extrémistes étrangers, pas plus qu'elle ne serait identique à celle apportée à une famille dont l'un de ses membres est captivé par des discours de haine sur les réseaux sociaux, sans que telles écoutes ne se soient jamais relevées dans les actes.

La prise en charge psychologique des familles victimes se matérialise, en second lieu, par certaines actions mises en place à leur bénéfice. Les

---

21 Sur l'explication du phénomène psychologique, v. MAES (J.-CL.), « La famille face à la radicalisation d'un de ses membres », *Cahiers critiques de la thérapie familiale et de pratiques de réseaux*, n° 63, 2019/2, p. 85 et s.

familles ayant rencontré un phénomène de radicalisation d'un de ses membres ressentent le besoin de comprendre quelles sont les raisons, les causes, ayant abouti à cette désocialisation, cette exclusion volontaire d'un des leurs. Pour cela, ces familles ont besoin de parler, certes entre ses différents membres, mais aussi plus largement avec d'autres groupes ayant subi le même type de trauma. L'accompagnement des familles du radicalisé prend la forme de groupes de parole, de suivis par des spécialistes formés pour ce type de situation, ou encore par la mise en place de thérapies familiales, cette dernière mesure présentant de grands intérêts et un grand succès. Ainsi, à titre d'exemple, c'est à Orléans qu'une action de formation et de sensibilisation contre la radicalisation a été mise en place en 2016. Réunissant plus de mille personnes durant l'année au cours de laquelle cette action a été diligentée, celle-ci a été organisée par des modérateurs, des parents relais, des éducateurs spécialisés et techniques, des animateurs associatifs, des gardiens d'immeubles et des enseignants. Dans le cadre de ce vaste plan coordonné par la Ville, les familles ont eu accès à un groupe de parole se réunissant toutes les six semaines. À l'occasion de ces réunions, tous les groupes familiaux – plus ou moins concernés par le phénomène de radicalisation de l'un de ses membres – ont librement échangé afin de poser toutes les questions qui se présentaient à eux et d'apaiser leurs inquiétudes. Pour certaines familles, elles ont ainsi pris acte qu'elles n'étaient pas seules dans ces situations de potentielle radicalisation de l'un de ses membres et ont pris connaissance de l'existence de certaines actions afin de les protéger contre ce phénomène. Parallèlement, des suivis individualisés ont été mis en place afin d'instaurer puis maintenir le dialogue. Ces entretiens personnels ont été proposés aux *jeunes* (mineurs ou non) qui présentaient certains signes de radicalisation, mais aussi à ceux dont des personnes radicalisées ou en voie de radicalisation composaient leur entourage. Les jeunes sont en effet considérés comme les plus fragiles, parfois influençables, et peuvent donc passer du statut de victimes collatérales du fait de la radicalisation d'un membre de leur famille, à celui de radicalisés. Il était donc important et opportun que de telles actions particulières leur soient proposées.

Une prise en charge juridique. La seconde difficulté majeure, quant à la prise en charge de la famille victime de la radicalisation de l'un de ses membres, tient en son approche juridique. Le droit dispose-t-il d'une place quant à la protection de la famille du radicalisé ? Certes, les dispositions légales relatives à l'autorité parentale[22] et le rôle de l'Aide sociale à

[22] C. civ., art. 372 et s.

l'enfance[23] sont des éléments essentiels dans la lutte contre la radicalisation. Ils permettent, fort du principe dit de l'intérêt supérieur de l'enfant[24], de mettre en œuvre certaines mesures de protection. Qu'il s'agisse du cas d'un mineur ou d'un parent radicalisé, ces outils sont efficaces[25]. Ils ne sont toutefois pas suffisamment généraux afin d'en faire profiter tous les membres de la famille dont l'un des membres est radicalisé.

Finalement, la prise en charge juridique de la famille ne se lit, globalement, qu'à l'aune du droit au maintien de la vie familiale. Ce droit, constitutionnellement garanti selon les décisions du 24 mai 2016[26] et du 22 juin 2018[27], présente certaines conséquences et applications en matière de protection de la famille du radicalisé. Se pose en effet une question majeure : comment assurer un tel lien entre les membres d'une famille dont l'un est radicalisé ? Puisque le droit n'intervient pas *a priori* du comportement répréhensible, c'est en cas de détention de la personne radicalisée que la question du maintien de sa vie familiale se pose concrètement. Que l'intéressé privé de liberté le soit du fait de sa radicalisation (ayant abouti à la commission d'une infraction) ou que cette radicalisation soit apparue au cours de cette privation de liberté, certaines conséquences quant au régime carcéral et pénitentiaire apparaissent. À ce propos, il convient de souligner que des quartiers de prise en charge de la radicalisation ont été récemment créés dans certains établissements pénitentiaires[28]. Le régime de détention au sein de ces quartiers obéit aux dispositions des articles R. 57-7-84-14 et suivants du Code de procédure pénale. Selon l'alinéa 2 de l'article R. 57-7-84-16 dudit Code, les personnes détenues placées en quartier de prise en charge de la radicalisation « *conservent leurs droits à l'information, aux visites, à la correspondance écrite et téléphonique, à l'utilisation de leur compte nominatif, sous réserve des aménagements qu'imposent les impératifs de sécurité* ». Si les « *impératifs de sécurité* » restent à déterminer par la pratique de ces *aménagements*, les dispositions du droit

---

23. Code de l'action sociale et des familles, art. L. 221-1 et s.

24. Art. 3-1 de la Convention internationale des droits de l'enfant, adoptée par l'Assemblée générale des Nations unies le 20 novembre 1989, applicable en France depuis le 6 septembre 1990.

25. V. sur ce point : BERNARD (Y.), « Le juge aux affaires familiales et la radicalisation religieuse (note sous CA Rouen, 6 avril 2017, n° 15/01747 : JurisData n° 2017-008329 », *Dr. famille* 2017, comm. 161.

26. Cons. constit., 24 mai 2016, décision n° 2016-543 QPC.

27. Cons. constit., 22 juin 2018, décision n° 2018-715 QPC.

28. Décret n° 2019-1579 du 31 décembre 2019 modifiant le Code de procédure pénale (partie réglementaire – décrets en Conseil d'État) et relatif aux quartiers de prise en charge de la radicalisation, *JORF* n° 1 du 1er janvier 2020, texte n° 11.

commun semblent donc rester applicables[29], si bien que l'autorité compétente ne peut refuser d'accorder, notamment le droit de visite aux familles, au regard du maintien du bon ordre et de la sécurité.

II. La famille acteur

Des acteurs nombreux et spécialisés. De nombreux acteurs ont été mis en place afin de répondre à la nécessité de protéger la famille du radicalisé. Ainsi, le Centre national d'assistance et de prévention de la radicalisation (CNAPR) a été créé le 29 avril 2014. Ce centre dispose aujourd'hui d'importants moyens afin qu'il puisse assurer efficacement ses missions. Ces dernières sont de deux ordres : le CNAPR assure, d'une part, le recueil des signalements et, d'autre part, l'écoute et le conseil de familles et de proches d'individus radicalisés. Une même instance pour deux missions si différentes, de prime abord.

À cette double finalité, une procédure particulière et unique a été mise en place, celle-ci ayant été précisée à l'occasion du plan de prévention de la radicalisation publiée en février 2018. Ce plan rappelle qu'au sein du CNAPR est mise en place la cellule de suivi pour la prévention de la radicalisation et l'accompagnement des familles (CPRAF). Placée sous le contrôle des préfets, il existe 101 CPRAF, soit une par département. Cette cellule particulière organise, notamment, la prise en charge de la famille au niveau local, en renvoyant ces victimes collatérales vers des partenaires afin d'assurer une prise en charge psychologique et juridique de celles-ci. Les moyens employés à cette fin sont à noter[30], puisque 25 000 agents (de l'État, des collectivités territoriales et des travaux sociaux) sont spécialement formés au phénomène de radicalisation et de ses conséquences pour les tiers. Ces moyens sont complétés par ceux de plus de 90 associations et autres structures de prise en charge et d'accompagnement travaillant en lien direct avec les préfectures. Ainsi, ce sont 2600 jeunes et 800 familles qui sont pris en charge et accompagnés à travers le réseau des cellules de prévention de la radicalisation et d'accompagnement des familles.

Il ressort de ces modalités d'organisation du CNAPR que la famille est l'un des éléments centraux de la lutte contre la radicalisation. Victime, elle

---

[29] C. proc. pén., art. R. 57-8-8.

[30] Plan national de prévention de la radicalisation *Prévenir pour protéger*, 23 février 2018. V. sur ce point : LENA (M.), « Synthèse du plan national de prévention de la radicalisation. Prévenir pour protéger », *AJ Pénal* 2018, p. 137. *Adde* : DUFOURQ (P.), « Les orientations nationales présentées dans la dernière circulaire pénale. Circulaire de politique pénale, 21 mars 2018 », *Dalloz actualité* 10 avril 2018.

est également un acteur de cette lutte. Tel un agent infiltré, le groupe familial est au plus près de son membre radicalisé : elle le connaît (ou l'a connu) et peut procéder à une introspection essentielle à la compréhension du processus de radicalisation de l'un de ses membres. Cette tâche est certes complexe et ne saurait se faire sans l'assistance des autres acteurs de la déradicalisation, notamment institutionnels. Cette tâche est cependant personnelle : la famille doit intervenir et être elle-même un acteur. Or, au regard des dispositions et modalités applicables en la matière, elle l'est manifestement, tant directement qu'indirectement.

Du bâton... L'intervention directe de la famille en tant qu'acteur de la déradicalisation est la plus évidente. Cette intervention est double, puisqu'elle intervient d'une part à l'origine (aux fins de révélation du phénomène de radicalisation de l'un de ses membres) et, d'autre part, à la suite de cette révélation (aux fins de déradicalisation dudit membre).

Précisément et d'abord, l'intervention initiale de la famille s'apparente comme la plus précieuse. Grâce à la famille, l'un de ses membres, radicalisé, sera connu des services compétents afin qu'une réponse sociale, psychologique, voire juridique, lui soit apportée. Il s'agit là de la plus difficile des étapes qu'ont à supporter les institutions étatiques en charge de la lutte contre la radicalisation. Afin qu'un suivi et une prise en charge soient diligentés selon des modalités aujourd'hui connues, maîtrisées et efficaces, encore faut-il connaître les sujets radicalisés. Seuls ceux qui sont témoins d'un changement d'attitude d'un de leur proche sont susceptibles de porter à la connaissance des autorités telle situation, marquée par certains signes de radicalisation. À cette fin, un numéro vert gratuit et un formulaire Internet, administrés par le CNAPR, ont été mis en place en 2014, afin que tous les proches ayant un doute sur une potentielle radicalisation ou un questionnement sur le sujet puissent solliciter les services compétents. L'habileté en la matière est alors de mise, alors que cette mesure de signalement est présentée aux familles comme servant « *à venir en aide à la personne concernée par* [le] *signalement* », comme étant « *une mesure préventive* » qui « *ne représente pas une mesure punitive* », comme permettant aux « *services de l'État* [de mettre] *en place un accompagnement adapté pour éviter que la situation ne se détériore* », le tout sous couvert d'une « *confidentialité du signalement et du signalant* [...] *préservée* », alors que « *signaler une situation de radicalisation ne* [...] *sera jamais reproché* ».

Cette intervention directe de la famille est, ensuite, contributive au processus de déradicalisation. Une fois connue, la radicalisation du sujet est prise en charge par les services de l'État qui détermineront, certainement dès les premiers temps, la cause de cette radicalisation. Or, la situation familiale peut être une des causes de ce phénomène. Principal vecteur des valeurs essentielles de tout individu, et notamment le bien-vivre ensemble, la famille peut connaître dans son ensemble certains désordres auxquels il conviendra de répondre aux fins de resociabiliser – donc déradicaliser – l'un de ses membres, à nouveau intégré. La prise en charge de la famille se présente ainsi sous une double facette : cette victime si particulière doit, outre sa résilience personnelle, être également un acteur jouant un rôle dans la déradicalisation de son membre. La victime doit activement participer au soin apporté à son bourreau, n'est-ce pas là inédit. L'habileté des services de l'État doit – encore une fois – être de mise, alors qu'il ne faudra pas que ce processus et cette action de la famille soient considérés comme des marques de sa culpabilité, des témoins quant à une part de responsabilité dans le processus de radicalisation qu'a suivi l'un de ses membres. La famille est un acteur utile à la collectivité, il conviendrait à ne pas la brusquer.

…à la carotte. Acteur aux fins de déradicalisation, la famille intervient également indirectement. Les institutions en usent au gré des ambitions et de la situation que rencontre l'individu radicalisé. Rappelons en effet que la rupture familiale n'est pas un critère absolu de la radicalisation d'un sujet. Si certains radicalisés sont en rupture familiale, d'autres ne le sont pas, voire disent œuvrer – au contraire – pour le bien-être de leur famille. La famille présente, pour ces derniers, un socle essentiel, agréable. Le maintien des liens familiaux se présente, dans ces cas, comme la carotte au bout du bâton…

Cette situation se reconnaît spécialement à l'étude des modalités de changement d'affectation d'un condamné[31]. L'équivalence des droits que l'on a pu souligner en matière de droit de visite des proches d'un individu radicalisé privé de liberté cesse en effet en cas de demande de réaffectation dans tel ou tel établissement pénitentiaire. Classiquement, selon les termes de l'article D. 82 du Code de procédure pénale, la décision de changement d'affectation d'un détenu appartient au directeur interrégional des services pénitentiaires. Telle compétence relève cependant du ministre de la Justice, lorsque la demande concerne un condamné dont la durée de l'incarcération restant à subir est supérieure à trois ans au jour où est formée la demande[32], un condamné à raison d'actes de terrorisme, ou un condamné ayant fait l'objet d'une inscription au répertoire des détenus particulièrement signalés prévu par l'article D. 276 1 du Code de

---

31 C. proc. pén., art. D. 82 et s.

32 Et dont il a été décidé l'affectation dans les conditions du deuxième alinéa de l'article D. 80.

procédure pénale. Alors que les personnes radicalisées sont susceptibles d'intégrer l'une ou l'autre des deux dernières hypothèses, la décision du transfèrement d'un établissement à un autre est donc marquée du sceau politique. Droit constitutionnellement affirmé, le maintien à la vie familiale pour ces personnes incarcérées se présente, en pratique, subordonné à une appréciation, par le ministre de la Justice, des garanties marquées par la bonne conduite de l'individu, par sa resocialisation, par des marqueurs de déradicalisation. Il est heureux alors de constater que telle décision de réaffectation fait exception au principe selon lequel telle mesure est d'ordre intérieur, donc insusceptible de recours[33]. Il a été jugé en effet qu'une décision de changement d'affectation ne constitue pas une mesure d'ordre intérieur dès lors que cette décision, rendant plus difficile l'exercice par le détenu de son droit à conserver une vie familiale en détention, est susceptible de porter atteinte à un droit fondamental de l'intéressé[34].

La famille : d'un objectif-moyen et à moyen-objectif. En définitive, le groupe familial est un élément à prendre en compte à l'étude d'un phénomène de radicalisation. Il l'est tant, car il se présente comme l'une des causes potentielles de l'entrée en radicalité de l'un de ses membres, que comme les mesures efficaces aux fins de sortie de cette même radicalité. C'est par sa double position de victime et d'acteur que la famille présente une utilité, ce que les services luttant contre le phénomène de désocialisation qu'est la radicalisation ont bien compris et savent aujourd'hui parfaitement appréhender et maîtriser.

---

[33] CE, 3 juin 2009, n° 310100 : *AJDA* 2009, p. 1132 ; *AJ pénal* 2009, p. 460. – CE, 15 juillet 2010, n° 340313.

[34] CE, 27 mai 2009, n° 322148 : *AJDA* 2009, p. 1076, note BRONDEL (S.) ; *Gaz. pal.* 23 juin 2009, n° 12, concl. GUYAOMAR. – *Adde* : CE Ass., 14 décembre 2007, *AJDA* 2008, p. 128, chron. BOUCHER (J.) et BOURGEOIS-MACHUREAU (B.)

Terrorisme, autorité parentale et droit pénal

Chloé LIEVAUX

Docteure en droit privé et sciences criminelles, Maître de conférences contractuel à l'Université de Lorraine, Membre du CDP, Université Jean Moulin Lyon III et de l'Institut François Gény, Université de Lorraine, Membre associé du CERDACC, Université Haute-Alsace

Terrorisme, autorité parentale et droit pénal, des rapports ripartites. Écrire sur l'appréhension pénale du terrorisme ne relève pas le l'évidence. D'une part, car de nombreuses contributions et thèses sont arues à ce propos. Il en va notamment de la thèse de madame Julie Alix elative au *terrorisme et droit pénal*[1]. D'autre part, car il n'est pas aisé de roposer une réflexion pénale autour d'une notion si peu définie[2] et ourtant légistiquement[3] instrumentalisée, socialement et publiquement létournée. L'appréhension politique du terrorisme semble justifier un létournement de l'arme pénale à qui l'on entend et l'on prétend - particulièrement dans ce domaine[4] – prêter des vertus d'anticipation épressives[5]. Enfin, parce qu'il s'agit d'un champ aux mouvements

ALIX (J.), *Terrorisme et droit pénal, étude critique des incriminations terroristes,* GIUDICELLI-DELAGE ;.) (préface), Dalloz, coll. Nouvelle bibliothèque de thèses, vol. 91, 2010.

V. not. OTTENHOF (R.), « Le Droit pénal français à l'épreuve du terrorisme », *Rev. sc. crim.*)87, p. 611.

ALIX (J.), note sous Cass. crim., 10 janvier 2017, *AJ Pénal* 2017, p. 79 et s. : « L'incrimination ı terrorisme a une fonction instrumentale assumée ».

À ce titre, PONSEILLE (A.) relève que « *le combat livré contre le terrorisme suppose, plus que dans autres domaines, une intervention précoce de la répression, un anéantissement de projets terroristes alors qu'ils ne nt qu'en germe, car leur réalisation est grandement redoutée* », *in* « Les infractions de prévention, argonautes : la lutte contre le terrorisme », *RDLF* 2017, chron. n° 26.

ALIX (J.), « Réprimer la participation au terrorisme », *Rev. sc. crim.* 2014, p. 849 et s. ; 'UDICELLI-DELAGE (G.), LAZERGES (C.) (dir.), *La dangerosité saisie par le droit pénal*, Paris : PUF, 2011, 214.

politique et légistique nombreux, en atteste la dernière proposition de lo tendant à renforcer drastiquement la surveillance des personne condamnées pour terrorisme, sortant de prison[6]. Pourtant, l'étude de rapports entretenus entre droit pénal et terrorisme apparaît indispensable D'une part, c'est bien la multiplicité des réflexions et des champs d réflexion qui permettra progressivement de cerner et déterminer le contours de la notion si peu définie de terrorisme. D'autre part, la libert du travail universitaire permet une approche critique des mésusages de l légistique pénale autour du terrorisme. Dans le cadre de ces travau d'étude, nous a été confiée une réflexion sur les rapports entretenus entr terrorisme, autorité parentale et droit pénal. Avant même que d'engage ces réflexions, il semble nécessaire de mesurer que ce champ d'études es marqué par trois liens interdépendants qui sont ceux entre droit pénal e terrorisme, entre droit pénal et autorité parentale, et enfin, entre terrorism et autorité parentale. Si les deux premiers rapports n'apparaissent pa comme relever de l'évidence, ou sont à tout le moins sujets à caution, l dernier semble justifier la juxtaposition des trois rapports et ains l'interdépendance. De ces liens, la constante est représentée par l terrorisme dont les difficultés sémantiques imposent une clarificatio préalable.

Le terrorisme, difficultés sémantiques. Égrainant une successio d'actes divers tels le détournement d'un avion, l'enlèvement d'otages, le viols ou attaques d'individus, Jean Servier note que « *l'opinion publique l distingue mal du droit commun, comme s'y perdent aussi les législateurs de tou appartenance qui ont tenté, tentent de définir le terrorisme* »[7]. Relevant du cham sémantique de la terreur, de ce qui effraye, et historiquement rattaché a régime de la terreur, le terrorisme a un temps été associé à la manifestatio violente de revendications idéologiques et politiques. C'est pourquoi l terrorisme en France est associé au régime de la Terreur et à la Républiqu En atteste l'entrée « *terrorisme* » au dictionnaire de l'Académie française d 1798, faisant directement référence au régime de la Terreur, le terrorist étant l'agent de ce régime usant de « *menaces révolutionnaires* »[8]. Ains paradoxalement, « *le mot terrorisme prend sa résonance historique avec l'avèneme*

---

[6] Ass. nat., n° 3116, Proposition de loi instaurant des mesures de sûreté à l'encontre d auteurs d'infractions terroristes à l'issue de leur peine, enregistrée à la présidence de l'Assembl nationale le 17 juin 2020. – JANUEL (P.), « Terrorisme : l'Assemblée nationale crée un nouve régime de sûreté », *Dalloz actualité* 2 juillet 2020.

[7] SERVIER (J.), *Le terrorisme*, PUF, coll. Que sais-je ?, 5e éd., 1997, p. 3.

[8] V° « Terrorisme », *Dictionnaire de l'Académie française, revu, corrigé et augmenté par l'académie e même*, 5e éd., Paris, L-Z, t. 2, 1798, p. 775.

des droits de l'homme »[9]. Si un certain consensus semble régner quant à l'origine historique et sémantique de l'apparition du terme terrorisme, il apparaît que « *pour un phénomène présent depuis plus de deux siècles, sous une forme ou une autre, il est presque indéfinissable* »[10]. La mutation sémantique du terrorisme intervient au siècle suivant pour acquérir son sens « *contemporain* », celui d'une « *stratégie violente principalement dirigée contre l'État au moyen d'assassinats et d'attentats visant à créer un climat de terreur* »[11]. La difficulté réside alors dans la parenté qui existe entre résistance et terrorisme, car les moyens employés, souvent identiques, servent une cause similaire : une contestation parfois politique qui apparaît tantôt juste, tantôt injuste, la frontière résidant dans « *le contexte politique dans lequel le combattant évolue* »[12]. L'on mesure alors que c'est la légitimité du régime politique qui, dans cette conception, sert de support à la qualification d'acte terroriste. Dans cette acception, le terrorisme est une délégitimation des buts poursuivis. La charge politique et idéologique du terme devait conduire à une objectivation de ce dernier. Vespasien Pella refusait à ce titre de considérer « *le terrorisme comme un moyen de lutte politique ; il se refuse à élever le crime à la hauteur d'un dogme* »[13]. Il affirmait, à l'occasion de l'assemblée de la Société des Nations que « *les actes de terrorisme, qui tendent de plus en plus à revêtir l'aspect d'une méthode pour résoudre des divergences d'ordre social ou politique, apparaissent comme un retour à la barbarie. Assurer leur impunité c'est, par là même, marquer une sympathie pour des procédés que la conscience de tout homme civilisé ne peut que réprouver* »[14]. La Société des Nations proposait alors de définir les actes terroristes comme « *des faits criminels dirigés contre un État et dont le but ou la nature est de provoquer la terreur chez des personnalités déterminées, des groupes de personnes ou dans le public* »[15]. C'est alors que le terrorisme doit être pris en considération non plus « *en fonction de présupposés politiques* » et qu'il apparaît nécessaire de « *prendre uniquement en considération ses méthodes* »[16]. Le droit pénal contemporain a progressivement tenté d'appréhender ce

---

9 GAYRAUD (J.-F.), SENAT (D.), *Le terrorisme*, PUF, coll. Que sais-je ?, 2006, pp. 3-11.

10 *Ibid.*

11 SOMMIER (I.), *Le terrorisme*, Flammarion, coll. Dominos, 2000, p. 10.

12 GAYRAUD (J.-F.), SENAT (D.), *Le terrorisme*, préc., pp. 12-47.

13 Société des Nations, *Journal officiel*, supplément spécial n° 156, Actes de la dix-septième session ordinaire de l'Assemblée, séances des commissions, procès-verbal de la première commission, Genève, 1936, pp. 30-31.

14 *Ibid.*

15 Société des Nations, Convention pour la prévention et la répression du terrorisme, 1937, Genève, Article premier, p. 5.

16 GAYRAUD (J.-F.), SENAT (D.), *Le terrorisme*, préc., pp. 12-47.

phénomène et cette criminalité singulière, mais son absence de définition rend la convergence entre droit pénal et terrorisme particulièrement discutée.

Droit pénal et terrorisme, une convergence discutée. C'est par les difficultés à contenir et à définir le terrorisme que son appréhension répressive peut s'apparenter à concilier l'inconciliable. Les relations entre terrorisme et droit pénal relèvent de la rencontre entre un phénomène criminel aux contours peu définis et un champ normatif à la contrainte telle qu'il mérite un usage des plus rigoureux et parcimonieux. Ainsi que le souligne le professeur Julie Alix, cette relation peut s'apparenter de prime abord à une « *liaison dangereuse* »[17]. La première tentative législative s'est attachée à faire non pas du terrorisme une infraction spéciale, mais plus largement, à soumettre certaines catégories d'infractions à des procédures dérogatoires au droit commun lorsqu'elles sont apparentées au terrorisme[18]. À ce titre, le Code pénal qualifie de terroriste certaines infractions lorsqu'elles sont commises « *en relation avec une entreprise individuelle ou collective ayant pour but de troubler gravement l'ordre public par l'intimidation ou la terreur* »[19]. Par la suite, et devant la persistance de l'impossibilité substantielle de créer, ainsi qu'il l'avait été envisagé, un crime de terrorisme par le biais d'une unique incrimination, le législateur a complété l'arsenal répressif en ayant recours à deux formes d'incrimination. L'une dite de terrorisme dérivé, partant d'incriminations de droit commun préexistantes, et l'autre dite de terrorisme qualifié, par la création d'infractions autonomes. L'on mesure aisément que ce que l'on nomme terrorisme est identifiable à l'aune de son appréhension pénale. Pour autant, le droit pénal en matière de terrorisme n'en demeure pas moins contestable. D'abord, parce qu'aucune définition n'a été donnée du terrorisme. Son appréhension pénale est néanmoins celle qui permet de justifier à la fois la mise en place d'un droit pénal dérogatoire, la mise en œuvre de mesures exceptionnelles d'urgence, mais également celle d'une anticipation de la répression. Le terrorisme est alors une notion fonctionnelle et flexible permettant « *la justification et la légitimation de politiques sécuritaires* »[20] et dont l'usage doit être manié avec bien des

---

17 ALIX (J.), *Terrorisme et droit pénal, étude critique des incriminations terroristes*, th. préc., n° 2, p. 3, reprenant l'expression de CHODERLOS DE LACLOS (P.-A.-F.), *Les liaisons dangereuses*, 1782.

18 Pour une étude détaillée sur processus législatif, voy. not. MARGUENAUD (J.-P.), « La qualification pénale des actes de terrorisme », *Rev. sc. crim.* 1990, p. 1.

19 C. pén., art. 421-1.

20 DUBUISSON (F.), « La définition du terrorisme : débats, enjeux et fonctions dans le discours juridique », *in Confluences méditerranée*, 2017/3, n° 201, pp. 29-45.

précautions, particulièrement par le droit pénal. L'appréhension pénale de ce phénomène fait parallèlement courir le risque d'une délégitimation du droit pénal en proie aux critiques relatives à son mésusage, à son caractère trop dérogatoire et à la surexploitation de son emploi en matière d'anticipation de la répression faisant du droit pénal un droit pénal de l'ennemi, de la dangerosité[21], dont le caractère peu démocratique est source d'atteintes aux droits et libertés fondamentaux[22]. Si les liens entre droit pénal et terrorisme demeurent discutés, il en va de même pour ce qui concerne les liens entre droit pénal et autorité parentale.

Droit pénal et autorité parentale, une divergence ébranlée[23]. Dans le cadre de ces réflexions nous a été attribuée une étude des liens entre droit pénal, terrorisme et autorité parentale. L'autorité parentale est définie par l'article 371-1 du Code civil comme « *un ensemble de droits et de devoirs ayant pour finalité l'intérêt de l'enfant* » qui « *appartient aux parents jusqu'à la majorité où à l'émancipation de l'enfant pour le protéger dans sa sécurité, sa santé et sa moralité, pour assurer son éducation et permettre son développement, dans le respect dû à sa personne* ». L'autorité parentale est alors définie « *par sa finalité ; protéger l'enfant, assurer son éducation et permettre son développement* »[24]. Elle demeure intimement liée à la famille[25]. Bien que cette dernière ne soit ni institutionnalisée ni définie, elle est le résultat d'alliances, de liens et – souvent – de parenté. Dans la mesure où les parents sont titulaires de l'autorité parentale par nature, cette dernière a vocation à s'exprimer dans des rapports familiaux justifiant alors la dualité des usages dans le cadre de cette étude. Ce lien entre droit pénal et famille est d'ailleurs manifeste par le positionnement de l'infraction d'abandon moral d'enfant qui consiste dans le fait, pour le père ou la mère, de se soustraire à ses obligations

---

[21] DECIMA (O.), « Terreur et métamorphose à propos de la loi n° 2016-731 du 3 juin 2016 sur la lutte contre le terrorisme », *D.* 2016, p. 1826.

[22] REVERSO (L.), « Notes sur le droit pénal de l'ennemi, la négation des droits fondamentaux et le droit naturel », p. 997 et s. *in Études offertes à Jean-Louis Harouel*, Éd. Panthéon-Assas, 2015, p. 1092. – GIUDICELLI-DELAGE (G.), « Droit pénal de la dangerosité – Droit pénal de l'ennemi », *op.cit.*, p. 69 et s. – LAZERGES (C.), HENRION (H.), « Le déclin du droit pénal : l'émergence d'une politique criminelle de l'ennemi », *op. cit.*, p. 649 et s. – DREUILLE (J.-F.), « Le droit pénal de l'ennemi : éléments pour une discussion », *Jurisprudence-Revue critique* 2012, n° 3, p. 149 et s.

[23] Pour des études approfondies sur les rapports entretenus entre droit pénal et droit de la famille, v. not. MONTAGNE (C.), *Lien familial et droit pénal*, thèse de doctorat, droit, Université Grenoble Alpes, 2006, et SERVA (G.), *La légitimation de l'intervention du droit pénal dans la famille*, thèse de doctorat, droit, Université de Montpellier, 2016.

[24] LARRIBAU-TERNEYRE (V.), AZAVANT (M.), *Rép. proc. civ. Dalloz*, V° « Autorité parentale », février 2020, n° 4.

[25] Sur ce point, v. not. TINEL (M.), « La famille en droit pénal », *in Droits* 2012/2 n° 56 pp. 155-178.

légales, située dans un chapitre intitulé « *des atteintes aux mineurs et à la famille* ». Seront alors étudiés les liens entre droit pénal, terrorisme et autorité parentale entendue comme l'une des expressions de la famille. Ce lien est destiné à montrer que le droit pénal, s'il n'intervient déjà naturellement pas dans le champ de la famille, devrait d'autant moins intervenir dans le champ de l'autorité parentale. La famille a longtemps été considérée comme une cellule privée, marquée et gérée par une puissance paternelle, devant être maintenue à l'abri de toute exposition publique. Considérée comme « *le parent pauvre du droit pénal* »[26], elle « *n'est pas l'objet d'une véritable politique criminelle* », « *elle ne constitue pas pour le législateur un élément fondamental… Tout au plus, se présente-t-elle comme un relais utile entre l'individu et la société dont il faudrait tenir compte. Au regard du droit pénal, elle ne forme plus un ensemble digne de protection* »[27]. Le lien familial, alors privé, devait échapper à toute appréhension du droit pénal dont la vocation principale est celle de la sphère publique, désintérêt répressif manifeste au travers de nombreuses immunités familiales, notamment celle du viol entre époux. Longtemps indifférent aux rapports familiaux, au risque de s'immiscer à la fois dans les rapports éducatifs relevant du père de famille, ou encore dans des rapports conjugaux relevant de la morale, le droit pénal progressivement va connaître un regain d'intérêt à certains de ces rapports. Plusieurs facteurs justifient l'intervention du droit répressif. L'on pense par exemple au champ des violences conjugales, d'autant plus odieuses qu'elles se déroulent dans le champ de l'intime et sont ainsi difficilement identifiables, au même titre que le sont les maltraitances à enfant. D'autres rapports entre famille et droit pénal semblent pouvoir justifier l'appréhension de la famille et de l'autorité parentale par le droit pénal, rapports intéressants particulièrement le champ de cette étude : ceux entretenus entre famille et criminalité de l'enfant.

L'autorité parentale et le terrorisme, dualité de flux justifiant l'intervention pénale. L'autorité parentale comme expression de la famille s'exerce dans la perspective d'une évolution et d'une éducation de l'enfant. Aussi l'autorité parentale, et plus largement la famille, est très tôt[28]

---

26 COUVRAT (P.), « La famille, parent pauvre du droit pénal », *in Le droit non civil de la famille*, t. X préface CARBONNIER (J.), PUF, 1983, pp. 133-145.

27 COUVRAT (P.), « Le droit pénal et la famille », *Rev. sc. crim.* 1969, p. 807.

28 À ce titre l'on pouvait lire dans le rapport du congrès pénitentiaire de Bruxelles de 1847 que la délinquance du mineur résulte du « *mauvais exemple donné par de mauvais parents* », Congrès pénitentiaire de Bruxelles, *Revue de Législation et de Jurisprudence*, 1847, t. III, p. 306-363. En ce sens également, v. Rapport de l'Académie des Sciences morales et politiques, « De la condition des femmes et des jeunes filles détenues ou libérées », *Revue de Législation et de Jurisprudence*, 1848, t. I, pp. 53-76.

erçue comme ayant une influence sur la criminalité de l'enfant tantôt à nême de la neutraliser, tantôt à même de la favoriser. En effet, « *la conduite riminelle a presque toujours été associée à l'éducation que la famille leur prodigue* »[29]. Dès lors, l'environnement familial est une source de sécurité, de confiance et permet également, par voie de conséquence, à l'enfant d'acquérir les codes sociaux et de s'adapter au groupe[30]. La famille est alors à la fois ource de l'évitement du crime et du relèvement d'un mineur délinquant. *A contrario*, la famille est très tôt « *pointée du doigt comme l'un des facteurs que 'on associe à la délinquance des mineurs* »[31] et se présente comme une constante en étiologie criminelle[32]. Si de nombreux facteurs familiaux peuvent revêtir une importance dans le comportement antisocial et délictuel de l'enfant, il en va particulièrement de « *la représentation familiale orientée vers la promotion lu crime* [qui] *peut porter l'enfant à le considérer comme un phénomène naturel* »[33]. Bien que la famille ne se présente pas comme la source principale de la adicalisation du mineur, cette dualité des rapports entre famille et riminalité est manifeste en matière de terrorisme. Dès lors, en ce qu'elle onsiste dans l'exercice d'un droit destiné à élever l'enfant, l'autorité arentale peut se présenter tantôt comme un facteur de radicalisation[34]

MONTAGNE (C), *Lien familial et droit pénal*, thèse préc., n° 662, p. 588.

En ce sens, v. not. PINATEL (J.), « L'environnement familial », *Rev. sc. crim.* 1954, p. 792, spéc. 793.

TREPANIER (J.), « Les jeunes délinquants et leurs familles », *Rev. dr. pén. crim.* 1995, n° 75, p. 9.

FERRI (E.), *La sociologie criminelle*, Arthur Rousseau, 1893, spéc. pp. 178 et s.

MONTAGNE (C), *Lien familial et droit pénal*, thèse préc., n° 677, p. 595.

Sur les processus de radicalisation, not. sur mineur, v. CRETTIEZ (X.), SEZE (R.), AININE (B.), NDEMANN (T.), *Saisir les mécanismes de la radicalisation violente : pour une analyse processuelle et biographique s engagements violents*, Rapport de recherche pour la Mission de recherche Droit et Justice, avril 017. – BONELLI (L.), CARRIE (F.), *Radicalité engagée, radicalités révoltées. Enquête sur les jeunes suivis par la otection judiciaire de la jeunesse*, Université Paris Nanterre, 2018, p. 27.

d'un enfant mineur, tantôt comme un vecteur de désistance d'un enfan mineur radicalisé[35].

L'autorité parentale, variable d'ajustements du droit pénal. L'o mesure donc que l'autorité parentale est soit source de radicalisation d l'enfant mineur, soit soutien à sa prise en charge. Ce sont donc ici le rapports entretenus entre le terrorisme et l'autorité parentale qu représentent une variable d'ajustement à l'usage et aux curseurs du droi pénal. On remarque alors que deux flux sont présents dans les rapport entre terrorisme et autorité parentale, selon que cette dernière présent une source de radicalisation ou au contraire une source de déradicalisatio de l'enfant mineur. C'est alors que l'autorité parentale va être prise e compte par le droit pénal selon l'influence qu'elle exerce sur l'enfant dan le cadre du terrorisme. Le droit pénal est alors sollicité pour intervenir su l'autorité parentale par différents moyens, pour tantôt l'affaiblir, tantôt l renforcer. Les liens entretenus entre autorité parentale et terrorisme son alors des éléments pris en compte par le droit pénal de sorte que celui-c intervienne dans un souci de protection de l'enfant mineur, ma également de prévention du risque pénal que peut présenter l'autorit parentale. L'on remarque que lorsque l'autorité parentale se présent comme un facteur d'influence négative sur l'enfant et ainsi, comme u facteur de risque pénal, le droit pénal va intervenir pour réduire la porté des liens entre l'enfant et le parent (I). Au contraire, lorsque l'autorit parentale se présente comme un vecteur d'influence positive sur l'enfar mineur et constitue ainsi l'une des voies de désistance, le droit pénal v intervenir pour prêter assistance à l'exercice de l'autorité parentale (II). convient néanmoins de souligner que, dans ces deux cas, le droit pén revêt une influence qui si elle apparaît noble n'en demeure pas moins questionner. Lorsque le droit pénal intervient à titre répressif afin d

---

35 La radicalisation n'en demeure pas moins une « *notion sensible, ambivalente et objet des plus for controverses* », VIRIOT-BARRIAL (D.), « Secret médical et terrorisme », *RDSS* 2019, p. 236. I radicalisation ne fait l'objet d'aucune définition, mais elle se présente comme une notion pivot l'intervention du législateur et des pouvoirs publics dans la lutte contre le terrorisme. Elle présen pourtant la difficulté de porter en elle-même une « *insuffisante conceptualisation qui est responsable dangers véhiculés* » (CNCDH, Avis sur la prévention de la radicalisation, 18 mai 2017, p. 6). I CNCDH dans son avis relatif à la prévention de la radicalisation alerte quant à l'usage de définition retenue not. par le Comité interministériel de la prévention de la délinquance et de radicalisation suivant laquelle la radicalisation se manifeste par plusieurs caractéristiqu cumulatives que sont « *un processus progressif, l'adhésion à une idéologie extrémiste, l'adoption de la violenc* (Secrétariat général du Comité interministériel de prévention de la délinquance, *Référentiel indicateurs de basculement dans la radicalisation*, p. 1). Sans définition précise tout au plus est-il possit de considérer que la radicalisation se manifeste par un faisceau d'indices qui par ailleurs ne saur « *pouvoir être interprété comme signe prédictif de l'évolution du processus* » (Rapport du Conseil national l'Ordre des médecins, *Risque terroriste et secret professionnel du médecin*, janvier 2017).

réduire les liens d'avec l'autorité parentale, l'on mesure que les leviers tels que l'opinion et l'expression interrogent quant à la pertinence de l'intervention répressive. Elle semble davantage relever d'anticipation répressive aux confins de la répression du délit d'opinion. Lorsqu'il intervient pour permettre un maintien des liens familiaux et un raffermissement de l'autorité parentale, il apparaît instrumentaliser cette cause au profit d'un concours déguisé à la lutte contre le terrorisme.

I. Le droit pénal, recours à l'affaiblissement de l'exercice de l'autorité parentale

Le droit pénal source indirecte d'affaiblissement de l'autorité parentale. Le droit pénal n'intervient pas directement comme source d'affaiblissement de l'autorité parentale, mais il en est le vecteur. C'est par la mise en œuvre de la responsabilité pénale qu'il sera possible aux juridictions répressives de se prononcer, dans le même temps, sur l'exercice de l'autorité parentale. L'autorité parentale est, dans un premier temps, source de responsabilité pénale. Certaines infractions sont à ce titre applicables lorsque l'autorité parentale se présente comme une source d'exposition de l'enfant au terrorisme. L'autorité parentale qui exposerait l'enfant au terrorisme est alors un support répressif direct ou indirect pour le droit pénal (A). Si l'autorité parentale se présente comme un vecteur à la mise en œuvre de ces infractions, elle n'est pas directement affectée par une telle mise en œuvre. Pourtant, de manière circulaire, la mise en œuvre de cette responsabilité a un impact sur l'autorité parentale, car elle est susceptible de donner lieu au retrait de l'autorité parentale (B).

A. L'exposition de l'enfant, source de responsabilité pénale

L'exposition de l'enfant au terrorisme par le parent, dualité de source répressive. Le parent, en ce qu'il veille à l'éducation de l'enfant, est susceptible de le faire évoluer dans un environnement et une doctrine apparentés au terrorisme, et donc, de l'y exposer. En pareil cas, le droit pénal prend en considération ce mésusage de l'autorité parentale, tantôt par le droit pénal commun, tantôt par le droit pénal spécial. S'agissant du droit pénal commun, l'on mesure que l'infraction prévue par l'article 227-17 du Code pénal, qui réprime le fait pour le parent de se soustraire à ses obligations légales au point de compromettre la santé, la moralité ou l'éducation de l'enfant, est applicable lorsque l'enfant est exposé au terrorisme. L'applicabilité de cette infraction témoigne de la prise en considération par le droit pénal du mauvais exercice de l'autorité parentale comme source de mise en danger de l'enfant. Lorsque l'autorité parentale est exercée de sorte à compromettre la moralité de l'enfant par résultante d'une éducation véhiculant une moralité et un mode de vie assimilés au terrorisme, elle est susceptible de donner lieu à une responsabilité pénale destinée à protéger directement l'enfant. Aussi l'exposition de l'enfant au terrorisme devient source indirecte de responsabilité pénale par le droit pénal commun (1). L'autorité parentale est également prise en considération par le droit pénal au titre d'infractions spécifiques applicables en matière de terrorisme. C'est le cas de l'article 421-2-4-1 du Code pénal qui réprime le fait, pour une personne ayant autorité sur un mineur, de l'inciter à le faire participer à un groupement ou à une entente en vue de la préparation d'un acte de terrorisme. Si le texte ne vise pas expressément l'autorité parentale, la référence aux personnes « *ayant autorité* » inclut évidemment les parents, de sorte que le mauvais exercice de l'autorité parentale devient source directe de responsabilité pénale (2). Il convient de remarquer que la *ratio legis* de ces deux incriminations diffère quelque peu. Dans le premier cas, l'enfant est la préoccupation principale du droit pénal qui tend directement à sa protection, l'autorité parentale mal exercée étant assimilée à la mise en danger de l'enfant mineur, en atteste le positionnement de l'infraction au sein du Code pénal. Dans le second cas, la préoccupation du droit pénal est celle de l'anticipation du risque d'endoctrinement des mineurs et, par voie de conséquence, celle de la prévention des actes de terrorisme. Dans ces deux cas, l'autorité parentale s'exerçant dans un contexte de terrorisme est source de responsabilité pénale.

1. L'exposition de l'enfant au terrorisme, source indirecte de responsabilité par le droit pénal commun

L'autorité parentale exercée par un parent radicalisé et mise en péril de l'enfant. L'idéologie du parent, lorsqu'elle est apparentée à une idéologie terroriste, peut se révéler être une source indirecte de responsabilité pénale et ainsi d'affaiblissement de l'autorité parentale par la mise en œuvre de l'infraction de soustraction des parents à leurs obligations légales. L'article 227-17 du Code pénal réprime à ce titre de deux ans d'emprisonnement et de 30 000 euros d'amende le fait, par le père ou la mère de se soustraire, sans motif légitime, à ses obligations légales au point de compromettre la santé, la sécurité, la moralité ou l'éducation de son enfant mineur. Cette infraction se présente comme la sanction de la défaillance des parents, titulaires de l'autorité parentale, dans les missions qui leur sont imposées par la loi, laquelle leur enjoint de garantir « *la santé, la sécurité et la moralité de l'enfant* »[36]. L'autorité parentale devient source de responsabilité pénale dès lors qu'elle est de nature à mettre l'enfant en danger. Cette interprétation est corroborée par le positionnement de l'infraction au sein du Code pénal que l'on trouve au chapitre destiné à réprimer les atteintes aux mineurs et à la famille, et plus particulièrement, au sein de la section « *De la mise en péril des mineurs* ». Ainsi l'exposition de l'enfant à une idéologie dite radicale est susceptible d'être une source de responsabilité pénale indirecte en ce qu'elle est de nature, ainsi que cela apparaît dans la jurisprudence, à caractériser le délit de soustraction d'un parent à ses obligations légales. L'adhésion à une idéologie radicale du parent est apparentée à une mise en péril du mineur résultant de la compromission de la santé, de la sécurité, de la moralité et de l'éducation de l'enfant. La radicalisation du parent n'est cependant qu'une source indirecte de la responsabilité pénale dans la mesure où elle n'est pas visée expressément, mais par le truchement du mauvais exercice de l'autorité parentale. Il n'en demeure pas moins que la jurisprudence est tenue de démontrer les éléments constitutifs de cette infraction, notamment l'élément matériel résultant des manquements qui doivent compromettre[37] « *la santé, la sécurité, la moralité ou l'éducation de l'enfant* ».

Du mauvais usage de l'idéologie radicale du parent comme source de mise en péril de l'enfant mineur. La mise en œuvre de l'infraction, lorsqu'elle résulte de l'appartenance de l'un des parents à un courant terroriste, demeure soumise à la preuve de ses éléments constitutifs qui ne sauraient résulter de la seule idéologie radicale. Aussi la mise en péril par la compromission de l'enfant doit-elle résulter d'éléments objectifs qui peuvent être variés. L'infraction a été mise pour la première fois en œuvre dans un contexte de radicalisation d'un parent dans un arrêt du 20 juin 2018[38] au terme duquel les juges devaient envisager les conséquences de l'orientation du parent sur les obligations légales résultant de l'autorité parentale. En l'espèce, une femme, mère de six enfants, est

---

[36] C. civ., art. 371-1.

[37] En effet, la jurisprudence considère cette infraction comme une infraction matérielle en ce qu'elle suppose une atteinte effective, et non pas seulement une atteinte éventuelle ou un risque pour la santé, la sécurité, la moralité ou l'éducation du mineur. V. not. Cass. crim., 17 octobre 2001, n° 01-82.591. PEDRON (P.), v° « Soustraction d'un parent à ses obligations légales », *JCl. Pénal Code*, art. 227-17, fasc. 20, 2008, § 111

[38] Cass. crim., 20 juin 2018, n° 17-84.128. V. not. GALLARDO (E.), « Radicalisme de la mère et soustraction aux obligations parentales », *AJ pénal* 2018, p. 524. – MAYAUD (Y.), « Abandon moral d'enfant pour cause de terrorisme », *Rev. sc. crim.* 2018, p. 678. – SAULIER (M.), « La radicalisation d'une mère. Quel impact sur l'appréciation du délit de soustraction d'un parent à ses obligations légales ? », *AJ Famille* 2018 p. 463.

poursuivie pour abandon moral d'enfant. À la suite d'une décision juridique, la résidence de trois de ses enfants a été fixée chez le père et l'un chez la mère. Elle aura un autre enfant d'une brève relation. La radicalisation progressive de la mère conduit le juge aux affaires familiales à rendre une ordonnance d'interdiction de sortie du territoire national de l'enfant placé en résidence chez la mère sans autorisation des deux parents. Elle décide pourtant de quitter la France avec trois de ses enfants, afin rejoindre la Syrie où elle aura un sixième enfant avec un combattant de l'État islamique. Alors qu'elle tente de rejoindre la France, elle est interpellée puis expulsée de Turquie et est poursuivie de différents chefs d'accusation en France, notamment celui d'abandon moral d'enfant. La Cour d'appel considère la prévention établie à l'égard de ses enfants. Plusieurs éléments sont retenus par les juges du fond. Il en va notamment de ce qu'elle s'est affranchi des décisions judiciaires lui interdisant la sortie d'un de ses enfants sans l'autorisation du père. La procédure permet également d'affirmer que l'un d'eux avait été trouvé porteur sur la voie publique, trois jours après les attentats du Bataclan, d'une arme réplique d'une kalachnikov. Elle les a, en outre, exposés à un environnement d'une extrême dangerosité en les faisant séjourner dans des zones de combat et a compromis leur équilibre par leur déscolarisation. L'ensemble de ces éléments caractérisent les manquements de la mère à ses obligations légales. Cette dernière forme un pourvoi en cassation sur le fondement de ce que la cour d'appel n'a pas caractérisé l'infraction dans l'ensemble de ses éléments constitutifs, notamment l'élément moral. La Cour de cassation rejette le pourvoi sur ce point[39] estimant qu' « *en statuant ainsi, la cour d'appel qui a souverainement apprécié que la santé, la sécurité, la moralité ou l'éducation des enfants avaient été compromises par l'adhésion de leur mère à une idéologie radicale et sa décision de rejoindre des combattants islamistes en Syrie a justifié sa décision* ». L'on mesure que l'idéologie radicale est présentée par la Cour de cassation comme l'élément essentiel au raisonnement mené par les juges du fond. Dès lors, c'est de façon indirecte que la radicalisation compromet la bonne exécution de l'autorité parentale, elle-même source de responsabilité pénale. Il semble néanmoins que ce positionnement soit peu heureux. Ainsi que le souligne le professeur Emmanuel Dreyer, la

---

39 Le second moyen du pourvoi fondé sur l'article 132-19 du Code pénal a, quant à lui, été pri[s] en considération par la Cour de cassation. Selon cet article, la juridiction est tenue de motiver pa[r] différents moyens le prononcé d'une peine d'emprisonnement sans sursis. La motivation fourni[e] par les juges du fond apparaît ici insuffisante à la Cour de cassation qui considère qu' « *en s[e] prononçant par ces seuls motifs, sans autrement s'expliquer sur les éléments de la personnalité de la prévenue qu'el[le] a pris en considération pour fonder et retenir le caractère inadéquat de toute autre sanction* », la cour d'appel [a] méconnu le sens et la portée de l'article 132-19 du Code pénal.

uridiction « *semble placer le débat sur le terrain du délit d'opinion en reprochant finalement à la prévenue son choix de vie* »[40]. La *ratio legis* de l'infraction est celle le la compromission du bon développement éducatif et sanitaire de 'enfant. Nombre d'éléments ici relevés par les juges du fond auraient été ı même de fonder cette mise en danger effective sans qu'il eût été besoin le fonder l'argumentaire principal autour de la radicalisation de la mère.

L'exposition de l'enfant au terrorisme par le parent, d'une source ndirecte à une source directe de responsabilité pénale. Si l'exposition le l'enfant au terrorisme vectorisée par un mauvais exercice de l'autorité ›arentale est une source indirecte de responsabilité pénale, elle devient une ource directe de responsabilité pénale lorsque l'autorité parentale est visée ›ar le législateur comme vecteur d'une incitation de l'enfant à rejoindre un ;roupement ou une entente établie en vue de la préparation d'un acte de errorisme. Cette seconde source répressive témoigne, elle également, d'un ısage discutable de l'idéologie radicale détournée à des fins d'anticipation l'un phénomène criminel.

:. L'exposition de l'enfant au terrorisme, source directe de esponsabilité par le droit pénal spécial

L'autorité parentale étendue, source d'exposition de l'enfant à ıne doctrine terroriste. Issu de la loi du 30 octobre 2017 renforçant la écurité intérieure et la lutte contre le terrorisme[41], l'article 421-2-4-1 du Code pénal réprime de quinze ans de réclusion criminelle et de 225 000 uros d'amende « *le fait par une personne ayant autorité sur un mineur de faire articiper ce mineur à un groupement formé ou à une entente établie en vue de la réparation caractérisée par un ou plusieurs faits matériels d'un des actes de terrorisme nentionnés aux articles 421-1 et 421-2* ». À la lecture des débats arlementaires, l'on mesure que ces dispositions étaient initialement révues pour réprimer spécifiquement les parents incitant leur(s) enfant(s)

DREYER (E.), « Abandon moral d'enfants par fanatisme », *Gaz. Pal.* 6 novembre 2018, n° 38 51.

L. n° 2017-1510 du 30 octobre 2017 renforçant la sécurité intérieure et la lutte contre le rrorisme, *JORF* n° 0255 du 31 octobre 2017. – CAHN (O.), LEBLOIS-HAPPE (J.), « Loi n° 2017-1510 ı 30 octobre 2017 renforçant la sécurité intérieure et la lutte contre le terrorisme : *perseverare abolicum* », *AJ pénal* 2017, p. 468. – BEAUSSONIE (G.), « Le droit pénal écarté de la lutte contre le rrorisme », *Rev. sc. crim.* 2017, p. 777. – RASCHEL (E.), « La sécurité intérieure et la lutte contre le rrorisme entre cadence et décadence : commentaire de la loi n° 2017-1510 du 30 octobre 2017 », *r. pénal*, n° 12, décembre 2017, Étude 23.

à commettre des actes de terrorisme[42]. Elles ont pourtant été étendues, le texte définitivement adopté visant plus largement « *toute personne ayan autorité* ». D'aucuns ont donc pu s'étonner du domaine de ces nouvelle dispositions, dans la mesure où la mouture proposée va bien au-delà du champ de l'autorité parentale en permettant de saisir, sans plus de précision, toute personne ayant autorité qu'elle soit de la famille ou non majeure ou non, et en s'appliquant alors à toutes les personnes ayant une influence et une autorité de droit ou de fait sur l'enfant. Ces disposition présentent pourtant un lien avec l'intérêt initialement recherché visan expressément les parents et l'autorité parentale, car une condamnation pour ces faits peut permettre aux juridictions pénales, ainsi que le précis l'article suivant, de se prononcer sur le retrait total ou partiel de l'autorit parentale. Elles contribuent ainsi à l'affaiblissement de l'autorité parental lorsque cette dernière se présente comme un facteur d'incitation d l'enfant mineur à rejoindre une doctrine apparentée au terrorisme Pourtant, cette infraction spéciale révèle tant le caractère – contestable – d'anticipation de la répression que le caractère imprécis des disposition en matière de terrorisme.

L'imprécision des contours de l'infraction aux confins du déli d'opinion. Les éléments constitutifs de cette infraction présentent de contours peu précis contribuant à la rapprocher d'une infraction de déli d'opinion. En effet, la matérialité de l'infraction qui consiste dans le fa de « *faire participer* » est considérée comme « *nébuleuse* » par certain auteurs[43]. Le texte s'apparente à une infraction qui consiste dans le fait d faire passer un discours auprès du mineur le conduisant à s'engager dan une voie de délinquance terroriste. Le fait de « *faire participer* » le mineur un groupement permet alors de saisir de nombreux comportement

---

[42] Cette disposition est notamment issue des débats parlementaires. Entendu par l'Assembl nationale, le procureur François Molins soulignait la difficulté pour les tribunaux à poursuivre réprimer les parents incitant leurs enfants à commettre des actes de terrorisme. Sur ce point, v. no Ass. nat., déb. XVe législature 2016-2017, 27 septembre 2017, 1re séance p. 61. À la lecture l'amendement n° 299 du projet de loi initial, l'objectif manifestement visé par ce texte est « *permettre une meilleure répression des parents incitant leurs enfants à commettre des actes de terrorisme ou à par sur un théâtre de groupement d'opérations terroristes* ». (Ass. nat. 21 septembre 2017, amendement n° 29 V. également MAYAUD (Y.), *Rép. Pén. Dalloz*, V° « Terrorisme », janvier 2020, n° 106 et ROUSSE (F.), « L'incitation de mineurs à participer à un groupement terroriste », *Rev. sc. crim.* 2018, p. 533

[43] CAHN (O.), LEBLOIS-HAPPE (J.), « Loi n° 2017-1510 du 30 octobre 2017 renforçant la sécur intérieure et la lutte contre le terrorisme : *perseverare diabolicum* », art. préc. En ce sens également, DENIZOT (A.), « Fin de l'état d'urgence prolongation des incohérences », *RTD Civ.* 2018, p. 238.

différents de ceux visés par l'infraction de provocation[44]. D'aucuns ont pu se demander si de « *simples discours d'adhésion morale aux actions terroristes devant des mineurs ou la diffusion de messages faisant la propagande du terrorisme* »[45] seraient suffisants à caractériser matériellement l'infraction. Il semblerait tout à fait possible de saisir de tels discours de propagande, dès lors que le mineur aurait effectivement participé au groupement formé en vue de commettre un acte terroriste. L'on mesure que si cette infraction semble large et peu respectueuse du principe de légalité criminelle, elle apparaît néanmoins conditionnée par l'impératif d'un résultat qui consisterait dans le fait, pour le mineur, de participer effectivement au groupement formé ou à l'entente établie en vue de la préparation caractérisée par un ou plusieurs faits matériels d'un des actes de terrorisme mentionnés aux articles précédents. La rédaction du texte n'établit pourtant qu'un lien diffus avec une matérialité correspondant à un résultat positif si bien que l'exigence d'une participation effective du mineur à l'association n'apparaît pas comme relever de l'évidence. En ce qu'il réprime le fait de faire participer le mineur à une association terroriste, le texte pourrait davantage sembler réprimer l'incitation à la participation au groupement, lui-même éloigné de l'acte matériel de terrorisme redouté, incriminant des actes préparatoires[46]. Pourtant, le lien avec une participation effective au groupement n'en demeure pas moins présent, l'usage de l'expression « *faire participer* » laissant entendre cet impératif au titre de la qualification de l'infraction. Cette lecture est corroborée par la comparaison avec l'infraction de provocation au terrorisme, caractérisée indépendamment de tout effet[47].

---

44 Cette infraction présente, en effet, des contours plus étroits dans la mesure où elle vise, ainsi que le souligne l'article 421-2-4 du Code pénal, « *le fait d'adresser à une personne des offres ou des promesses, de lui proposer des dons, présents ou avantages quelconques, de la menacer ou d'exercer sur elle des pressions afin qu'elle participe à un groupement ou une entente prévue à l'article 421-2-1 et qu'elle commette un des actes de terrorisme mentionnés aux articles 421-1 et 421-2* », que cette provocation ait, ou non, été suivie d'effet.

45 ROUSSEAU (F.), « L'incitation de mineurs à participer à un groupement terroriste », art. préc.

46 En ce sens, v. not. ROUSSEAU (F.), « L'incitation de mineurs à participer à un groupement terroriste », art. préc.

47 Ce point de vue est notamment développé par ROUSSEAU (F.), *in* « L'incitation de mineurs à participer à un groupement terroriste », art. préc. Cette lecture résulte plus précisément de la distinction entre les infractions de provocation et les infractions de *faire faire.* Si elles partagent toutes deux l'axiome commun de réprimer l'instigateur au même titre que l'auteur, elles se distinguent par le fait que la consommation de l'infraction diffère selon que la provocation a ou non été suivie d'effet. Tandis que les infractions de provocation ne requièrent pas que l'instigation ait été suivie d'effet, les infractions de *faire faire* supposent, au titre de leur matérialité, que l'instigation ait donné lieu à un comportement actif ou de participation. L'infraction de *faire faire* entre alors en voie de dépendance matérielle avec l'auteur de l'infraction. Sur ce point, v. POUYANNE (J.), *L'auteur moral de l'infraction*, thèse de doctorat, droit, Université de Bordeaux, 2001, spéc. n° 686 et s., mais également ROUSSEAU (F.), *L'imputation dans la responsabilité pénale*, Dalloz, coll. Nouvelle Bibliothèque de Thèses, 2009 n° 302 et s.

Si une participation effective permet de rasséréner quant à la matérialité de l'infraction, deux tempérances doivent être apportées. D'une part, la jurisprudence considère qu'il n'est pas besoin de participation effective aux actes projetés pour caractériser l'infraction d'association de terroristes de sorte que la répression visera davantage l'adhésion au projet[48]. D'autre part, la répression de la tentative permet de douter d'un quelconque rattachement avec un comportement. Dans ce cas de figure, l'acte préparatoire de la participation s'éloigne d'autant plus, rapprochant l'infraction d'un délit d'opinion résultant de propos à la moralité contestable véhiculés auprès de mineurs par des personnes ayant autorité sur eux.

L'autorité parentale affectée par la responsabilité pénale. Malgré les critiques formulées quant au mésusage pénal de l'idéologie radicale, l'on mesure que l'autorité parentale exercée dans ce cadre se présente comme une source de responsabilité pénale, elle-même source d'incidence sur l'autorité parentale affectée par la responsabilité pénale du parent.

B. La responsabilité pénale, source de retrait de l'autorité parentale

Gradation des modalités de retrait de l'autorité parentale par le juge pénal. Le retrait de l'autorité parentale est une mesure qui résulte d'une décision judiciaire prise lorsque l'enfant est victime ou en danger du fait de fautes graves commises par ses parents. Qu'il s'agisse du retrait total, « *mesure coercitive absolue de l'autorité parentale* »[49] ou du retrait partiel, le retrait de l'autorité parentale emporte un certain nombre de conséquences[50] dont l'objectif est la protection de l'enfant. Il est prononcé lorsque son intérêt justifie qu'il soit « *soustrait à l'autorité de ses parents* »[51]. Cette mesure peut être prononcée par le juge civil[52] ou le juge pénal. La présence de cette mesure au sein de certains textes répressifs peut laisser penser qu'il s'agit d'une peine complémentaire ou accessoire attachée à une sanction principale. La Cour de cassation a néanmoins pris le soin de

---

48 Cass. crim., 12 juillet 2016, n° 16-82-.692, *D.* 2016, p. 1651 ; *AJ pénal* 2016, p. 492, obs. THIERRY (J.-B.)

49 NEIRINCK (C.), V° « Autorité parentale », *JCl. Civil Code*, Art. 371 à 387, fasc. 40, 2010, § 69.

50 Sur ce point, v. not. HILGER (G.), *L'enfant victime de sa famille*, thèse de doctorat, droit, Université de Lille 2, 2014, n° 260 et s.

51 GAREIL (L.), *L'exercice de l'autorité parentale*, LGDJ, coll. Bibliothèque de droit privé, t. 413, 2004, § 94.

52 Sur ce point, v. BOURRAT-GUEGUEN (A.), *Dalloz action Droit de la famille*, chapitre 234, « Autorité parentale », spéc. n° 234.101.

rappeler la nature de cette mesure qui constitue « *non pas une peine accessoire frappant le condamné, mais une mesure de protection de ses enfants d'ordre purement civil* »[53]. Il en résulte, pour la partie civile, la faculté d'appeler[54]. Cette mesure, lorsqu'elle est prise par le juge pénal, est prévue selon deux modalités : l'une résulte d'une disposition générale, l'autre de dispositions spéciales. Toutes deux ne présentent pas le même degré d'intervention du juge répressif, cette gradation étant manifeste en matière de terrorisme. Tandis que la disposition générale traduit l'intention du législateur, permettre un maintien des liens avec le parent (1), les dispositions spéciales existant en matière de terrorisme attestent d'une plus grande fermeté quant à la rupture des liens avec le parent (2).

1. La tempérance de la disposition générale du retrait de l'autorité parentale par le juge pénal

L'assimilation de droit de l'abandon moral à l'abandon de famille supprimée. Si l'infraction d'abandon moral d'enfant est susceptible de s'appliquer lorsque l'autorité parentale s'exerce par un parent radicalisé mettant ainsi l'enfant en péril, les dispositions de nature civile ayant trait à l'autorité parentale sont applicables par le juge pénal. Elles ont néanmoins fait l'objet de certaines modifications attestant de la volonté de maintenir les liens avec l'enfant. Cette volonté est renforcée par les dispositions complémentaires qui accompagnent les sanctions de l'article 227-17 du Code pénal, il prévoit que les peines complémentaires résultant de l'article 227-29 sont applicables. L'on mesure que l'intérêt est de ne plus priver automatiquement les parents de leur autorité parentale et de ne pas opérer de rupture de lien avec le parent, mais au contraire de « *restaurer la capacité éducative* »[55]. Le glissement vers une tempérance de l'usage de la faculté pour le juge pénal de se prononcer sur le retrait de l'autorité parentale résulte d'une modification législative intervenue en 2002. L'article 227-17 du Code pénal assimile cette infraction à un abandon de famille pour application du 3° de l'article 373 du Code civil. Ce dernier prévoyait une perte de l'exercice de l'autorité parentale lorsque le parent a été condamné sous l'un des divers chefs d'abandon de famille.

---

[53] Cass. crim., 23 septembre 2008, n° 08-80.489, obs. LENA (M.), *Dalloz actualité* 30 octobre 2008.

[54] Cette position est conforme à celle de la Cour EDH qui a condamné à plusieurs reprises la Roumanie notamment, en ce qu'elle faisait du retrait de l'autorité parentale une mesure pénale accessoire automatiquement prononcée. V. not. CEDH, 14 octobre 2008 aff. *Iordache c/ Roumanie* req. n° 6817/02.

[55] BOURRAT-GUEGUEN (A.), *Dalloz action Droit de la famille*, Chapitre 621, « Violation des prérogatives familiales », spéc. n° 621.263.

Une atténuation importante réduisant la portée de cette mesure couperet a été apportée par la loi du 4 mars 2002[56]. L'abandon de famille n'est plus une cause automatique de privation de l'exercice de l'autorité parentale[57]. En effet, l'assimilation de soustraction du parent à ses obligations légales n'est plus directement liée à un abandon de famille depuis cette loi. On le mesure à l'aune de la nouvelle rédaction de l'article 373 du Code civil auquel l'article 227-17 fait référence. Cette référence à l'abandon de famille a désormais disparu de l'article 373 du Code civil qui dispose qu' « *est privé de l'exercice de l'autorité parentale le père ou la mère qui est hors d'état de manifester sa volonté, en raison de son incapacité, de son absence ou de toute autre cause* ». Si la condamnation de l'un des parents pour abandon moral de l'enfant n'est plus de nature à mettre directement en cause l'exercice de l'autorité parentale il n'en demeure pas moins que les dispositions générales du Code civil demeurent applicables dans un tel cas.

L'abandon moral d'enfant, assimilation de fait à une infraction commise sur l'enfant. L'article 378 du Code civil permet notamment au juge pénal de retirer l'autorité parentale lorsque les père et mère sont condamnés « *soit comme auteurs, coauteurs ou complices d'un crime ou délit commis sur la personne de leur enfant* ». Dans ce cas, le juge pénal n'a pas l'obligation de se prononcer sur le retrait de l'autorité parentale et dispose d'un réel pouvoir d'appréciation dont il fait usage[58]. Ainsi a-t-il la faculté à la fois de se prononcer sur ce retrait, mais également de ne pas le prononcer si les circonstances et l'intérêt de l'enfant ne le nécessitent pas. Cette position est conforme à celle de la Cour EDH[59] ayant à plusieurs reprises manifesté la contrariété de l'automaticité du retrait de l'autorité parentale attaché à une sanction pénale avec le droit au procès équitable ainsi qu'avec le droit au respect de la vie privée et familiale. L'infraction d'abandon moral d'enfant telle que prévue par l'article 227-17 du Code pénal, si elle n'est plus assimilée juridiquement à un abandon de famille justifiant le retrait de

---

[56] L. n° 2002-305 du 4 mars 2002 relative à l'autorité parentale, *JORF* du 5 mars 2002, p. 4161

[57] Sur ce point, v. not. GOUTTENOIRE-CORNUT (A.), « La répression pénale de l'abandon d'enfant », *AJ famille* 2002, p. 244.

[58] V. par exemple, l'arrêt de la Cour de cassation du 9 novembre 1994 à l'occasion duquel elle considérait que l'intérêt de l'enfant ne justifiait pas de retirer l'autorité parentale à la mère pourtant condamnée pour complicité de viol aggravé sur son enfant. Cass. crim., 9 novembre 1994, n° 94 80.691.

[59] À ce titre la Cour EDH condamne toute automaticité dans la déchéance des droits parentaux estimant que « *l'application de l'interdiction totale et absolue de l'exercice des droits parentaux, par effet de la loi sans aucun contrôle des tribunaux du type d'infraction commise et de l'intérêt des mineurs, ne saurait répondre à une exigence primordiale touchant aux intérêts des enfants et, partant, poursuivre un but légitime, tel que la protection de la santé, de la morale ou de l'éducation des mineurs* », CEDH, 17 juillet 2012, *M. D. et A. c/ Malte*, req. n° 64791/10.

'autorité parentale par le juge pénal, n'en demeure pas moins assimilée de fait à une infraction réalisée à l'encontre de l'enfant. Elle relève ainsi pleinement de cette disposition dans la mesure où elle s'apparente, ainsi que le suggère son positionnement au sein du Code pénal, à une mise en péril de l'enfant. C'est donc ce dernier qui est protégé par l'infraction de telle sorte que la condamnation de l'un des parents sur ce fondement est assimilable à une infraction commise sur la personne du mineur. Si l'abandon de l'automaticité peut pleinement s'entendre par l'impératif parfois supérieur de l'enfant et est justifié par l'importance, pour le mineur, de maintenir des liens avec le parent, l'on peut douter de l'absence du prononcé de cette mesure en matière de terrorisme où l'on voit que le législateur a prévu des dispositions spéciales qui semblent plus rigoureuses.

2. La fermeté de la disposition spéciale du retrait de l'autorité parentale par le juge pénal

Le terrorisme comme obligation de statuer sur le retrait de l'autorité parentale. Le retrait de l'autorité parentale par le juge pénal résulte d'une disposition générale qui prévoit la possibilité pour la juridiction de statuer sur l'opportunité de le prononcer. À cette disposition générale s'ajoutent certaines dispositions spéciales destinées à inviter les juridictions à se saisir davantage de cette mesure de protection du mineur ayant constaté « *la tendance des juridictions répressives à faire un usage limité de la faculté de retirer l'autorité parentale* »[60]. Les dispositions spéciales permettent une systématisation pour la juridiction pénale de se prononcer sur l'opportunité du retrait de l'autorité parentale. Tandis que la disposition générale prévoit la possibilité de statuer sur le retrait de l'autorité parentale, les dispositions spéciales imposent de statuer sur ce retrait. C'est le cas pour certaines infractions, notamment lorsque le parent est condamné pour atteinte à la vie ou à l'intégrité physique ou psychique de l'autre parent. C'est également le cas de l'infraction précédemment visée au titre de l'article 421-2-4-1 du Code pénal réprimant le fait, pour une personne ayant autorité sur le mineur, de le faire participer à un groupement formé ou à une entente établie en vue de la préparation caractérisée par un ou plusieurs faits matériels d'un acte de terrorisme. Ce même article précise que « *lorsque le fait est commis par une personne titulaire de l'autorité parentale sur le mineur la juridiction de jugement se prononce sur le retrait total ou partiel de l'autorité parentale en application des articles 378 et 379-1 du Code civil. Elle peut alors statuer sur le retrait de l'autorité parentale en ce qu'elle concerne les autres enfants mineurs de*

GOUTTENOIRE (A.), *Dalloz action Droit de la famille*, Chapitre 234, « Autorité parentale : limites », n° 234.91.

cette personne. Si les poursuites ont lieu devant la cour d'assises, celle-ci statue sur cett question sans l'assistance des jurés ». L'on mesure la différence d'intensit d'avec la disposition générale permettant aux juridictions répressives de s prononcer sur le retrait de l'autorité parentale par l'usage de l'impératif. I souligne ainsi l'obligation pour la juridiction de jugement de se prononce sur le retrait total ou partiel de l'autorité parentale.

Une sécurisation de l'enfant vectorisée par un usage discutabl du droit pénal. À l'issue de cette première partie, l'on mesure que le droi pénal prend en considération l'autorité parentale lorsqu'elle se trouve êtr une source d'exposition de l'enfant mineur au terrorisme. Cette dernièr est considérée comme une mise en danger de l'enfant, mais égalemen comme une mise en danger de la sécurité publique, justifiant la répressio pénale des parents. Cette dernière permet au droit pénal un affaiblissemen de l'autorité parentale par la faculté ou l'impératif pour les juridiction pénales de prononcer un retrait de l'autorité parentale. Il n'en demeure pa moins important de souligner que si ces mesures permettent un sécurisation de l'enfant, les infractions mises en œuvre au préalabl révèlent toutes les difficultés répressives en matière de terrorisme : cel d'une anticipation forte de l'intervention pénale et celle d'un usag contestable de certains leviers d'intervention qui confinent alors parfois la répression de l'expression d'une opinion.

II. Le droit pénal, concours au renforcement de l'exercic de l'autorité parentale

La radicalisation du mineur, obstacle de fait à l'exercice d l'autorité parentale. Lorsqu'il s'agit de la radicalisation du mineur se pos la question de l'exercice de l'autorité parentale dans ce contexte singulie Là encore, le droit pénal permet, par la mise en œuvre de certain interventions, à la fois de droit pénal spécial ou de procédure pénale, d maintenir ou de raffermir les liens avec l'autorité parentale lorsqu'elle s présente comme un facteur de désistance de l'enfant. L'autorité parental droit-fonction octroyé aux pères et mères, « *appartient aux parents jusqu'à majorité ou l'émancipation de l'enfant pour le protéger dans sa sécurité, sa santé et moralité, pour assurer son éducation et permettre son développement, dans le respect à sa personne* »[61]. De ce droit résultent des devoirs, si bien que « *les droits l'enfant exigent des parents des obligations positives : protéger, nourrir, éduque L'autorité parentale se fonde et dérive de l'obligation où sont les parents, de par la naturelle, de protéger et d'éduquer leurs enfants. Plus qu'un pouvoir, l'autorité parent*

[61] C. civ., art. 371-1 al. 2.

est un devoir de satisfaire les droits naturels de l'enfant »[62]. L'autorité parentale est guidée par l'intérêt de l'enfant de sorte que « *la prise en compte de ses besoins fondamentaux, physiques, intellectuels, sociaux et affectifs ainsi que le respect de ses droits doivent guider toutes les décisions le concernant* »[63]. C'est alors que l'autorité parentale impose aux parents la mise en œuvre d'une éducation destinée au bon développement de l'enfant. Afin qu'elle puisse être pleinement mise en œuvre, elle suppose certains prérequis dont celui qui résulte de l'existence du lien entre le parent et l'enfant. La rupture de ce lien représente un obstacle à la mise en œuvre de l'autorité parentale. L'on mesure que la radicalisation de l'enfant mineur peut faire obstacle à ce lien, préalable nécessaire à la mise en œuvre de l'éducation de l'enfant. À ce titre également, l'autorité parentale peut être mise en difficulté par la radicalisation.

Le droit pénal au soutien de l'exercice de l'autorité parentale. Si la radicalisation de l'enfant est un obstacle à la mise en œuvre de l'autorité parentale, le droit pénal peut se présenter comme un soutien aux parents pour permettre sa mise en œuvre. Se dégagent deux mouvements, selon que le droit pénal se présente comme soutien au maintien de l'autorité parentale face au mineur radicalisé, ou comme concours à l'exercice de l'autorité parentale. Le droit pénal intervient à ce titre d'une part, pour favoriser le maintien du lien de l'enfant et du parent qui apparaît parfois menacé par la radicalisation (A), et d'autre part, pour assister le parent mis en difficulté par la radicalisation dans la mise en œuvre de l'éducation de l'enfant (B).

A. Le droit pénal, soutien au maintien de l'autorité parentale face au mineur radicalisé

De l'information des parents au maintien du lien avec les parents. Avant même d'envisager la prise en charge de l'enfant mineur en voie de radicalisation par la mise en œuvre de certaines mesures éducatives ou encore de permettre un maintien du lien de l'enfant avec ses parents, il est nécessaire que ces derniers puissent bénéficier de l'information selon laquelle leur enfant présente des signes de radicalisation. La transmission de l'information est à envisager comme la première étape de la prise en charge du mineur. Cette vectorisation de l'information est possible selon différentes formes. Le droit pénal a pris en considération cette nécessité par l'adaptation de certaines dispositions. C'est notamment le cas de

---

62 YOUF (D.), *Penser les droits de l'enfant*, Paris : PUF, 2002, p. 18.

63 Code de l'action sociale et des familles, art. L. 112-4.

l'aménagement des dispositions répressives relatives au secret. Si le droit pénal n'a prévu aucune disposition expresse destinée à rompre le secret professionnel, il n'en demeure pas moins que le droit positif permet d'ores et déjà cette faculté par la mise en œuvre du droit commun (1). C'est seulement une fois l'information transmise qu'une prise en charge de l'enfant pourra être effective. Cette prise en charge peut être effectuée avec le concours des parents d'avec lesquels il est impératif de maintenir le lien si l'intérêt de l'enfant le justifie. Le droit pénal apparaît là encore comme un soutien au maintien du lien entre l'enfant et ses parents (2).

1. La transmission de l'information quant à la radicalisation de l'enfant

Le secret au confluent d'intérêts contradictoires. Parce que le médecin est au cœur de l'intimité des patients et des secrets des familles, il est par nature un vecteur privilégié par lequel sont susceptibles d'être révélées des informations relatives à la radicalisation d'un mineur. Il n'en demeure pas moins tenu au secret professionnel[64] qui lui impose, en vertu de l'article 226-13 du Code pénal[65], de ne pas révéler les informations qui lui auraient été confiées ou dont il aurait pu avoir connaissance au cours de la relation de soin[66]. Dans la mesure où le secret est un impératif d'ordre public, il revêt un caractère général et absolu qui implique une protection légale. Elle se caractérise par une capacité de résistance[67] du dépositaire du secret qui induit alors « *une obligation de se taire et un droit au silence* »[68]. Pour autant, certaines dispositions permettent au médecin de procéder à la révélation de faits dont il aurait connaissance. L'on mesure ainsi que l'obligation du secret est en tension entre des intérêts contradictoires : l'intérêt du patient et de la relation de soin dont il convient d'assurer la

---

64 Sur le secret, v. not. THOUVENIN (D.), *Le secret médical et l'information du malade*, Presses universitaires de Lyon, 1982. – FEUILLET-LE MINTIER (B.), « Les fondements du secret médical », *Responsabilité*, septembre 2001, n° 3, p. 25 et s. – Sur l'usage privilégié de l'expression secret professionnel, v. PY (B.), « Réquisitoire contre l'expression secret médical : plaidoyer pour l'expression de secret professionnel », *Revue droit et santé* n° 50, hors-série, 2016, p. 160.

65 Cet article punit d'un an d'emprisonnement et de 15 000 euros d'amende « *la révélation d'une information à caractère secret par une personne qui en est dépositaire soit par état ou par profession, soit en raison d'une fonction ou d'une mission temporaire* ».

66 L'obligation du secret concerne ainsi les informations délivrées par le patient à son médecin, mais également toutes les informations que le professionnel « *pouvait personnellement constater, découvrir ou déduire à l'occasion de l'exercice de sa profession* », Cass. crim., 17 mai 1973, n° 72-91.572.

67 C'est not. le cas de l'article 109 du Code de procédure pénale selon lequel « *toute personne citée pour être entendue comme témoin est tenue de comparaître, de prêter serment et de déposer, sous réserve des dispositions des articles 226-13 et 226-14 du Code pénal* ».

68 BAUDOUIN (J.-L.), *Secret professionnel et droit au secret dans le droit de la preuve*, LGDJ, 1965.

confiance, l'impératif absolu du secret, impératif d'ordre public qui assure la confiance publique en les professionnels de santé et les « *exigences sécuritaires de l'État* »[69]. Il n'en demeure pas moins qu'en l'état du droit positif, la finalité sécuritaire, pas plus que la radicalisation du mineur ne sont visées expressément au titre des autorisations de la loi permettant la révélation du secret professionnel par un médecin. La radicalisation du mineur relève pourtant de certains supports autorisant la révélation du secret.

Le secret face à l'information préoccupante. La radicalisation d'un mineur semble pouvoir relever de manière intégrante de l'information préoccupante et d'ainsi pouvoir faire l'objet d'un signalement par les médecins ainsi que le souligne le rapport *Risque terroriste et secret professionnel du médecin* du Conseil national de l'Ordre des médecins[70]. Le droit pénal prévoit la transmission d'une information normalement soumise au secret professionnel lorsque le médecin se trouve confronté à la situation d'un patient mineur en voie de radicalisation. En ce sens, l'article L. 226-2-2 du Code de l'action sociale et des familles énonce que, « *par exception à l'article 226-13 du Code pénal, les personnes soumises au secret professionnel qui mettent en œuvre la politique de protection de l'enfance définie à l'article L. 112-3 ou qui lui apportent leur concours sont autorisées à partager entre elles des informations à caractère secret afin d'évaluer une situation individuelle, de déterminer et de mettre en œuvre les actions de protection et d'aide dont les mineurs et leur famille peuvent bénéficier. Le partage des informations relatives à une situation individuelle est strictement limité à ce qui est nécessaire à l'accomplissement de la mission de protection de l'enfance. Le père, la mère, toute autre personne exerçant l'autorité parentale, le tuteur, l'enfant en fonction de son âge et de sa maturité sont préalablement informés, selon des modalités adaptées, sauf si cette information est contraire à l'intérêt de l'enfant* ». En ce qu'ils participent à la mise en œuvre de la politique de protection de l'enfance[71], les professionnels de santé sont donc à même de pouvoir signaler une telle information définie par le Code de l'action sociale et des familles comme celle qui représente une situation qui peut « *laisser craindre que sa santé, sa sécurité ou sa moralité sont en danger ou en risque de l'être ou que les conditions de son éducation ou de son développement physique, affectif, intellectuel et social sont gravement*

---

69 VIRIOT-BARRIAL (D.), « Secret médical et terrorisme », *RDSS* 2019, p. 236.

70 Conseil national de l'Ordre des médecins, *Risque terroriste et secret professionnel du médecin*, Rapport adopté lors de la session du Conseil national de l'Ordre des médecins de janvier 2017.

71 Cette protection est également un impératif d'ordre déontologique, l'article R. 4127-43 du Code de la santé publique énonce en ce sens que « *le médecin doit être le défenseur de l'enfant lorsqu'il estime que l'intérêt de sa santé est mal compris ou mal préservé par son entourage* ».

compromises ou en risque de l'être »[72]. Dès lors, le médecin peut transmettre à la cellule de recueil des informations préoccupantes (CRIP) du département les informations concernant le mineur, de sorte qu'elle puisse évaluer puis déterminer les actions de protection et d'aide dont le mineur et sa famille peuvent bénéficier. Avant toute transmission, le médecin en informe les titulaires de l'autorité parentale. La radicalisation d'un mineur relève de cette information préoccupante, est d'ailleurs visée par plusieurs rapports du Conseil national de l'ordre des médecins[73]. Deux difficultés se présentent néanmoins aux professionnels de santé confrontés à un mineur semblant présenter des signes de radicalisation. D'une part, celle de l'absence de définition de la radicalisation que nous avons déjà pu mettre en évidence. D'autre part, celle de la multiplicité des canaux d'informations pouvant perturber les professionnels de santé dans leur démarche d'alerte. Si la PJJ, par le recueil des informations préoccupantes, a un rôle déterminant « *en matière d'accompagnement en mettant en place une prise en charge et un suivi adaptés des jeunes primo-délinquants et de leur famille* »[74], la CNCDH relevait avec regrets que les dispositifs de détection mis en place par les pouvoirs publics engendraient des comportements inquiétants de la part des professionnels. Certains médecins notamment s'adressent au CNAPR afin d'indiquer qu'une personne mérite d'être surveillée. Une telle vectorisation de l'information s'effectue à l'évidence en dehors du cadre dérogatoire de la révélation du secret professionnel, notamment médical. Une telle « *dérive sécuritaire* »[75] entraîne une confusion entre le renseignement et la protection de l'enfance. Aussi la vectorisation de l'information concernant le mineur doit-elle être employée dans la recherche éthique d'un accompagnement et d'une sécurisation du mineur ainsi que de sa famille devant primer sur toute logique sécuritaire de renseignement. Il semble important de souligner cet impératif, car en l'état, « *dans le cas d'une situation préoccupante affectant un mineur, la priorité accordée au canal du renseignement, plutôt qu'à celui des services de l'aide sociale à l'enfance ou de la Protection judiciaire de la jeunesse* »[76] n'est pas à même d'assurer une prise en charge réelle par les acteurs sociaux du mineur et de sa famille.

---

72 Code de l'action sociale et des familles, art. R. 226-2-2.

73 C'est notamment le cas du rapport *Signalement et information préoccupante* qui vise la radicalisation au titre des comportements particuliers des mineurs qui relève de l'information préoccupante à transmettre (Rapport du Conseil national de l'Ordre des médecins, *Signalement et information préoccupante*, février 2016 p. 4).

74 CNCDH, Avis sur la prévention de la radicalisation, préc., p. 18.

75 CNCDH, Avis sur la prévention de la radicalisation, préc., p. 19.

76 *Ibid.*

2. Le maintien du lien avec l'enfant radicalisé

Les liens physique et affectif. Assurer le maintien du lien avec 'enfant est essentiel lorsque l'autorité parentale est exercée de sorte à :aractériser un facteur de désistance de l'enfant. À ce titre, les liens avec 'enfant doivent être physiques, mais également affectifs. Certains lispositifs permettent à l'autorité parentale, avec le concours du droit bénal, de s'exercer dans le maintien des liens avec l'enfant. Deux lispositifs concourent à cet objectif : ceux ayant réintroduit la faculté pour es parents de s'opposer à la sortie de leur enfant du territoire permettant alors de maintenir le lien physique d'avec l'enfant et celui permettant au parent d'un enfant radicalisé de bénéficier d'un aménagement de peine, notamment d'une sortie conditionnelle parentale, elle permet alors d'assurer le lien affectif d'avec l'enfant.

Le lien physique et les mesures portant interdiction de sortie du erritoire. Lorsque les parents sont conscients et informés de la adicalisation de leur enfant et craignent un départ de ce dernier à 'étranger, plusieurs dispositifs sont de nature à contrôler la liberté de irculation de l'enfant mineur[77]. Outre le rétablissement par la loi du 3 juin 2016[78] de l'impératif pour le mineur non accompagné, d'être muni d'une utorisation de sortie du territoire signée par un titulaire de l'autorité arentale, l'instruction du 5 mai 2014[79] permet aux titulaires de l'autorité arentale de s'opposer à la sortie du territoire. Cette mesure conservatoire st effectuée par un parent craignant un risque avéré de départ de l'enfant ers « *des zones de conflit pour y prendre part lorsque les parents constatent des signes e radicalisation idéologique pouvant le conduire à une entreprise terroriste* ». Elle ntraîne l'inscription de l'enfant sur le fichier des personnes recherchées, on signalement au système d'information Schengen ainsi que information au procureur de la République, qui a la possibilité de saisir le ıge des enfants au même titre que le demandeur, et ce, afin d'obtenir une ıterdiction de sortie du territoire dans le cadre d'une mesure d'assistance ducative. Il est également possible pour le procureur de la République, à tre conservatoire et en cas de carence de l'un des parents, de prononcer

---

Pour une présentation des mesures relatives aux sorties du territoire des mineurs, v. AVENA-ɔBARDER (V.), « Sortie du territoire : tableau comparatif des mesures », *AJ famille* 2017, p. 166.

L. n° 2016-731 du 3 juin 2016 renforçant la lutte contre le crime organisé, le terrorisme et ır financement instaure à cet effet l'article 371-6 du Code civil selon lequel « *l'enfant quittant le rritoire national sans être accompagné d'un titulaire de l'autorité parentale est muni d'une autorisation de sortie du rritoire signée d'un titulaire de l'autorité parentale* ». V. CADIOU (M.), DIOT (B.), « Le retour de utorisation de sortie du territoire de l'enfant mineur », *AJ famille* 2017, p. 164.

Instruction n° NOR/INTK1400256J du 5 mai 2014, opposition à la sortie du territoire.

« *dès lors qu'il existe des éléments sérieux laissant supposer que l'enfant s'apprête à quitter le territoire dans des conditions qui le mettraient en danger* »[80], une mesure d'interdiction de sortie du territoire entraînant la saisine du juge des enfants qui pourra maintenir cette interdiction. La violation de l'interdiction de quitter le territoire est sanctionnée par le Code de la sécurité intérieure de trois ans d'emprisonnement et de 45 000 euros d'amende[81]. Si ces mesures permettent le maintien d'un lien physique d'autres permettent le maintien d'un lien affectif.

Le lien affectif et les mesures portant libération conditionnelle du parent. Les parents condamnés qui exercent l'autorité parentale sur un enfant mineur de moins de dix ans[82] peuvent, dans certaines circonstances bénéficier de certains aménagements de peine, notamment la libération conditionnelle dite parentale[83]. L'article 729-3 du Code de procédure pénale prévoit, dans des conditions d'exception à l'article 729 du Code de procédure pénale, que la libération conditionnelle peut être accordée à tout condamné à une peine inférieure ou égale à quatre ans « *lorsque ce condamné exerce l'autorité parentale sur un enfant de moins de dix ans ayant chez ce parent sa résidence habituelle* ». Cette mesure vise la protection de l'intérêt de l'enfant ainsi que l'impose la Convention internationale relative aux droits de l'enfant énonçant que « *dans toutes les décisions qui concernent les enfants* [… *l'intérêt supérieur de l'enfant doit être une considération primordiale* »[84], mais également que les États « *veillent à ce que l'enfant ne soit pas séparé de ses parents contre leur gré, à moins que les autorités compétentes ne décident, sous réserve de révision judiciaire et conformément aux lois applicables, que cette séparation est nécessaire dans l'intérêt supérieur de l'enfant* »[85]. Il semble tout à fait envisageable, en présence d'un enfant mineur en voie de radicalisation, de faire bénéficier son parent des dispositions relatives à la libération conditionnelle de droit commun ou de la libération conditionnelle parentale. La libération conditionnelle parentale ne fait pourtant pas toujours l'objet d'une appréciation des mécanismes de désistance du parent et de l'intérêt de l'enfant. C'est notamment l'enseignement d'un arrêt rendu par la cour d'appel de Paris

---

80 C. civ., art. 375-5.

81 C. séc. int., art. L. 224-1.

82 L'intérêt de l'enfant de plus de dix ans, s'il n'entre pas dans le champ d'application de l'article 729-3 du Code de procédure pénale, peut néanmoins être pris en considération sur celui des demandes de libérations conditionnelles de droit commun.

83 Sur ce point, v. HERZOG-EVANS (M.), *Dalloz action Droit de l'exécution des peines*, chapitre 44 « Placement permanent en milieu libre : libération conditionnelle », 2016, spéc. n° 442.161 et s.

84 Convention internationale relative aux droits de l'enfant, article 3-1.

85 Convention internationale relative aux droits de l'enfant, article 9-1.

l'occasion duquel était en question la libération conditionnelle parentale d'une mère ayant elle-même été condamnée pour certaines infractions en lien avec une entreprise terroriste, celle de l'ETA. La juridiction, malgré le parcours de désistance important proposé par la mère, refuse de faire droit à sa demande en raison de son adhésion aux accords de Guernica où l'ETA déclarait un cessez-le-feu permanent, attestant pour la cour d'appel de la persistance de ses relations avec l'organisation[86]. Cet arrêt est contestable à double titre. Il semble ne pas placer l'intérêt de l'enfant au centre de l'appréciation des juges, en contrariété à l'article 729-3 du Code de procédure pénale. De plus, il semble placer, sur le terrain de cette appréciation, des conditions sociales équivalentes, voire plus exigeantes, à celles prévues par l'article 729 du Code de procédure pénale.

Du maintien du lien à l'assistance au lien. Les parents qui s'engagent dans le soutien à la déradicalisation de leur enfant mineur peuvent rencontrer des difficultés dans cet engagement. Dès lors, de nombreuses mesures d'assistance sont mises en place, jointes et associées aux procédures civiles ou pénales.

B. Le droit pénal, soutien au concours de l'autorité parentale face au mineur radicalisé

La multiplicité des acteurs, source de difficulté du dialogue. La prise en charge des mineurs radicalisés est pluridisciplinaire et peut sembler complexe par la multiplicité des réseaux, des modalités ainsi que des cadres judiciaires dans lesquels elle peut s'exercer. Il convient alors de remarquer qu'en matière de terrorisme, l'enfant peut se présenter comme étant en danger, car en voie de radicalisation bien que n'ayant pas commis de faits susceptibles de faire l'objet de poursuites pénales. Dans une telle hypothèse, la compétence est celle du juge des enfants. Encore, si l'enfant est poursuivi pour certaines infractions – souvent obstacles – (telles la consultation de site ou encore l'AMT, association de malfaiteurs en relation avec une entreprise terroriste), la compétence est celle des juridictions pénales. Dans ce cas, la particularité est double. Elle résulte de la difficulté de faire dialoguer deux juridictions spécialisées et compétentes : celle du tribunal de grande instance de Paris ayant le monopole de la compétence en matière de terrorisme et celle de la justice

---

[86] CA, Paris, 25 juin 2015, n° 15/01575, v. HERZOG-EVANS (M.), « Désistance du terrorisme (encore) : renoncer à sa culture et à ses idées politiques, se repentir ostensiblement et ne pas vivre une vie normale ? », *AJ pénal* 2015, p. 448.

pénale des mineurs dont la compétence est celle du tribunal pour enfants[87]. De ce dialogue résulte la séparation suivante : l'instruction est menée par le parquet antiterroriste, tandis que le jugement incombera au tribunal pour enfants. Cette particularité implique une discontinuité des acteurs ayant la charge du mineur qui repose traditionnellement sur « *une continuité judiciaire et éducative* »[88]. Cette « *discontinuité et la juxtaposition d'acteurs différents rendent difficile de jouer sur les leviers habituels (la famille, le travail éducatif notamment)* »[89]. Si ces difficultés existent, elles n'en demeurent pas moins surmontables. En atteste l'invitation, pour les juridictions répressives en matière de terrorisme, à solliciter une mesure judiciaire d'investigation éducative (MJIE).

La MJIE, pilier commun à toute prise en charge du mineur. La MJIE[90] peut intervenir sur décision judiciaire dans le cadre pénal ou dans le cadre de la protection de l'enfance au titre d'une mesure d'assistance éducative (MAE) prononcée par le juge civil. Quel que soit son cadre, la MJIE est essentielle, elle est celle qui intervient afin de tenir compte tant de l'évaluation de la situation que de la décision judiciaire et d'élaborer un réel parcours éducatif adapté à chaque enfant. Qu'il s'agisse d'une procédure civile ou pénale, elle apporte aux juges des éléments sur les orientations à prendre. Elle permettra à terme d'associer et d'impliquer la famille dans le déroulement de la mesure choisie, civile ou pénale. La MJIE est alors celle qui permet notamment d'identifier le rôle potentiel de la famille. À ce titre, « *la restauration et le maintien du lien avec la famille sont des piliers essentiels de la lutte contre la radicalisation violente des mineurs. Néanmoins, le rôle et la place de la famille dans le processus de radicalisation diffèrent largement d'une situation à une autre* ». Aussi la mise en place de la MJIE permet « *d'éclairer la compréhension du symptôme et d'identifier les carences et les familles parentales, facteurs de basculement, mais aussi de réactiver les ressources familiales mobilisables, facteurs de désistance* »[91]. En matière de terrorisme, une expérimentation tendant à une particularisation de la MJIE a été mise en place. Elle implique d'associer deux équipes éducatives : la première est chargée de rencontrer l'enfant tandis que la seconde est chargée de sa famille. Elle permet ainsi

---

87 Sur ces difficultés, v. BARANGER (T.), BONELLI (L.), PICHAUD (F.), « La justice des mineurs et les affaires de terrorisme », *in Les cahiers de la justice*, 2017/2, n° 2, pp. 253-264.

88 BARANGER (T.), BONELLI (L.), PICHAUD (F.), « La justice des mineurs et les affaires de terrorisme », *in Les cahiers de la justice*, 2017/2, n° 2, pp. 253-264.

89 *Idem.*

90 Note DPJJ du 23 mars 2015 relative à la mesure judiciaire d'investigation éducative.

91 Note DPJJ du 1er août 2018 relative à la prise en charge éducative des mineurs radicalisés ou en danger de radicalisation violente, NOR : JUSF1821611N.

d'envisager, si cela est possible, l'association des parents aux mesures d'accompagnement de l'enfant qui seront prononcées, permettant ainsi de « *de les réinscrire dans une parentalité protectrice et positive* »[92]. La circulaire du 24 mars 2017[93] invite à ce titre le procureur de la République à solliciter une MJIE tant la prise en charge en matière de terrorisme « *nécessite une évaluation pluridisciplinaire* ». La circulaire ajoute, attestant de la place accordée au socle familial, que cette mesure « *permettra de proposer les modalités de prise en charge adaptées et de déterminer si les parents et la famille élargie sont en mesure de répondre aux besoins de l'enfant* ».

La voie du dispositif éducatif à privilégier dans le cadre judiciaire ou pénal. Qu'il s'agisse de la voie civile de l'assistance éducative ou de la voie pénale, le relèvement des mineurs est guidé par le privilège normalement accordé à la mise en œuvre des dispositifs éducatifs. Certains dispositifs sont particulièrement applicables ou vivement recommandés en matière de terrorisme. Il est par exemple envisagé, à titre expérimental et pour une durée de trois ans, la faculté pour le juge des enfants, sur réquisitions écrites du ministère public, de charger la PJJ d'une mesure d'assistance éducative en milieu ouvert (AEMO) en plus d'un placement du mineur à l'aide sociale à l'enfance[94]. Ce nouveau dispositif permet de faire bénéficier les services départementaux chargés de sa mise en œuvre de l'expérience et de l'expertise acquise et développée par la PJJ. Elle permet ainsi l'intervention d'un éducateur dans le contexte familial afin d'apporter aide et assistance à la famille pour surmonter les difficultés rencontrées. Enfin, si le mineur est poursuivi pénalement pour des infractions souvent obstacles, des dispositifs éducatifs sont mis en place permettant d'intégrer la famille. C'est notamment le cas du dispositif DASI (Dispositif d'accompagnement pour la scolarisation et l'inclusion) qui permet, au cours de l'instruction, le placement du mineur en semi-autonomie avec un éducateur. Cette mesure permet également un travail en association avec la famille qui se révèle productif dès lors que cette dernière est présente et se présente comme un cadre structurant *ressource* à l'enfant. De telles mesures doivent être privilégiées à certaines autres mesures accompagnant le contrôle judiciaire d'un mineur. En effet,

---

92 Note DPJJ du 1er août 2018 relative à la prise en charge éducative des mineurs radicalisés ou en danger de radicalisation violente, NOR : JUSF1821611N.

93 Circulaire du 24 mars 2017 relative aux dispositions en assistance éducative de la loi n° 2017-258 du 28 février 2017 et au suivi des mineurs de retour de zone irako-syrienne, NOR : JUSF1709228C.

94 Article 31 de la loi n° 2017-258 du 28 février 2017 relative à la sécurité publique, *JORF* n° 0051 du 1er mars 2017.

l'information judiciaire donne souvent lieu au placement du mineur en détention provisoire. Un tel placement induit une rupture qui peut se révéler défavorable au mineur, il s'insère davantage dans une dynamique de protection de la dangerosité plutôt que dans celle de la réinsertion, allant ainsi à l'encontre des principes généraux du droit pénal des mineurs.

Terrorisme, autorité parentale et droit pénal, des rapports tripartites ambivalents. Au terme de cette étude, plusieurs constats peuvent être dressés. Le droit pénal se présente comme un pilier de la protection de l'enfant en matière de terrorisme. D'une part, il permet une mise à distance d'avec l'autorité parentale lorsqu'elle présente des effets négatifs sur l'enfant, justifiant ainsi sa protection. D'autre part, il permet un concours à l'autorité parentale lorsqu'elle présente des effets positifs sur l'enfant, dont il convient d'assurer le rétablissement ou la désistance. Pourtant, dans ces deux champs d'intervention, le droit pénal n'en demeure pas moins contestable et l'on mesure ses difficultés à concilier les impératifs de répression et de protection. La mise en œuvre de la responsabilité des parents radicalisés par l'usage d'infractions de droit commun ou spécial n'échappe pas aux critiques connues du droit pénal en matière de terrorisme. En outre, le support offert par le droit pénal, pour une vectorisation de l'information quant à la radicalisation d'un mineur, présente l'écueil d'une information tendant davantage au renseignement, et ce, sous couvert de la protection de l'enfant. Enfin, les mesures éducatives supposées privilégiées à la répression ne le sont pas toujours dans la réalité si bien que le droit pénal des mineurs se trouve particulièrement ébranlé par la criminalité spéciale qu'est le terrorisme.

Le règlement de la situation des *combattantes* françaises en Syrie et en Irak

Delphine BRACH-THIEL

Maître de conférences HDR en droit privé et sciences criminelles, Institut François Gény (EA 7301), Université de Lorraine

Si des *combattantes* françaises sont aujourd'hui présentes en Syrie et en rak, c'est parce que des hommes et des femmes ont rejoint au cours des nnées passées l'État islamique pour y mener le djihad. Poser la question u règlement de leur situation nous permettra d'envisager les difficultés à a fois juridiques, mais également sociétales qui entourent la roblématique.

L'État islamique est un groupe armé djihadiste dont les origines emontent à la création d'al-Qaïda en Irak (AQI) en 2004 pour lutter ontre l'occupation américaine. AQI avait proclamé avec d'autres groupes jihadistes l'État islamique d'Irak (EII) en 2006. En 2011, certains nembres de l'EII ont rejoint la Syrie déstabilisée par une guerre civile pposant le régime de Bachar al-Assad à certains groupes rebelles. L'EII soutenait initialement le Front al-Nosra (également affilié à al-Qaïda) en utte contre les forces gouvernementales. Puis plus tard, en raison de ivergences politiques et stratégiques, les deux formations se sont séparées n avril 2013 et l'EII est devenu alors le groupe *État islamique en Irak et au evant* pour – en juin 2014 – se rebaptiser *État islamique* et proclamer instauration d'un califat sur les territoires qu'il contrôlait : du nord de la yrie à l'est de l'Irak.

Le mouvement combattait principalement les groupes d'opposition ls que son ancien allié (le Front al-Nosra) et les groupes armés kurdes. e nombreux étrangers ont ensuite rejoint les rangs de l'État islamique ui s'est alors emparé de larges portions de territoire en Syrie et en Irak.

Face à cette progression des djihadistes, une coalition d'États emmené par les États-Unis a lancé une opération aérienne contre l'État islamique partir d'août 2014. Si à l'automne 2014, le territoire de l'État islamique étai à son extension maximale, à partir de 2015, l'État islamique a commenc à perdre une partie de ses conquêtes ; il sera finalement chassé de Mossou en juillet 2017 et de sa capitale Raqqa en octobre 2017. En 2018, l'Éta islamique est peu ou prou éradiqué.

Selon les chiffres officiels, 2000 à 3000 ressortissants de l'Unio européenne se trouveraient aujourd'hui toujours entre l'Irak et la Syrie Auront été comptés jusqu'à 680 djihadistes français sur le théâtre irako syrien : plus de 300 seraient morts et un petit nombre aurait rejoint d'autre pays (Afghanistan, Maghreb, Libye). Le nombre de majeurs rentrés – pa leur propre moyen en France – était, début septembre 2018, de 261 don 74 femmes, avec ou sans enfants. Tous les *revenants* pénalemen responsables ont été *judiciarisés* selon l'expression consacrée à leur retou À ces chiffres, il convient de comptabiliser également 78 *revenants* mineur dont une majorité aurait moins de 10 ans[1].

Le dernier cas médiatisé d'enfants revenus sans leur mère concern Mélina Boughedir, une Française de 28 ans, découverte dans le décombres de Mossoul en juillet 2017. Trois de ses enfants ont ét rapatriés à Paris avec son accord, en décembre 2017. Elle est restée en Ira avec le dernier-né, âgé de quelques mois, et a été condamnée, en juin 201 à la perpétuité avec une période de sûreté de vingt ans de prison pour so appartenance présumée à l'État islamique[2].

Par conséquent, des Français sont toujours sur place et – lorsqu'ils n sont plus sous le joug de Daesh – la majorité d'entre eux aura été arrêté ou se sera livrée aux autorités irakiennes et kurdes dans le nord de la Syri Les forces kurdes syriennes affirment ainsi détenir plus d 900 combattants étrangers de l'État islamique provenant de 44 pay différents[3]. Commence alors un véritable casse-tête judiciaire et sécuritair Les *combattants* souhaitent être rapatriés par leurs pays d'origine, mais ce derniers se montrent souvent réticents devant l'hostilité de leurs opinio publiques. Pour ce qui concerne les femmes et les enfants français, ur

---

1 Source : ministère de la Justice. *Le Figaro*, 25 octobre 2018.

2 Agence France-Presse. *Le Monde*, 24 octobre 2018.

Au regard de la loi irakienne, elle devra alors purger une peine d'emprisonnement de 20 anné Elle a fait appel de sa condamnation. Il convient de souligner qu'il n'y a pas de conventi d'extradition entre l'Irak et la France.

3 Agence France Presse.

soixantaine de femmes, dont une quarantaine avec au total 150 enfants, ont été signalées par les familles. Une partie d'entre elles seulement aurait été localisée et se trouverait aujourd'hui retenue dans des campements au Kurdistan syrien, alors que pour d'autres il s'agit de l'Irak.

Il conviendra dès lors d'examiner ce qui est actuellement réalisé sur le plan politique pour traiter de cette problématique, à savoir des femmes françaises – souvent mères – maintenues à l'étranger contre leur gré. Puis, nous évoquerons les possibilités juridiques qui s'offrent à nous pour juger en France pour terrorisme ces femmes, alors même que le droit international humanitaire accorde des immunités aux *combattants*.

I. Le règlement politique de la situation par le Gouvernement français

La doctrine actuelle du Gouvernement français diffère déjà selon qu'il s'agisse d'enfants seuls ou au contraire accompagnés de leurs mères. En effet, pour les enfants, l'une des conditions au rapatriement est l'acceptation par leurs mères de les laisser partir vers la France[4]. En effet, la France exclut tout retour des adultes, hommes ou femmes, sans différenciation possible. Les femmes sont notamment elles aussi considérées comme des militantes de l'État islamique. Leur transfert en France représente un enjeu fort pour le Gouvernement sur le plan de la sécurité nationale, eu égard à la très forte hostilité de l'opinion publique quant à un retour des djihadistes.

Selon le ministère des Affaires étrangères, « *ceux qui ont commis des délits ou des crimes en Irak et Syrie doivent être jugés en Irak et Syrie* ». Une « *exception* » concerne les mineurs, « *dont la situation sera examinée au cas par cas* ». « *On a un devoir particulier de sauvegarder l'intérêt supérieur de l'enfant.* »[5] Cette position est celle défendue depuis 2017 par le président de la République, Emmanuel Macron. En coulisse, les autorités françaises paraissent surtout soucieuses de *contenir* les mineurs en question pour éviter qu'ils ne deviennent des bombes à retardement. Soulignons néanmoins que la

---

4 « *L'autre grande difficulté des autorités françaises concerne la façon de procéder à la sortie des enfants pour lesquels les mères auraient donné leur autorisation à un rapatriement. Quel canal diplomatique utiliser ? La Croix-Rouge intervient dans les camps de Syrie avec l'aval du régime de Damas, mais elle ne peut servir d'intermédiaire, car la France a rompu ses relations diplomatiques avec le régime syrien* », *Le Monde*, 24 octobre 2018. De plus, faire transiter ces enfants par le Kurdistan irakien s'annoncerait laborieux, eu égard aux mauvaises relations entre Kurdes syriens et Kurdes irakiens et aux complications avec le régime de Bagdad. Resterait alors le passage par la frontière turque, mais rien ne permet d'affirmer que la Turquie se risquerait à cette aide avec des voisins qu'elle combat par ailleurs.

5 *Le Figaro*, 25 octobre 2018.

quasi-totalité de ces enfants a moins de cinq ans. Or, il apparaissait que « *les enfants garçons étrangers ne sont envoyés dans les camps d'entraînement de l'État islamique qu'à partir de 9 ans. Ce ne sont donc pas des "lionceaux", ces jeunes enfants entraînés par Daesh pour aller combattre.* »[6]

Concernant les femmes, leur situation est différente selon qu'elles se trouvent en Irak ou en Syrie. Pour celles arrêtées en Syrie et retenues par les Kurdes, le problème s'avère complexe à plusieurs égards. D'abord, le Kurdistan syrien n'est pas un État constitué, mais tout au plus une zone contrôlée par les Kurdes. Le Gouvernement estime que les djihadistes doivent y être jugés s'ils bénéficient d'un procès équitable. Pour autant, « *il n'y a pas d'institution judiciaire proprement dite puisqu'il n'y a pas d'État, impossible donc d'assurer ce fameux procès équitable* »[7]. Ainsi, les avocats des familles considèrent que ces Françaises sont détenues sans droit ni titre.

Se trouve notamment dans cette zone Émilie König[8], dont la protection consulaire lui a été refusée au motif que la France n'y dispose plus de représentation diplomatique depuis 2012. Reste seulement pour elle – et les autres femmes dans sa situation en Syrie – la Croix-Rouge. Elle était notamment recherchée pour avoir incité certains de ses proches à commettre des actions violentes en France. Depuis la Syrie, la jeune mère de famille diffusait des vidéos de propagande sur Internet pour appeler au djihad armé. Elle est inscrite sur la liste noire des terroristes internationaux par les États-Unis depuis septembre 2015 et apparaît être radicalisée depuis 2010. Elle a été arrêtée en décembre 2017 et se trouve détenue – avec ses trois enfants – dans un camp à la frontière irakienne. Sa demande de rapatriement lui a été refusée au motif qu'elle pourrait être jugée par les Kurdes, ce qui s'avère pourtant peu probable : leur législation « *ne reconnaît pas le fait d'avoir rejoint un groupe terroriste sans participer de manière active à des actes* »[9], hypothèse concernant d'ailleurs la majorité des femmes retenues.

Concernant les familles arrêtées en Irak, la France a toujours considéré que la justice irakienne, aussi imparfaite soit-elle, était souveraine. L'Irak est un État de droit avec lequel la France entretient des relations diplomatiques, dès lors les détenus peuvent y bénéficier d'une protection consulaire, permettant notamment aux fonctionnaires du consulat de se

---

6 MARTELET (C.), coauteure avec BOUVIER (E.) d'*Un parfum de Djihad*, Plon, mars 2018.

7 SLAMA (S.), professeur de droit public à l'Université Grenoble Alpes, *in Le point*, 5 janvier 2018, « Quel cadre légal pour le retour des djihadistes français ? »

8 Agence France-Presse. *L'Express*, 4 janvier 2018.

9 Agence France-Presse. *L'Express*, 4 janvier 2018.

rendre auprès des Français pour les aider à trouver un avocat ou un interprète. Pour autant, deux difficultés surgissent. D'abord, le procès de Mélina Boughedir – au fort retentissement médiatique – puisqu'elle a été condamnée en février 2018 à sept mois de prison pour entrée illégale en Irak, puis en appel à la perpétuité avec une peine de sûreté de vingt ans pour terrorisme, après un procès d'une heure. Or, le ministre français des Affaires étrangères avait publiquement affirmé qu'elle était « *une terroriste de Daesh* ». Ses avocats ont dénoncé « *une ingérence inacceptable* » de la France, et une « *pression inacceptable sur la justice irakienne* »[10].

Quid ensuite du point de savoir si l'on peut laisser nos ressortissants dans un État qui pratique la peine de mort – le cas de l'Irak – alors même que ces derniers souhaitent rentrer et être jugés en France[11]. En l'absence de toute jurisprudence sur cette question, il convient pourtant de rappeler qu'il nous est interdit d'extrader un Français – ou un étranger – vers un pays qui applique la peine capitale au terme de l'article 696-4 6° du Code de procédure pénale disposant que l'extradition n'est pas accordée « *lorsque le fait à raison duquel l'extradition a été demandée est puni par la législation de l'État requérant d'une peine ou d'une mesure de sûreté contraire à l'ordre public français* ». Soulignons également que le Conseil d'État autorise pourtant l'extradition vers un pays qui applique la peine de mort, à la condition que la France reçoive l'assurance que la peine n'y sera pas exécutée[12], solution conforme avec les prévisions de nombreuses conventions internationales. Pour autant, il n'y a pas de convention d'extradition entre la France et l'Irak. Donc, en l'absence d'un droit conventionnel et dans le respect de la hiérarchie des normes, ce sont alors les dispositions du code de procédure pénale qui doivent trouver à s'appliquer – plus strictes en la matière[13].

Ainsi, la nationalité française apparaît n'être d'aucun secours pour les ressortissantes françaises, tout en étant une source d'embarras pour le Gouvernement français sensible à une opinion publique qui majoritairement ne souhaite pas le retour des femmes parties rejoindre Daesh. Pour autant, la France dispose d'un arsenal juridique complet pour

---

10 *Le Monde*, 2 juin 2018. V. aussi *supra* note 2.

11 « *Le rapatriement de nos ressortissants qui risquent cette condamnation devrait donc s'imposer même s'il n'apparaît pas y avoir à ce jour de jurisprudence en ce sens dans ce cas précis* », BAUDOUIN (P.), président d'honneur de la Fédération internationale des droits de l'homme (FIDH).

12 CE, 15 octobre 1993, *Aylor*, *RFDA* 1993.1116, concl. VIGOUROUX (C.).

13 Sur l'ensemble de la question, V. REBUT (D.), *Droit pénal international*, 2e éd. 2015 Dalloz, nº 289 et s. – BRACH-THIEL (D.), *Rep. pénal Dalloz*, V° « Extradition », 2018, nº 191 et s.

les juger et les condamner en fonction de leur degré d'implication. Il convient dès lors d'en examiner toutes les possibilités.

II. Le règlement juridique de la situation

Les hommes et les femmes – Français ou autres – retenus en Irak ou en Syrie reçoivent fréquemment le qualificatif de *combattants.* Il convient dès lors d'en apporter une définition précise sur le plan juridique – afin de nous en extraire – pour ensuite analyser l'arsenal juridique qui leur est applicable. « *Le combattant terroriste étranger* » constitue en effet une catégorie juridique nouvelle couvrant « *les individus qui voyagent vers un État autre que leur État de nationalité ou de résidence pour perpétrer, préparer ou participer à des actes terroristes ou former ou se former au terrorisme, y compris en lien avec un conflit armé, ou s'enrôler dans des groupes* »[14]. Apparaît ainsi un amalgame entre deux termes *a priori* contradictoires : terrorisme, d'une part, et conflits armés, d'autre part.

De fait, c'est au droit international humanitaire qu'il appartient de définir la notion de *combattant* afin de lui donner un statut propre. Ce statut présentera une importance cruciale, car il va déterminer la protection juridique accordée à cette personne et les obligations qui lui incombent. Ainsi, la notion de *combattant étranger* n'a aucune portée juridique – aucune existence – en droit international humanitaire. Au demeurant, généralement, la nationalité d'une personne ne constitue pas un facteur pertinent afin de déterminer le statut d'une personne dans un conflit armé. En effet, le droit international humanitaire s'applique aux situations de conflit armé[15], mais régit différemment le statut des personnes au regard de la conduite d'un conflit armé international ou d'un conflit armé non international.

Quelle est alors la nature du conflit dans lequel l'État islamique est impliqué ? « *Selon les conventions de Genève telles qu'éclairées par la doctrine et la jurisprudence internationale, un conflit armé international existe lorsqu'un État recourt à la force armée contre un autre État. Il y a conflit armé non international lorsque des affrontements d'une certaine intensité opposent un État à un groupe armé organisé ou de tels groupes entre eux.* »[16] Or, il est généralement admis que l'État islamique n'est pas un État au sens juridique du terme. Pour prétendre à cette qualité

14 Résolution du Conseil de sécurité des Nations unies 2178/2014.

15 Art. 2 et 3 communs aux quatre conventions de Genève de 1949.

16 DEPREZ (C.), WITTORSKI (I.), « Des combattants qui n'en sont pas vraiment : les Européens partis se battre en Syrie et en Irak vus par le droit international humanitaire », *in* JACOBS (A.), FLORE (D.) (dir.), *Les combattants européens en Syrie*, L'Harmattan, 2015, p. 57.

une collectivité doit avoir une population permanente, un territoire déterminé, un gouvernement et la capacité d'entrer en relation avec les autres États[17], ce qui n'est pas le cas en l'espèce. Point alors de conflit armé international. En revanche, nous nous trouvons dans une situation de conflit armé non international au regard de l'intensité des affrontements qui ont eu lieu et du caractère organisé du groupement *État islamique*.

Or, le droit international humanitaire ne prévoit pas de statut de combattant en situation de conflit armé non international[18]. Les Français ou les Européens membres de l'État islamique ne peuvent être juridiquement qualifiés de combattants. Il n'y a alors aucun « *privilège du combattant* »[19] sans statut de combattant. Ainsi, les individus participant à un conflit armé non international peuvent faire l'objet de poursuites pénales – notamment par les juridictions nationales – pour violation du droit international humanitaire. De plus, leur simple participation aux hostilités – même conforme au droit humanitaire – peut être pénalement réprimée, notamment pour terrorisme.

Pour une doctrine majoritaire, ils sont néanmoins les membres d'une force armée lorsqu'ils assument une fonction de combat continue[20]. En effet, en droit international humanitaire, le statut des personnes détermine l'étendue de la protection octroyée et le contenu des obligations qui s'imposent à elles. Ainsi, les membres des forces armées ne sont pas immunisés contre les attaques ni les effets des hostilités, aussi longtemps qu'ils assurent une fonction de combat continu au sein d'un groupe armé. Or, si la plupart des Européens ayant rejoint l'État islamique participent aux combats, on peut supposer – notamment pour ce qui concerne les femmes – que certains ne participent pas directement aux hostilités, mais

---

Art. 1er de la convention de Montevideo de 1933 sur les droits et les devoirs des États. Ces quatre conditions sont d'ailleurs traditionnellement reprises au titre des éléments constitutifs d'un État. V. par ex. DAILLIER (P.), FORTEAU (M.), PELLET (A.), *Droit international public*, 8e éd., Paris : LGDJ, 2009, pp. 450 et s.

« *Le droit international humanitaire impose aux belligérants de distinguer en tout temps les personnes participant aux hostilités de celles qui n'y participent plus. En période de conflit armé international, ce principe fondamental prend la forme d'une différenciation entre les civils et les combattants. Ces derniers correspondent aux membres des forces armées d'une partie au conflit armé international étant placé sous un commandement responsable. Les combattants sont autorisés à participer aux hostilités. En contrepartie, ils peuvent être attaqués de façon licite.* », DEPREZ (C.), WITTORSKI (I.), *op. cit.*, n. 9, pp. 63-64.

Le combattant ne peut voir sa responsabilité engagée du simple fait d'avoir participé aux hostilités dans le respect du droit humanitaire. Les faits de guerre licites – c'est-à-dire conforme au droit international humanitaire – ne peuvent emporter de sanctions devant le juge pénal national.

DEPREZ (C.), WITTORSKI (I.), *op. cit.*

endossent un rôle d'appui, en tant que recruteur ou propagandiste : ils – ou elles – bénéficient alors du statut de civils[21].

En tout état de cause, les femmes pourront donc être jugées pour terrorisme, en fonction de leur degré de participation, qui devra être établ au cas par cas. Surtout, elles peuvent être jugées en France pour des actes commis à l'étranger, en s'appuyant sur plusieurs titres de compétence pénale énoncés dans le livre premier du Code pénal[22]. L'incrimination retenue sera le plus souvent celle d'association de malfaiteurs en relation avec une entreprise terroriste.

Dans différentes hypothèses, l'infraction aura débuté sur le territoire français par la commission d'un ou plusieurs faits constitutifs, notamment lorsque la personne prépare son départ vers les zones de combat[23] depuis la France. Nous sommes alors compétents pour exercer notre compétence territoriale, que l'on trouve énoncée sous l'article 113-2 du Code pénal[24] Peu importe que l'intégralité des faits poursuivis n'ait pas été accompli sur notre sol. Un seul fait constitutif en France suffira au terme d'une jurisprudence extensive de la Cour de cassation[25].

Si néanmoins aucun fait constitutif de l'infraction ne peut être établ sur notre sol, le juge judiciaire devra alors établir notre compétence au moyen des titres de compétences extraterritoriales énoncés dans le Code pénal. La compétence personnelle active[26] permet ainsi de juger en France les infractions commises à l'étranger par des Français. Néanmoins – au ca

---

21 MELZER (N.), *Guide interprétatif de la notion de participation directe aux hostilités en droit internation humanitaire*, Genève : Éd. du CICR, 2009, pp. 36 et 75.

22 V. également la *résolution sur les combattants étrangers* adoptée par les Nations unies, l 24 septembre 2014. Celle-ci exige que tous les États membres « *veillent à ce que la qualification d infractions pénales dans leur législation et leur réglementation internes permette, proportionnellement à la gravité l'infraction, d'engager des poursuites et de réprimer* [...] *leurs nationaux qui se rendent ou tentent de se rendre da un État autre que leur État de résidence ou de nationalité* ».

23 Il suffirait par exemple qu'un billet d'avion ait été acheté en France pour se rendre à l'étrang en vue d'y suivre un entraînement dans un groupement extrémiste pour que la loi pénale françai puisse s'appliquer, et plus particulièrement notre compétence territoriale.

24 C. pén., art. 113-2 al. 2 : « *L'infraction est réputée commise sur le territoire de la République dès lc qu'un de ses faits constitutifs a eu lieu sur ce territoire.* »

25 Pour une analyse extensive de cette notion ; V. BRACH-THIEL (D.), *Rep. Pén. Dalloz*, V « Compétence internationale », 2017, n° 114 et s.

26 C. pén., art. 113-6 : « *La loi pénale française est applicable à tout crime commis par un Français hors territoire de la République.*

Elle est applicable aux délits commis par des Français hors du territoire de la République si les faits sont punis p la législation du pays où ils ont été commis. »

de délit[27] – l'exercice de notre compétence personnelle active est enfermé dans des conditions extrêmement strictes, rendant ici son application quasi impossible. Au cas de délit, il convient en effet de remplir l'exigence de double incrimination[28], mais aussi de démontrer l'existence d'une plainte de la victime ou d'une dénonciation officielle de l'État du lieu de commission, le tout adossé à une requête du ministère public[29]. Si la condition de double incrimination peut ne pas constituer un obstacle dirimant dans la mesure où le juge doit – au regard de la matérialité des faits – examiner si les faits sont punissables et en France et dans l'État du lieu de commission – et peu importe la qualification juridique de l'État du lieu de commission –, beaucoup plus délicates seront les exigences énoncées à l'article 113-8 du Code pénal. Le texte impose de démontrer notamment l'existence d'une plainte de la victime ou d'une dénonciation officielle de l'État du lieu de commission. Or, comment trouver une victime, et plus précisément faire parvenir une plainte en France d'une victime de faits commis en Irak et en Syrie ? Quant à l'alternative de la dénonciation officielle, elle est peu efficiente dans la mesure où les États en question, soit encouragent les activités terroristes, soit ont rompu les relations diplomatiques avec la France, soit ne constituent pas un État au sens juridique du terme comme le Kurdistan Syrien, soit ont la volonté de juger sur leur sol les actes en question – pour différentes raisons – et ne mettront donc pas en œuvre le canal de la dénonciation officielle.

Par conséquent – et notamment pour être bien certain de détenir l'arsenal législatif adéquat –, le législateur avait créé dès 2012[30] un nouvel article 113-13 du Code pénal[31], qui selon le Gouvernement avait « *pour objet d'étendre l'application de la loi pénale française aux actes de terrorisme de nature délictuelle qui sont commis à l'étranger, dès lors qu'ils l'ont été par des ressortissants*

---

27 C'est une qualification délictuelle qui sera quasi systématiquement retenue au regard des actes accomplis par les Françaises en Irak et en Syrie. En effet, la grande majorité des incriminations terroristes restent tout de même du domaine délictuel.

28 Condition énoncée sous l'article 113-6 C. pén., V. *supra* note 26.

29 C. pén., art. 113-8 : « *Dans les cas prévus aux articles 113-6 et 113-7 du Code pénal, la poursuite des délits ne peut être exercée qu'à la requête du ministère public. Elle doit être précédée d'une plainte de la victime ou de ses ayants droit ou d'une dénonciation officielle par l'autorité du pays où le fait a été commis.* »

30 L. n° 2012-1432 du 21 décembre 2012 relative à la sécurité et à la lutte contre le terrorisme.

31 V. ainsi notre article, « Le nouvel article 113-13 du Code pénal : contexte et analyse », *AJ Pénal* 2013, pp. 90 et s. – V. aussi ALIX (J.), « Fallait-il étendre la compétence des juridictions pénales en matière terroriste ? », *D.* 2013, p. 518.

français »[32]. Il s'agissait à l'époque déjà de pouvoir judiciariser – sans hésitation – les Français partis s'entraîner au djihad à l'étranger. Ce texte nouveau dispose notamment que « *la loi pénale française s'applique aux crimes et délits qualifiés d'actes de terrorisme et réprimés par le titre II du livre IV, commis par un Français hors du territoire de la République* [...] »[33]. Le législateur a choisi une voie d'inspiration *réaliste* mâtinée d'un brin de personnalité active. Réalité de la répression parce que tout comme l'article 113-10 du Code pénal posant le principe de la compétence réelle, l'article 113-13 vise une catégorie d'infractions, dont la définition se trouve dans les pages du Code pénal, commises à l'étranger, et dont la particularité est *in fine* de porter atteinte à l'État français et à son autorité. Il s'agira aujourd'hui de punir les « *crimes et délits qualifiés d'actes de terrorisme et réprimés par le titre II du livre IV* » là où hier – et encore aujourd'hui – il s'agit pour la compétence réelle de punir notamment « *les crimes et délits qualifiés d'atteintes aux intérêts fondamentaux de la nation et réprimés par le titre 1*er *du livre IV* »[34]. Inspiration *réaliste* également, parce que tout comme l'article 113-10 du Code pénal, le nouvel article 113-13 ne ménage pas le principe de l'autorité de la chose jugée à l'étranger[35].

Mais inspiration *réaliste* seulement pour laisser une place à la théorie personnaliste, car en effet, l'article 113-13 ne vise que le Français ou « *la personne titulaire d'un titre de séjour l'autorisant à résider sur le territoire français* », là où la compétence réelle s'applique, quelle que soit la nationalité de l'auteur des faits. Au final, nous avons donc un nouveau titre de compétence extraterritoriale se situant en dehors des cases traditionnelles du champ d'application de la loi pénale dans l'espace. Pour autant, aucune condition n'est requise de telle sorte que le texte s'avère parfaitement applicable aux Françaises se trouvant actuellement en Syrie et en Irak. Il appartiendrait alors à la justice française d'établir le degré d'implication de chacune et de prononcer la peine adéquate, conformément à nos principes

---

32 Projet de loi relatif à la sécurité et à la lutte contre le terrorisme présenté devant le Sénat en session ordinaire 2012-2013, p. 5, art. 2 du projet de loi. Il est par ailleurs précisé que « *cet article comble ainsi une lacune dans la répression, tout en affirmant de façon solennelle, et par là même fortement dissuasive, qu'aucun Français n'a le droit de commettre des actes de terrorisme à l'étranger* ».

33 « [...] *ou par une personne résidant habituellement sur le territoire français* », C. pén., art. 113-13.

34 C. pén., art. 113-10.

35 Principe énoncé sous l'article 113-9 du Code pénal, qui n'opère renvoie ni à l'article 113-10, ni à l'article 113-13 : « *dans les cas prévus aux articles 113-6 et 113-7, aucune poursuite ne peut être exercée contre une personne justifiant qu'elle a été jugée définitivement à l'étranger pour les mêmes faits et, en cas de condamnation, que la peine a été subie ou prescrite* ».

fondamentaux et dans le respect de tous les principes directeurs du procès pénal.

En conclusion, les femmes françaises se trouvant en Syrie ou en Irak – et qui ne sont pas des combattantes au sens juridique du terme – souhaitent être rapatriées au regard notamment des conditions sanitaires dans lesquelles elles sont recluses ou incarcérées – parfois avec des enfants en bas âge. Soulignons de plus qu'il n'y a aucune spécificité ou différenciation de traitement pour les femmes par rapport aux hommes, si ce n'est qu'elles portent la responsabilité du choix de garder leurs enfants avec elles ou pas. Sur le plan juridique, nous disposons de tous les outils pour faire droit à leurs demandes, notamment par le biais d'un transfèrement, pour ensuite mettre en mouvement l'action publique en France. Seule l'hostilité de l'opinion publique explique la réticence du Gouvernement français à privilégier cette voie, conforme aux droits et aux libertés fondamentaux dont doit pouvoir bénéficier tout citoyen français. Quant à l'alternative visant à créer une juridiction pénale internationale *ad hoc*, elle semble peu probable pour des raisons géopolitiques.

Décembre 2018

Table des matières

Structures éditoriales du groupe L'Harmattan

L'Harmattan Italie
Via degli Artisti, 15
10124 Torino
harmattan.italia@gmail.com

L'Harmattan Hongrie
Kossuth l. u. 14-16.
1053 Budapest
harmattan@harmattan.hu

L'Harmattan Sénégal
10 VDN en face Mermoz
BP 45034 Dakar-Fann
senharmattan@gmail.com

L'Harmattan Cameroun
TSINGA/FECAFOOT
BP 11486 Yaoundé
inkoukam@gmail.com

L'Harmattan Burkina Faso
Achille Somé – tengnule@hotmail.fr

L'Harmattan Guinée
Almamya, rue KA 028 OKB Agency
BP 3470 Conakry
harmattanguinee@yahoo.fr

L'Harmattan RDC
185, avenue Nyangwe
Commune de Lingwala – Kinshasa
matangilamusadila@yahoo.fr

L'Harmattan Congo
67, boulevard Denis-Sassou-N'Guesso
BP 2874 Brazzaville
harmattan.congo@yahoo.fr

L'Harmattan Mali
Sirakoro-Meguetana V31
Bamako
syllaka@yahoo.fr

L'Harmattan Togo
Djidjole – Lomé
Maison Amela
face EPP BATOME
ddamela@aol.com

L'Harmattan Côte d'Ivoire
Résidence Karl – Cité des Arts
Abidjan-Cocody
03 BP 1588 Abidjan
espace_harmattan.ci@hotmail.fr

L'Harmattan Algérie
22, rue Moulay-Mohamed
31000 Oran
info2@harmattan-algerie.com

L'Harmattan Maroc
5, rue Ferrane-Kouicha, Talaâ-Elkbira
Chrableyine, Fès-Médine
30000 Fès
harmattan.maroc@gmail.com

Nos librairies en France

Librairie internationale
16, rue des Écoles – 75005 Paris
librairie.internationale@harmattan.fr
01 40 46 79 11
www.librairieharmattan.com

Lib. sciences humaines & histoire
21, rue des Écoles – 75005 Paris
librairie.sh@harmattan.fr
01 46 34 13 71
www.librairieharmattansh.com

Librairie l'Espace Harmattan
21 bis, rue des Écoles – 75005 Paris
librairie.espace@harmattan.fr
01 43 29 49 42

Lib. Méditerranée & Moyen-Orient
7, rue des Carmes – 75005 Paris
librairie.mediterranee@harmattan.fr
01 43 29 71 15

Librairie Le Lucernaire
53, rue Notre-Dame-des-Champs – 75006 Paris
librairie@lucernaire.fr
01 42 22 67 13

www.ingramcontent.com/pod-product-compliance
Lightning Source LLC
LaVergne TN
LVHW011451061026
849535LV00004BA/1046
* 9 7 8 2 3 4 3 2 1 9 0 3 5 *